高等院校信息与通信工程系列教材

WCDMA系统原理与无线网络优化

窦中兆 雷 湘 编著

清华大学出版社
北京

内 容 提 要

本书从 WCDMA 的基本原理入手，全面深入地介绍 WCDMA 系统的信令流程、关键算法和典型参数设置，继而就无线网络优化方法进行详细阐述，并对 WCDMA 无线网络优化方法分专题进行细致分析，最后描述 HSDPA 的基本原理、优化方法以及 WCDMA 演进技术（HSUPA 和 LTE）。

全书按照循序渐进的原则编排内容，尽可能详细地将 WCDMA 网络优化涉及的基本技能和数据分析方法全面展示给读者。书中引用了大量的海外商用网络优化案例并进行讨论，以便更进一步贴近实际网络，强化读者对具体问题的分析和理解。

全书分五部分、共 11 章：第 1～3 章属于 WCDMA 基础部分，主要描述 WCDMA 基本原理和信令流程；第 4～6 章是 WCDMA 算法和参数部分，分别描述小区选择与重选、切换、功率控制、接纳控制和拥塞控制等关键算法及参数设置；第 7～9 章是 WCDMA 网络优化和问题分析方法部分，对网络优化方法进行系统和全面的描述，对路测数据和话统数据分析方法展开讨论；第 10 章是对 HSDPA 原理和网优方法的描述；第 11 章是关于 3GPP 的 WCDMA 技术演进部分，分别讨论了 HSUPA、LTE 技术。

本书内容翔实，很多案例取自海外运营商的实际网络，适合从事 WCDMA 网络优化的工程技术人员阅读，也可作为高等院校通信专业高年级本科或研究生的教学参考用书。

图书在版编目（CIP）数据

WCDMA 系统原理与无线网络优化/窦中兆，雷湘编著. —北京：清华大学出版社，2009.5（2019.3 重印）
（高等院校信息与通信工程系列教材）
ISBN 978-7-302-19306-7

Ⅰ. W…　Ⅱ. ①窦…　②雷…　Ⅲ. 码分多址—宽带通信系统—高等学校—教材　Ⅳ. TN929.533

中国版本图书馆 CIP 数据核字（2009）第 008772 号

责任编辑：王一玲
封面设计：常雪影
责任校对：李建庄
责任印制：李红英

出版发行：清华大学出版社
　网　　址：http://www.tup.com.cn，http://www.wqbook.com
　地　　址：北京清华大学学研大厦 A 座　　**邮　　编**：100084
　社 总 机：010-62770175　　**邮　　购**：010-62786544
　投稿与读者服务：010-62776969，c-service@tup.tsinghua.edu.cn
　质量反馈：010-62772015，zhiliang@tup.tsinghua.edu.cn
　课件下载：http://www.tup.com.cn，010-62795954
印 装 者：北京九州迅驰传媒文化有限公司
经　　销：全国新华书店
开　　本：185mm×260mm　　**印　张**：18　　**字　　数**：421 千字
版　　次：2009 年 5 月第 1 版　　**印　　次**：2019 年 3 月第 8 次印刷
定　　价：45.00 元

产品编号：030781-02

高等院校信息与通信工程系列教材编委会

出版说明

信息与通信工程学科是信息科学与技术的重要组成部分。改革开放以来，我国在发展通信系统与信息系统方面取得了长足的进步，形成了巨大的产业与市场，如我国的电话网络规模已位居世界首位，同时该领域的一些分支学科出现了为国际认可的技术创新，得到了迅猛的发展。为满足国家对高层次人才的迫切需求，当前国内大量高等学校设有信息与通信工程学科的院系或专业，培养大量的本科生与研究生。为适应学科知识不断更新的发展态势，他们迫切需要内容新颖又符合教改要求的教材和教学参考书。此外，大量的科研人员与工程技术人员也迫切需要学习、了解、掌握信息与通信工程学科领域的基础理论与较为系统的前沿专业知识。为了满足这些读者对高质量图书的渴求，清华大学出版社组织国内信息与通信工程国家级重点学科的教学与科研骨干以及本领域的一些知名学者、学术带头人编写了这套高等院校信息与通信工程系列教材。

该套教材以本科电子信息工程、通信工程专业的专业必修课程教材为主，同时包含一些反映学科发展前沿的本科选修课程教材和研究生教学用书。为了保证教材的出版质量，清华大学出版社不仅约请国内一流专家参与了丛书的选题规划，而且每本书在出版前都组织全国重点高校的骨干教师对作者的编写大纲和书稿进行了认真审核。

祝愿《高等院校信息与通信工程系列教材》为我国培养与造就信息与通信工程领域的高素质科技人才，推动信息科学的发展与进步做出贡献。

北京邮电大学
陈俊亮
2004 年 9 月

出版说明

前 言

随着电信重组方案的公布，国内的3G建设正式拉开了序幕，作为3G主流标准之一的WCDMA标准势必将在国内的3G建设中占有一席之地。自2001年10月日本NTT DoCoMo推出第一个WCDMA商用网络以来，截至2008年1月，全球已有超过182个WCDMA网络。但对国内运营商而言，WCDMA是作为一个新事物出现的。国内目前尚未有WCDMA商用网络出现，之前的试验网也停留在较小规模的层面，所以WCDMA网络优化对国内整个产业界来说是一个新课题，需要在不断研究和实践中进行验证、总结、补充和完善。面对这一新技术的挑战，网络优化工程师需要在熟悉掌握关键技术的基础上，开拓新思路，结合现有的GSM和cdma2000以及WCDMA系统的运行维护优化经验，探索和总结WCDMA的网络优化方法。他山之石，可以攻玉，本书正是基于这样一个出发点，将国外WCDMA商用网络和国内WCDMA试验网的经验进行了总结，就WCDMA网络优化的相关问题尽可能详尽地进行分析和阐述。

WCDMA网络优化涉及的知识是非常广博的，本书难以囊括网络优化涉及的所有方面，但尽可能全面地概括了网络优化必备的基础，继而侧重对实际网络优化技能的提升。本书从WCDMA的基本原理入手，进而向读者全面介绍WCDMA的信令流程、关键算法和参数设置，然后就网络优化方法进行详细讨论，并对WCDMA网络优化分专题进行分析，最后描述了HSDPA的基本原理、优化方法以及LTE技术。全书总的指导思想是遵照循序渐进和由易到难的原则进行相关内容的编排。书中引用了大量的商用网络优化案例并进行讨论，以便贴近实际网络，强化对具体问题的分析和解决能力。

按照上面的思路，全书分五部分、共11章：第1～3章属于WCDMA基础部分，重点描述WCDMA基本原理和信令流程，熟悉基础的读者可略过这三章的内容；第4～6章是WCDMA算法和参数设置部分，对具体算法和参数的合理设置进行了详细讨论，是本书的重点之一；第7～9章是WCDMA网络优化和问题分析方法部分，对网络优化方法进行系统和全面的描述，对路测数据和话统数据分析方法分别展开讨论，并采用了具体的案例加以说明；第10章是对HSDPA原理和网优方法的描述；第11章是关于3GPP的WCDMA技术演进部分，分别讨论了HSUPA和LTE技术。

在此特别感谢北京邮电大学杨大成教授、张欣及王公仆博士，他们为本书的面世提供了极其宝贵的帮助。同时，感谢广东省电信规划设计院有限公司邓耀强院长、曾沂粲总工和黄海艺副总工的支持，衷心感谢他们对本书的贡献。

本书有幸邀请到关建明同志担任主审，感谢他百忙之中对本书的审阅和倾力相助。此外，张昕、迁金、杨淼、宋雅、邓明毛、阮丹、卓熹、车晓、马敏、庄志端、张勤、张德君、吴迪、李建军等同志为本书的编写工作提供了热忱支持和大力帮助，在此谨致诚挚的感谢。

鉴于 WCDMA 技术正处于不断演进和发展过程中，WCDMA 网络优化技能的总结有赖于各位专家、学者和读者经验的积累和不断完善，也恳请各位指正本书的疏漏之处。

窦中兆　雷湘

2009 年 3 月于广东省电信规划设计院有限公司

目　录

第 1 章 概 述

国内目前 3G(第三代移动通信)的现状正是山雨欲来风满楼。随着全球 3G 商用网络的不断增加以及移动互联网的面世,移动通信正逐渐成为人们的一种生活方式,移动电话所扮演的绝不仅仅是在移动时与他人通话的角色。作为 3G 三大主流标准之一的 WCDMA(宽带码分多址)技术标准,是在 GSM(全球移动通信系统)网络的基础上进行演进的,目前其在全球的商用进程已全面展开。本书将结合国外商用 WCDMA 网络优化的经验对其网优方法进行总结和描述,以期对国内即将到来的网络建设和优化提供有益的参考。

1.1 WCDMA 在全球的商用发展现状

在 3G 三大主流标准中,支持 WCDMA 标准的企业最多,包括大多数世界著名的移动通信设备厂商,如华为、中兴、爱立信、诺基亚、西门子、阿尔卡特、摩托罗拉、北电网络以及三星、NEC、富士通等。截至 2007 年 6 月,已有 78 个国家部署 174 个 WCDMA 网络,约占全球 3G 商用网络的 69%,其中有 73.5%的 WCDMA 网络都已升级为 HSDPA,共计 63 个国家推出 128 个 HSDPA 商用网络。其中欧洲的脚步最快,共有 29 个国家部署了 31 个 HSDPA 商用网络,而奥地利与德国已经推出了 HSUPA 服务。截至 2007 年 6 月,全球 WCDMA 网络分布如图 1.1-1 所示。

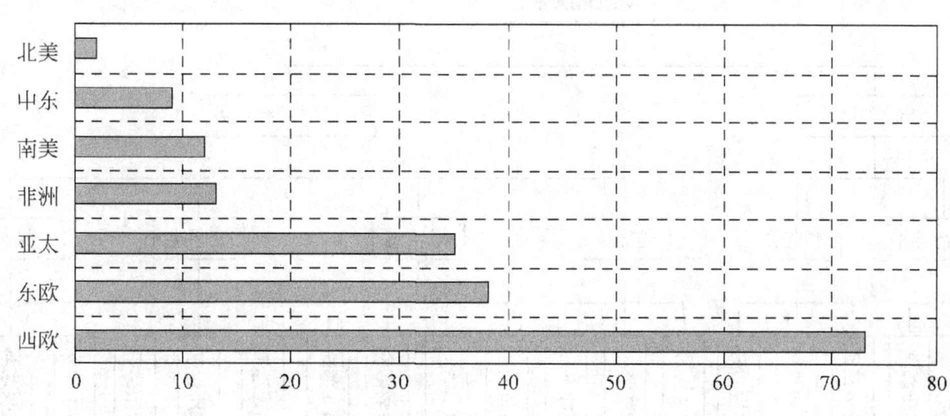

图 1.1-1 全球 WCDMA 商用网络分布(数据来自 GSA)

根据 GSA(全球移动供应商联盟)的统计,截至 2007 年 6 月底,全球 GSM/EDGE/WCDMA/HSDPA 用户总数达 25.4 亿,占全球移动用户的 85.4%,2006 年同期这一数字为82.2%，其中，WCDMA/HSDPA用户达到1.37亿。UMTS论坛的数据显示，截至2008年3月底，WCDMA用户数已经突破2.34亿，其中HSDPA用户超过3200万。很多新近部署WCDMA网络的运营商都出现了用户的强劲增长，例如马来西亚运营商DIGI.COM在2008年一季度的WCDMA用户增长率高达83.4%，T-Mobile挪威分公司、斯洛文尼亚Si.Mobil和沃达丰捷克分公司2008年一季度的WCDMA用户增长率也都超过了100%。以上数字表明，近年来WCDMA商用网络的建设进展迅速，目前在3G网络中已占据主导地位，其用户数也已渐成迅猛增长之势。

从技术角度来看，WCDMA的R99版本采用5MHz的带宽可以支持速率在8kb/s到2Mb/s之间的混合业务，能够同时为用户提供接入多种不同业务的能力。WCDMA的增强型技术HSDPA将能够在下行链路实现高达14.4Mb/s的数据速率。WCDMA的业务影响将体现在两个方面：一是移动业务的性能和经济高效性将进一步提高；二是WCDMA将继续借助更全面的内容促进新业务的开发。例如，音乐和影视的下载业务、资讯类业务以及移动互联网业务，可以提供永远在线功能和同时接入多种业务的功能，处理特性丰富的音频、图像和视频业务并满足比当前网络数量更多的移动用户的需求。

关于WCDMA业务，从不同的角度(例如用户、商业模型、技术实现)出发有不同的分类方式，但业务的最终消费者是用户，从用户需求的角度来看，主要业务模式如图1.1-2所示。从目前各国运营商的业务推广和市场发展情况来看，日本和韩国是全球3G发展最为成熟、市场规模也最大的国家。日本和韩国是以娱乐类业务为主；欧洲则主推视频业务和数据业务，交易业务和音乐类业务的使用也大幅提升，此外，手机电视业务也被普遍看好；美国3G业务发展情况相对落后，缺乏全国范围的3G网络，因此3G业务还没有流行；港台方面，基础语音业务仍然是广泛流行的业务，目前3G的业务方面略显单调，用户对于3G业务的兴趣尚有待激发。

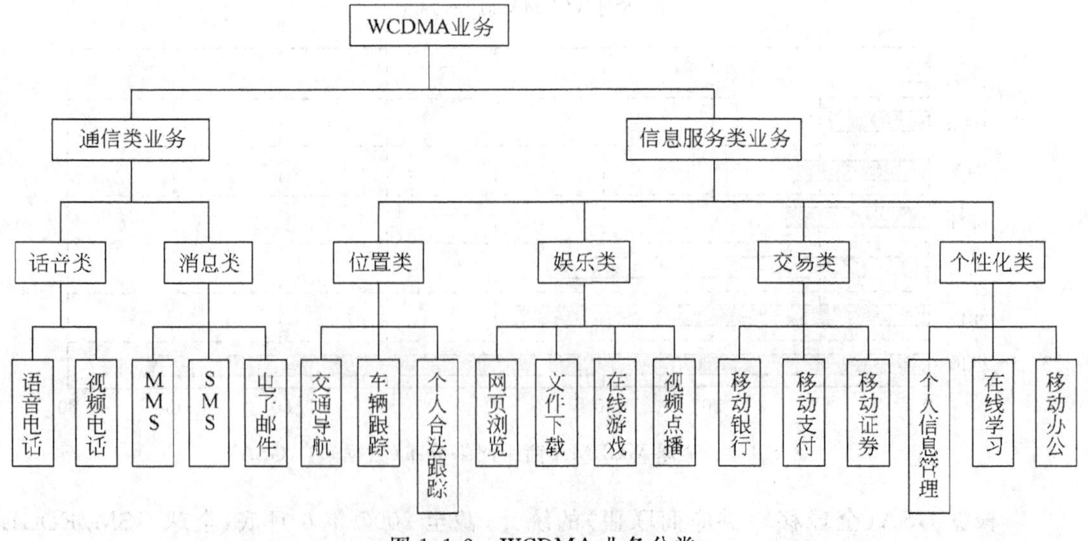

图1.1-2　WCDMA业务分类

1.2 WCDMA关键技术

WCDMA技术的设计目标是不仅能够提供比第二代移动通信系统更大的容量和更好的通信质量，而且要能在全球范围内更好地实现无缝漫游并为用户提供语音、数据和移动多媒体等业务。与第二代移动通信相比，WCDMA系统采用直扩序列码分多址技术(DS-CDMA)，信息被扩展成3.84Mchips/s后在5MHz带宽内传送，同时采用了多种关键技术保证业务质量(QoS)。概括来说，WCDMA关键技术主要包括RAKE接收技术、无线资源管理技术、多用户检测技术和智能天线技术，本节将对WCDMA的关键技术进行简要介绍，以使读者能够明确其概念。在WCDMA日常网络优化过程中需重点掌握的关键技术以及具体流程、算法和参数将在后续章节中做进一步详细描述。

1.2.1 WCDMA系统的技术特点

与GSM移动通信方式相比，WCDMA在技术上的先进性体现在多个方面，具有以下技术特点。

(1) 高系统容量

WCDMA属于宽带系统，抗衰落性能好，同时WCDMA中采用快速功率控制技术，使发射机的发射功率总是处于最小水平，能够较好地克服快衰落等不利因素对无线信道的影响，保证信道传输质量，从而减少多址干扰。此外，当下行链路使用自适应天线时，还可进一步减少小区的多用户干扰。这些技术都大大提高了系统容量。

(2) 高数据速率

现有的第二代移动通信系统(以GSM和IS-95为代表)主要以提供语音业务为主，即使演进到2.5代，即GSM演进到GPRS或者IS-95演进到cdma2000 1x后，也只能提供有限的数据传输速率(<307.2kb/s)。而WCDMA的数据速率将比第二代有大幅度的改进，支持话音、分组数据和多媒体业务，能够满足最高速率达2Mb/s的数据吞吐量，当演进到HSDPA之后，其峰值速率能够达到14.4Mb/s。

(3) 多业务种类

与第二代移动通信系统相比，WCDMA系统可以依托高速数据传输提供和开展更加丰富的业务种类。从技术实现的角度将主要业务可分为两大类：电路域业务(CS)和分组域业务(PS)。其中，电路域业务主要包括普通语音业务和增强型语音业务(如视频电话、VOIP等)；分组域业务主要包括移动互联网业务(如网页浏览、文件下载等)、移动消费类业务(如多媒体邮件、移动QQ、多媒体短消息(MMS)等)、基于位置类的业务(如交通导航和合法跟踪等)和个人服务类业务(如音视频点播、移动支付、股票信息等)。

(4) 更可靠的无线传输

无线传播环境是复杂的，无线信道也是较恶劣的通信介质。由于它的特性难以预测，一般根据实际测量的数据以统计的方法来表征无线信道模型。通常认为无线信道具有莱斯或瑞利特性，其中瑞利衰落信道是最恶劣的无线信道。同时，频率选择性衰落和多径也是无线传输过程中面临的一种普遍现象。由于 WCDMA 是宽带信号(信号带宽是 5MHz),WCDMA 宽带信号可以更好地抗频率选择性衰落,保证传输性能。另外,由于 WCDMA 发射信号带宽比信道的相干带宽更宽,可以采用 RAKE 接收机对多径分量进行分离和合并,使得 WCDMA 具有更好的多径接收处理能力。此外,WCDMA 通过采用发射分集技术,可以更有效地保证无线传输质量。

(5) 更高的语音质量

WCDMA 采用 AMR(自适应多速率)语音编码技术,语音传输速率最高达到 12.2kb/s。WCDMA 的带宽达到 5MHz,使得其具有更大的扩频因子,从而带来更高的处理增益。同时宽带使其具有更强的多径分辨能力,改善 RAKE 接收机性能,通过交织和卷积编码技术也可有效克服传输误码。通过采用这些技术,使得 WCDMA 网络语音质量可接近固定网络的语音质量。

(6) 更低的传送功率

WCDMA 系统具有更高的接收灵敏度,终端需要的发射功率可以降到很低。另外,通过采用快速功率控制技术,可以有效降低发射功率。软切换性能也能提高上行信道的处理增益,同时进一步降低对终端发射功率的要求。一般地,WCDMA 语音终端的最大发射功率为 21dBm(毫瓦分贝),在信道较好的条件下进行实测,其发射功率一般小于 0dBm(1mW),而 GSM900 的终端最大发射功率则为 33dBm(约为 2W)。可见,与 GSM 终端相比,WCDMA 终端的电磁辐射少,对人身体影响很小,是真正意义上的绿色手机。同时由于发射功率低,使得其待机时间更长。

1.2.2 RAKE 接收技术

无线信号在传输过程中遇到障碍物阻挡反射后,接收机就会接收到多个不同时延的多径信号,如图 1.2-1 所示,接收端接收到来自四个不同路径的信号,每径信号的幅度、时延均发生了变化。在 TDMA(时分多址)系统中信道带宽小于信道的平坦衰落宽度,所以采用传统的调制技术需要用均衡器来消除码间干扰。而在 WCDMA 系统中,多径信号的时延超过一个码片,接收机可以分别对它们进行解调,然后分别处理进行合成。如果仅仅是信号的一部分受到衰落的影响,由于在多径信号中含有可以利用的信息,经 RAKE 接收机合并多径信号后可以改善接收信号的信噪比。

作为 RAKE 接收机来说,一个 RAKE 接收机对应一路通信,它可以同时处理空中接口上的多路信号。每个 RAKE 接收机可以由多个相关器组成,在接收时接收多个路径(finger)的信号,也就是一路通信上的多径信号,通过解扩、解扰、时延调整之后进行叠加,最终合并为一路,进行基带信号的逆处理过程。RAKE 接收机所带来的优势就是多径分集,RAKE 接收机配置的最大相关器数决定了基站同时能够处理的多径数量。一般上行链路可处理的多径数最大是 4 个,下行链路最大是 6 个,每径都将接收来自不同路径的一路信号。在多径合并时需要对不同路径信号的时延进行补偿,通过 RAKE 接收机所配置的搜索窗来控制,调整搜索窗相关点的大小,根据相关点大小来估算时延。经多径分离处理后的信号要实现多径合并。通常合并技术有三类:选择性合并、最大比合并和等增益合并。

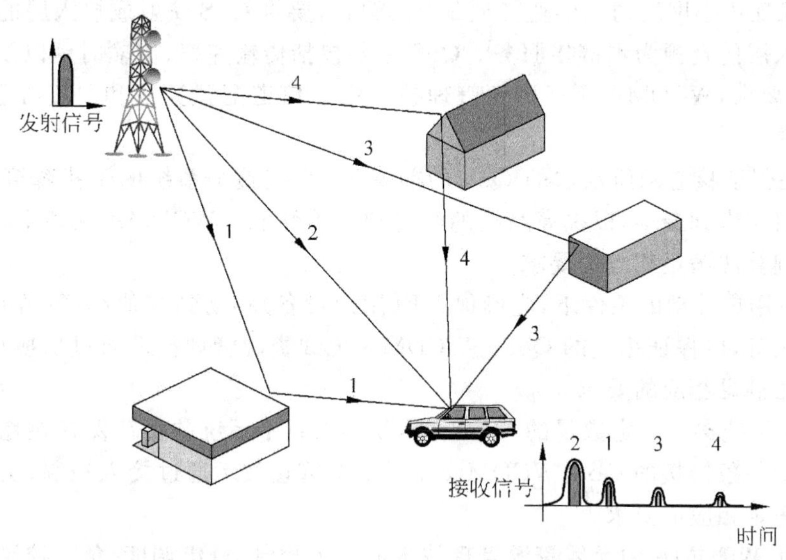

图 1.2-1 多径信号传播示意图

(1) 选择性合并

所有的接收信号送入选择逻辑，选择逻辑从所有接收信号中选择具有最高基带信噪比的基带信号作为输出。

(2) 最大比合并

最大比合并是对 M 路信号进行加权再进行同相合并，其输出信噪比等于各路信噪比之和。当各路信号都很差的情况下，即使没有一路信号可以被单独解调时，最大比方法仍有可能合成出一个达到解调所需信噪比要求的信号。在所有已知的线性分集合并方法中，最大比合并的抗衰落性能是最佳的。

(3) 等增益合并

在某些情况下最大比合并需要产生可变的加权因子，这并不方便，因而出现了等增益合并。这种合并方法也是把各支路信号进行同相后再相加，只不过加权时各路的加权因子相同。接收机仍然可以利用同时接收到的各路信号，并且接收机从大量不能够正确解调的信号中合成一个可以正确解调信号的概率仍很大。其性能比最大比合并略差但比选择性合并要好。

1.2.3 无线资源管理技术

对于 WCDMA 系统来说，无线资源使用功率、码资源和带宽进行定义。由于 WCDMA 系统是自干扰系统，WCDMA 能够提供的容量与网络中的干扰水平直接相关，存在的干扰越少，系统可以提供的容量越大。无线资源管理(RRM)的过程就是一个控制系统内干扰的过程，其目标是保证最有效地利用网络容量。总的来说，无线资源管理的任务是优化可用的物理资源和逻辑资源的利用率，以便为用户提供尽可能多的容量，这些任务是通过大量相互交织的无线资源管理算法的共同努力来实现的。无线资源管理的任务包括以下四个方面：

(1) 保证核心网所请求的业务质量(QoS),需要将 QoS 映射成接入层的一些特性,从而利用接入层的资源为本链接服务。QoS 主要包括传输速率、传输时延以及 BLER(误块率)等质量要求,WCDMA 无线资源管理技术通过信道配置算法和码资源管理算法满足相应的要求。

(2) 在保证核心网所请求的 QoS 的前提下,为使整个系统的干扰降到最小,需控制用户的发射功率到最小,以提高系统的容量和覆盖性能。WCDMA 无线资源管理技术通过功率控制算法满足相应的要求。

(3) 在用户移动的条件下,应确保 UE(用户设备)移动到其他小区(或系统)后,能够继续得到服务,以保证相应的 QoS。WCDMA 无线资源管理技术通过切换控制算法和小区重选算法满足相应的要求。

(4) 在系统接入一定数量的 UE 后,需要确保整个系统的负荷保持在稳定的水平,以保证系统中每条链接的 QoS,WCDMA 无线资源管理技术通过接入控制、负荷控制、分组调度算法满足相应的要求。

下面就 WCDMA 中无线资源管理技术的接入控制、分组调度、负荷控制、切换控制以及功率控制技术进行简要介绍。需要说明的是,无线资源管理的各算法之间是密切相关的,因此最好看作一个功能整体。相应的算法和流程将在后续章节中进行详细描述。

1. 接入控制技术

在传统的 FDMA(频分多址)和 TDMA(时分多址)系统中,每个移动台所使用的带宽是一定的,而且所传输的业务也是单纯的语音业务,因此准入控制算法相对来说比较简单。对于 TDMA 制式的 GSM 系统来说,一个载频的时隙数为 8,而一个移动台同时只使用一个时隙,则每载频能够容纳最多 8 个移动台同时通信,这样只需要记住在系统中剩余的和在使用的时隙数就可以了。但是对于 WCDMA 系统来说,情况要复杂得多,首先是业务类型不同,不同业务所需要的带宽和容量差别非常大;其次是 CDMA 系统所特有的软容量又允许系统在通信质量和系统容量之间进行某种程度的折中,此外 WCDMA 系统中业务的一个重要特性就是速率可变。因此,需要一个接入控制算法来对每一个移动台的接入请求进行接入判断,以保证整个系统的稳定和有效运行。

为避免无线网络在增加新的无线接入承载后,负载过高造成覆盖范围收缩,并影响现有连接的质量,WCDMA 采用接入控制技术。接入控制的目的在于对系统目前的资源状况(负荷情况)进行评估,根据设定的处理准则(算法与策略)对呼叫进行处理,判断是否能满足新的用户、新的无线接入承载(RAB)和新的无线链路(RL)的信噪比(SIR)与比特速率的要求,决定准予接入或者拒绝。接入控制也称接纳控制。

接入控制分为上行链路呼叫接入控制和下行链路呼叫接入控制。接入控制过程是在呼叫时测量系统小区当前的负荷情况,并对呼叫进行预测和估计,根据系统的实际负荷判断是否能接收新到达的用户的呼叫请求,从而控制系统中通话用户的数量,使系统负荷维持在一个比较稳定的水平上。接入控制算法将估计建立这些承载所导致的无线网络中上下行负载的增加,仅当上行链路和下行链路的接入控制均可以接受这个新增加的无线承载时,才可以接纳此接入请求;否则予以拒绝,以避免网络中的干扰过重。可见,接入控制涉及负载检测和衡量、负载预测、不同业务的接入策略及不同呼叫类型的接入策略。

2. 负荷控制技术

WCDMA 的显著特点之一就是支持高速数据业务，而高速数据业务的数据传输速率变化范围很大(例如从几 kb/s 到几百 kb/s)，而在上节提到的接入控制算法只能判断出移动台接入后短时间内系统的稳定情况。当移动台正常接入后，由于业务的需要速率可能增加了许多倍，此时的系统稳定性将有赖于一定的算法予以保证，于是 WCDMA 引入一个负荷控制算法来解决这个问题。有时也将负荷控制称为拥塞控制。

简单地说，接入控制解决的问题是保证用户接入时系统保持稳定，而负荷控制算法解决的是用户接入后正常使用业务时，由于用户数据速率变化带来的负载变化导致的系统稳定问题。负荷控制的过程简单描述为：系统不断实时测量系统小区的负荷，当负荷平均值在一个设定的时间内超越某个门限值时，说明系统负荷较重，可能使系统进入不稳定运行区，此时有必要进行负荷控制，主要采取以下的措施：

- 下行快速负荷控制拒绝由移动台发出的下行功率增加命令；
- 上行快速负荷控制降低由上行快速功控使用的上行目标 E_b/N_o(业务信道比特能量/热噪声功率谱密度)；
- 降低分组数据业务的数据吞吐量；
- 切换到另一个 WCDMA 载波；
- 减少实时业务(如 AMR 声码器)的码速率；
- 执行受控方式下的掉话操作。

此外，由于用户分布在地理上的不均衡以及同一小区不同载频的存在，必然存在不同小区负荷不均衡的现象。负荷不均衡会导致整个系统的资源利用率降低以及整个系统的服务质量降低，负荷平衡算法可将某些热点小区的负荷分担到周围负荷较低的小区中，包括同频小区负载平衡和异频小区负载平衡，便可解决这个问题。

3. 分组调度技术

分组调度的目的是使小区吞吐量最大化，使用户平等共享吞吐量。调度算法解决的问题是资源和用户之间的平衡，主要衡量指标是用户吞吐率、用户公平性、平均时延、调度算法的复杂度。典型的调度算法如轮询调度算法、正比公平调度算法、最大 C/I 算法等。

(1) 轮询算法(Round Robin)

轮询算法，简称 RR 算法。系统调度时循环调度各个用户，每个用户以相同的概率占用可分配的时间和功率。从占用资源的概率来说，该调度算法是最公平的，但是不考虑各用户的信道质量情况，其吞吐量性能较差。

(2) 最大 C/I 算法(Max C/I)

Max C/I(信噪比)调度根据用户反馈的信道质量测量信息，优先考虑信道质量最好的用户，即选择 C/I 最高的用户为之服务。Max C/I 调度提供最大的小区吞吐量，同时频谱效率也是最高的，但是牺牲了用户公平性，小区中信道质量较差的用户，将得不到数据传送的机会。从用户占用资源的概率来说,这种调度算法最不公平。

(3) 吞吐量公平调度算法(Fair Throughput)

这种调度算法不考虑用户的位置如何,必须对所有用户提供相同的吞吐量,即为 Node B(基站节点)边界的用户和靠近 Node B(基站节点)的用户具有相同的吞吐量。为了让所有用户具有相同的吞吐量,低 C/I 的用户比高 C/I 的用户应该分配更多的资源,因此这种调度算法可以视为一种逆 C/I 调度算法,用户所分配的为功率或时间。

该算法通过对处于更恶劣无线环境下的用户分配更多资源,使得所有用户的数据吞吐量最大程度上公平一致。这种公平吞吐量分配的代价就是降低了小区吞吐量。

(4) 时间公平调度算法(Fair Time)

Fair Time 调度也称为链路匹配。Fair Time 调度在不同用户间分配相同的占用时间或相同的功率,即所有用户得到等量的资源。分配给每个用户的时间和功率相同,对那些处于恶劣无线环境下或小区边界的用户而言,这样做会导致较低的吞吐量,因此用户的 QoS 并不是完全公平分布的。这种调度得到的小区总吞吐量大于 Fair Throughput 调度得到的小区吞吐量,这是因为无论用户 C/I 的大小如何,用户总能分配到相同的资源。

(5) 正比公平算法(Proportional Fair)

该算法综合考虑用户信道质量、待发送数据量等因素,通过加权平均得到各个用户的调度优先级别,并据此分配时间或功率资源,是一种小区吞吐量和用户公平性的折衷算法。

4. 切换控制技术

当用户在网络中移动时,需要机动地建立和释放无线链路,切换控制管理用户的移动性。WCDMA 系统中使用了软切换技术,这是 FDMA 和 TDMA 系统所不具备的。软切换可以有效地提高切换的可靠性,大大减少切换过程中造成掉话的概率。同时,软切换提供分集,从而提高通信的质量。

就 WCDMA 系统而言,切换分成软切换和硬切换两大类。软切换是当无线链路发生变化时,UE 先建立新的无线链路,再释放原来的无线链路,即"先通后断";硬切换是当无线链路发生变化时,UE 先释放原来的无线链路,再建立新的无线链路,即"先断后通"。切换的详细分类如图 1.2-2 所示。

软切换详细分为软切换和更软切换,软切换和更软切换的区别在于:更软切换发生在同一 Node B(基站节点)的不同小区之间,在 Node B 对上行信号进行最大比合并;软切换发生在不同 Node B 的不同小区之间,在 RNC(无线网络控制器)对上行信号进行选择性合并。由于最大比合并的增益比选择合并大,更软切换性能比软切换好。此外,由于更软切换合并在 Node B 进行,也不会占用 Iub 接口的传输资源。

硬切换又分成异频硬切换、同频硬切换和系统间切换。异频硬切换是指发生在不同频率小区间的切换(WCDMA 不同频率载波之间的切换),这种切换只能是硬切换。同频硬切换发生在 UTRAN(UMTS 地面无线接入网)内不同 RNS(无线网络子系统)间且没有 Iur 接口时的同频切换,或者为了节省资源对高速数据业务的同频小区之间采取硬切换的策略。系统间切换是指 WCDMA 与 GSM(或者 cdma 2000 以及其他系统)之间的切换。

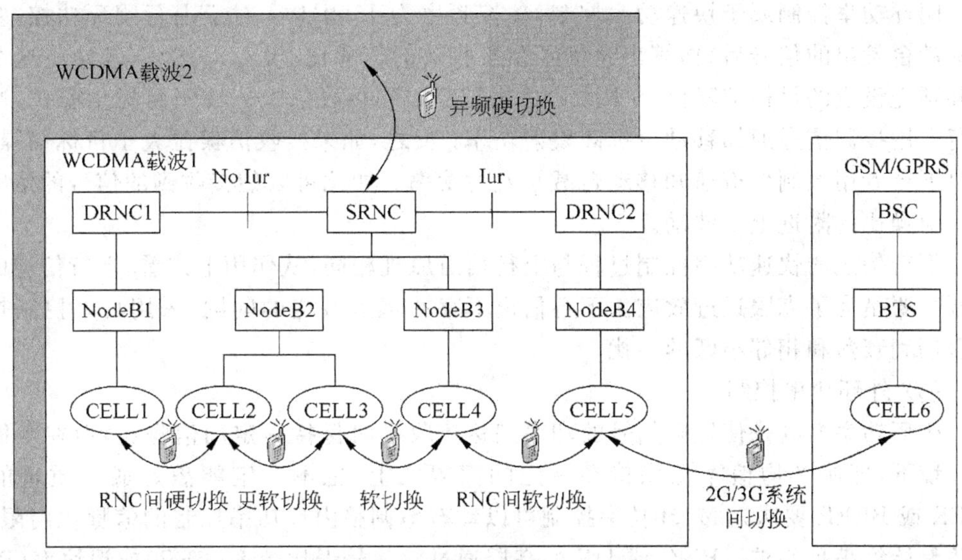

图 1.2-2 WCDMA 切换分类

移动性管理是无线资源管理的重要组成部分，而切换算法是移动性管理算法中最重要的部分。关于 WCDMA 切换算法和参数部分，将在后续章节中进行详细描述。

5. 功率控制技术

WCDMA 是干扰受限的系统，因此在 WCDMA 系统中，作为无线资源管理的功率管理是非常重要的环节，功率控制技术成为 WCDMA 系统中最为重要的关键技术之一。功率控制的目标就是在保证用户要求的质量前提下，最大限度降低发射功率，减少系统干扰，增加系统容量。功率控制可以克服远近效应，对上行功率控制而言，理想功率控制的目标即为所有信号到达基站的功率相同。由于移动信道是衰落信道，功率控制可以补偿衰落，快速闭环功控可以随着信号的起伏快速改变发射功率，使接收电平由起伏变得平坦。功率控制技术能够解决以上的问题，是使 WCDMA 系统走向商用的关键技术之一。

在 WCDMA 系统中，功率控制按链路方向分为上行功率控制和下行功率控制；按移动台和基站是否同时参与又分为开环功率控制、闭环功率控制和外环功率控制三类。

(1) 开环功率控制

对于上行信道而言，移动台通过对下行信道信号的测量，估算出信号在传播路径上的功率损耗，从而确定上行信道的发射功率。但这种开环功控方式是不准确的，因为在 WCDMA 频分双工(FDD)模式下，上行信道和下行信道的频率间隔 45MHz，上行信道的快衰落和下行信道的快衰落是互不相干的，所以采用基于下行信道信号测量来调整上行信号的功率不够准确。在小区范围内，快衰落引起的信号衰落往往比传播路径引起的信号衰落更为严重，所以开环功控只是在连接建立之初才使用，一般是用于功率初始值的设定。同理，对于下行信道而言，则是网络侧根据 UE(用户设备)的测量报告，对下行信道的发射功率初值进行设置。

（2）闭环功率控制

闭环功率控制属于快速功率控制，功控频率为 1500Hz。对于上行闭环功控，基站收到移动台发出的信号后，估算出该信号在接收端的信噪比（SIR）。然后，基站将这个信噪比和预先设定的目标信噪比（SIR_{target}）相比较。如果接收信噪比小于目标信噪比，则通过下行专用控制信道通知移动台提高发射功率；反之，如果接收信噪比大于目标信噪比，则通过下行专用控制信道通知移动台减小发射功率。如此可以使接收到的信号的信噪比在目标信噪比的附近上下波动。

下行信道的快速功率控制过程与上行信道原理相同，从作用上来看，上行信道的功率控制主要是为了克服远近效应。下行信道不存在远近效应的问题，采用功率控制是为了克服瑞利衰落和相邻小区的干扰。

（3）外环功率控制

闭环功率控制是使发射信号的功率到达接收端时保持一定的信噪比，但在不同的多径环境下，即使平均信噪比保持在一定的门限之上，也不一定能满足通信质量的要求（BER 或 BLER 要求）。外环功率控制可以动态地调整内环功率控制的信噪比门限，使通信质量始终满足要求。RNC 或 UE 的高层通过对信号误比特率（BER）或误块率（BLER）的估算，调整快速功率控制中的目标信噪比（SIR_{target}），以达到功控的目的。当收到的信号质量变差，即误比特率或者误块率上升时，会提高目标信噪比（SIR_{target}）来提高接收信号的质量。

1.2.4　多用户检测技术

在传统的 WCDMA 接收机中，各个用户的接收是相互独立进行的。在多径衰落环境下，由于各个用户之间所用的扩频码通常难以保持正交，因而造成多个用户之间的相互干扰，并限制系统容量的提高。如果每个用户相对于其他用户的干扰能够消除，那么系统容量会得到很大的提高并且理论上能够消除远近效应。解决此问题的一个有效方法是使用多用户检测技术（MUD）。

1979 年和 1983 年，K. S. Schneider 和 R. Kohno 分别提出了多用户接收（即多用户检测）的思想，利用其他用户的已知信息消除多址干扰，实现无多址干扰的多用户检测，并指出了一些研究方向，这是多用户检测最早的报导。1986 年 S. Verdu 将多用户检测的理论向前推动了一大步，他提出匹配滤波器组加 Viterbi 译码的异步 CDMA 最佳检测，其复杂度为 2 的用户数减一次方。此后，多用户检测取得了很大的进展。多用户检测算法的大致分类情况以及相应的典型算法如图 1.2-3 所示。

对于上行链路的多用户检测技术，可去除小区内各用户之间的干扰，而小区间干扰由于缺乏必要的信息（比如相邻小区的用户情况）可以利用，是难以消除的；对于下行链路的多用户检测，可去除公共信道（如导频、广播信道等）的干扰。

多用户检测技术考虑复杂性和处理时延两大障碍。从处理时延考虑，数十毫秒的处理时延对语音信号数据是不可接受的；从复杂性考虑，最佳检测器的指数复杂性是不现实的，次最佳检测的线性复杂度随技术的发展可能会得到广泛应用。多用户检测研究的另一个重要的方面是坚韧性。既然任何频率、幅度、相位和定时上的误差都将产生不精确的多址干扰消除，带来系统性能的恶化，多用户检测就必须研究方案应对不理想条件的坚韧性。

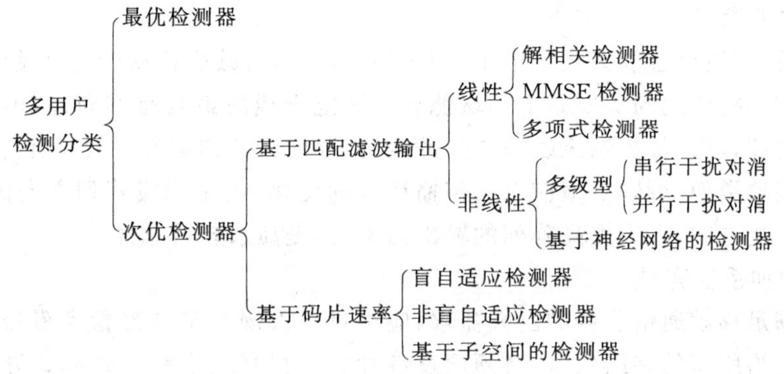

图 1.2-3 多用户检测技术分类

多用户检测技术的局限性：首先多用户检测只是消除了本小区内的干扰，小区间的干扰并没有消除。鉴于多用户检测技术投入使用尚存在的上述问题和困难，在 WCDMA 技术上，对多用户检测技术进行研究的工作重点是缩短处理时延，同时在增强坚韧性方面做研究。在此基础上，综合考虑 WCDMA 移动通信系统的性能指标和多用户检测技术实现的复杂度，结合当前微电子技术及 DSP(数字信号处理)器件的发展及其未来的发展趋势，努力找到多用户检测技术具体实现的切入点，以便能够大幅度提高其系统容量的关键技术，它们必将在未来的移动通信中发挥重要作用。

1.2.5 智能天线技术

智能天线能显著提高移动通信系统的容量和覆盖性能，提高频谱利用率，在相同基站数量基础上增加系统容量和覆盖，降低运营商成本；智能天线能对来自各个方向的信号进行空间滤波，抑制干扰方向上的信号，合并有用信号，从而改善系统质量，提高系统性能；采用智能天线控制基站天线方向图，对不同的用户自适应地进行波束形成，使信噪比实现极大化，减少衰落。

智能天线包括多波束天线阵列和自适应天线阵列，自适应天线阵列是智能天线的主要形式。智能天线技术主要基于自适应天线阵列原理，天线阵收到信号后，通过由处理器和权值调整算法组成的反馈控制系统，根据一定的算法分析该信号，判断信号及干扰到达的方位角度，将计算分析所得的信号作为天线阵元的激励信号，调整天线阵列单元的辐射方向图、频率响应及其他参数。利用天线阵列的波束合成和指向，产生多个独立的波束，自适应地调整其方向图，跟踪信号变化，对干扰方向调零、减弱甚至抵消干扰，从而提高接收信号的载干比，改善无线网基站覆盖质量，增加系统容量。

智能天线在移动通信中的用途主要包括抗衰落、抗干扰、增加系统容量以及移动台定位。

(1) 抗衰落

采用智能天线控制接收方向，天线自适应地构成波束的方向性，使得延迟波方向的增益最小，减小信号衰落的影响。智能天线还可用于分集，减少衰落。电波通过不同路径到达接收天线,其方向角各不相同,利用多副指向不同的自适应接收天线,将这些分量隔离开,然后再合成处理,即可实现角度分集。

(2) 抗干扰

高增益、窄波束智能天线阵用于 WCDMA 基站,可减少移动台对基站的干扰,改善系统性能。抗干扰应用的实质是空间域滤波。智能天线波束具有方向性,可区别不同入射角的无线电波,可调整控制天线阵单元的激励"权值",其调整方式与具有时域滤波特性的自适应均衡器类似,可以自适应电波传播环境的变化,优化天线阵列方向图,将其"零点"自动对准干扰方向,大大提高阵列的输出信噪比,提高系统可靠性。

(3) 增加系统容量

为了满足移动通信业务的巨大需求,应尽量扩大现有基站容量和覆盖范围。要尽量减少新建网络所需的基站数量,必须通过各种方式提高频谱利用效率。方法之一是采用智能天线技术,用多波束板状天线代替普通天线。由于天线波束变窄,提高了天线增益及 C/I(信噪比)指标,减少了移动通信系统的同频干扰,降低了频率复用系数,提高了频谱利用效率。使用智能天线后,无需增加新的基站就可改善系统覆盖质量,扩大系统容量,增强现有移动通信网络基础设施的性能。采用智能天线是解决密集市区容量难题既经济又高效的方案,可在不影响通话质量的情况下,将基站配置成全向连接,大幅度提高基站容量。

(4) 实现移动台定位

目前蜂窝移动通信系统只能确定移动台所处的小区,如果增加定位业务,则可随时确定持机者所处位置,不但给用户和网络管理者提供很大方便,还可开发出更多的新业务。在陆地移动通信中,如果基站采用智能天线阵,一旦收到信号,即对每个天线元所连接收机产生的响应作相应处理,获得该信号的空间特征矢量及矩阵,由此获得信号的功率估值和到达方向,即用户终端的方位。通过此方法,用两个基站就可将用户终端定位到一个较小区域。

智能天线无法解决的问题是时延超过码片宽度的多径干扰和高速移动多普勒效应造成的信道恶化。因此,在多径干扰严重的高速移动环境下,智能天线必须和其他抗干扰的数字信号处理技术同时使用,才可能达到最佳效果。这些数字信号处理技术包括多用户检测及 RAKE 接收等。

1.3 WCDMA 无线网络优化

1.3.1 WCDMA 网络优化概述

如图 1.3-1 所示,WCDMA 网络优化流程主要包括单站验证和优化、RF 优化、性能参数优化三个阶段。

(1) 单站验证和优化

单站验证的重点是解决设备功能和工程安装问题,为随后的 RF 优化和性能参数优化打下良好的基础。单站验证和优化主要检查基站的基础数据配置是否正确、硬件是否

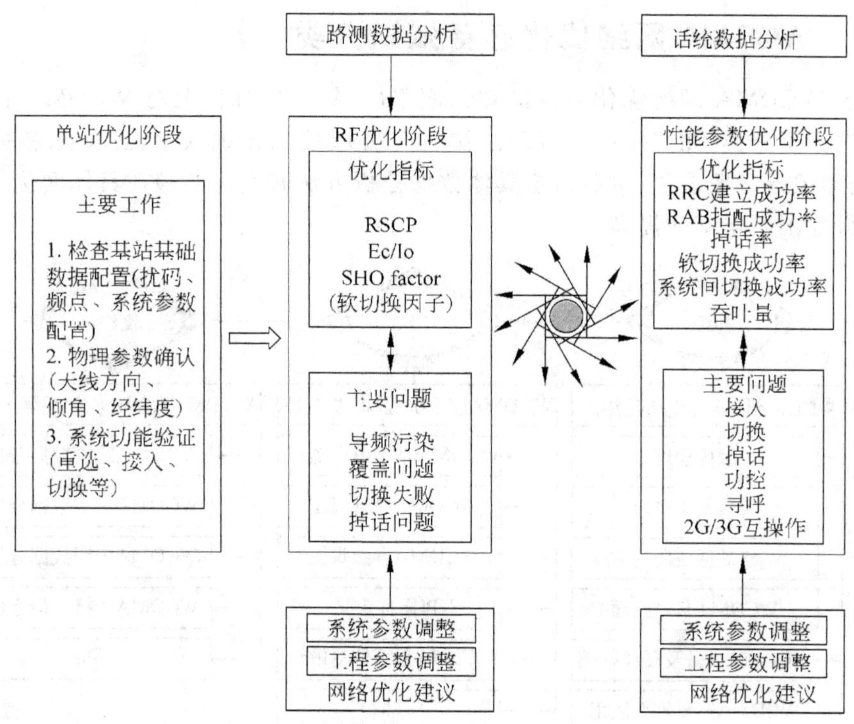

图 1.3-1 WCDMA 网络优化工作流程

正常(如有无天线接反、硬件告警等)、系统功能是否正常(如小区重选、接入、切换、话音/视频电话/数据业务、覆盖等方面)。涉及硬件告警、天线连接错误、基础数据配置错误、工程参数错误以及功能性的问题需要在这个阶段进行解决。

(2) RF 优化

RF(射频)优化主要针对覆盖和切换进行优化,同时需要控制导频污染和软切换比例以及解决干扰问题。一般情况下,RF 优化主要结合路测数据进行分析,重点分析覆盖问题、导频污染问题和切换问题,并提出相应的调整措施。

(3) 性能参数优化

参数优化和 RF 优化的划分是从调整的思路和措施出发,RF 优化主要是工程参数调整(可能会涉及切换优化时的邻区列表优化),主要目标解决覆盖问题和干扰问题,而参数优化调整主要是无线参数,主要目标在于通过结合路测数据、话统数据、告警数据以及参数配置数据进行分析,提出参数优化措施来提高网络的性能。此外,对于重点的问题可能需要结合信令跟踪进行断定。

由图 1.3-1 可见,WCDMA 网络优化是建立在无线传播理论、WCDMA 基本原理、信令流程、关键算法、系统参数的基础上,只有充分理解和掌握它们才能对系统出现的问题,如覆盖问题、掉话、切换问题、接入问题等进行定位和分析,并提出合理建议进行调整,使网络的关键性能指标(KPI)和用户感知度达到要求。

1.3.2 WCDMA 网络优化必备知识分类

鉴于 WCDMA 网络优化涉及的知识面很广，针对实际情况对 WCDMA 网络优化必备知识进行了分类，如图 1.3-2 所示。初学者需从基础知识入手，逐步熟悉关键信令流程、算法和关键参数设置，然后结合具体数据分析方法和实际经验在具体网优工作中使网优技能得到不断丰富和提高。

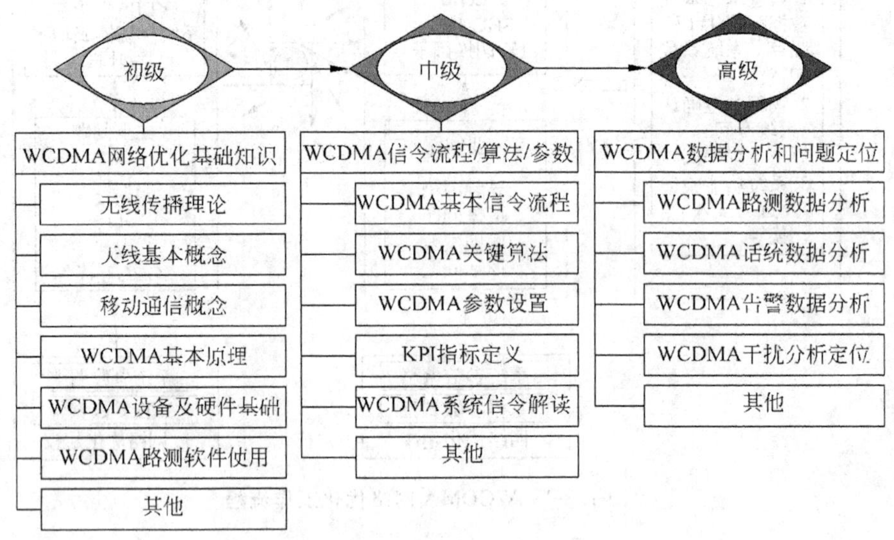

图 1.3-2 WCDMA 网络优化必备知识分类

需要说明的是，无线网络规划和优化是相辅相成、不可分割的，对于 WCDMA 网络的优化工作自然也离不开与网络规划的结合。对于 WCDMA 网络优化工程师来说，需要掌握无线网络传播的概念，熟悉 WCDMA 的覆盖规划、容量规划的流程和方法。由于涉及网络规划方面的知识很多，本书限于篇幅不对 WCDMA 网络规划做相应描述，不具备网络规划知识的工程师请参考文献[3]对此类知识进行补充。

1.4 本书的结构和内容安排

本书从 WCDMA 的基本原理入手，进而向读者全面介绍 WCDMA 的信令流程、关键算法和参数设置，然后就网络优化方法进行详细讨论，并对 WCDMA 网络优化分专题进行分析，最后描述了 HSDPA 的基本原理、优化方法以及 LTE 技术。全书按照循序渐进和由易到难的指导思想进行相关内容的编排，尽可能详细地将 WCDMA 网络优化涉及的基本技能和数据分析方法全面地展示给读者。书中引用了大量的商用网络优化案例，以便贴近实际网络，强化对具体问题的分析和解决能力。本书的总体思路如图 1.4-1 所示。

按照上面的思路，全书分五大部分、共 11 章：第 1～3 章属于 WCDMA 基础部分，这部分重点描述的是 WCDMA 基本原理和信令流程。第 4～6 章是 WCDMA 算法和参数

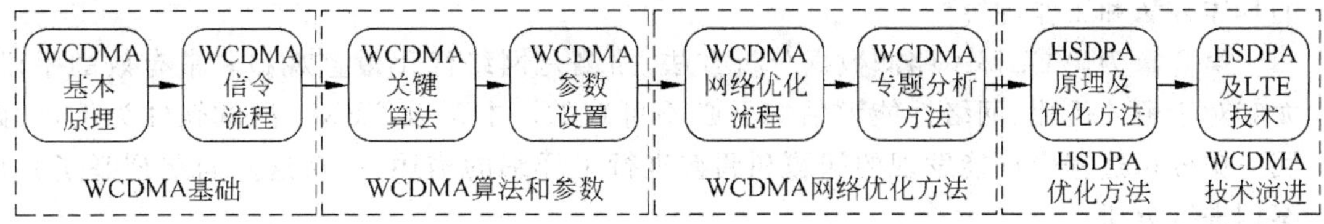

图 1.4-1　本书结构示意图

设置部分，是本书描述的重点之一。各个厂家的关键算法和参数设置是有区别的，在此部分将以业界占主导地位的爱立信、华为或诺基亚等厂商的具体实现进行描述。第 7～9 章是 WCDMA 网络优化和问题分析方法部分，也是本书的一个重点，这部分将对网络优化方法进行系统和全面的描述，对路测数据和话统数据分析方法分别展开讨论，并采用具体的案例进行说明。第 10 章是对 HSDPA 原理和网络优化方法的描述。第 11 章是关于 3GPP 的 WCDMA 技术演进部分，分别讨论了 HSUPA、LTE 技术。下面就上述五大部分作简要的介绍。

1. WCDMA 基础部分

这部分包括三章的内容：

第 1 章为概述，主要使读者了解 WCDMA 目前在全球的商用发展现状以及关键技术，并对 WCDMA 网络优化的具体工作内容、必备知识有个大致了解，这是使读者理顺 WCDMA 网络优化思路的开篇指引。

第 2 章为 WCDMA 系统基本原理，主要描述 WCDMA 系统结构以及空中接口技术，使读者掌握各种信道之间的映射，了解物理层的信号处理技术和过程。

第 3 章为 WCDMA 关键信令流程，主要让读者掌握网络优化经常需要分析和信令跟踪必须掌握的信令交互流程，这些流程是进行参数优化的基础，如 PLMN 选择和小区选择、无线资源管理、呼叫建立和释放等流程。

2. WCDMA 算法和参数设置部分

第 4 章为 WCDMA 关键算法和参数第一部分，主要描述小区选择和重选、切换的关键算法和典型参数设置，这些算法的具体实现和参数的具体设置是网络优化工程师必须掌握的，这是参数优化的基础。

第 5 章为 WCDMA 关键算法和参数第二部分，主要描述功率控制算法和典型参数设置，这些算法包括下行公共控制信道的功率控制、开环功率控制、内环功率控制和外环功率控制，对上述功率控制的具体算法和参数设置做了细致讨论。

第 6 章为 WCDMA 关键算法和参数第三部分，主要描述接纳控制、拥塞控制的关键算法和典型参数设置，由于协议中并未详细规定接纳控制和拥塞控制的具体实现，所以在此分别对主要厂商关于这两种算法的实现做了详细讨论。

3. WCDMA 网络优化方法部分

第 7 章为 WCDMA 无线网络优化和流程的总体描述，主要描述网络优化主要过程中的具体方法和工作内容。

第 8 章为 WCDMA 路测数据分析方法，路测是网络优化最直观和非常有效的手段，尤其对于覆盖优化、网络性能评估等是必不可缺的。本章以 TEMS 测试软件为例，对路测数据分析过程中可能发现的问题和调整进行了详细的描述，并对这些问题列举了具体案例进行分析。

第 9 章为 WCDMA 话统数据分析方法，话统分析可以高效、准确地发现网络性能和质量问题。本章对关键性能指标进行了定义，讨论了主要的 WCDMA 定时器参数，并对 KPI 性能分析方法进行了详细描述，对呼叫建立失败原因（RRC 建立失败、RAB 建立失败）、掉话原因、切换失败原因分别进行了分析。

4. HSDPA 原理和网络优化方法部分

第 10 章首先描述了 HSDPA（高速分组下行链路接入）基本原理，对 HSDPA 的协议结构和关键技术，如 HARQ（混合自动重传请求）、AMC（自适应调制编码）以及调度算法进行了详细阐述，然后讨论了 HSDPA 的功率分配和码资源分配等关键算法。

5. WCDMA 技术演进部分

第 11 章为 WCDMA 技术演进部分，本章首先对 HSUPA（高速分组上行链路接入）技术进行了描述，并对 3GPP 目前重点关注的 LTE（长期演进技术）技术研究现状进行了描述。

此外，在书后列出了本书中引用以及业界经常用到的缩略语，以方便读者在阅读本书和查阅资料时检索。

第 2 章 WCDMA 基本原理

WCDMA 是一个复杂的系统，其网络结构和系统原理与 GSM 也有很大不同。WCDMA 基本原理方面涉及的内容是非常广泛的，本章将重点对 WCDMA 的空中接口技术和物理层进程方面进行全面的阐述，着重对 WCDMA 系统结构、信道结构、信道复用、物理层信号处理等内容进行描述，使读者能够掌握 WCDMA 网络优化所需要的基本概念。有关 WCDMA 信令方面的内容，将在第 3 章讲述。3GPP（Third Generation Partnership Project）定义了 WCDMA 协议的各个方面，欲全面了解 WCDMA 协议的读者可通过 3GPP 的网站下载最新版本的协议（http://www.3gpp.org），WCDMA 协议各系列的简介如表 2.0-1 所示，主要的物理层协议简列如表 2.0-2 所示，其中物理层的协议属于 25 系列。

表 2.0-1　WCDMA 协议简介

系列名称	内　容
21 系列	Requirements Specifications（简介、信息）
22 系列	Service Aspects
23 系列	Technical Realization
24 系列	Signalling Protocols（UE-CN）
25 系列	Radio Aspects
26 系列	Codecs（语音、视频）
27 系列	Data（数据应用所需功能）
28 系列	Signalling Protocols（RSS-CN）
29 系列	Signalling Protocols（NSS）
30 系列	Programme Management
31 系列	User Identity Module (SIM/USIM)
32 系列	Operation&Maintenance
33 系列	Security Aspects
34 系列	SIM and Test Specifications
35 系列	Security Algorithms

表 2.0-2　WCDMA（FDD）系统主要的物理层协议

协议号码	协议名称
TS 25.101	UE 无线传输和接收（FDD）
TS 25.104	UTRA（BS）FDD：无线传输和接收
TS 25.201	物理层概述
TS 25.211	物理信道和映射到物理信道上的传输信道（FDD）
TS 25.212	复用和信道编码（FDD）

续表

协议号码	协议名称
TS 25.213	扩频和调制(FDD)
TS 25.214	物理层进程(FDD)
TS 25.215	物理层：测量(FDD)
TS 25.302	物理层提供的业务

2.1 WCDMA 系统结构及协议分层

WCDMA 系统是基于 GSM 系统演进而来的，在网络结构功能划分上与 GSM 网络的划分是一致的，可分为两个子系统：无线接入网子系统(UTRAN)、核心网子系统(CN)。无线接入网子系统处理所有与无线接入有关的无线信道的分配、释放、切换、管理等功能，核心网络子系统处理所有与话音呼叫数据连接以及与外部网络相关的交换连接路由等功能，核心网从逻辑上分为电路域(Circuit Switched Domain, CS)和分组域(Packet Switched Domain, PS)。UTRAN、CN 与用户设备(User Equipment, UE)一起构成了整个 WCDMA 系统，其系统结构如图 2.1-1 所示。

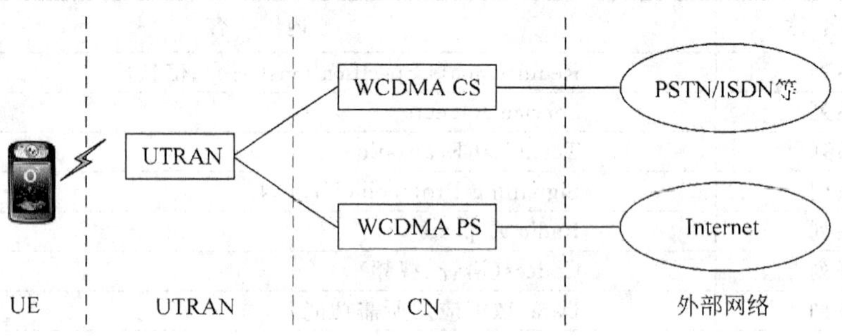

图 2.1-1 WCDMA 系统结构

需要说明的是，WCDMA 发展过程中经历了不同的版本，后续版本较之前版本进行了相应的功能增强。如图 2.1-2 所示，典型的 3GPP 协议版本分为 R99/R4/R5/R6/R7/R8 等多个阶段版本，到目前为止，前 5 个版本已经终结，其中 R99 协议于 2000 年 3 月冻结功能，R4 协议于 2001 年 3 月冻结功能，R5 协议于 2002 年 6 月冻结功能，R6 协议于 2005 年 3 月冻结功能，R7 协议于 2007 年 12 月冻结功能，目前正在进行 R8 版本的制定，预计 2008 年 12 月完成。而 R99/R4/R5 目前已经在国外获得商用。

R99 版本是目前最成熟、最稳定的一个版本，本书以 R99 为主体进行描述，在本节中对 R4 和 R5 的网络结构进行简要描述。以 R99 为例，图 2.1-3 中列出了 WCDMA 系统的基本网络单元。R99 无线接入网部分包括 Node B 和 RNC 两部分，核心网部分包括 MSC/VLR、HLR、SGSN/GGSN、GMSC 等部分。UE 是用户终端设备，它通过 Uu 接口与网络设备进行数据交互，为用户提供电路域和分组域内的各种业务功能。UE 包括两部分：ME(Mobile Equipment)，提供应用和服务；USIM(UMTS Subscriber Identity

Module)，提供用户身份识别。

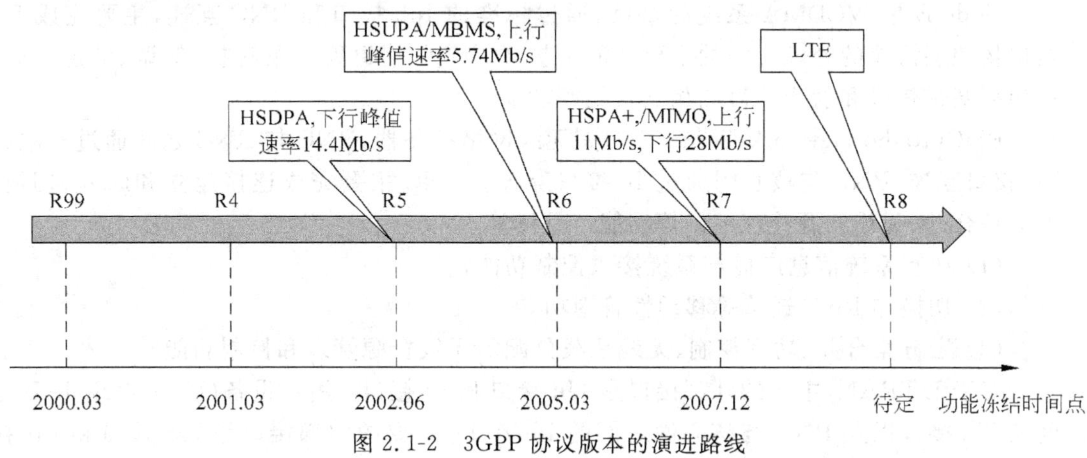

图 2.1-2 3GPP 协议版本的演进路线

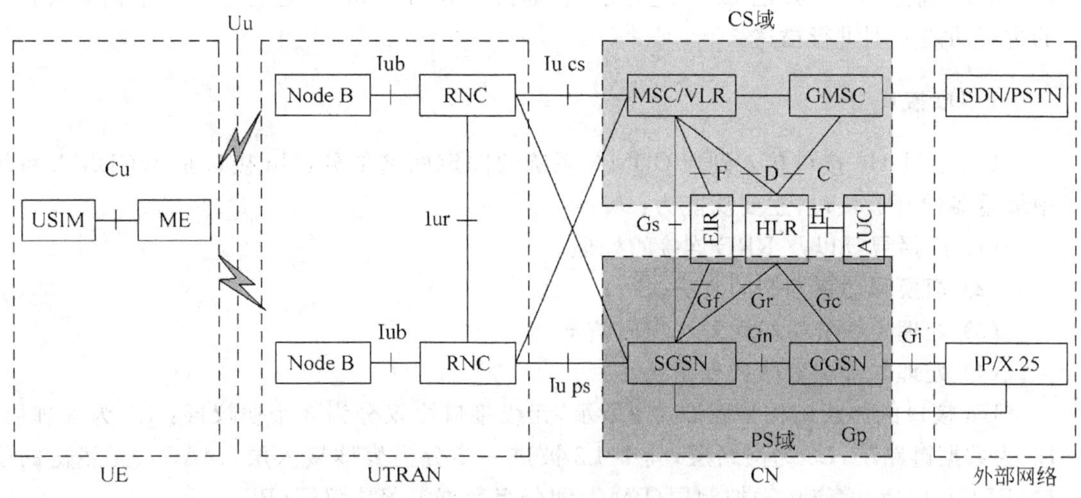

图 2.1-3 WCDMA 网络单元构成

从 R99 到 R5 的演进过程中，核心网基本网络逻辑上的划分没有变化，都分为电路域和分组域。但在 R4 网络中，核心网络电路域的 MSC 被拆分为 MSC Server 和 MGW，新增了一个 SGW 功能实体，HLR 也可被替换为 HSS。R5 版本是支持全 IP 的第一个版本，在 R5 网络中支持 HSDPA 技术，支持端到端的 VOIP，核心网络引入了大量新的功能实体，改变了原有的呼叫流程。在支持 IMS(IP 多媒体子系统)的情况下，R5 网络使用 HSS 以替代 HLR。R6 版本在网络结构方面与 R5 没有太大改变，主要增加了一些新的功能特性以及对已有功能特性的增强，实现 WLAN 与 3G 系统的融合，并加入了多媒体广播与多播业务以及 HSUPA 技术。接下来分别介绍无线接入网和核心网部分的内容。

2.1.1 无线接入网(UTRAN)

如图 2.1-3 所示，从功能结构上来说，UTRAN 接入网部分只有两个功能节点：基站(Node B)和无线网络控制器(RNC)，相当于 GSM 系统无线接入网中的 BTS(基站收发信机)和 BSC(基站控制器),但功能上与 GSM 有很大区别。

Node B 是 WCDMA 系统的基站,通过标准的 Iub 接口和 RNC 互连,主要完成 Uu 接口物理层协议的处理。它的主要功能是扩频、调制、信道编码及解扩、解调、信道解码,还包括基带信号和射频信号的相互转换等功能。

RNC(Radio Network Controller)是无线网络控制器,RNC 与 RNC 之间通过标准的 Iur 接口互连,RNC 与核心网通过 Iu 接口互连。RNC 主要完成连接建立和断开、切换、宏分集合并、无线资源管理控制等功能。具体如下:

(1) 执行系统信息广播与系统接入控制功能;

(2) 切换和 RNC 迁移等移动性管理功能;

(3) 宏分集合并、功率控制、无线承载分配等无线资源管理和控制功能。

对于 UTRAN,主要的外部接口是 Uu 接口和 Iu 接口:用户设备(UE)与 Node B 之间的 Uu 接口以及 RNC 与核心网之间的 Iu 接口;主要的内部接口是 Iub 接口和 Iur 接口:RNC 通过 Iur 与其他 RNC 进行通信,通过 Iub 与 Node B 进行通信。下面对各接口的主要功能分别进行描述。

1. Uu 接口

UE 通过 Uu 接口接入到 WCDMA 系统的固定网络部分,Uu 接口是 WCDMA 系统中最重要的开放接口,主要功能为:

(1) 广播寻呼以及 RRC 连接的处理;

(2) 切换和功率控制的判决执行;

(3) 处理无线资源的管理和控制信息;

(4) 处理基带和射频处理信息。

Uu 接口的协议结构如图 2.1-4 所示,无线接口协议分为 3 个协议层:L1 为物理层,L2 为数据链路层,L3 为网络层,其中 L2 被进一步分为媒体接入层(MAC)、无线链路子层(RLC)、广播/多点传送控制层(BMC)和分组数据汇聚协议层(PDCP)。

从图 2.1-4 中可以看出 RLC 层和 L3 层被分为控制面和用户面,而 PDCP 和 BMC 则只有用户面。RRC 层为 L3 的底层,属于接入层协议,终结于 UTRAN,向高层提供非接入层业务,对无线资源的分配进行控制并发送有关信令。RLC 层为用户和分组数据提供分段和重传业务,控制面和用户面没有差别。MAC 层主要实现逻辑信道到传输信道的映射,同时为每个信道选择合适的传输格式。BMC 层仅在用户面存在,除对 BMC 以外,对所有其他的服务都是透明的。Uu 接口为开放的接口,物理层的功能基本在 Node B 上实现,MAC 层以上协议在 RNC 内终结,由 RNC 实现无线资源管理。在 Uu 接口采用物理信道到传输信道以及传输信道到逻辑信道之间的三层映射关系(信道之间的映射关系将在 2.2 节中描述)。下面描述 Uu 接口各层的功能。

(1) 物理层(L1)

物理层向上层提供数据传输服务,这些服务都是通过 MAC 子层的传输信道实现的。传输格式(或格式集)定义了传输信道的特征,同时也指明了物理层对这些传输信道的处理过程,如信道卷积编码与交织,以及服务所需的速率匹配。物理层完成以下主要功能:

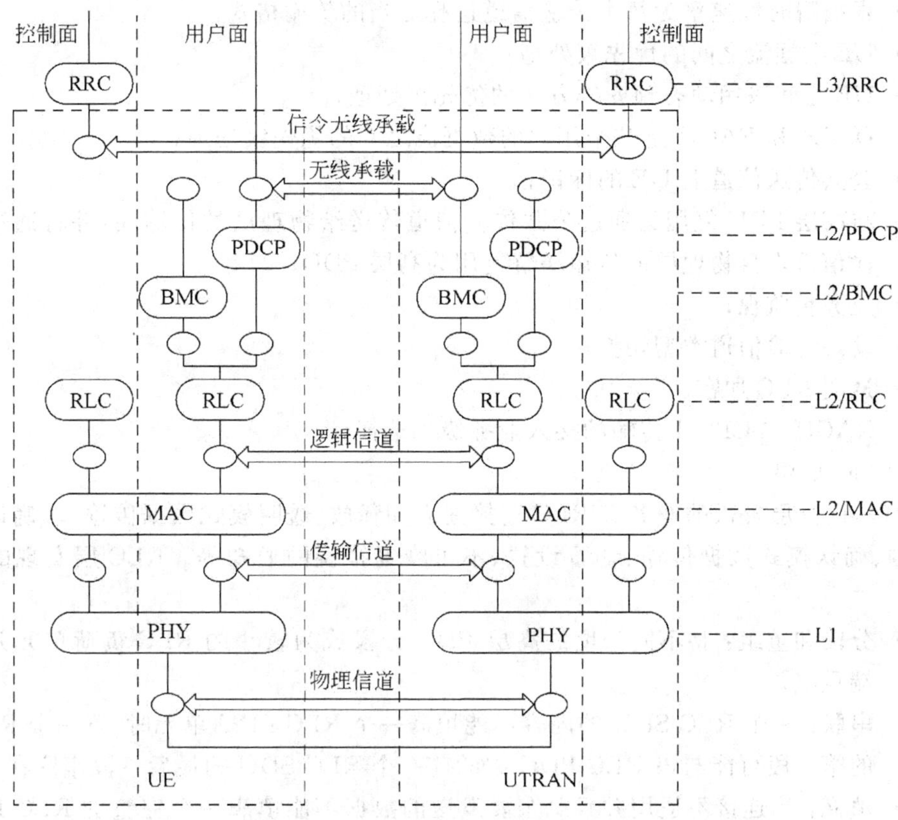

图 2.1-4　Uu 接口的协议结构

- 传输信道的 FEC 编/解码；
- 向上层提供测量及指示(如 FER、SIR、干扰功率、发送功率等)；
- 宏分集分布/组合及软切换执行；
- 传输信道的错误检测；
- 传输信道的复用以及编码复合传输信道的解复用；
- 速率匹配；
- 编码复合传输信道到物理信道的映射；
- 物理信道的调制/扩频与解调/解扩；
- 频率和时间(码片、比特、时隙、帧)的同步；
- 闭环功率控制；
- 物理信道的功率加权与组合；
- 射频处理。

(2) MAC 层

MAC 层向高层提供数据传输无线资源和 MAC 参数的重新分配测量汇报等业务，MAC 的功能包括：

- 逻辑信道和传输信道之间的映射；

- 根据瞬时源速率为每个传输信道选择适当的传输格式；
- UE 数据流之间的优先级处理；
- UE 之间采用动态预安排方法的优先级处理；
- DSCH 和 FACH 上几个用户的数据流之间的优先级处理；
- 公共传送信道上 UE 的标识；
- 将高层 PDU 复用为通过公共传输信道传送给物理层的传输块，并将通过公共传输信道来自物理层的传输块解复用为高层 PDU；
- 业务量监视；
- 动态传输信道类型切换；
- 透明 RLC 加密；
- RACH 和 CPCH 传输的接入业务级别选择。

(3) RLC 层

RLC 向高层提供的业务有 RLC 连接建立和释放、透明模式数据传输、非确认模式数据传输、确认模式数据传输、QoS 设置、不可恢复错误的通知等。RLC 层实现的功能主要有：

- 分段和重组：将不同长度的高层 PDU 分段成为较小的 RLC 负荷单元并在对等端重组；
- 串联：一个 RLC SDU 的内容不能填满一个 RLC PDU 单元时，下一个 RLC SDU 的第一段可能与该 RLC PDU 中的前一个 RLC SDU 的最后一段串联在一起；
- 填充：当连接不适用并且剩余要发送的数据不能填满一个完整的 RLC PDU 时，剩余数据段将用填充比特填满；
- 发送用户数据：用于在 RLC 业务用户之间传送数据；
- 错误纠正：在确认数据传输模式中通过重传提供错误纠正；
- 高层 PDU 顺序传递：保持使用确认模式业务的 RLC 发送高层 PDU 的顺序；
- 副本检测：检测接收到的 RLC PDU，保证发到高层的 PDU 只传送一次；
- 流量控制：允许 RLC 接收端控制对等发送端 RLC 发送信息的速率；
- 序号检查：保证重组 PDU 的完整性并提供一个检测恶化的 RLC SDU 的机制；
- 协议错误检测和恢复：在 RLC 协议操作中检测错误并进行恢复；
- 加密：防止捕获未经允许的数据；
- 挂起和恢复功能：挂起和继续数据的传输。

(4) BMC 层

广播多点传送控制(BMC)是仅存在于用户平面的 L2 的一个子层，它位于 RLC 层之上。L2/BMC 子层对于除广播多投之外的所有业务均被认为是透明的。BMC 层实现的功能有：

- 存储小区广播消息；
- 业务量监测和 CBS 无线资源请求；
- BMC 消息的调度；
- 向 UE 发送 BMC 消息；

• 向高层 NAS 传送小区广播消息。

(5) PDCP 层

分组数据会聚协议执行下列功能：

• 在发送与接收实体中分别执行 IP 数据流的头部压缩与解压缩(如：TCP/IP 和 RTP/UDP/IP 头部)，头部压缩方法对应于特定的网络层、传输层或上层协议的组合；
• 传输用户数据，也就是将非接入层送来的 PDCP-SDU 转发到 RLC 层，或执行相反功能；
• 若支持非丢失的 SRNS 重定位功能，则前转 PDCP-SDU 及相应的顺序号；
• 将多个不同的 RB 复用到同一个 RLC 实体。

(6) RRC

RRC 层提供的业务包括公共控制、通告和专用控制，RRC 执行以下功能：

• 广播由非接入层(核心网)提供的信息；
• 广播与接入层相关的信息；
• 建立、维持及释放 UE 和 UTRAN 之间的一个 RRC 连接；
• 建立、重配置及释放无线承载；
• 分配、重配置及释放用于 RRC 连接的无线资源；
• RRC 连接移动功能；
• 为高层 PDU 选路由；
• 控制所需的 QoS；
• UE 测量的报告和对报告的控制；
• 外环功率控制；
• 加密控制；
• 慢速动态信道分配；
• 广播 ODMA 中继节点相邻节点信息；
• 核查 ODMA 中继节点相邻节点列表和梯度信息；
• 维持 ODMA 中继节点相邻节点的数量；
• 建立、维持及释放 ODMA 中继节点之间的一个路由；
• 关口 ODMA 中继节点和 UTRAN 之间的互操作；
• 寻呼/通告；
• 空闲模式下，初始小区选择和重选；
• 上行链路 DCH 上无线资源的仲裁；
• RRC 消息完整性保护。

2. Iub 接口

Iub 接口是连接 Node B 与 RNC 的接口，Iub 接口是一个开放的标准接口。这也使通过 Iub 接口相连接的 RNC 与 Node B 可以分别由不同的设备制造商提供。Iub 接口的功能有：

(1) 传送资源的管理，是指对由传送信令控制的传送资源进行管理，即对信令承载进行管理；

(2) Node B 的操作与维护，包括 Iub 链路管理、小区配置管理、无线网络性能管理、公共传输信道管理、无线资源管理、系统信息升级；

(3) 实现专用的 O&M(操作维护)传送；

(4) 公共信道的流量管理，包括管理控制、功率控制和数据传送；

(5) 专用信道的流量管理，包括无线链路建立、信道分配和取消分配、功率管理、测量报告、专用传输信道管理、数据传送；

(6) 上行和下行共享信道的流量管理；

(7) 定时和同步管理，包括传输信道同步、Node B 和 RNC 同步、Node B 间同步。

Iub 接口的协议结构如图 2.1-5 所示，Iur 接口横向分为无线网络层和传输网络层，纵向分为控制面和用户面。

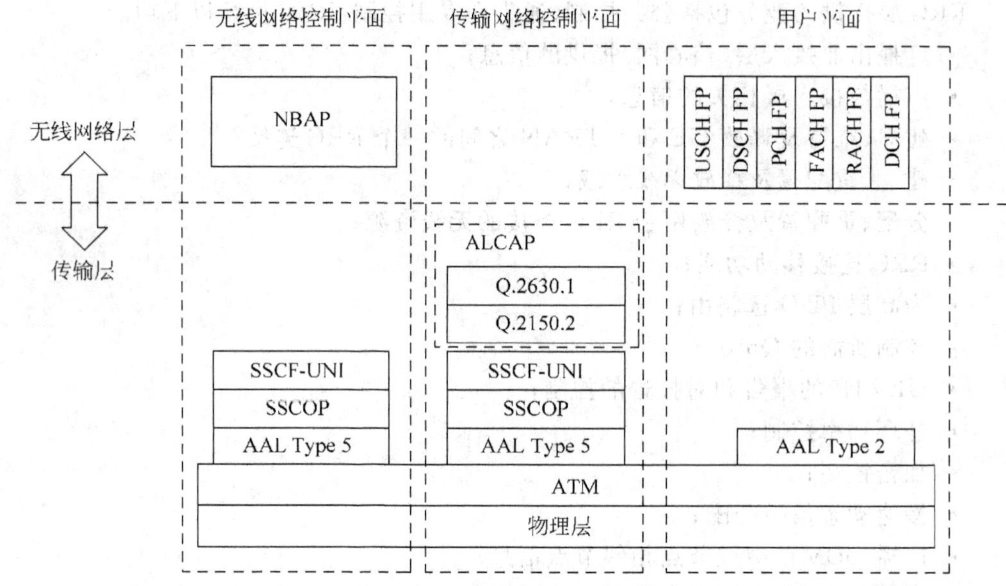

图 2.1-5 Iub 接口协议结构

无线网络层规定与 Node B 操作相关的程序。由无线网络控制平面和无线网络用户平面组成。控制面是 Node B 应用协议 NBAP(Node B Application Protocol)，用户面是 Iub FP(Frame Protocol)协议。

传输网络层规定在 Node B 和 RNC 之间建立网络连接的程序。每个 RACH(随机接入信道)、每个 FACH(前向接入信道)和每个 CPCH(公共分组信道)传输信道都应有一个专用的 AAL2 连接。传输网络层控制面用于控制 AAL2(ATM 适配层类型 2)连接的建立，用户面用来进行数据和信令传送。

3. Iur 接口

Iur 接口是 WCDMA 系统特有的接口，用于对 UTRAN 中移动台的移动管理。在不同的 RNC 之间进行软切换时，移动台所有数据都是通过 Iur 接口从正在工作的 RNC

(SRNC)传到候选 RNC(DRNC)。Iur 接口的功能有：

(1) 传送网络的管理；

(2) 公共传送信道的业务管理；

(3) 专用传送信道的业务管理(无线链路的建立/增加/删除、测量报告传送)；

(4) 下行共享传送信道的业务管理(无线链路的建立/增加/删除、容量分配)；

(5) 传送公共和专用测量对象的测量报告。

Iur 接口协议结构如图 2.1-6 所示，横向分为无线网络层和传输网络层，纵向分为控制面和用户面。在无线网络层控制面是无线网络子系统应用协议 RNSAP，用户面是 Iur FP 协议；在传输网络层，控制面用于控制 AAL2 连接的建立，用户面用来进行数据传送和传输信令。

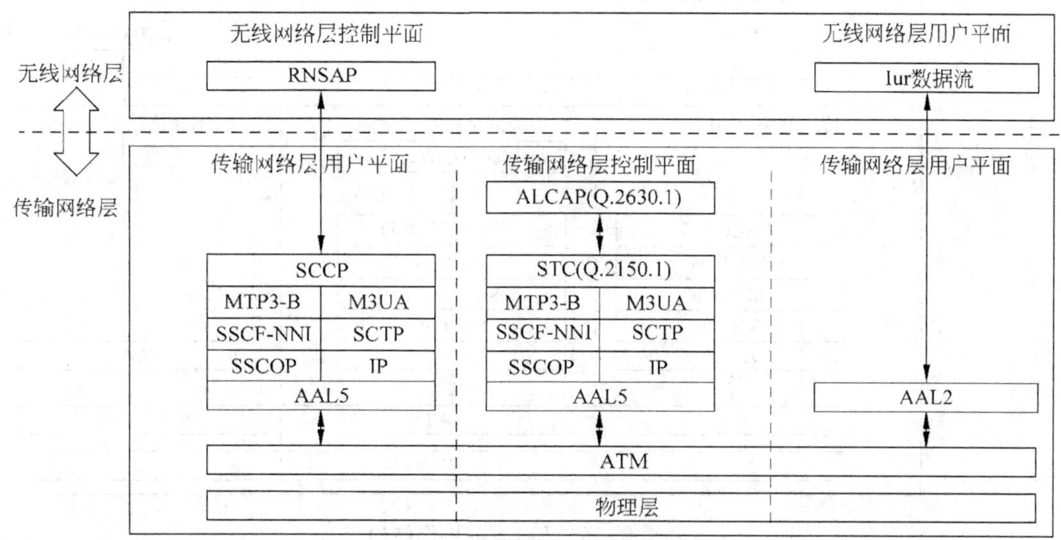

图 2.1-6　Iur 接口协议结构

4. Iu 接口

Iu 接口也是开放的标准接口，可实现多厂商的设备兼容。Iu 接口支持建立维护和释放无线接入承载的程序，可以完成系统内切换、系统间切换和 SRNS(Serving Radio Network Subsystem)重定位程序，支持小区广播业务等。主要包括如下功能：

(1) RAB 管理；

(2) 无线资源管理；

(3) 对外部网络的速率适配；

(4) Iu 链路管理；

(5) Iu 接口用户平面管理；

(6) 移动管理，包括位置信息报告、切换和重定位等；

(7) 安全管理，包括数据保密、无线接口加密密钥管理、用户识别、保密数据完整性以及完整性密钥检查；

(8) 服务和网络接入，即核心网信令数据、数据量报告、位置报告等；

(9) Iu 协调(寻呼协调)。

对于任何一个 RNC，它和 CN 之间存在 3 个 Iu 接口：面向电路交换域的 Iu-CS 接口、面向分组域的 Iu-PS 接口、面向广播的 Iu-BC 接口。Iu 接口的无线网络信令由无线接入网络应用部分 RANAP 和业务域广播协议 SABP 构成，RANAP 和 SABP 协议构成处理 CN 和 UTRAN 之间所有程序的机制。RANAP 可以透明地在 CN 和 UE 之间传送消息而不需要 UTRAN 解释和处理，图 2.1-7 为 RANAP 的 Iu-CS 的协议结构，图 2.1-8 为 RANAP 的 Iu-PS 的协议结构。SABP 协议用于数据传送和信令，图 2.1-9 为 SABP 的 Iu-BC 协议结构。

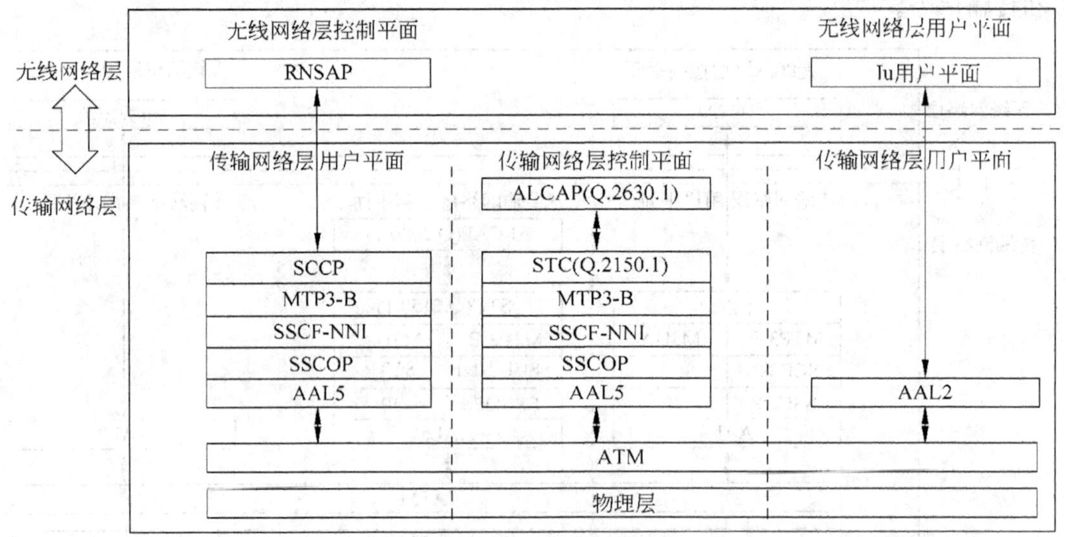

图 2.1-7　Iu-CS 的协议结构

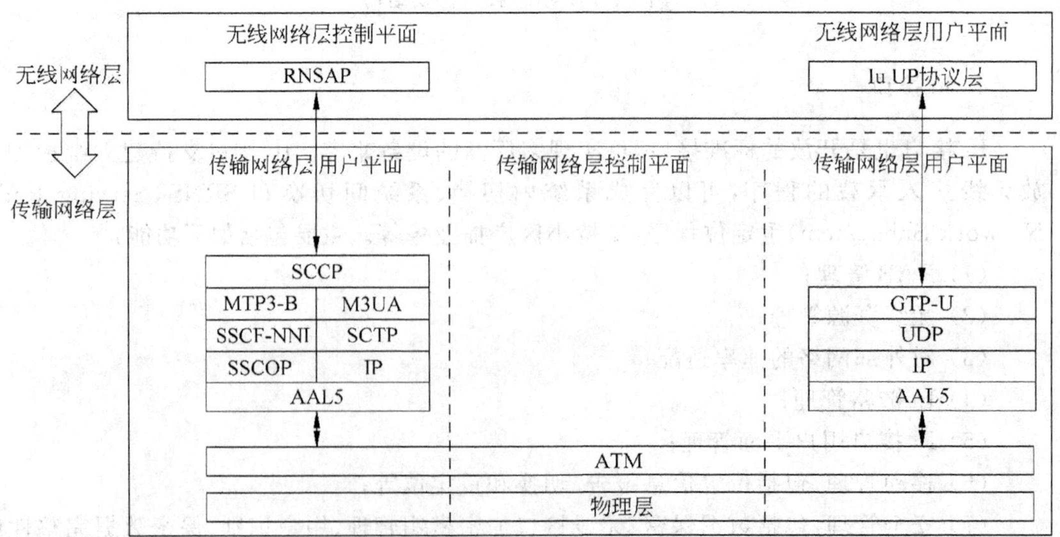

图 2.1-8　Iu-PS 的协议结构

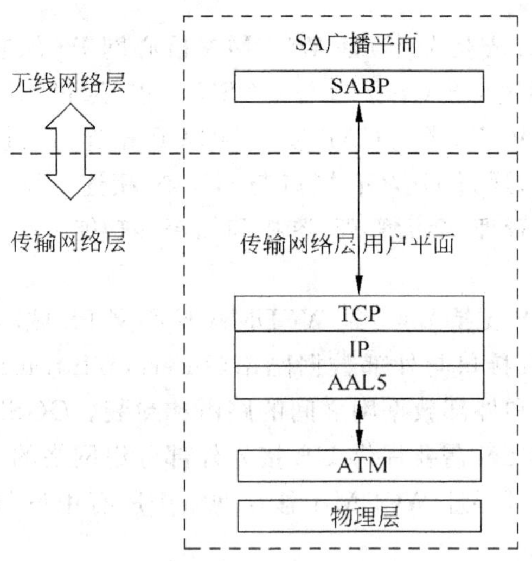

图 2.1-9　Iu-BC 的协议结构

2.1.2　核心网(CN)

如图 2.1-3 所示,从总体上来说,R99 版本的核心网(CN)分为电路域和分组域两大部分。CS 域的功能实体包括:MSC、VLR 等。其中,运营商可以根据连接方式的不同将 MSC 设置为 GMSC、SM-GMSC、SM-IWMSC 等。为实现网络互通,在系统中配置 IWF(一般结合于 MSC)。PS 域的功能实体包括 SGSN 和 GGSN,为用户提供分组数据业务。HLR、AUC、EIR 为 CS 域和 PS 域共用设备。核心网负责与其他网络的连接和对 UE 的通信与管理。

在 WCMDA 系统中,不同协议版本的核心网设备有所区别。R4 版本的核心网也一样,只是把 R99 电路域中的 MSC 的功能改由两个独立的实体 MSC Server 和 MGW 来实现。R5 版本的核心网相对 R4 增加了一个 IP 多媒体域,其他的与 R4 基本相同。下面以 R99 版本为例对各功能实体进行描述。R99 版本核心网的主要功能实体如下。

(1) MSC/VLR

MSC/VLR 是 WCDMA 核心网 CS 域功能节点,它通过 Iu-CS 接口与 UTRAN 相连,通过 PSTN/ISDN 接口与外部网络(如 PSTN、ISDN 等)相连,通过 C/D 接口与 HLR/AUC 相连,通过 E 接口与其他 MSC/VLR、GMSC 或 SMC 相连,通过 CAP 接口与 SCP 相连,通过 Gs 接口与 SGSN 相连。MSC/VLR 的主要功能是提供 CS 域的呼叫控制、移动性管理、鉴权和加密等功能。

(2) GMSC

GMSC 是 WCDMA 移动网 CS 域与外部网络之间的网关节点,是可选功能节点,它通过 PSTN/ISDN 接口与外部网络(如 PSTN、ISDN 等)相连,通过 C 接口与 HLR 相连,通过 CAP 接口与 SCP 相连。它的主要功能是完成呼入呼叫的路由功能及与固定网等外部网络的网间结算功能。

(3) SGSN

SGSN(服务 GPRS 支持节点)是 WCDMA 核心网 PS 域功能节点,它通过 Iu-PS 接口与 UTRAN 相连,通过 Gn/Gp 接口与 GGSN 相连,通过 Gr 接口与 HLR/AUC 相连,通过 Gs 接口与 MSC/VLR,通过 CAP 接口与 SCP 相连,通过 Gd 接口与 SMC 相连,通过 Ga 接口与 CG 相连,通过 Gn/Gp 接口与 GGSN 相连。SGSN 的主要功能是提供 PS 域的路由转发、移动性管理、会话管理、鉴权和加密等功能。

(4) GGSN

GGSN(网关 GPRS 支持节点)是 WCDMA 核心网 PS 域功能节点,通过 Gn/Gp 接口与 SGSN 相连,通过 Gi 接口与外部数据网络(Internet/Intranet)相连。GGSN 提供数据包在 WCDMA 移动网和外部数据网之间的路由和封装。GGSN 主要功能是同外部 IP 分组网络的接口功能,GGSN 需要提供 UE 接入外部分组网络的关口功能,从外部网的观点来看,GGSN 就好像是可寻址 WCDMA 移动网络中所有用户 IP 的路由器,需要同外部网络交换路由信息。

(5) HLR

HLR(归属位置寄存器)是 WCDMA 核心网 CS 域和 PS 域共有的功能节点,它通过 C 接口与 MSC/VLR 或 GMSC 相连,通过 Gr 接口与 SGSN 相连,通过 Gc 接口与 GGSN 相连。HLR 的主要功能是提供用户的签约信息存放、新业务支持、增强的鉴权等功能。

(6) 鉴权中心(AuC)

AuC 为 CS 域和 PS 域共用设备,是存储用户鉴权算法和加密密钥的实体。AuC 将鉴权和加密数据通过 HLR 发往 VLR、MSC 以及 SGSN,以保证通信的合法和安全。每个 AuC 和对应的 HLR 关联,只通过该 HLR 和外界通信。通常 AuC 和 HLR 结合在同一物理实体中。

1. 核心网内部电路域接口

核心网内部的电路域接口是核心网内部为完成电路交换功能在各个功能实体之间的接口。主要有 B、C、D、E、F、G、H、J 和 K 接口,其中 B、H 接口为内部接口,C、D、E、F、G、K 接口采用基于 No.7 信令方式的 MAP 协议,J 接口采用基于 No.7 信令方式的 CAP 协议。

B 接口是 VLR 与 MSC 之间的接口,VLR 是漫游到相关 MSC 区域的用户的位置和管理数据库。当 MSC 需要使用在其业务区中驻留的用户相关数据时,MSC 需从 VLR 查询。当移动台做位置更新时,MSC 请求 VLR 存储相关信息。在用户激活补充业务或修改数据时,MSC(通过 VLR)请求 HLR 存储数据。B 接口是内部接口。

C 接口是 HLR 与 GMSC 之间的接口,当固定网无法查询移动用户位置以建立呼叫时,GMSC 必须向 HLR 查询被叫用户的漫游号码。当 SMS-GMSC 转发短消息时,需要向 HLR 查询被叫用户所在的 MSC 号码。

D 接口是 HLR 与 VLR 之间的接口,该接口用来交换用户位置信息及处理信息。为支持移动用户在整个服务区内发起或接收呼叫,HLR 和 VLR 需要进行数据交换。VLR 通知 HLR 用户位置信息,并在呼叫时提供用户漫游号码。HLR 向 VLR 发送所需的用户业务数据。交换数据通常发生在用户请求特殊业务、用户或网络上改变用户数据时,该接口为标准协议接口。

E 接口是 MSC 之间的接口，当移动台在呼叫过程中从一个 MSC 漫游到另一个 MSC 时，为了继续通信，MSC 会做切换处理。这时 MSC 之间必须交换数据，当短消息从 MS 发送到 MSC，该接口用来在用户 MSC 和短消息网关 MSC 之间传递消息，该接口为标准协议接口。

F 接口是 MSC 与 EIR 之间的接口，该接口用来在 MSC 和 EIR 之间交换数据，目的是验证移动台 IMEI 的状态，该接口为标准协议接口。

G 接口是 VLR 之间的接口，当 MS 从一个 VLR 漫游到另一个 VLR 时，该接口从旧 VLR 传递 IMSI 和鉴权参数到新 VLR，该接口为标准协议接口。

H 接口是 HLR 和 AuC 之间的接口，当 HLR 从 MS 接受鉴权请求时，如果 HLR 没有这些信息，将向 AuC 请求这些数据，此接口为内部接口。

2. 核心网内部分组域接口

Gn/Gp 接口为 SGSN 和 GGSN 之间的接口，其中 Gn 接口为同一 PLMN 内的 SGSN 和 GGSN 之间的接口，Gp 接口为不同 PLMN 间 SGSN 和 GGSN 之间的接口。

Gr/Gf/Gd 接口：Gr 接口为 SGSN 和 HLR 之间的接口，Gf 接口为 SGSN 和 EIR 之间的接口，Gd 接口为 SGSN 与 SMS-GMSC/SMS-IWMSC 之间接口，它们之间使用支持 WCDMA PS 的 MAP 协议，利用 SS7 进行传送，实现鉴权登记移动性管理以及短消息传送等功能。

Gs 接口为 SGSN 和 MSC/VLR 之间的接口，为可选接口。只用于传送信令。该接口采用 BSSAP＋协议，实现联合的移动性管理寻呼等功能，也是利用 SS7 进行传送。

Gc 接口是 GGSN 与 HLR 之间的接口，使用 MAP 协议，为可选接口。主要功能是为了完成反向 PDP 连接时，获取 MS 所在的 SGSN 地址以实现网络启动时的 PDP 上下文激活功能。

R99 中核心网的接口协议如表 2.1-1 所示。

表 2.1-1　R99 核心网的接口名称与含义

接　口　名	连接实体	接　口　名	连接实体
A	MSC——BSC	Gc	GGSN——HLR
B	MSC——VLR	Gd	SGSN——SMS-GMSC/IWMSC
C	MSC——HLR	Ge	SGSN——SCP
D	VLR——HLR	Gf	SGSN——EIR
E	MSC——MSC	Gi	GGSN——PDN
F	MSC——EIR	Gp	GSN——GSN(Inter PLMN)
G	VLR——VLR	Gn	GSN——GSN(Intra PLMN)
Gs	MSC——SGSN	Gr	SGSN——HLR
H	HLR——AuC	Iu-CS	MSC——RNC
Ga	GSN——CG	Iu-PS	SGSN——RNC
Gb	SGSN——BSC		

2.1.3 R4 网络结构

R4 版本与 R99 网络相比主要变化发生在电路域,PS 域的功能实体 SGSN 和 GGSN 没有改变,与外界的接口也没有改变。CS 域的功能实体仍然包括 MSC、VLR、HLR、AuC、EIR 等设备,相互间的关系也没有改变。为了支持全 IP 网发展需要,R4 版本中 CS 域实体有所变化:MSC 根据需要可分成两个不同的实体:MSC 服务器(MSC Server,仅用于处理信令)和电路交换媒体网关(CS-MGW,用于处理用户数据),MSC Server 和 CS-MGW 共同完成 MSC 功能,对应的 GMSC 也分成 GMSC Server 和 CS-MGW,R4 版本基本网元实体以及接口大部分继承了 R99 网络实体与接口的定义,与 R99 网络定义相同的网络实体从基本功能上来看没有变化,这部分就不再详述,下面重点介绍变化的网元实体及相关接口。

(1) MSC 服务器(MSC Server)

MSC Server 主要由 MSC 的呼叫控制部分和移动控制部分组成,负责完成 CS 域的呼叫处理等功能。MSC Server 终接用户-网络信令,并将其转换成网络-网络信令。MSC Server 也可包含 VLR 以处理移动用户的业务数据和 CAMEL 相关数据。MSC Server 可通过接口控制 CS-MGW 中媒体通道的关于连接控制的部分呼叫状态。

(2) 电路交换媒体网关(CS-MGW)

CS-MGW 是 PSTN/PLMN 的传输终接点,并且通过 Iu 接口连接核心网和 UTRAN。

CS-MGW 可以是从电路交换网络来的承载通道的终接点,也可以是分组网来的媒体流(例如,IP 网中的 RTP 流)的终接点。在 Iu 接口上,CS-MGW 可支持媒体转换、承载控制和有效载荷处理(例如,多媒体数字信号编解码器、回音消除器、会议桥等),可支持 CS 业务的不同 Iu 选项(基于 AAL2/ATM,或基于 RTP/UDP/IP)。CS-MGW 可具有必要的资源以支持 WCDMA/GSM 传输媒体。进一步,可要求 H.248 裁剪器支持附加的多媒体数字信号编解码器和成帧协议等。CS-MGW 的承载控制和有效载荷处理能力也用于支持移动性功能,如 SRNS 重分配/切换和定位。

(3) GMSC 服务器(GMSC Server)

GMSC Server 主要由 GMSC 的呼叫控制部分和移动控制部分组成。

(4) 信令网关(SGW)

信令网关是 R4 新增的一个实体。在 R4 网络中可以使用两种信令传送方式:基于 TDM 的传统 SS7 方式和基于 IP 的 SS7 方式(也称为 SIGTRAN 信令传送网络)。当使用两种不同信令传送方式的设备互相通信时,就需要一个信令网关 SGW 来完成相关承载协议的转换。SGW 主要完成传输层的信令转换,也就是完成传统 SS7 的 MTP 协议与 SIGTRAN 的 SCTP/IP 之间的转换。对于 MTP 之上的应用层,如 MAP/CAP/ISUP/BICC 等协议,SGW 是不会加以处理的。

(5) HLR

HLR 可更新为归属位置服务器(HSS),将在 2.1.4 节的 R5 版本中一并介绍。

在 R4 网络中也新增一些接口协议,如表 2.1-2 所示。

表 2.1-2　R4 核心网外部接口名称与含义

接口名	连接实体	接口名	连接实体
A	MSC——BSC	Gd	SGSN——SM-GMSC/IWMSC
B	MSC——VLR	Ge	SGSN——SCP
C	MSC——HLR	Gf	SGSN——EIR
D	VLR——HLR	Gi	GGSN——PDN
E	MSC——MSC	Gp	GSN——GSN(Inter PLMN)
F	MSC——EIR	Gn	GSN——GSN(Intra PLMN)
G	VLR——VLR	Gr	SGSN——HLR
Gs	MSC——SGSN	Iu-CS	MSC ——RNC
H	HLR——AuC	Iu-PS	SGSN——RNC
Ga	SGSN——CG	Mc	(G)MSC Server——CS-MGW
Gb	SGSN——BSC	Nc	MSC Server——GMSC Server
Gc	GGSN——HLR	Nb	CS-MGW ——CS-MGW
Mh	HSS——R-SGW		

2.1.4　R5 网络结构

R5 版本的网络结构和接口形式与 R4 版本基本一致，区别主要在于：当 PLMN 包括 IP 多媒体子系统(IMS)时，HLR 被 HSS 所替代。另外，BSS 和 CS-MSC、MSC-Server 之间同时支持 A 接口及 Iu-CS 接口，BSC 和 SGSN 之间支持 Gb 及 Iu-PS 接口。

如图 2.1-10 所示，深灰色为 R4 版本新增功能实体，浅灰色为 R5 版本新增功能实体。R5 版本核心网新增的主要功能实体如下。

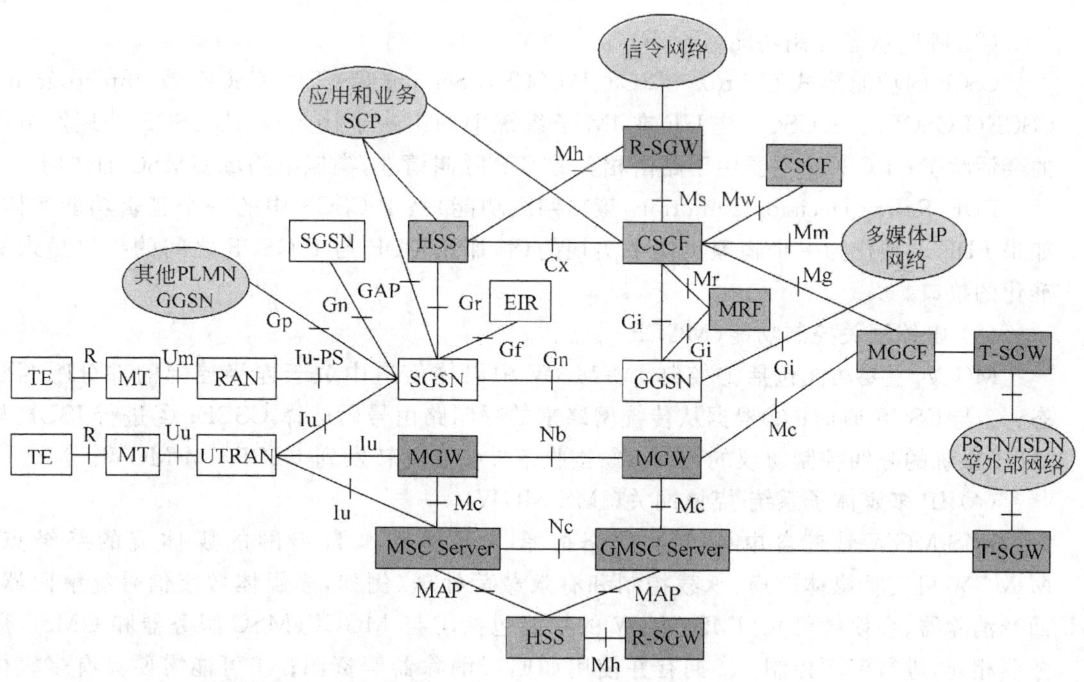

图 2.1-10　R5 版本的网络结构

(1) 归属位置服务器(HSS)

当网络具有 IMS 子系统时,需要利用 HSS 替代 HLR。HSS 是网络中移动用户的主数据库,存储有支持网络实体完成呼叫/会话处理相关的业务信息。例如,HSS 通过进行鉴权、授权、名称/地址解析、位置依赖等,以支持呼叫控制服务器能顺利完成漫游/路由等流程。

和 HLR 一样,HSS 负责维护管理有关用户识别码、地址信息、安全信息、位置信息、签约服务等用户信息。基于这些信息,HSS 可支持不同控制系统(CS 域控制、PS 域控制、IM 控制等)的 CC/SM(呼叫控制/会话管理)实体。HSS 的基本结构与接口如图 2.1-11 所示。HSS 可集成不同类型的信息,在增强核心网对应用和服务域的业务支持同时,对上层屏蔽不同类型的网络结构。HSS 支持的功能包括 IM 子系统请求的用户控制功能;PS 域请求的有关 HLR 功能子集;CS 域部分的 HLR 功能(如果允许用户接入 CS 域,或漫游到传统网络)。

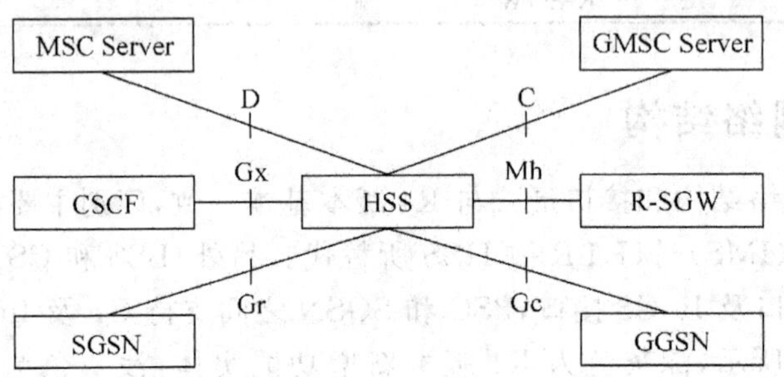

图 2.1-11　HSS 的基本结构与接口

(2) 呼叫状态控制功能(CSCF)

CSCF 的功能形式有 Proxy CSCF(P-CSCF)、Serving CSCF(S-CSCF)或 Interrogating CSCF(I-CSCF)。P-CSCF 是 UE 在 IM 子系统中的第一个接入点;S-CSCF 处理网络中的会话状态;I-CSCF 主要用于路由相关的 SIP 呼叫请求,类似电路域 GMSC 的作用。

PDF(Policy Decision Function,策略判决功能)是 P-CSCF 中的一个逻辑功能实体。如果 PDF 单独作为一个物理实体来实现的话,那么 PDF 与 P-CSCF 之间的接口是未标准化的接口。

(3) 媒体网关控制功能(MGCF)

MGCF 主要功能包括①控制 IM-MGW 中媒体信道中关于连接控制的部分呼叫状态;②与 CSCF 通信;③根据从传统网络来的呼叫路由号码选择 CSCF;④进行 ISUP 与 IM 子系统的呼叫控制协议的转换;⑤接收带外信息并转发到 CSCF/IM-MGW。

(4) IP 多媒体子系统-媒体网关(IMS-MGW)

IMS-MGW 是来自电路交换网络的承载通道和来自组网的媒体流的终结点。M-MGW 可支持媒体转换、承载控制和有效载荷处理(例如,多媒体数字信号编解码器、回音消除器、会议桥等)。IMS-MGW 的功能包括①与 MGCF、MSC 服务器和 GMSC 服务器相连,进行资源控制;②拥有并使用如回音消除器等资源;③可能需要具有多媒体数字信号编解码器;④IMS-MGW 可具有必要的资源以支持 WCDMA/GSM 传输媒体。

(5) 多媒体资源功能控制器(MRFC)

MRFC 完成的功能包括①控制 MRFP 中的媒体流资源；②解释从应用服务器和 S-CSCF 发来的信息(如会话标识符),用以控制 MRFP；③产生 CDR。

(6) 多媒体资源功能处理器(MRFP)

MRFP 的主要功能包括①控制 Mb 接口的承载资源；②提供资源以供 MRFC 控制；③混合各种入局的媒体流(如多方通话)；④为多媒体通知音提供媒体流；⑤处理媒体流(如音频编码转换,媒体分析)。

(7) 用户定位功能(SLF)

CSCF 在注册和会话建立过程中,会查询 SLF,用以获得保存某用户详细签约信息的 HSS 的地址信息。S-CSCF 在注册过程中也会查询 SLF。在单 HSS 环境中不需要配置 SLF。

(8) 穿透网关控制功能(Breakout Gateway Control Function,BGCF)

BGCF 用于选择那些将发生 PSTN/CS 域穿透(也就是互通)的网络。如果 BGCF 判定穿透将在其所在的网络发生的话,它会选择一个 MGCF,用于负责 PSTN 与 CS 域的互通；如果穿透是位于其他网络的话,该 BGCF 将把相关的会话信令转发给该选定网络的 BGCF。

BGCF 的功能主要包括①接收从 S-CSCF 送来的,要求为某会话选择合适的 PSTN/CS 域穿透点的请求。②选择将发生 PSTN 与 CS 域互通(穿透)的网络。如果网络的互通是发生在其他网络,那么该 BGCF 将把 SIP 信令转发给那个网络的 BGCF；如果网络的互通是发生在其他网络,并且运营者要求网络隐藏的话,那么该 BGCF 会通过 I-CSCF 把相关 SIP 信令转发给相关网络的 BGCF。③当网络互通(穿透)是发生在本网络时,BGCF 会选择一个 MGCF,并把相关 SIP 信令转发给该 MGCF。④产生 CDR。在选择将发生网络互通的网络时,BGCF 可以根据其他接口获取的信息,也可以根据管理信息来作出决定。

2.2 WCDMA 信道结构及复用

2.2.1 WCDMA 信道划分

WCDMA 空中接口上定义了三种信道：物理信道、传输信道和逻辑信道。逻辑信道概念与 GSM 中逻辑信道的概念完全一样,位于 MAC 层之上,直接承载用户业务,根据承载的是控制平面业务还是用户平面业务分为两大类,即逻辑控制信道和逻辑业务信道。传输信道是空中接口的第二层和物理层的接口,对应的是空中接口上不同信号的基带处理方式,根据不同的处理方式来描述信道的特性参数,构成传输信道的概念。具体来说,就是根据信号的信道编码、交织方式(交织周期、帧内帧间交织方式等)、CRC 冗余校验的选择、块的分段等过程的不同,定义不同类别的传输信道。物理信道是各种信息在空中接口传输时的最终体现形式,每一组使用特定的载波频率、码字(扩频码和扰码)以及载波相位(I 或 Q)的信道都可以理解为一类特定的物理信道,物理信道就是空中接口的承载媒体,根据它所承载的上层信息的不同,定义不同类的物理信道。本节将描述逻辑信道、传输信道、物理信道的功能和划分,WCDMA 空中接口的信道划分情况如图 2.2-1 所示。

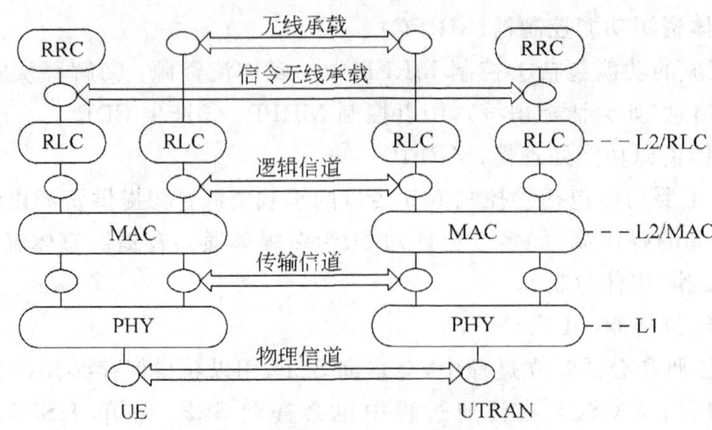

图 2.2-1　WCDMA空中接口信道划分

根据承载的是控制平面业务还是用户平面业务将逻辑信道分为两大类：逻辑控制信道和逻辑业务信道，具体的逻辑信道类型如图 2.2-2 所示。逻辑控制信道包括四类信道，分别为广播控制信道、寻呼控制信道、专用控制信道和公共控制信道。

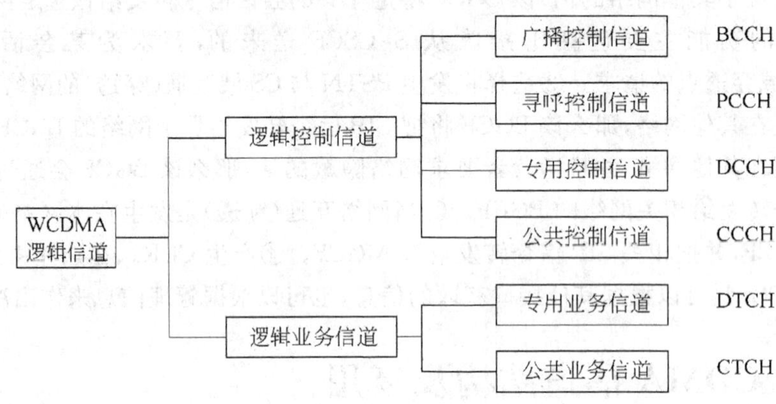

图 2.2-2　逻辑信道类型

(1) 广播控制信道 BCCH

只存在于下行链路，作用与 GSM 中的 BCCH 相同，用来发送系统信息和相关参数；

(2) 寻呼控制信道 PCCH

只存在于下行链路，用来发送寻呼消息。移动台处于空闲模式或处于 CELL_PCH 和 URA_PCH 状态时，将会利用 PCCH 传送寻呼消息。消息类别称为寻呼类型 1，包含移动台的标识符；

(3) 专用控制信道 DCCH

在网络和 UE 之间发送控制信息的双向信道，该信道是在 RRC 建立的时候由网络分配给 UE 的点对点专用信道，用来传送专用信令控制消息，如测量报告、激活集的更新消息、移动台在专用状态(CELL_FACH 和 CELL_DCH)下的寻呼消息(称为寻呼类型 2)；

(4) 公共控制信道 CCCH

在网络和 UE 之间发送控制信息的双向信道，包含 RACH 随机接入、接入应答和其他公共控制信令过程。在 CCCH 上将发起 RRC 连接，小区的更新或者 URA 的更新过程，网络在应答时，也将通过 CCCH 为用户分配码字和临时识别符。

逻辑业务信道分为专用业务信道(DTCH)和公共业务信道(CTCH)。其中 DTCH 是对专用业务的定义，存在于上下行链路。CTCH 是公共业务信息的传递，只存在于下行链路，如小区广播消息、支持不连续发射的一些调度消息等。

传输信道是物理层提供给上层的服务接入点，上层如果需要物理层提供的服务，就只能通过传输信道来接入，同样，高层生成的数据也由映射到不同物理信道的传输信道在空中传送。根据传输的是针对一个用户的专用信息还是针对所有用户的公共信息，将传输信道分为专用传输信道和公共传输信道两大类，如图 2.2-3 所示。专用传输信道只有一种，即专用信道(DCH)，包括上行专用信道和下行专用信道，是整个小区内的所有用户或一组用户共同分配使用的资源。公共传输信道分为广播信道、寻呼信道、随机接入信道、前向接入信道、公共分组信道和下行共享信道。

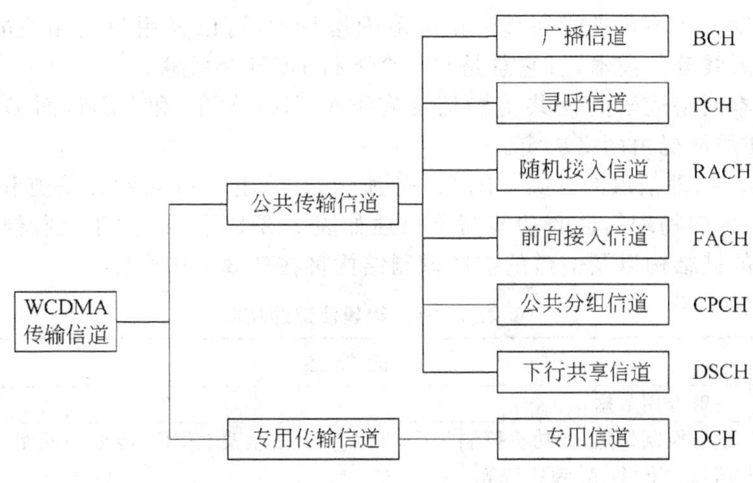

图 2.2-3　传输信道类型

(1) 广播信道(BCH)

广播信道用来传送网络或某一给定小区的特定信息。每个网络所需的最典型数据有小区内可用的随机接入码和接入时隙、该小区中其他信道使用的发送分集方式等。广播信道需要用相对较高的功率进行发送，以使覆盖范围内的所有用户都能接收到该信息。广播信道的数据速率较低而且固定，并且使用一个单独的传输格式。

(2) 前向接入信道(FACH)

前向接入信道用于基站接收到随机接入消息之后向终端传送控制信息，此外，也可在该信道中传送分组数据。一个小区中可以有多个 FACH，而且可以具有较高的数据速率，但其中必须有一个具有较低的比特速率，以使该小区范围内的所有终端都能接收到。FACH 可以使用慢速功率控制。

(3) 寻呼信道(PCH)

寻呼信道是用于传送与寻呼过程相关数据的下行传输信道，用于网络与终端进行初始化时。最简单的一个例子是向终端发起话音呼叫，网络将使用终端所在小区的寻呼信道向终端发送寻呼消息。

(4) 随机接入信道(RACH)

随机接入信道是上行传输信道,用来传送来自终端的控制信息(如请求建立连接)。它同样也可以用来传送终端到网络的少量分组数据。正常系统操作要求随机接入信道能在整个小区覆盖范围内接收到。

(5) 公共分组信道(CPCH)

公共分组信道是上行传输信道,用来在上行方向传送基于分组的用户数据。在下行方向上与之成对出现的信道是 FACH。CPCH 与 RACH 在物理层上的主要区别在于 CPCH 信道使用快速功率控制,基于物理层的冲突检测机制和 CPCH 状态检测过程;且上行 CPCH 传输可能会持续几个帧,而 RACH 可能只占用一个或者两个帧。

(6) 下行共享信道(DSCH)

下行共享信道是一个多用户共享的传输信道,用来传送专用用户数据或控制信息。DSCH 在很多方面与前向接入信道相似,但共享信道支持使用快速功率控制和逐帧可变比特速率。DSCH 不要求能在整个小区范围接收到,可以采用与之相关的下行 DCH 所使用的发送天线分集技术,且它总是与一个下行 DCH 相关联。

用于基本网络运营的公共传输信道有 RACH、FACH 和 PCH,而 DSCH 和 CPCH 是可选的,使用情况由网络决定。

WCDMA 物理信道的分类如图 2.2-4 所示,分为上行链路物理信道和下行链路物理信道两大类,各类物理信道的功能简要描述如表 2.2-1 所示。关于上行链路和下行链路各物理信道的帧结构以及信道的扩频调制结构将在 2.3 节中介绍。

表 2.2-1 物理信道的功能

<table>
<tr><th>信道类型</th><th>功能描述</th><th>备注</th></tr>
<tr><td>DPDCH</td><td>发射专用数据</td><td rowspan="4">上行链路</td></tr>
<tr><td>DPCCH</td><td>发射控制信息,如功率控制指令(TPC)、反馈信息(FBI)、传输格式组合信息(TFCI)、导频比特等</td></tr>
<tr><td>PRACH</td><td>发射 RACH 信息,包括两种类型:前导部分(4096chips)和消息部分(10ms);消息部分包括两种类型:控制部分承载层 1 信息、数据部分承载层 2 信息</td></tr>
<tr><td>PCPCH</td><td>发射 CPCH 信息,包括四种类型:接入前导部分(4096chips)、冲突检测前导部分(4096chips)、功率控制前导部分(10ms)、消息部分(N×10ms)</td></tr>
<tr><td>DPCH</td><td>以时分复用方式发射层 2 的数据和层 1 的控制部分,即 DPDCH 和 DPCCH 时分复用</td><td rowspan="8">下行链路</td></tr>
<tr><td>CPICH</td><td>P-CPICH 为 SCH、P-CCPCH、AICH、PICH 提供相位基准,S-CPICH 为 S-CCPCH 和 DPCH 提供相位基准</td></tr>
<tr><td>P-CCPCH</td><td>发射 BCH 信息</td></tr>
<tr><td>S-CCPCH</td><td>发射 FACH 和 PCH 信息</td></tr>
<tr><td>SCH</td><td>进行小区搜索,包括 P-SCH 和 S-SCH</td></tr>
<tr><td>PDSCH</td><td>发射 DSCH 信息</td></tr>
<tr><td>AICH</td><td>发射捕获指示信息(AI),包括 AP-AICH 和 CD/CA-AICH</td></tr>
<tr><td>PICH</td><td>发射寻呼指示信息</td></tr>
</table>

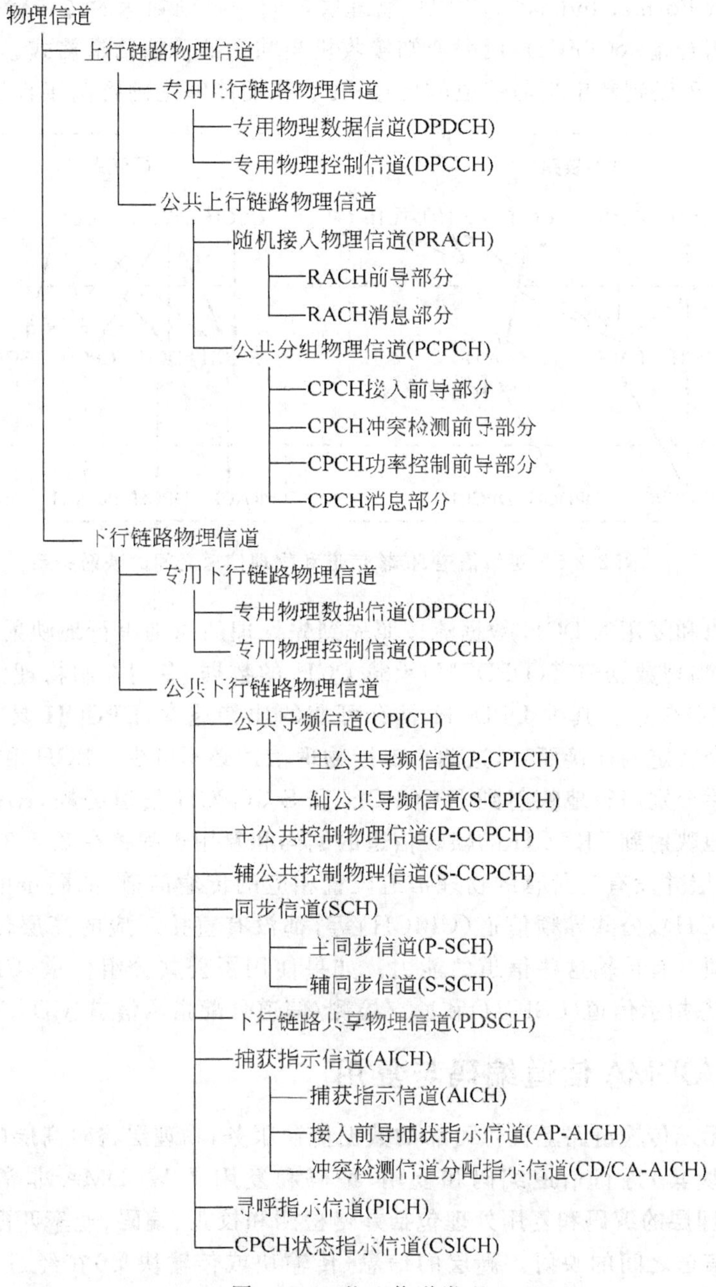

图 2.2-4　物理信道类型

2.2.2　WCDMA 信道映射关系

逻辑信道、传输信道和物理信道之间的映射关系如图 2.2-5 所示。传输信道是为逻辑信道服务的，从图 2.2-5 中可以知道逻辑信道和传输信道之间的映射关系。高层的数据通过传输信道映射到物理层的物理信道上，每一个传输信道都有一个传输格式指示信息(Transport Format Indicator,TFI),物理层把同一时刻到达的各传输信道的 TFI 组合成传输格式组合指示(TFCI),用来通知接收机当前帧的传输信道格式。接收机从解调后的 TFCI 信息可以判断出当前信道的传输格式,从而能够正确解调接收信息。

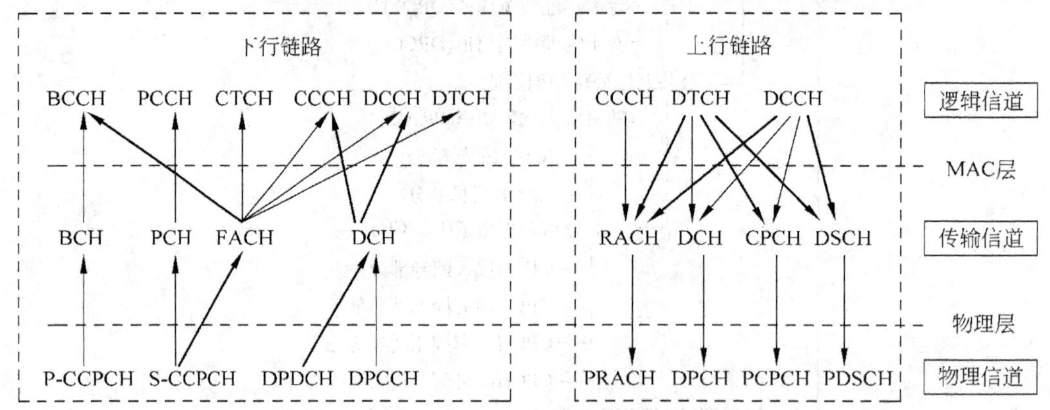

图 2.2-5 逻辑信道、传输信道和物理信道之间的映射关系

经过编码和复用的 DCH 数据流按照先到先处理的原则串行地映射到相应的物理信道帧,由专用物理数据信道(DPDCH)承载 DCH 的数据,专用控制物理信道(DPCCH)承载 DCH 的控制信息。其中 DPDCH 具有可变的比特速率,DPCCH 具有固定的比特速率。对于一个特定的连接而言,这两个专用物理信道必不可少。BCH 和 FACH、PCH 经过编码复用后分别串行地映射到 P-CCPCH 和 S-CCPCH 信道的帧,RACH 经编码复用后分别串行地映射到 PRACH 的帧。信道的编码和复用过程将在 2.2.3 节中描述。需要说明的是,高层并没有为所有的物理信道设置相应的传输信道,如同步信道(SCH)、寻呼指示信道(PICH)、公共导频信道(CPICH)等,都没有直接对应的高层传输信道,但是每个基站都必须具有传输这些信道的能力。如果使用了公共分组信道(CPCH),还需要用到 CPCH 状态指示信道(CSICH)和冲突检测/信道分配指示信道(CD/CA-AICH)等。

2.2.3 WCDMA 信道编码与复用

为了在无线传输链路上提供可靠的数据传输服务,物理层将对高层的数据流(称为传输块或传输块集)进行信道编码和复用,编码和复用是 WCDMA 非常有特色的技术。WCDMA 物理层的编码和复用处理包括差错检测和校正、编码、速率匹配、交织以及传输信道和物理信道之间的映射。高层的信息(传输块或传输块集)在经过编码和复用处理后,成为以 10ms 无线帧为周期、按物理信道分类的成帧信息比特序列。这些帧比特序列按帧填入对应物理信道格式中的数据域,然后进行扰码、扩频和相应的调制(QPSK 或其他方式),经过相应的发送分集方式由天线发送出去。在这一节详细介绍信道的编码和复用过程,有关扩频和调制的内容将在 2.3 节中介绍。

1. 编码和复用涉及的基本概念

因为编码和复用处理是基于传输块进行的,所以有必要简单介绍一下编码复用过程中的相关概念，其中包括传输块、传输块长度、传输时间间隔、传输格式、传输格式组合、传输格式组合指示等。

(1) 传输块

传输块(Transport Block，TB)是物理层和上层间进行数据交换的基本单元，其中包含数据信息。相应地，由传输块组成的集合称为传输块集(Transport Block Set)。物理层将对上层的传输块和传输块集进行编码和复用。

(2) 传输块长度

传输块中包含的比特数称为传输块长度(Transport Block Size)，相应地，传输块集中包含的比特数称为传输块集长度。一般地，传输块集内所有传输块的长度相等。

(3) 传输时间间隔

传输时间间隔(Transmission Time Interval，TTI)是传输信道的参数，在集合{10ms，20ms，40ms，80ms}中取值。来自上层的传输块(集)是以传输时间间隔为周期到达物理层的。

(4) 传输格式

传输格式(Transport Format，TF)是由物理层提供给上层或由上层提供给物理层的传输块集的格式，包括动态(dynamic)部分和半静态(semi-static)部分。其中动态部分的属性包括传输块长度和传输块集的长度；半静态部分的属性包括传输时间间隔、信道编码方式(卷积码还是 Turbo 码)、编码速率、静态速率匹配参数(Static Rate Matching Parameter，RM)、CRC 长度。静态速率匹配参数指明相对于其他并行传输信道相匹配的速率的个数。静态速率匹配用于平衡传输信道之间的传输质量，而这些传输信道被映射在相同的物理信道上，因此不能独立地进行功率控制。

例如，一个传输信道的传输格式为：动态部分：{320bit，1280bit}，说明该传输块集中包含四个传输块，每个传输块的长度为 320bit。半静态部分：{10ms，卷积编码，静态速率匹配参数(RM)＝1}。

简言之，传输格式定义了在每一个时间间隔上映射的编码和比特速率。动态参数(传输块的大小和传输集的大小)和半静态参数(传输时间间隔)都对应于传输信道的比特速率。可变速率传输信道的比特速率通过改变传输块大小、传输块集的大小和同时改变来获得(也就是说，改变每一个传输时间间隔中比特的个数)。所以，一个可变比特速率传输信道可以分配一组传输格式，即传输格式集(Transport Format Set，TFS)。在一个传输格式集中，动态参数不同，而半静态部分则是相同的。

一个终端可以同时使用许多并行传输信道，譬如说，一个传输信道用于传控制信令，另一个用于控制话音业务，这些传输信道映射到同一个物理信道上。在并行传输信道上，一个给定时间点上的传输格式的组合称为传输格式组合。一组允许的传输格式组称为传输格式组合集。需要注意的是，传输格式组合集未必包含各并行传输信道的传输格式集的所有可能组合，而只包括有效组合。

(5) 传输格式组合指示

传输格式组合指示(Transport Format Combination Indicator，TFCI)表示当前的传输格式组合，与各传输格式组合一一对应。在一个 10ms 的无线帧中，传输格式组合指示表明在该传输格式组合集的这个特定帧中使用的传输格式组。

当传输信道的传输块(集)传送时,物理层根据高层的指示构造 TFCI,对传输块进行编码复用,然后在物理层的无线帧中填充相应的 TFCI。当接收端检测出 TFCI 时,便可以识别传输格式组合方法,于是便知道如何进行译码和解复用操作。

2. 上行链路编码复用

在每个传输时间间隔,数据以传输块的形式到达物理层。在上行链路中,对于每个传输块需要进行的编码复用操作的具体步骤如图 2.2-6 所示。

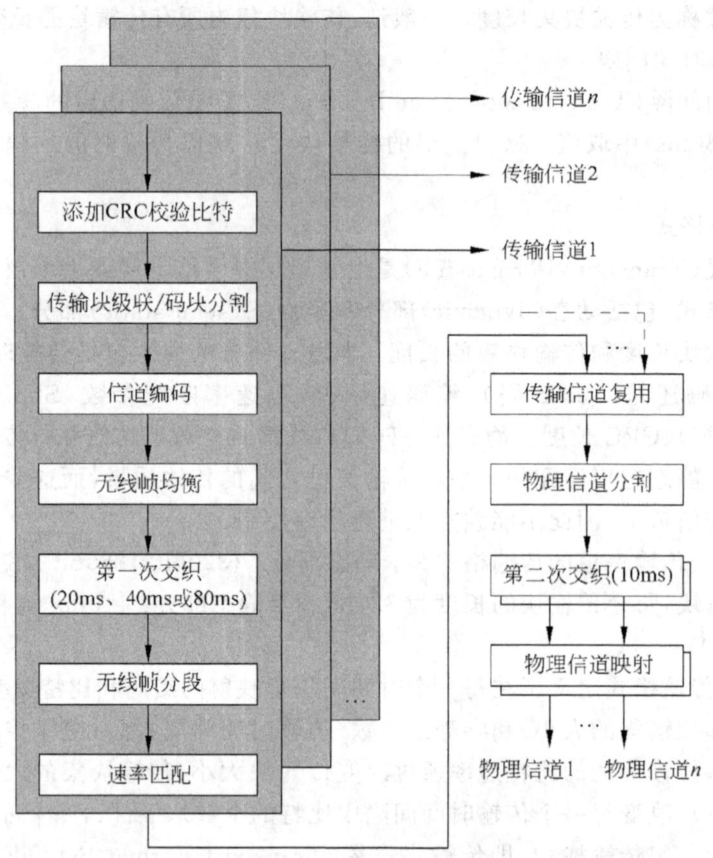

图 2.2-6 上行链路编码复用过程

如图 2.2-6 所示为多个传输信道的编码复用过程。可知,上行链路的编码复用需要经过 11 步,下面按照处理顺序,分别介绍物理层每个传输块的处理步骤。

(1) 添加 CRC 校验比特

每个传输时间间隔(TTI),数据以传输块的形式到达 CRC 处理单元。CRC 生成器给信息数据添加的 CRC 校验比特的数目可以为 0、8、12、16、24,具体添加的 CRC 比特数是由上层根据传输信道承载业务的特性决定的。CRC 的生成多项式为

$$\left.\begin{aligned} g_{\mathrm{CRC8}}(D) &= D^8 + D^7 + D^4 + D^3 + D + 1 \\ g_{\mathrm{CRC12}}(D) &= D^{12} + D^{11} + D^3 + D^2 + D + 1 \\ g_{\mathrm{CRC16}}(D) &= D^{16} + D^{12} + D^5 + 1 \\ g_{\mathrm{CRC24}}(D) &= D^{24} + D^{23} + D^6 + D^5 + D + 1 \end{aligned}\right\} \quad (2.2\text{-}1)$$

(2) 传输块级联和码块分割

信道编码模块对输入序列长度有特定的要求，在给每一个传输块添加了 CRC 校验比特后，把一个传输时间间隔内的传输块先级联起来，如果一个 TTI 的总比特数 X_i 大于规定的码块最大尺寸 Z，则按照要求进行分割。经过传输块的级联和码块分割后，编码复用处理的数据单位就不是传输块而是长度调整后的编码块，但基本的处理时间仍是按传输时间间隔进行的。

对于卷积编码、Turbo 编码以及无编码时的最大码块尺寸分别为

卷积编码：$Z=504$bit；

Turbo 编码：$Z=5114$bit；

无信道编码：Z 无限制。

分割后的码块具有相同的大小，记每个码块长度为 K_i，总的码块数为 C_i，则码块分割的算法如下：

分割后的码块数 $C_i=\lceil X_i/Z \rceil$，其中 X_i 为传输块级联后的总比特数，Z 为码块的最大尺寸，$\lceil\ \rceil$表示向上取整。

每个码块中的比特数 K_i 为：如果 $X_i<40$bit 且用 Turbo 编码，则 $K_i=40$bit，否则 $K_i=\lceil X_i/C_i \rceil$。

如果 X_i 不是 K_i 的整数倍，需要在原数据流前加 0，所以填充的比特数目为：$Y_i=C_iK_i-X_i$。

(3) 信道编码

在进行了传输块的级联和码块分割之后，码块被送到信道编码模块。WCDMA 系统有三种信道编码方案：卷积编码、Turbo 编码和不编码。不同传输信道使用信道编码方案如表 2.2-2 所示。

表 2.2-2 WCDMA 系统的信道编码方案及相应的编码速率

传输信道类型	编码方案	编码速率
广播信道(BCH)	卷积编码	1/2
寻呼信道(PCH)		
随机接入信道(RACH)		
CPCH,DCH,DSCH,FACH		1/3,1/2
	Turbo 编码	1/3
	不进行编码	

WCDMA 系统中，上、下行链路中采用的卷积码约束长度均为 9。编码速率为 1/2 的卷积码的生成函数为 $g_0=(753)_8$ 和 $g_1=(561)_8$，卷积码编码器结构如图 2.2-7 所示。

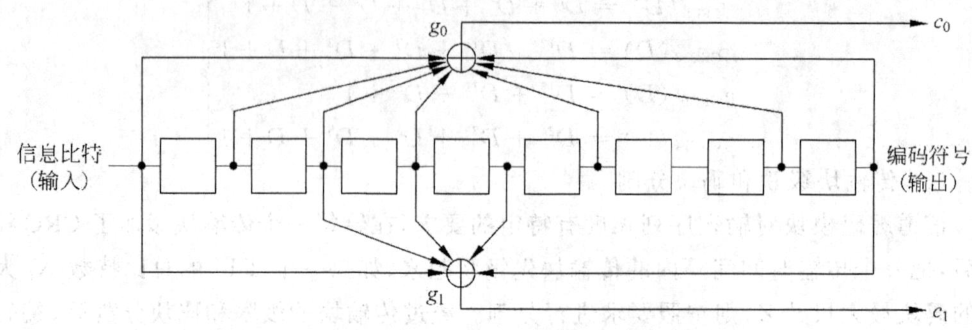

图 2.2-7 $K=9$，速率 1/2 的卷积码编码器

编码速率为 1/3 的卷积码的生成函数为 $g_0=(557)_8$、$g_1=(663)_8$ 和 $g_2=(711)_8$，卷积码编码器结构如图 2.2-8 所示。

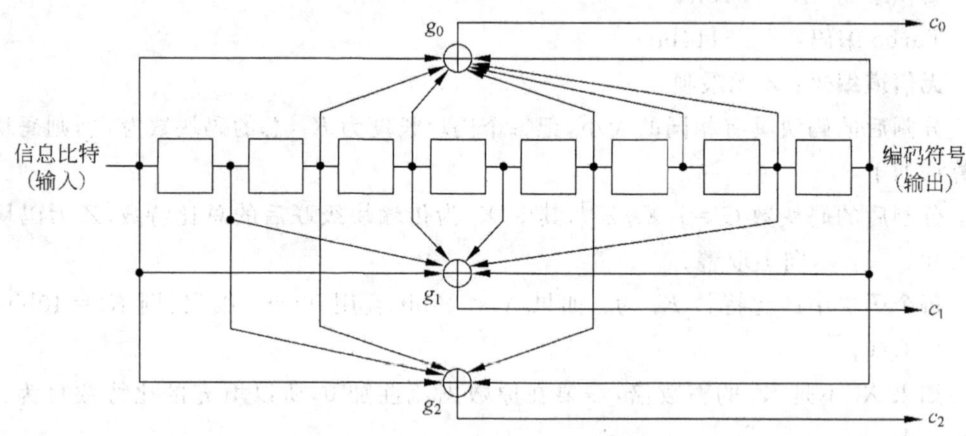

图 2.2-8 $K=9$，速率 1/3 卷积码编码器

假设编码前码块中的比特数为 K_i，则编码后的比特数 A_i 如表 2.2-3 所示。

表 2.2-3 信道编码前后码块比特数的关系

信道编码	编码速率	编码后的比特数
卷积编码	1/2	$A_i=2\times K_i+16$
卷积编码	1/3	$A_i=3\times K_i+24$
Turbo 编码	1/3	$A_i=3\times K_i+12$

(4) 无线帧均衡

为了方便数据映射到物理信道时进行分帧，系统根据计算出的需要分割成的无线帧数目，对上行链路传输信道编码后的数据进行长度的均匀化，这就是无线帧的均衡。如果有必要，需要对输入的比特序列进行填充，以保证输出比特流可分成大小相同的 F_i 数据段。

无线帧均衡算法为：设输入的数据比特流为 $c_{i1},c_{i2},c_{i3},\cdots,c_{iE_i}$，其中 i 为传输信道号，E_i 为输入数据比特的数目；输出的比特流为 $t_{i1},t_{i2},t_{i3},\cdots,t_{iT_i}$，$T_i$ 为输出比特的数目。输出的比特流可由下式得到

$$\begin{aligned} t_{ik} &= c_{ik}, \quad k = 1,2,\cdots,E_i \\ t_{ik} &= \{0 \mid 1\}, \quad k = E_i + 1,\cdots,T_i, E_i < T_i \end{aligned} \tag{2.2-2}$$

式中，$T_i = F_i \times N_i$，$N_i = \lfloor (E_i - 1)/F_i \rfloor + 1$，$F_i$ 为 1、2、4、8，即一个传输时间间隔（TTI）相对于 10ms 的倍数，N_i 为无线帧均衡后每个分段的比特数。

(5) 第一次交织

第一次交织又叫做帧间交织，即完成帧数据之间位置的变换。设输入到交织器的数据流为 $x_{i,1},x_{i,2},x_{i,3},\cdots,x_{i,X_i}$，其中 i 是传输信道号，X_i 是比特数。为了得到交织后输出的数据序列，按以下几个步骤进行：

根据 TTI 的长度，从表 2.2-4 中选择列数 C_I；

根据下式确定行数 R_I 的值

$$R_I = X_i / C_I \tag{2.2-3}$$

将输入数据流逐行写入矩阵 $R_I \times C_I$，其中，比特为第一行、第一列的记作 $x_{i,1}$，则将数据写好后的矩阵为

$$\begin{bmatrix} x_{i,1} & x_{i,2} & x_{i,3} & \cdots & x_{i,C_I} \\ x_{i,(C_I+1)} & x_{i,(C_I+2)} & x_{i,(C_I+3)} & \cdots & x_{i,2C_I} \\ \vdots & \vdots & \vdots & \ddots & \vdots \\ x_{i,((R_I-1)\times C_I+1)} & x_{i,((R_I-1)\times C_I+2)} & x_{i,((R_I-1)\times C_I+3)} & \cdots & x_{i,(R_I\times C_I)} \end{bmatrix}$$

根据表 2.2-4 中的交织类型，结合所选择的矩阵列数，将矩阵 $R_I \times C_I$ 执行列交换，得到的数据比特用 $y_{i,k}$ 表示，则列交换之后的矩阵为

$$\begin{bmatrix} y_{i,1} & y_{i,(R_I+1)} & y_{i,(2R_I+1)} & \cdots & y_{i,((C_I-1)\times R_I+1)} \\ y_{i,2} & y_{i,(R_I+2)} & y_{i,(2R_I+2)} & \cdots & y_{i,((C_I-1)\times R_I+2)} \\ \vdots & \vdots & \vdots & \ddots & \vdots \\ y_{i,R_I} & y_{i,(2R_I)} & y_{i,(3R_I)} & \cdots & y_{i,(C_I\times R_I)} \end{bmatrix}$$

从执行了列交换的矩阵 $R_I \times C_I$ 逐列读出数据序列 $y_{i,1},y_{i,2},y_{i,3},\cdots,y_{i,(C_I\times R_I)}$，即为第一次交织后输出的数据序列。

表 2.2-4　第一次交织的交织模式

传输时间间隔（TTI）	列数 C_I	列间交织模式
10ms	1	{0}
20ms	2	{0,1}
40ms	4	{0,2,1,3}
80ms	8	{0,4,2,6,1,5,3,7}

(6) 无线帧分段

如果 TTI 大于 10ms，则输入的数据序列分为 F_i 帧，其中 $F_i = \mathrm{TTI}/10\mathrm{ms}$，由于无线帧分段是在无线帧均衡之后进行的，所以可以保证输入的数据序列长度为 F_i 的整数倍。分段后每帧的长度为：$Y_i = X_i / F_i$，设输入比特序列为 $x_{i,1}, x_{i,2}, x_{i,3}, \cdots, x_{i,X_i}$，其中 X_i 为输入的总比特数；设输出的比特序列为：$y_{i,n_i1}, y_{i,n_i2}, y_{i,n_i3}, \cdots, y_{i,n_iY_i}$，其中 $n_i = 1, 2, \cdots$；F_i 为分段后无线帧的序号，则输入输出的比特对应关系为

$$y_{i,n_ik} = x_{i,((n_i-1)Y_i)+k}, \quad k = 1, 2, \cdots, Y_i \tag{2.2-4}$$

进行了无线帧分段的数据，需要进行速率匹配，速率匹配是对一个传输信道的比特进行重复或删除(Puncturing)操作。高层会给每一个传输信道分配一个速率匹配特性，这一特性是准静态的，在计算比特重复或者删除的数量时使用。具体的速率匹配操作可以参阅文献[35]，本文不再赘述。

(7) 传输信道复用

每隔 10ms，各传输信道的无线帧输入到传输信道复用模块，该模块将无线帧数据依次串行级联，形成一个编码组合传输信道(CCTrCH)。

设传输信道复用模块的输入比特流为 $f_{i,1}, f_{i,2}, f_{i,3}, \cdots, f_{i,V_i}$，其中 i 为传输信道号，V_i 是传输信道 i 的无线帧中包含的比特数，同时设 I 为传输信道数量，传输信道复用模块输出的比特流用 $s_1, s_2, s_3, \cdots, s_S$，下标 S 表示输入到传输信道复用模块的总比特数，即 $S = \sum_i V_i$。传输信道复用模块的输入输出序列的关系为

$$\begin{aligned}
&s_k = f_{1,k}, k = 1, 2, \cdots, V_1 \\
&s_k = f_{2,(k-V_1)}, k = V_1 + 1, V_1 + 2, \cdots, V_1 + V_2 \\
&s_k = f_{3,(k-(V_1+V_2))}, k = V_1 + V_2 + 1, V_1 + V_2 + 2, \cdots, V_1 + V_2 + V_3 \\
&\vdots \\
&s_k = f_{I,(k-(V_1+V_2+\cdots+V_{I-1}))}, k = V_1 + V_2 + \cdots + V_{I-1} + 1, V_1 + V_2 + \cdots \\
&+ V_{I-1} + 2, \cdots, V_1 + V_2 + \cdots + V_{I-1} + V_I
\end{aligned} \tag{2.2-5}$$

(8) 物理信道分割

当一个物理信道不足以承载上层的数据时，需要把编码组合信道(CCTrCH)上的数据平均分割为 P 个物理信道，每个无线帧中每一个物理信道的数据比特数 $U = Y/P$，其中 Y 为该 CCTrCH 上的数据流比特数。

(9) 第二次交织

第二次交织属于帧内交织，完成一个帧内部的数据比特位置变换操作。设输入到第二步交织器的数据流为：$u_{p1}, u_{p2}, u_{p3}, \cdots, u_{pU}$，其中 p 为物理信道数，U 为每个无线帧内物理信道的比特数，则第二次交织可按如下步骤进行：

设置列数 $C_2 = 30$，列编号从左至右依次为：$0, 1, 2, \cdots, C_2 - 1$；

通过找出满足不等式 $U \leqslant R_2 C_2$ 的最小整数 R_2 即可得到行数 R_2；

将输入到第二次交织器的比特流按行写入 $R_2 \times C_2$ 矩阵：

$$\begin{bmatrix} u_{p1} & u_{p2} & u_{p3} & \cdots & u_{p30} \\ u_{p31} & u_{p32} & u_{p33} & \cdots & u_{p60} \\ \vdots & \vdots & \vdots & \ddots & \vdots \\ u_{p,((R_2-1)\times30+1)} & u_{p,((R_2-1)\times30+2)} & u_{p,((R_2-1)\times30+3)} & \cdots & u_{p,(R_2\times30)} \end{bmatrix}$$

按表 2.2-4 所示的交织类型执行矩阵的列交换，设交换后的数据比特用 y_{pk} 表示，则交换后得到的矩阵为

$$\begin{bmatrix} y_{p1} & y_{p,(R_2+1)} & y_{p,(2R_2+1)} & \cdots & y_{p,(29R_2+1)} \\ y_{p1} & y_{p,(R_2+2)} & y_{p,(2R_2+2)} & \cdots & y_{p,(29R_2+2)} \\ \vdots & \vdots & \vdots & \ddots & \vdots \\ y_{p1} & y_{p,(2R_2)} & y_{p,(3R_2)} & \cdots & y_{p,(30R_2)} \end{bmatrix}$$

将执行列交换后的矩阵 $R_2\times C_2$ 中的数据逐列读出，并将输入数据流中不存在的数据比特去掉，即可得到该交织器输出的数据流。

(10) 物理信道映射

压缩模式是相对于正常的传输模式而言的，指在特定的情况下一帧中有几个连续时隙不发送数据的物理层传输模式。用参数 TGL 表示传输间隔长度，即压缩模式下不传输数据的连续时隙的个数；参数 N_{first}、N_{last} 分别为不传输数据的连续时隙的起始时隙号和终止时隙号。

设输入到物理信道映射模块的比特流为：$v_{p1},v_{p2},v_{p3},\cdots,v_{pU}$，其中 p 为物理信道数，U 为某个物理信道的一个无线帧中的比特数，则所有的比特 v_{pk} 被依次映射到各物理信道帧的数据域上，且每个物理信道的比特都以 k 为升序在空中传播。在正常的传输模式下，一个无线帧中或者充满比特，或者处于未使用状态，所以无需考虑传输间隔的位置。如果映射到压缩帧内，则需考虑传输间隔在帧中的位置：

若 $N_{first}+TGL\leqslant15$，则时隙 N_{first} 到 N_{last} 为传输间隔，即时隙 N_{first} 到 N_{last} 时隙无比特；

若 $N_{first}+TGL>15$，则传输间隔跨越两个连续的无线帧：

在第一帧中，传输间隔为：$N_{first},N_{first}+1,N_{first}+2,\cdots,14$；

在第二帧中，传输间隔为：$0,1,2,\cdots,N_{last}$。

3. 下行链路编码复用

下行链路的编码复用步骤和上行链路相似，具体过程如图 2.2-9 所示。

对比图 2.2-6 和图 2.2-9 可见，下行链路的编码复用过程与上行链路编码复用过程大致相同，主要有两处区别：

(1) 速率匹配不是在无线帧分段之后，而是在信道编码之后；

(2) 在编码组合传输信道成型之前增加了一次 DTX 指示插入的操作，在编码组合传输信道成型之后又进行了第二次 DTX 指示信息插入操作。

下行链路通过改变插入 DTX(不连续发送)的数量来填满所要传的数据帧。实际的信道发送速率是固定的，只不过多余的位置填上了 DTX 指示信息比特。DTX 指示信息比特并不在空中传输，它们仅仅向发送端指示应该在哪些比特位置关闭信号的发送。由于下行链路编码复用过程的各步操作与上行链路区别不多，在此就不再赘述。

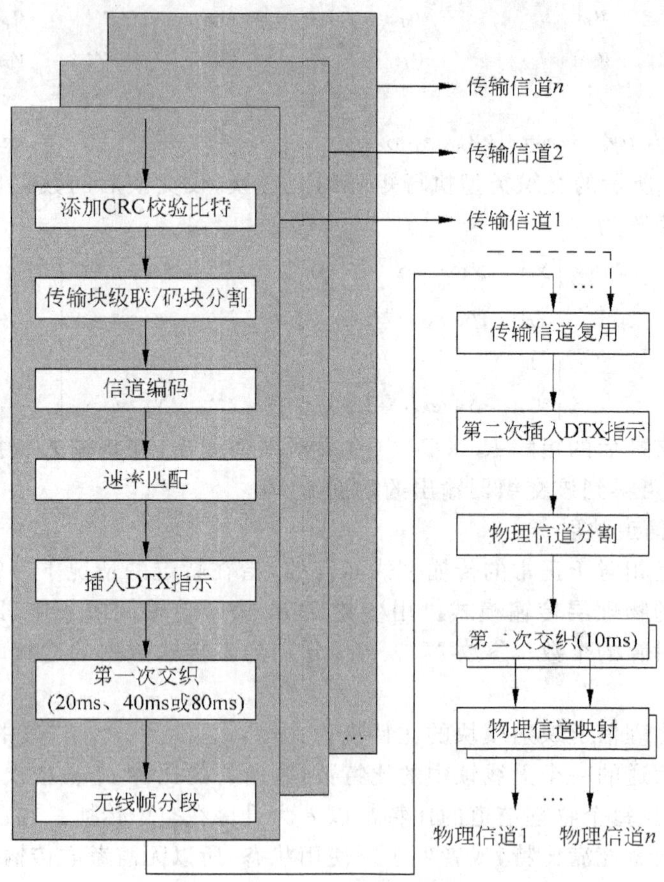

图 2.2-9 下行链路编码复用过程

2.3 WCDMA 物理层信号处理

来自高层的数据流在无线接口发射要经过复用和编码、传输信道到物理信道的映射以及物理信道的扩频和调制，形成无线接口的数据流在无线接口传输。信道编码复用以及映射的内容在 2.2 节中已经描述过，本节将分别对 WCDMA 物理信道上行链路和下行链路的扩频和调制进行阐述。

(1) 扩频。扩频操作分两步进行，第一步称为信道化操作。WCDMA 系统中各信道之间的复用是基于正交码分复用方案的，系统将给每个信道分配一个信道化码。“信道化码”是沃尔什函数的一组正交子集，在 WCDMA 系统中，采用的是正交可变扩频因子码(Orthogonal Variable Spreading Factor codes，OVSF)，各信道的数据符号分别调制在不同的信道化码上，同时码片速率也提高到原来的 SF(Spreading Factor)倍，其中 SF 称作扩频因子，它是信道化码包含的码片数。在 3GPP 标准中，SF 可以是 1，2，4，8，16，32，64，128，256，512 之中的一种。由于信道化码之间在一个数据符号长度内是正交的，因此在理想的情况下，即各信道的符号对齐、无码间串扰的情况下，复用的信道之间是不存在相互干扰的。第二步操作称为数据加扰。加扰的目的是为了把终端或基站相互区分开，在上行链路利用扰码区分各基站(小区)，下行链路利用扰码区分不同的用户和信道。扰码是在扩频之后使用的，所以它不会改变信号的带宽，而只是把来自不同信源的信号区分开。各信道的信号复用后，I、Q 两路要分别用不同的 PN 码进行加扰。该 PN 码称作扰码。WCDMA 系统中采用的扰码与 cdma2000 系统中数据加扰的长 PN 码不同。上行链路既可采用长码也可采用短码，长码是长度为 $2^{24}-1$ 的 Gold 序列，短码长度为 256。下行链路采用的是长度为 $2^{18}-1$ 的 Gold 序列。

(2) 调制。经过扩频和加扰操作之后形成复数值码片序列分裂为实部和虚部，然后再进行 QPSK 调制。WCDMA 系统的上行链路采用的是混合移相键控调制 HPSK。

下面分别对 WCDMA 上行链路和下行链路的信号处理过程进行描述。

2.3.1 上行链路信号处理过程

上行链路物理信道包括专用物理信道(DPCCH 和 DPDCH)、随机接入物理信道(PRACH)、公共分组物理信道(PCPCH)，其信号处理过程如图 2.3-1 所示。这里着重讲专用物理信道的信号处理过程。WCDMA 系统规定，每个无线连接的专用信道最多允许一个 DPCCH 信道和 6 个 DPDCH 信道同时传输。图 2.3-1 中的前半部分是信道的映射和编码复用过程，后半部分是物理信道的扩频调制过程。扩频调制过程包括扩频、加幅度增益、I 路和 Q 路合并、复加扰、实虚部分裂和调制几个步骤。DPCCH 和 DPDCH 信道的数据首先与正交信道码(OVSF 码)相乘，将信号扩频到指定的码片速率，同时也使得各个信道之间的信号保持正交。其中第 n 个 DPDCH 信道通过正交码 $C_{d,n}$ 扩频，DPCCH 信道通过正交码 C_c 扩频。扩频之后的信号需要进行增益加权，所有的 DPDCH 信道的增益系数为 β_d，DPCCH 信道的增益系数为 β_c，任何时候 β_d 和 β_c 中至少有一个幅值为 1.0。β 值被量化为一个 4 比特的码字，其对应幅值均为 1/15 的整数倍，β 值的量化规则如表 2.3-1 所示。

表 2.3-1 增益系数(β_c 和 β_d)的量化

β_c 和 β_d 的信令值	β_c 和 β_d 的幅度量化比	β_c 和 β_d 的信令值	β_c 和 β_d 的幅度量化比
15	1.0	7	0.4667
14	0.9333	6	0.4000
13	0.8666	5	0.3333
12	0.8000	4	0.2667
11	0.7333	3	0.2000
10	0.6667	2	0.1333
9	0.6000	1	0.0667
8	0.5333	0	关闭输出

经过扩频和增益加权处理后，I 路和 Q 路的实值码片流相加成为复数值的码片流，复数值的信号再通过复数值的扰码序列 $S_{dpch,n}$ 进行数据加扰操作。用于上行链路专用物理信道的扰码既可为长扰码，也可为短扰码。复扰码序列应和无线帧保持定时同步，也就是说，复扰码的第一个码片对应于无线帧的开始。经过扩频、加扰之后的复数值码流分裂为实部和虚部，然后进行 QPSK 调制。

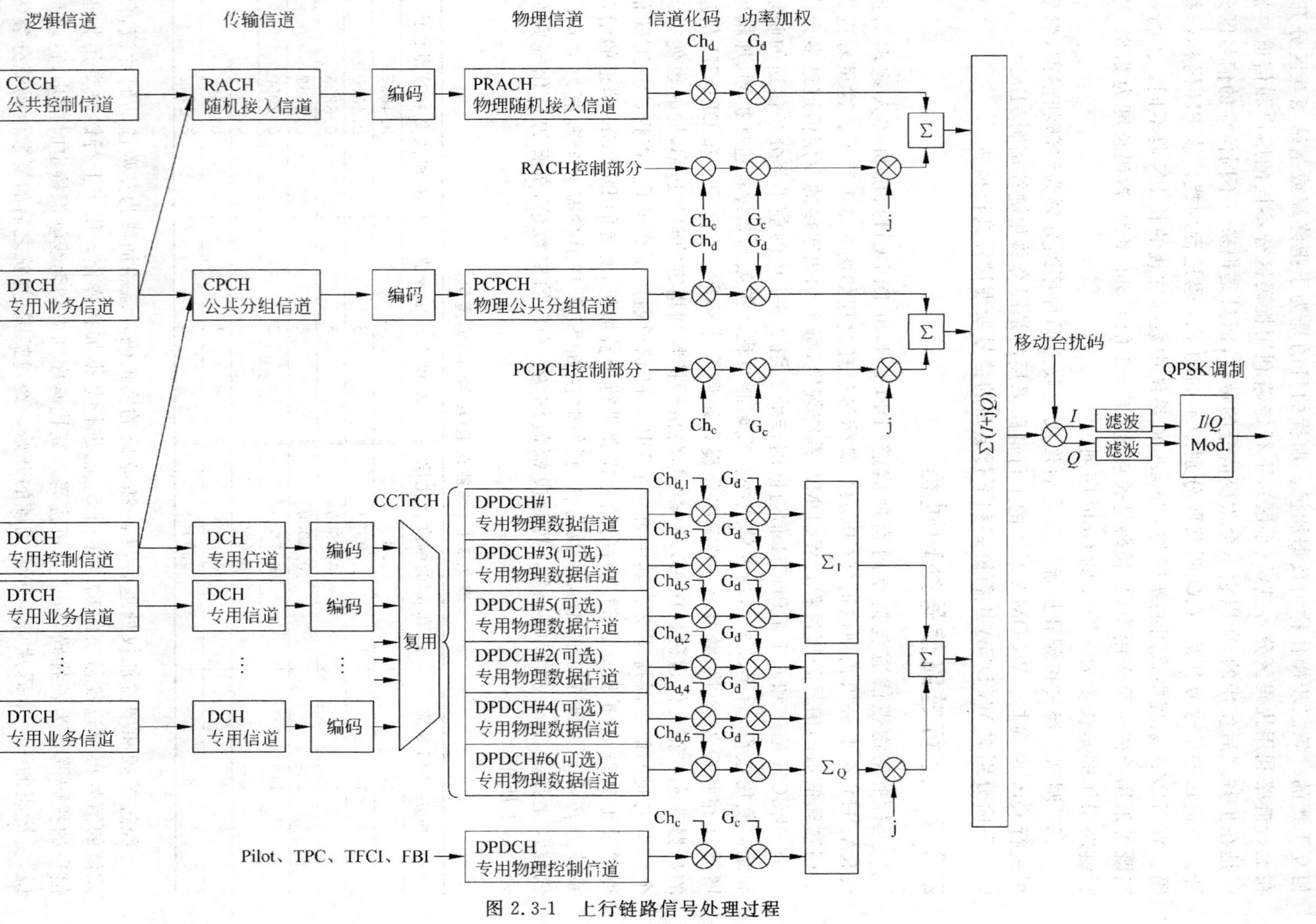

图 2.3-1　上行链路信号处理过程

在图 2.3-1 中,扩频和增益加权之后 I 路和 Q 路的实值码片流进行的复加扰操作称为复扰码过程。复扰码过程如图 2.3-2 所示。

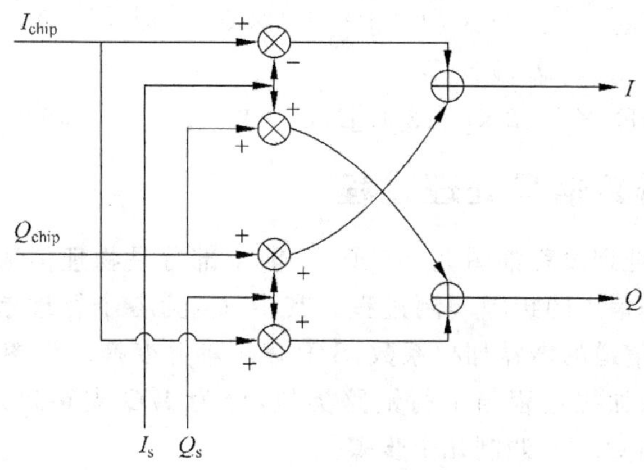

图 2.3-2 复扰码过程

在图 2.3-2 中,输入的两路信号 I_{chip} 和 Q_{chip} 均为扩频和增益加权之后的信号,这两路信号组合成的复数数据流($I_{chip}+jQ_{chip}$)与复扰码信号相乘,得到扰码后的输出信号为

$$I = I_{chip} \times I_s - Q_{chip} \times Q_s, \quad Q = I_{chip} \times Q_s + Q_{chip} \times I_s$$

其中,I_s 和 Q_s 分别为上行链路扰码生成器的两路输出。然而,如果按照上面的方式进行复加扰,会导致一个较高的峰均比(Peak Average Ratio,PAR)。为解决这个问题,在 WCDMA 系统的上行链路采用了混合移相键控调制(HPSK),混合移相键控的调制过程如图 2.3-3 所示。

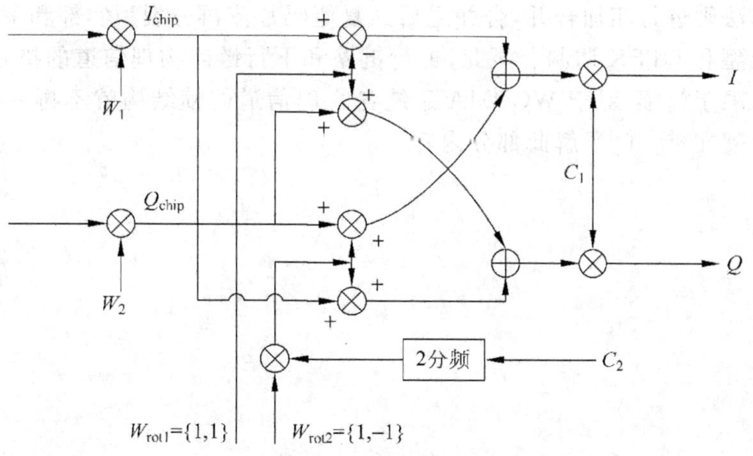

图 2.3-3 HPSK 调制过程

在图 2.3-3 中,省略了 HPSK 调制中脉冲调制及其后续的操作。W_{rot1} 和 W_{rot2} 称为 Walsh 旋转因子,I 路使用旋转因子 W_{rot1},Q 路使用旋转因子 W_{rot2},C_1 是扰码生成器 I 路的输出,C_2 是扰码生成器 Q 路的输出。由图 2.3-3 可得经过 HPSK 调制后输出的 I 路和 Q 路复信号为

$$
\begin{aligned}
&[I_{\text{chip}}\times 1-(-1)^{i}\times Q_{\text{chip}}\times C_{2}(2\times\lfloor i/2\rfloor)]\times C_{1}(i)\\
&\quad +\mathrm{j}[I_{\text{chip}}\times(-1)^{i}\times C_{2}(2\times\lfloor i/2\rfloor)+Q_{\text{chip}}\times 1]\times C_{1}(i)\\
&=(I_{\text{chip}}\times \mathrm{j}Q_{\text{chip}})\times[1+\mathrm{j}(-1)^{i}\times C_{2}(2\times\lfloor i/2\rfloor)]\times C_{1}(i)\\
&=(I_{\text{chip}}\times \mathrm{j}Q_{\text{chip}})\times C_{S}
\end{aligned}
$$

其中，$C_S=[1+\mathrm{j}(-1)^i\times C_2(2\times\lfloor i/2\rfloor)]\times C_1(i)$。

2.3.2 下行链路信号处理过程

下行链路信号处理过程如图 2.3-4 所示，前半部分是物理信道的映射和编码复用过程，后半部分是物理信道的扩频调制过程。其中，C_{ch}为各个物理信道的正交信道码，G_{ain}为下行链路各物理信道的增益加权系数，S/P 表示串并变换。由图 2.3-4 可看出，下行链路物理信道的扩频、加扰过程与上行链路类似，分为 I/Q 支路映射、扩频、增益加权、扰码、实部虚部分离和 QPSK 调制几个步骤。

与上行链路扩频调制不同的是，下行链路的 I/Q 支路映射发生在扩频之前，并且不像上行链路那样将整个信道映射到同一支路。下行链路的 I/Q 支路映射是逐比特进行的，物理信道的信号经串并变换后分别映射到 I 支路和 Q 支路。映射的规则为：物理信道的每两个连续符号中，序号为偶数的符号映射到 I 支路，序号为奇数的符号映射到 Q 支路。经过 I/Q 支路映射之后的信号利用信道码 C_{ch}扩频到码片速率。然后将 I 支路和 Q 支路的实数码片流合并为一个复数码片流，利用复扰码序列进行复扰码过程。

需要说明的是，下行链路中同步信道(SCH)不需要进行扩频和加扰，而除同步以外的其他下行链路物理信道都需要进行扩频和加扰过程。主、从同步信道(P-SCH 和 S-SCH)的信号需分别与增益系数 G_p 和 G_s 进行加权。然后，各下行物理信道的复序列根据复数运算法则进行相加合并，合并之后的复值码片流再分裂为实部和虚部两部分，分别进行脉冲成型和 QPSK 调制。至此，上行链路和下行链路物理信道的扩频调制的内容已介绍完毕。限于篇幅，对于 WCDMA 系统各物理信道的帧结构就不再一一描述，感兴趣的读者可参阅文献[36]了解此部分内容。

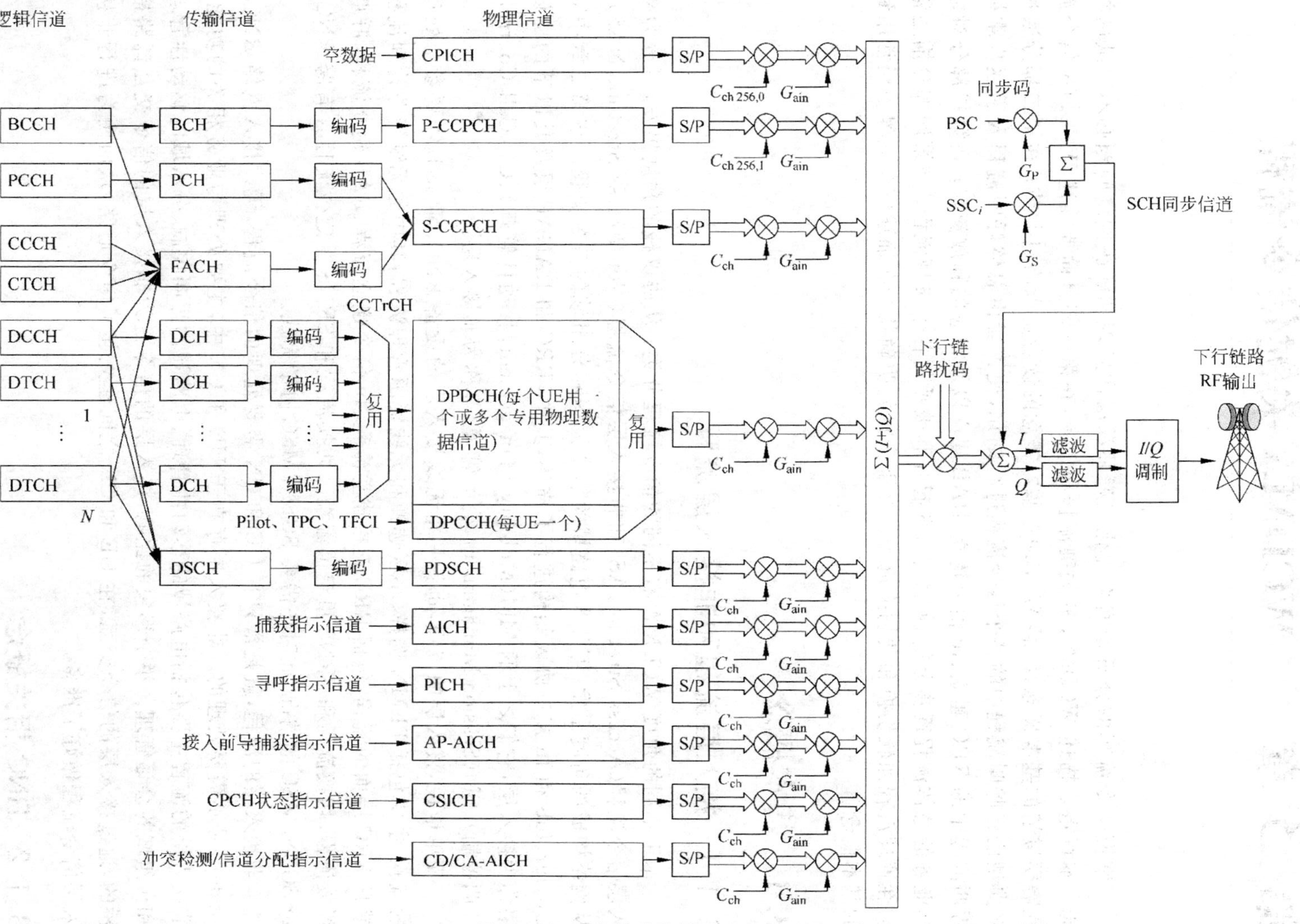

图 2.3-4　下行链路信号处理过程

第 3 章　WCDMA 关键信令流程

掌握信令流程的分析是网络优化工程师深层次发现和解决网络问题必不可缺的技能。本章重点描述 WCDMA 的关键流程和信令，在第一部分简要描述 WCDMA 信令流程需要澄清的基本概念，熟悉 WCDMA 基本概念的读者可以略过此节；在第二部分通过对典型语音呼叫流程中的各个信令流程进行细化，使读者由总体呼叫流程入手逐步掌握呼叫流程中的 RRC 建立、Iu 信令建立、RAB 建立以及相应的释放流程；在第三部分对数据业务的总体流程逐步分析，阐述了 PS 起呼和被呼的各个典型流程；在第四部分描述移动性管理流程如软切换和硬切换流程。接下来首先明确几个在描述信令流程中经常用到的基本概念。

3.1　基本概念

3.1.1　接入层流程和非接入层流程

基于不同的角度 WCDMA 有不同的信令流程分类：从协议栈的角度出发，可分为接入层信令流程(Access Stratum，AS)和非接入层信令流程(Non Access Stratum，NAS)；从网络构成的角度出发，可分为电路域的信令流程和分组域的信令流程。在第二章中对 Uu、Iur、Iub 和 Iu 接口协议结构进行了描述，其中，RRC 和 RANAP 层及其以下的协议层称为接入层，它们之上的 MM(Mobility Management，移动性管理)、CC(Call Control，呼叫控制)、SM(Session Management，会话管理)等称为非接入层。

简单地说，接入层的流程，也就是指无线接入层的设备 RNC、Node B 需要参与处理的流程，主要包括 PLMN 选择、小区选择和无线资源管理流程，其中的无线资源管理流程就是 RRC 层面的流程，包括 RRC 连接建立流程、Iu 信令建立流程、RAB 建立流程、呼叫释放流程、切换流程和 SRNS 重定位流程。切换流程和 SRNS 重定位流程含有跨 RNC、跨 SGSN/MSC 的情况，此时还需要 SGSN/MSC 协助完成。

非接入层的流程，就是指只有 UE 和 CN 需要处理的信令流程，无线接入网络 RNC、Node B 是不需要处理的。非接入层存在于 UE 和 CN 中，主要处理与业务相关的功能。非接入层的流程主要包括电路域的移动性管理、电路域的呼叫控制、分组域的移动性管理和分组域的会话管理。举个形象的比喻，接入层的信令是为非接入层的信令交互铺路搭桥的，通过接入层的信令交互，在 UE 和 CN 之间建立起了信令通路，从而便为进行非接入层信令流程做好了准备。

3.1.2　RNC 相关概念

在 WCDMA 相关文献中经常遇到的 RNC 相关概念包括 Serving RNC、Drift RNC、

Source RNC、Target RNC、Control RNC，在这一部分将对它们分别予以区分和描述。

(1) Serving RNC 与 Drift RNC

在 WCDMA 系统中，由于 Iur 接口的引入而产生了 Serving RNC(服务 RNC)和 Drift RNC(候选 RNC)的概念，通常分别简称 SRNC 和 DRNC。SRNC 和 DRNC 都是对于某一个具体的 UE 来说的，是一个逻辑上的概念。简单地说，对于某一个 UE，直接与 CN 相连，并对 UE 的所有资源进行控制的 RNC 称为该 UE 的 SRNC，SRNC 所在的那个 RNS 叫做 SRNS；UE 与 CN 之间的连接中，与 CN 没有连接，仅为 UE 提供资源的 RNC 称为该 UE 的 DRNC。处于连接状态的 UE 有且只能有一个 SRNC，可以有零或多个 DRNC。也就是说，从物理实体上，SRNC 和 DRNC 二者都是 RNC，只是针对某特定 UE 在逻辑和功能上的不同概念。同一个 RNC 相对 UE1 来讲是 SRNC，而对 UE2 来讲可能是 DRNC。SRNC 与 DRNC 的示意如图 3.1-1 所示。

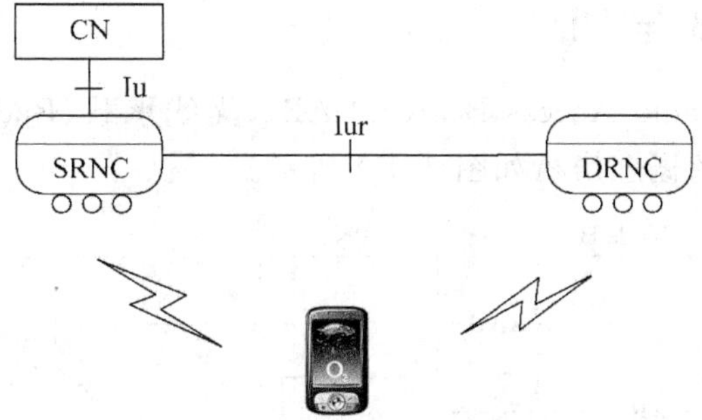

图 3.1-1　SRNC 与 DRNC

(2) Source RNC 与 Target RNC

Source RNC(源 RNC)与 Target RNC(目标 RNC)是在 RNC 迁移过程中对于不同 RNC 的称谓。RNC 迁移过程就是将某个 UE 的 Serving RNC 的角色由一个 RNC 转到另外一个 RNC 的过程。在 RNC 迁移之前，原来为 Serving RNC 的 RNC 称为 Source RNC，将要承担 Serving RNC 的 RNC 称为 Target RNC，如图 3.1-2 所示。

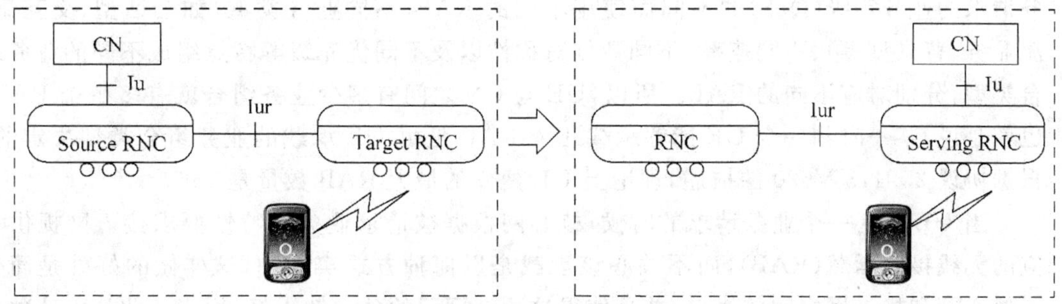

图 3.1-2　Source RNC 与 Target RNC

(3) Control RNC

Control RNC(控制 RNC)是对于某一个 Node B(或者小区)来说的，通常简称为 CRNC。直接和某 Node B 相连，对该 Node B 资源的使用进行控制的 RNC 称为该 Node B

的 CRNC。一个 Node B 有且只能有一个 CRNC，CRNC 对其控制的所有 Node B 的资源进行合理的分配和使用。CRNC 的定义如图 3.1-3 所示。

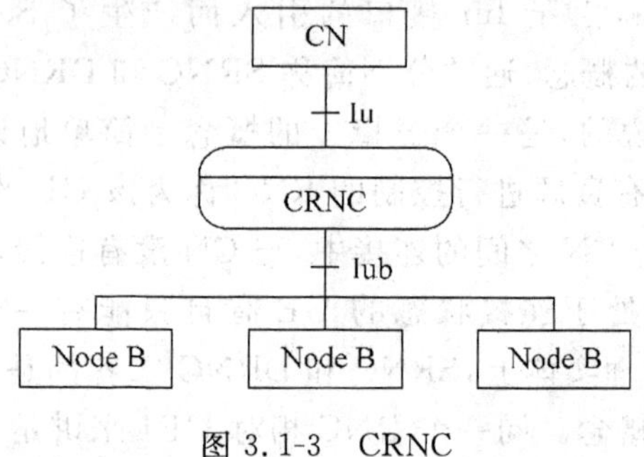

图 3.1-3　CRNC

3.1.3　RAB、RB 与 RL

无线接入承载(Radio Access Bearer，RAB)、无线承载(Radio Bearer，RB)与无线链路(Radio Link，RL)的概念辨析如图 3.1-4 所示。

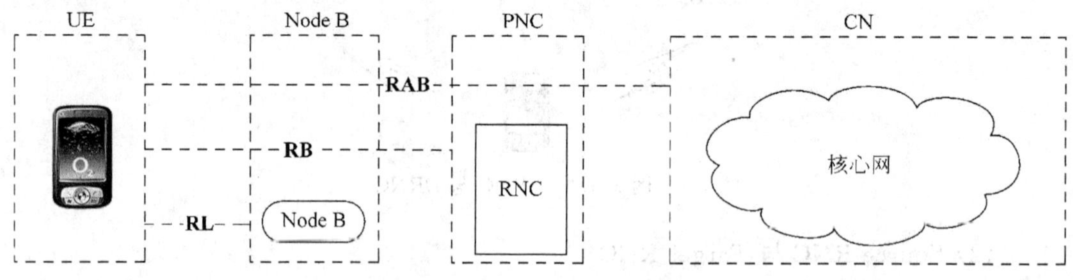

图 3.1-4　RAB、RB 与 RL 的概念

RAB 是 UE 与核心网用户面的连接，简而言之就是承载用户的业务数据。RAB 由承载业务决定，建立在 UE 与 CN 之间。UE 根据签约用户数据、CN 业务能力和 UE 业务请求的业务等级(QoS)的不同而使用不同的 RAB，不同业务类型(如会话型、交互型、流业务、背景型等)、不同速率、不同数据对称性以及不同优先级等特点组成不同的业务组合类型，分别对应不同的 RAB。所以，UE 与 CN 之间有多少业务组合就有多少个 RAB，也就是说，某一时刻一个 UE 能够承载几个 RAB 是由 UE 承载的业务组合类型决定的。根据协议 25.413 V620 的描述，理论上 UE 建立的最大 RAB 数量是 256。

当 UE 发起一个业务请求的时候，核心网根据被请求业务的特性要求接入网提供相应的无线接入承载(RAB)，而不关心该承载是以何种方式实现的，这样做的好处是简化了核心网和接入网之间的接口，并且使得这两个网元的独立性更好，便于彼此技术的独立更新。在 WCDMA 系统中，RAB 是如何实现的呢？这就引出了 RB 的概念，RB 是 UE 和 SRNC 之间的一个无线承载，是 RLC(无线链路控制)层提供的服务，根据业务的属性，RLC 层通过自己的三种不同类型的实体确认模式/无确认模式/透明模式(AM/UM/TM)，向高层提供点对点的带确认的数据传输、无确认的数据传输和透明的传输，以此来保证用户的数据以合理的方式到达 RNC。所以，RAB 在 UE 和 RNC 之间的实现就很明白了，它是通过 RB 来实现的。再进一步，RAB 在 Iu 接口上是如何"实现"的呢？实际上，它通过 IU-UP 协议，映射到了一个 AAL2 承载上。也就是说，RAB＝RB＋AAL2。举例来说，对于 AMR12.2k 的语音业务，UE 和 MSC 之间的一个 RAB，在 UE 和 SRNC 之间映射到了 3 个 RB 上，在一个 TTI 内，这三个 RB 输出的三个 PDU 又被映射到一个 IU-UP 帧中，然后在 AAL2 通道上发送给 MSC。

RB 是一种承载工具，RB 建立在 UE 与 RNC 之间，包括业务无线承载(RB)和信令无线承载(SRB)，分别用于 UE 与 RNC 之间的业务和信令传输。信令无线承载用于控制平面信令，业务无线承载用于实现用户平面的一个无线接入承载(RAB)或 RAB 子流。可以说，RAB 是 UE 到 CN 的承载，概念上可以理解为业务，比如一个语音业务，而 RAB 在接入网中是以 RB 方式承载的。实际上，RB 是 UE 和 RNC 之间的连接格式集，即物理信道、传输信道、逻辑信道的配置问题。如果没有业务而只有信令，RB 是不需要的，因此如果要在 CN/URTRN 和 UE 之间传信令，只要有 RRC 连接即可；但只要有业务，就必须配置 RB。

RL(无线链路)是指一个 UE 和一个 UTRAN 接入点(Node B)之间的逻辑连接，一个 Node B 只能和特定 UE 最多存在一条 RL，而 UE 可以和多个小区有 RL 连接。如图 3.1-5 所示，也就是说，当 UE 激活集包含 Cell A1，Cell A2，Cell B3，Cell B1，Cell C1 的情况下，UE 便分别与 5 个小区之间有 5 条 RL 连接，每条 RL 分别承载了一个或多个 RAB。RL 不涉及到任何业务类型，只是说明 UE 和某个小区有无线连接，UE 可以从这个连接收发数据。

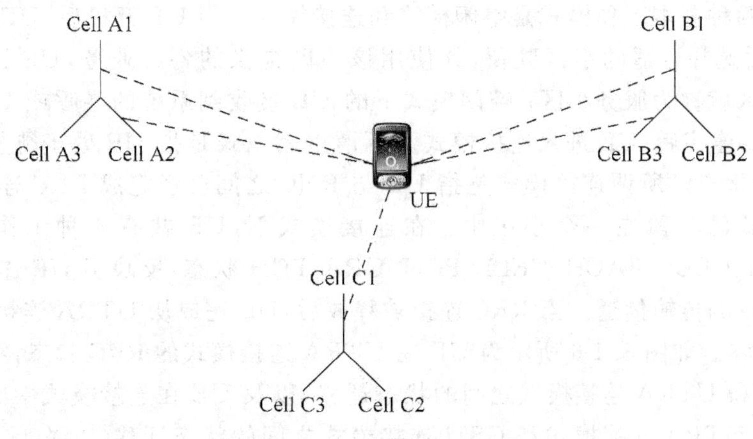

图 3.1-5　RL 概念示意图

总的来说，他们三者之间的联系为：它们都是下层协议向上层协议提供的服务。例如，RAB 是用户平面的接入层协议栈向非接入层提供的服务，而 RB 是 RLC 层向上层提供的服务。而不同之处在于：RAB 是 UE 和 CN 之间的连接的约定，体现在业务上，主要是 QoS 的配置。RAB 为了在无线环境中传输，就必须借助无线接入网，因此 RAB 分为 UE 和 UTRAN 之间的 RB 及 CN 和 UTRAN 之间的 Iu 承载，即 RAB＝RB＋AAL2。

3.1.4 UE 的工作模式和工作状态

UE 与 UTRAN 之间如何交换信息以及能够交换哪些信息，和系统存放的 UE 位置信息有关，即 UE 的 RRC 模式有关。UE 有两个基本的 RRC 操作模式：空闲模式和连接模式。UE 在空闲模式和连接模式下各种状态的转移如图 3.1-6 所示。

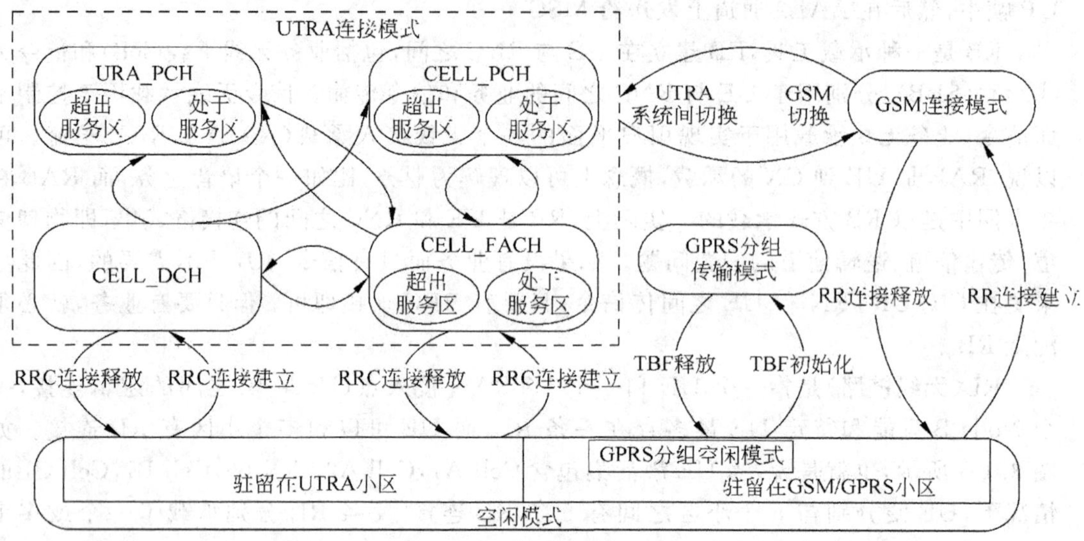

图 3.1-6 UE 的 RRC 工作状态及状态迁移

UE 的两种基本工作模式是空闲模式和连接模式。当 UE 开机后，UE 首先搜索选择 PLMN，然后选择合适的小区驻留，并使用该小区提供的各种业务，UE 进入空闲模式，UE 驻留小区就称为服务小区；空闲模式下的 UE 接收到系统的寻呼或 UE 收到上层请求建立 RRC 连接后，UE 进入连接模式。所谓空闲模式是指 UE 处于待机状态，尚无业务存在时的状态。所谓连接模式是指 UE 与 RNC 之间已经完成 RRC 连接建立时的状态，此时 UE 已驻留在一个小区中。在连接模式下，UE 共有 4 种工作状态，分别是 CELL_DCH、CELL_FACH、CELL_PCH、URA_PCH 状态，反映了 UE 连接的级别以及 UE 允许使用的传输信道。当 RRC 连接被释放后，UE 完成从 UTRA 连接模式到空闲模式的状态迁移。如图 3.1-6 所示为 UE 在 UTRA 连接模式的 RRC 状态，图中包括了 UE 在空闲模式和 UTRA 连接模式之间的状态迁移，以及 UE 在连接模式中的状态迁移，同时也包括了 UTRA 连接模式和 GSM 连接模式之间的状态迁移，以及 UTRA 连接模式和 GPRS 分组模式之间的状态迁移。下面介绍 UE 在连接模式下的状态特征。

(1) CELL_DCH：UE 利用专用信道进行通信过程的状态

CELL_DCH 状态特征为：①在上行和下行上分配给 UE 一个专用物理信道；②根据当前激活集确定 UE 在小区级上；③UE 能使用专用传输信道在下行和上行 TDD 共享传输信道以及这些传输信道的组合。

有两种情况可以进入 CELL_DCH 状态：①通过从空闲模式建立 RRC 连接进入 CELL_DCH 状态；②从 CELL_FACH 状态建立一个专用物理信道进入 CELL_DCH

状态。

(2) CELL_FACH：UE完成少量数据传送，无需分配专用信道，在公共FACH/RACH信道上传递消息的状态。

CELL_FACH状态特征：①UE不占用任何专用物理信道；②UE持续监听下行的一个FACH；③UE在上行方向占用一条默认的上行公共或共享传输信道如RACH，UE能根据该传输信道的接入过程在任何时候都能够使用它；④UE可以按照小区定位。

(3) CELL_PCH：UE没有数据传送，只在下行方向侦听PICH信道上的寻呼指示消息时的状态。

CELL_PCH状态特征：①UE不占用任何专用物理信道；②UE通过一定的规则选择一个寻呼信道PCH，并使用DRX方式通过相关的PICH监听PCH；③没有任何上行活动；④根据UE在CELL_FACH状态时进行最后一次小区更新的小区，UTRAN获得UE在小区级别上的位置。

(4) URA_PCH：UE处于非连续接收，在URA范围内侦听PICH消息的状态。

URA_PCH状态特征：①UE不占用任何专用物理信道；②UE根据一定的规则选择一个PCH信道，并使用DRX通过相关的PICH监听PCH；③没有任何上行活动；④根据在CELL_FACH状态最后一次URA更新期间分配给UE的URA可以对UE按照URA进行定位。

下面简要描述一下UE在UTRA空闲模式和连接模式的状态转换过程。当UE开机，UE在空闲模式下，首先完成小区搜索过程，完成小区驻留。接下来在UE进行小区更新时，UE将进入CELL_FACH状态，完成小区更新所需的少量信令数据的传输。UE小区更新结束，若RRC连接保持，则由CELL_FACH状态到CELL_PCH状态；若RRC连接释放或T307定时器超时则进入空闲模式。当负荷增加或系统要求建立专用信道时，CELL_FACH状态转为CELL_DCH状态。只有收到UTRAN明确的命令时，UE才会进入URA_PCH状态。UE进入CELL_PCH状态之后将侦听PICH消息，如果侦听到PICH上有对自己的寻呼消息时，则进入CELL_FACH状态。随着数据量增加，UE申请专用信道之后，进入CELL_DCH状态并维持通信；若业务量下降则继续返回CELL_FACH状态。当业务结束，UE进入URA_PCH状态或CELL_PCH状态。

需要说明的是，URA_PCH状态的提出是为了减少小区更新所带来的信令消息流，如果长时间UE没有业务流则进入该状态。URA通常包含多个小区，UE处于URA_PCH状态时，小区变化而URA不变则不会启动小区更新过程，从而节省无线资源。如图3.1-6所示，目前的协议版本(25.331 V6.2.0)在CELL_PCH状态和URA_PCH状态之间还没有直接的转换关系。而处于CELL_PCH状态的UE一旦有寻呼只能转换到CELL_FACH状态而不会直接进入CELL_DCH状态。对于CS业务，UE只能在CELL_DCH状态下工作；对于少量PS业务，UE将工作在CELL_FACH状态；对于大量PS业务，UE将工作在CELL_DCH状态。业务量的大小取决于UE发起RRC连接时向系统报告呼叫建立原因时提供给RNC，RNC根据QoS申请分配资源的同时决定了业务量的大小。UE处于何种工作模式对于核心网来说是透明的。

在空闲模式下，UE 依靠非接入层标识来区分，如：IMSI、TMSI、P-TMSI。在公共信道上，靠 UE 标识来区分不同用户：SRNC 使用 S-RNTI 识别 UE，CRNC 使用 C-RNTI 在小区范围内识别 UE，C-RNTI 用在 DCCH/DTCH 上的其他公共信道信息中。U-RNTI 用在小区更新、URA 更新、RRC 连接重建立、UTRAN 发起的寻呼和相关响应中，其中 U-RNTI = SRNC ID+ S-RNTI。

3.2 CS 呼叫流程

在介绍 CS 呼叫处理流程之前，先简要回顾两个概念：RRC 连接和 Iu 信令连接。第二章中提到 RRC 连接是 UE 与 UTRAN 的 RRC 协议层之间建立的一种双向点到点的连接，RRC 连接在 UE 与 UTRAN 之间传输无线网络信令，如进行无线资源的分配等。对一个 UE 来说，至多存在一条 RRC 连接。RRC 连接在呼叫建立之初建立，在通话结束后释放，在此期间一直保持连接。如果说 RRC 连接建立了 UE 与 UTRAN 之间的信令通路，那么 Iu 信令连接则是建立了 UE 与 CN 之间的信令通路。Iu 信令连接主要传输 UE 与 CN 之间非接入层信令，非接入层信令在 UTRAN 中是通过上下行直接传输信令透明传输的。

本节中介绍的呼叫流程是从 UE 与 CN 之间的端到端的呼叫流程，其中包括 UE 发起呼叫和 UE 被叫两种情况。在本书第二章中分别描述了 Uu、Iur、Iub 和 Iu 接口的协议结构，在呼叫流程中主要涉及 Uu、Iub 以及 Iu 接口及相关协议模块(包括 RRC、NBAP、RANAP、RNSAP 和 ALCAP 协议)。无线资源控制(RRC)协议主要完成无线资源的管理和分配，其中 Node B 的 RRC、RLC、MAC 模块仅完成系统广播功能，大部分无线资源管理功能都在 RNC 中实现。Node B 应用部分(NBAP)主要处理 Iub 接口的信令，FP 则处理各接口(Iur 和 Iu)的数据传输。无线接入网应用部分(RANAP)和网络业务接入点(RNSAP)协议分别处理 Iu 以及 Iur 接口的信令传输。ALCAP 是位于传输层的协议，作为一个专门的信令协议，它主要完成 AAL2 承载的建立、分配、释放和维护等功能。AAL2 提供的是面向连接的业务，所以在传送信息之前要事先建立 AAL2 的承载。在 Iub、Iur 及 Iu CS 接口上，在实现 AAL2 信息传递之前，必须先由 ALCAP 的信令来完成 AAL2 承载的建立。

3.2.1 CS 起呼流程

如图 3.2-1 所示，CS 起呼流程包括以下过程：

(1) 建立 RRC 连接。起呼时，首先由 UE 的 RRC 接收到非接入层的请求发送 RRC Connection Request 消息给 UTRAN，在该消息中包含被叫 UE 号码、业务类型等。UTRAN 接收到该消息后，根据网络情况分配无线资源，并在 RRC Connection Setup 消息中发送给 UE，UE 将根据消息配置各协议层参数，同时返回确认消息。RRC 连接建立有两种情况：公共信道上的 RRC 连接建立和专用信道上的 RRC 连接建立。两者的区别在于 RRC 连接使用的传输信道不同，因而连接建立的流程有所区别。RRC 连接建立的信令交互流程请参考下文中的描述。

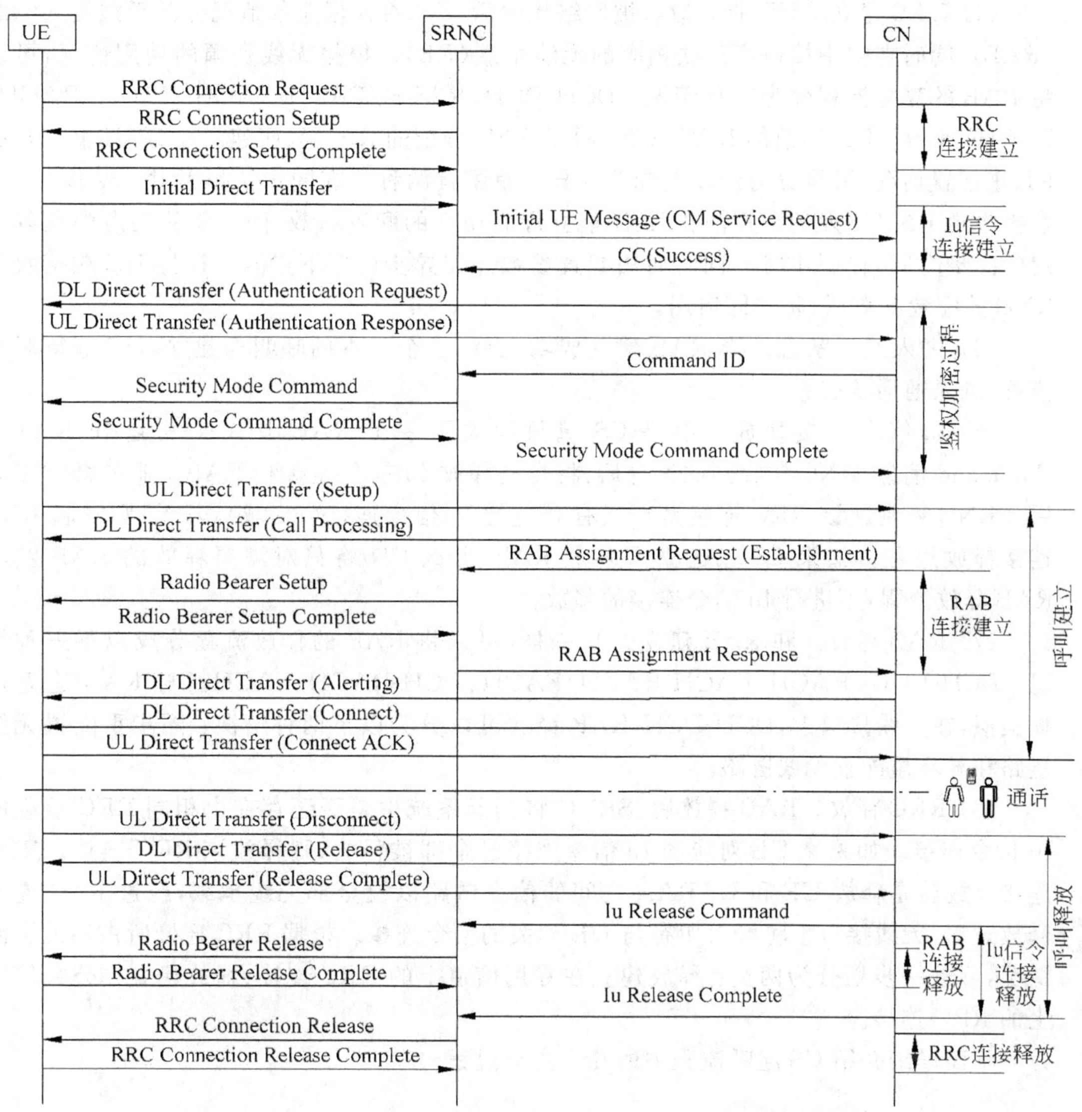

图 3.2-1 CS 起呼流程

(2) Iu 信令连接的建立。在 RRC 连接建立后，UE 将向 CN 发送业务请求。此时 UE 的 RRC 发送 Initial Direct Transfer 消息，在该消息中包含非接入层的信息（CM Service Request）。RNC 接收到该消息后，RNC 发送 Initial UE Message，将 UE 的非接入层消息透明转发给 CN。如果 CN 准备接受连接请求，则向 RNC 回 SCCP 连接证实消息（Connect Confirm，CC），SCCP 连接建立成功。RNC 接收到该消息，确认信令连接建立成功。在 Iu 信令连接建立后，UE 和 CN 之间的非接入层消息传输使用 DOWNLINK DIRECT TRANSFER 和 UPLINK DIRECT TRANSFER 消息进行。

(3) 鉴权和加密过程。Iu 信令连接建立后，CN 需要对 UE 进行鉴权和加密操作。鉴权和加密是非接入层功能，在 UTRAN 中透明传输。

(4) RAB 建立。UE 业务请求被网络接收后，CN 将根据业务情况分配无线接入承载(RAB)，同时在空中接口将建立相应的无线承载(RB)。根据无线资源的使用情况，可以将 RAB 的建立流程分为三种情况：DCH-DCH、RACH/FACH-RACH/FACH、RACH/FACH-DCH。UE 当前的 RRC 状态为 DCH 时，分配的 RAB 只能建立在 DCH 上。根据 RL 重配置情况，又可分为同步重配置与异步重配置两种。在同步情形下，Node B 与 UE 在接收到 RNC 下发的配置消息后，不能立即启用新的配置参数，而是要从消息中获取规定的同步时间，在同步时刻同时启用配置参数。在异步情形下，Node B 与 UE 在接收到 RNC 的配置参数后，将立即启用。

(5) 进入通话状态。当 RAB 建立成功之后，一个基本的呼叫即建立，UE 等待对方应答，进入通话状态。

(6) Iu 信令连接释放。如果 CS 域只建立了一个 RAB，则 CN 发起 Iu Release Command 消息，RNC 接收到此消息后，将自动释放 Iu 信令连接和 RAB。业务释放完成后，SRNC 将判断该 RRC 连接是否还有对应的 Iu 信令连接(PS 域)，若无，则发起 RRC 连接释放过程。如果 CS 域建立了多个 RAB，那么 CN 将只对需要释放的 RAB 发起 RAB 释放流程，不进行 Iu 信令连接的释放。

(7) RAB 释放。和 RAB 建立过程一样，可以将 RAB 的释放流程分成以下三种情况：DCH-DCH、RACH/FACH-RACH/FACH、DCH-RACH/FACH。与 RAB 建立过程类似，在无线接口上，DCH-DCH RAB 释放可以分为以下两种情况：同步重配置无线链路和异步重配置无线链路。

(8) RRC 释放。RAB 释放后，SRNC 将判断系统中是否还存在由相同 RRC 承载的 Iu 信令连接。如果该 UE 对应的 Iu 信令连接已全部被释放，则释放该 RRC 连接。RRC 连接释放就是释放 UE 和 UTRAN 之间的信令链路以及全部无线承载，经过 RRC 连接释放过程，无线接口上将释放所有与 UE 相关的信令连接。根据 RRC 连接所占用的资源情况，可进一步划分为两类：释放建立在专用信道上的 RRC 连接、释放建立在公共信道上的 RRC 连接。

下面详细介绍 CS 起呼流程中的几个主要过程。

1. RRC 连接建立流程

UE 处于空闲模式下，当 UE 的非接入层请求建立信令连接时，UE 将发起 RRC 连接建立过程。当 SRNC 接收到 UE 的 RRC Connection Request 消息，由其无线资源管理模块(RRM)根据特定的算法确定是接受还是拒绝该 RRC 连接建立请求，如果接受，则再判决是建立在专用信道还是公共信道上。

(1) RRC 连接建立在专用信道上

RRC 连接建立在 DCH 上的信令流程如图 3.2-2 所示，包括以下信令交互过程：

① UE 在上行 CCCH 上发送一个 RRC Connection Request 消息，请求建立一条 RRC 连接；

② SRNC 根据 RRC 连接请求的原因以及系统资源状态，决定 UE 建立在专用信道上，并分配 RNTI 和 L1、L2 资源；

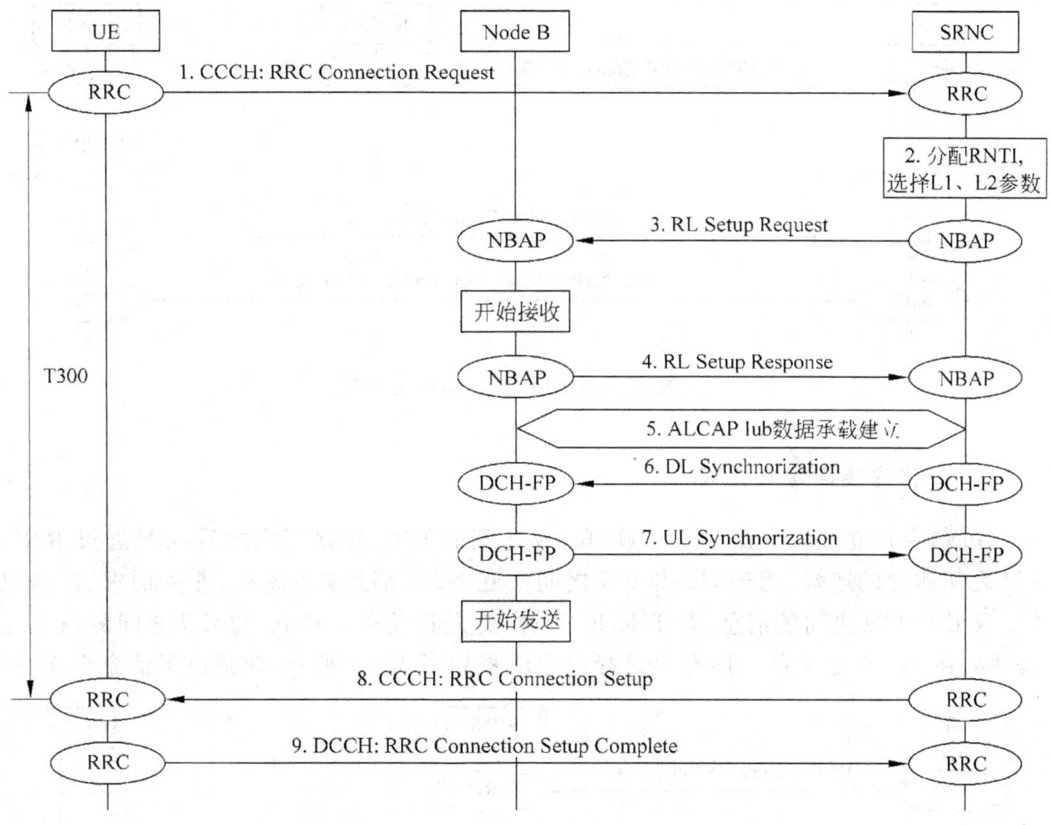

图 3.2-2　RRC 连接建立在 DCH

③ SRNC 向 Node B 发送 Radio Link Setup Request 消息，请求 Node B 分配 RRC 连接所需的特定无线链路资源；

④ Node B 资源准备成功后，向 SRNC 应答 Radio Link Setup Response 消息；

⑤ SRNC 使用 ALCAP 协议发起 Iub 接口用户面传输承载的建立，并完成 RNC 与 Node B 之间的同步过程；

⑥ SRNC 在下行 CCCH 向 UE 发送 RRC Connection Setup 消息；

⑦ UE 在上行 DCCH 向 SRNC 发送 RRC Connection Setup Complete 消息，RRC 连接建立过程结束。

(2) RRC 连接建立在公共信道上

RRC 建立在公共信道(FACH/RACH)上的前提是：公共信道所必需的 Iub 接口数据传输承载已经建立好。当 RRC 建立在公共信道时，由于使用的是已经建立好的小区公共资源，因此无需建立无线链路和用户面的无线传输承载，其余过程与 RRC 连接建立在专用信道相似，如图 3.2-3 所示。

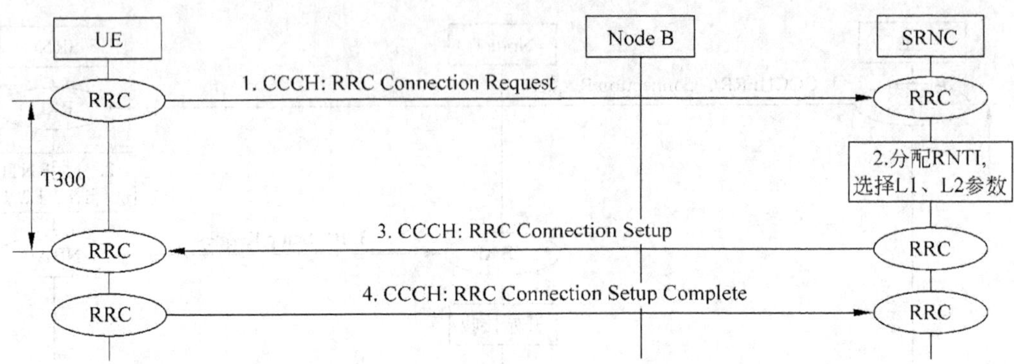

图 3.2-3　RRC 连接建立在 CCH

2. Iu 信令连接建立流程

Iu 信令建立过程是在 UE 与 UTRAN 之间的 RRC 连接建立之后，UE 通过 RNC 与 CN 之间建立的连接，用于 UE 与 CN 之间交互 NAS 消息如：鉴权、业务请求、连接建立等。UE 与 CN 之间的消息，对于 RNC 来说，都是透传的。RNC 与 CN 之间的信令连接是建立在 SCCP 之上的。Iu 信令连接建立流程如图 3.2-4 所示，包括以下信令交互过程：

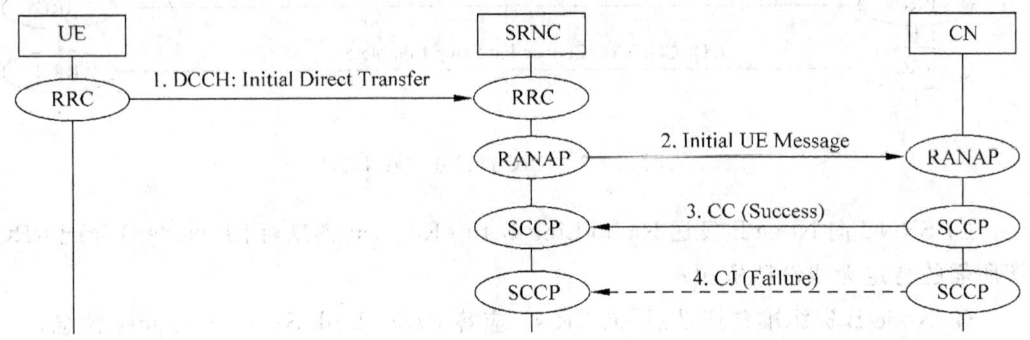

图 3.2-4　Iu 信令连接建立过程

(1) RRC 连接建立之后，UE 通过 DCCH 向 RNC 发送“初始直传消息”，消息中携带 UE 发送至 CN 的 NAS 消息内容；消息参数：初始 NAS 消息(比如 CM 业务请求，位置更新请求等)、CN 节点指示(指示消息发向哪一个具体的节点)；

(2) RNC 收到 UE 的消息之后，通过 Iu 接口向 CN 发送 SCCP 连接请求消息(CR)，消息内容为 RNC 向 CN 发送的初始 UE 消息，该消息带有 UE 发送至 CN 的消息内容；

(3) 如果 CN 准备接受该请求，则向 RNC 发送 SCCP 连接证实消息(CC)，SCCP 建立成功；

(4) 如果 CN 不能接受该请求，则向 RNC 发送连接拒绝消息(CJ)，SCCP 建立失败。RNC 收到 CJ 消息后，启动 RRC 释放过程。

Iu 信令建立成功之后，UE 发送至 CN 的消息通过 Uplink Direct Transfer 消息，传送至 RNC，RNC 将其转换为 Direct Transfer 消息发送至 CN。CN 发送至 UE 的消息通过 Direct Transfer 消息发送至 RNC，RNC 将其转换为 Downlink Direct Transfer 发送至 UE。

3. 鉴权和加密流程

鉴权和加密过程是可选的，鉴权用于 CN 和 UE 的合法性验证；加密的主要目的是采用规律变化的参数对发送的数据进行转换，接收时使用相同的参数对收到的数据进行逆转换还原数据。如果双方维护的参数不同则数据不能正确还原。加密使得用户数据在无线接口被截获的可能性大大降低。协议规定，在启动加密的情况下，CN Service Accept 消息给 UE。

鉴权和加密的流程如图 3.2-5 所示，包括以下信令交互过程：

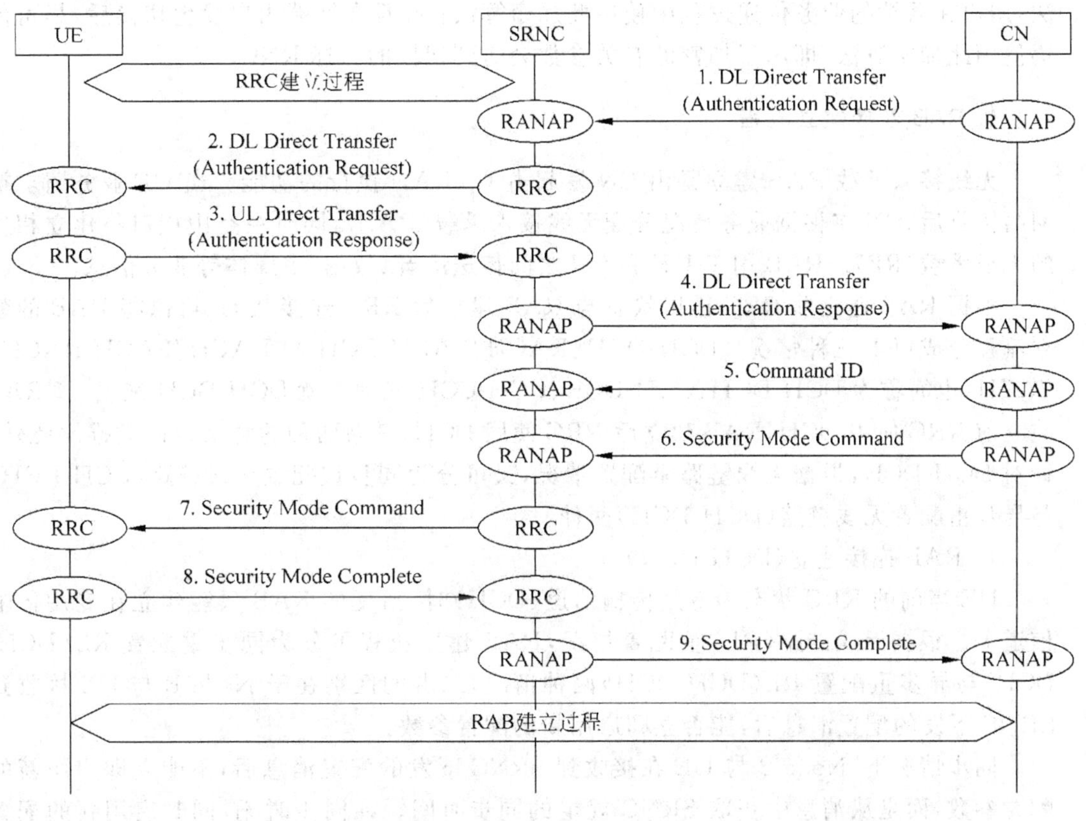

图 3.2-5　鉴权和加密流程

(1) 网络侧在发起鉴权前，如果 VLR(访问位置寄存器)内还没有鉴权参数五元组，此时将首先发起到 HLR(归属位置寄存器)取鉴权集的过程，并等待鉴权参数五元组的返回。鉴权参数五元组的信息包含 RAND、XRES、AUTN、CK 和 IK。在检测到鉴权参数五元组的存在后，网络侧下发鉴权请求消息(Authentication Request)。此消息中将包含某个五元组的 RAND 和 AUTN。

(2) SRNC 转发 Authentication Request 给 UE。

(3) UE 在接收到 Authentication Request 消息后，由其 USIM 验证 AUTN，即终端

对网络进行鉴权，如果接受，USIM 卡将利用 RAND 来计算出 CK(加密密钥)与 IK(一致性检查密钥)参数，如果 USIM 认为鉴权成功，发出鉴权响应消息(Authentication Response)，在鉴权响应消息中将返回 RES。

(4) SRNC 转发 Authentication Response 消息给 CN。CN 在收到鉴权响应消息之后，比较此鉴权响应消息中的 RES 与存储在 VLR 数据库中的鉴权参数五元组的 XRES，确定鉴权是否成功。若成功，则终端将会把 CK 与 IK 存放到 USIM 卡中，并继续后面的正常流程；若不成功，则会发起异常处理流程，释放网络侧与此终端间的连接，并释放被占用的网络资源和无线资源。

(5) 加密控制过程是由网络侧用来向无线接入网侧发送加密信息的，如图 3.2-5 中的 5～9 步所示。在此过程中，核心网网络侧将与无线接入网协商对用户终端执行加密算法，用户在后续的业务传递过程中使用此加密算法；并且在终端用户发生切换后，尽可能仍使用此加密算法，即用于加密的有关参数会送到切换的目标 RNC。

4. RAB 连接建立流程

无线接入承载 RAB 建立是由 CN 发起由 UTRAN 执行的功能。当 UE 业务请求被网络接收后，CN 将根据业务情况分配无线接入承载(RAB)，同时在空中接口将建立相应的无线承载(RB)。RAB 用于 UE 和 CN 之间传送语音、数据、多媒体等业务信息。

根据 RAB 建立前 RRC 连接状态与 RAB 建立后 RRC 连接状态，可以将 RAB 的建立流程分成以下三种情况：DCH-DCH、RACH/FACH-DCH 和 RACH/FACH-RACH/FACH，也简称为 DCH-DCH、CCH-DCH、CCH-CCH 三种。就 DCH-DCH 来说，指 RAB 建立前 RRC 使用 DCH，RAB 建立后 RRC 使用 DCH，其余两种的意义依此类推。此外，针对 DCH-DCH，根据无线链路重配置情况，又可分为同步重配置无线链路(DCH-DCH)与异步重配置无线链路(DCH-DCH)两种。

1) RAB 连接建立(DCH-DCH)

UE 当前的 RRC 状态为专用传输信道(DCH)时，指配的 RAB 只能建立在专用传输信道上。根据无线链路(RL)重配置情况，RAB 建立流程可分为同步重配置 RL(DCH-DCH)与异步重配置 RL(DCH-DCH)两种情况，二者的区别在于 Node B 与 UE 接收到 SRNC 下发的配置消息后，能否立即启用新的配置参数：

同步情况下，Node B 与 UE 在接收到 SRNC 下发的配置消息后，不能立即启用新的配置参数，而是从消息中获取 SRNC 规定的同步时间。在同步时刻，同时启用新的配置参数；

异步情况下，Node B 与 UE 在接收到 SRNC 下发的配置消息后，将立即启用新的配置参数。

(1) RAB 连接建立(DCH-DCH，同步重配置 RL)

在 DCH-DCH 同步情况下，需要 SRNC、Node B 与 UE 之间同步重配置 RL(无线链路)：

Node B 在接收到 SRNC 下发的重配置 RL 消息后，不能立即启用新的配置参数，而是准备好相应的无线资源，等待接收到 SRNC 下发的重配置执行(RL Reconfiguration

Commit)消息，从消息中获取 SRNC 规定的同步时间；

UE 在接收到 SRNC 下发的配置消息后，也不能立即启用新的配置参数，而是从消息中获取 SRNC 规定的同步时间；

在 SRNC 规定的同步时刻，Node B 与 UE 同时启用新的配置参数。

RAB 建立流程中 DCH-DCH 同步重配置 RL 的过程如图 3.2-6 所示，包括以下信令交互过程：

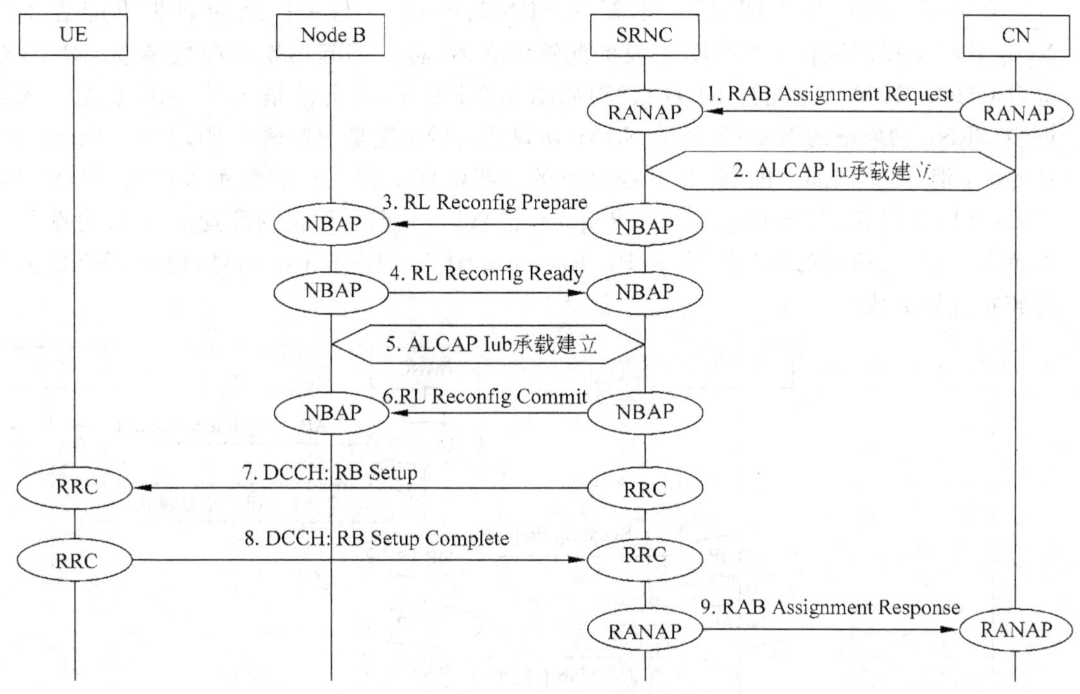

图 3.2-6　RAB 建立流程(DCH-DCH，同步)

① CN 向 UTRAN 发送 RANAP 协议的 RAB 指配消息 RAB Assignment Request，发起 RAB 建立请求；

② SRNC 接收到 RAB 建立请求后，将 RAB 的 QoS 参数映射为 AAL2 链路特性参数与无线资源特性参数，Iu 接口的 ALCAP 根据其中的 AAL2 链路特性参数发起 Iu 接口的用户面传输承载建立过程(适用于 Iu-CS 接口，对于 PS 域，本步骤不存在)；

③ SRNC 向 Node B 发送 NBAP 协议的无线链路重配置准备 RL Reconfiguration Prepare 消息，请求 Node B 准备在已有的无线链路上增加一条(或多条)承载 RAB 的专用传输信道(DCH)；

④ Node B 分配相应的资源，然后向所属的 SRNC 发送 RL Reconfiguration Ready 消息，通知 SRNC 无线链路重配置准备完成；

⑤ SRNC 中 Iub 接口的 ALCAP 发起 Iub 接口的用户面传输承载建立过程，Node B 与 SRNC 通过交换 DCH 帧协议的上下行同步帧建立同步(对于 PS 域，本步骤不存在)；

⑥ SRNC 向属下的 Node B 发送无线链路重配置执行消息 RL Reconfiguration

Commit；

⑦ SRNC 向 UE 发送 RRC 协议的 RB 建立消息 RB Setup；

⑧ UE 执行 RB 建立后，向 SRNC 发送无线承载建立完成消息 RB Setup Complete；

⑨ SRNC 接收到无线承载建立完成的消息后，向 CN 回应 RAB 指配响应消息 RAB Assignment Response，结束 RAB 建立流程。

（2）RAB 连接建立（DCH-DCH，异步重配置 RL）

在 DCH-DCH 异步情况下，不要求 SRNC、Node B 与 UE 之间同步重配置 RL：Node B 与 UE 在接收到 SRNC 下发的配置消息后，将立即起用新的配置参数。RAB 建立（DCH-DCH 异步重配置 RL）的过程如图 3.2-7 所示，在异步情况下，无线重配置无需同步，SRNC 向属下的 Node B 发送 NBAP 协议的无线链路重配置请求 RL Reconfiguration Request 消息，请求属下的 Node B 在已有的无线链路上建立新的专用传输信道（DCH）；Node B 接收到 RL Reconfiguration Request 消息后，立即启用新的配置参数，即分配相应的资源，然后向所属的 SRNC 发送 RL Reconfiguration Response 消息，通知 SRNC 无线链路重配置完成。

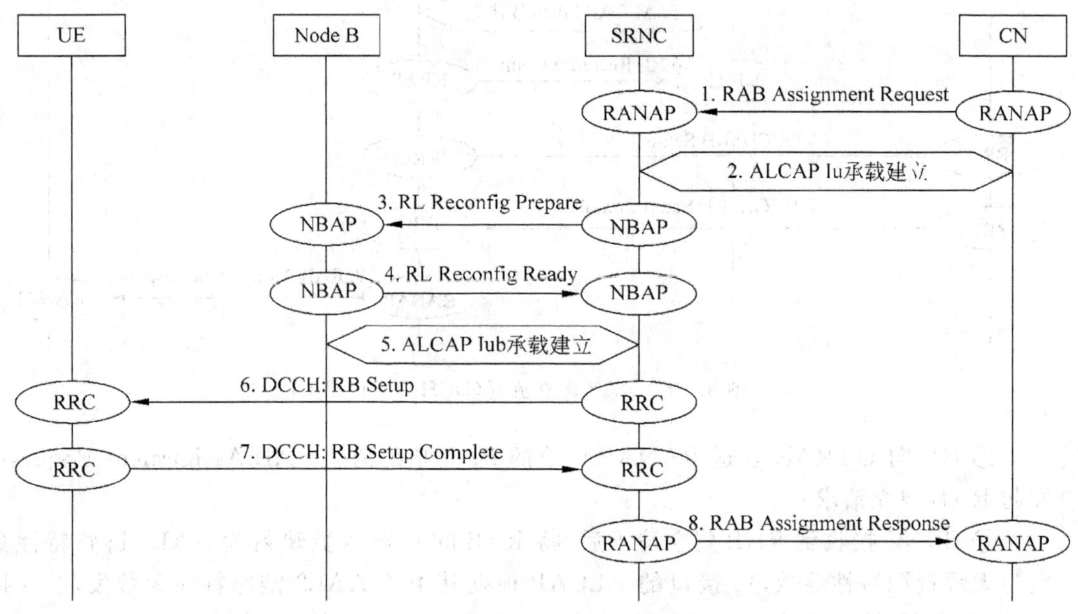

图 3.2-7 RAB 建立流程（DCH-DCH，异步）

2）RAB 连接建立（CCH-DCH）

当 UE 位于 RRC 公共信道连接状态时，RNC 根据 RAB 分配消息中的 QoS 参数，可以将 RAB 建立在公共信道或专用信道上。RAB 建立（CCH-DCH）流程如图 3.2-8 所示，信令交互过程如下：

第 1 步和第 2 步与 RAB 建立过程（DCH-DCH）相同。

第 3 步 SRNC 向 Node B 请求在目前的无线链路上建立一条 DCH（因 RRC 是建立在公共信道上的，此处不用无线链路重新配置消息）。

第 4 步 Node B 资源准备成功后，通知 DCH 已经建立；向 RNC 应答无线链路建立响应消息 RADIO LINK SETUP RESPONSE。

第 5～8 步过程与 RAB 建立过程(DCH-DCH)相同。

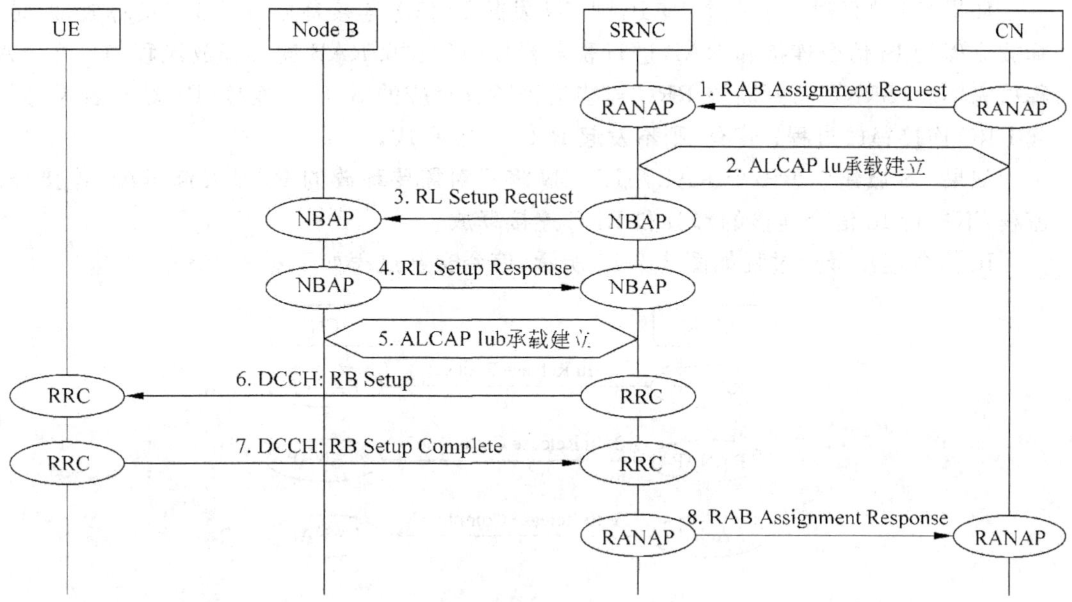

图 3.2-8　RAB 建立流程(CCH-DCH)

当 RRC 连接建立在 CCH 时，RNC 根据 RAB 指配消息中的 QoS 参数，可以将指配的 RAB 继续建立在 CCH 上。RAB 建立(CCH-DCH)流程如图 3.2-9 所示，信令交互过程如下：

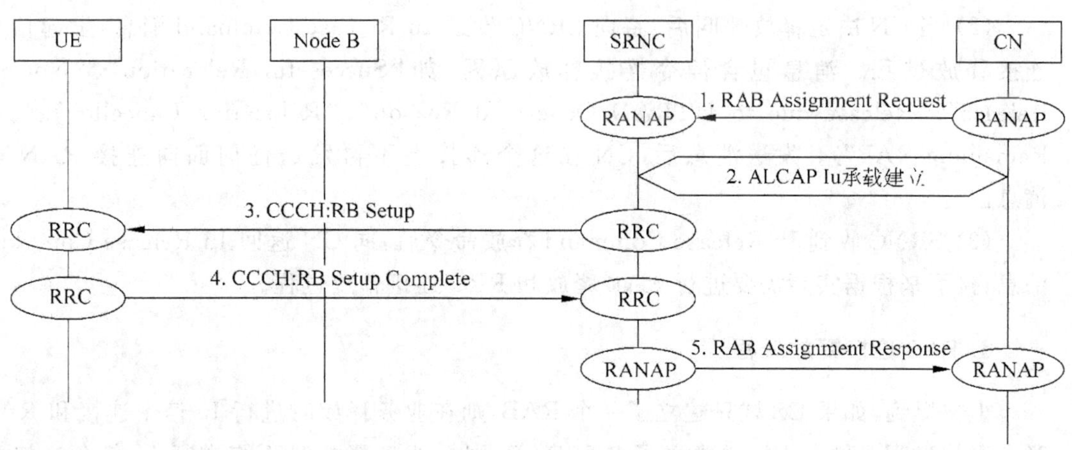

图 3.2-9　RAB 建立流程(CCH-DCH)

第 1 步和第 2 步与 RAB 建立过程(DCH-DCH)相同。

第 3～5 步 RB 建立和响应过程与 RAB 建立过程(DCH-DCH)对应过程相同。

5. Iu 信令连接释放流程

当 UE 的业务进行完毕需要释放 CS 业务时，有如下两种情况：

如果 CS 域只建立了一个 RAB，则 CN 发起 Iu 信令连接释放、RAB 连接释放，此时的释放流程为 Iu 信令连接和 RAB 进行联合释放（详见“6. RAB 连接释放流程”）。在 RAB 释放完毕后，SRNC 将判断该 RRC 连接是否还有对应的 Iu 信令连接（PS 域），若无，则发起 RRC 连接释放过程；若有，则不发起 RRC 连接释放。

如果 CS 域建立了多个 RAB，那么 CN 将只对需要释放的 RAB 发起 RAB 连接释放流程，不进行 Iu 信令连接的释放和 RRC 连接释放。

Iu 信令连接释放过程如图 3.2-10 所示，信令交互过程如下：

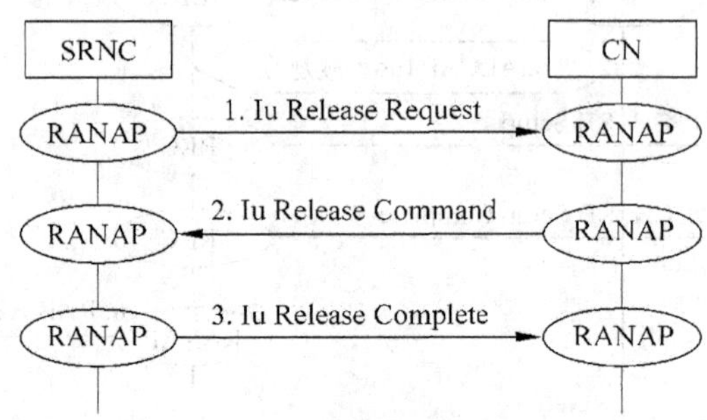

图 3.2-10　Iu 信令连接释放过程

(1) SRNC 向 CN 域发送 Iu 释放请求消息 Iu Release Request，发起 Iu 接口的释放请求过程。如果 CN 决定释放 Iu 连接，CN 将发起 Iu 释放过程。Iu 连接释放过程一般由 CN 直接发起，也可由 UTRAN 请求 CN 发起，由 CN 发起时不需要此步骤。

(2) 当 CN 决定释放呼叫后，将向 SRNC 发送 Iu Release Command 消息，发起信令连接释放过程。消息包含信令连接释放原因（如“Successful Relocation”、“Normal Release”、“Release due to UTRAN Generated Reason”、“Relocation Cancelled”、“No Remaining RAB”）。发送消息后，CN 在这个连接上不再发送任何面向连接 RANAP 消息。

(3) SRNC 收到 Iu Release Command 释放命令后，向 CN 返回 Iu Release Complete 消息，接下来根据实际需要进行 RAB 释放和 RRC 连接释放过程。

6. RAB 连接释放流程

上文提到，如果 CS 域只建立了一个 RAB，则在业务释放时进行 Iu 信令连接和 RAB 联合释放过程；如果 CS 域建立了多个 RAB，则在业务释放时不需进行 Iu 信令连接释放，直接进行 RAB 释放。

(1) RAB 连接释放流程

与 RAB 连接建立流程相对应，RAB 连接释放流程也分为 DCH-DCH 同步重配置、DCH-DCH 异步重配置、CCH-DCH、CCH-CCH 四种不同的释放流程，以 RAB 释放

(DCH-DCH,同步)为例说明 RAB 连接释放过程,如图 3.2-11 所示,信令交互流程如下:

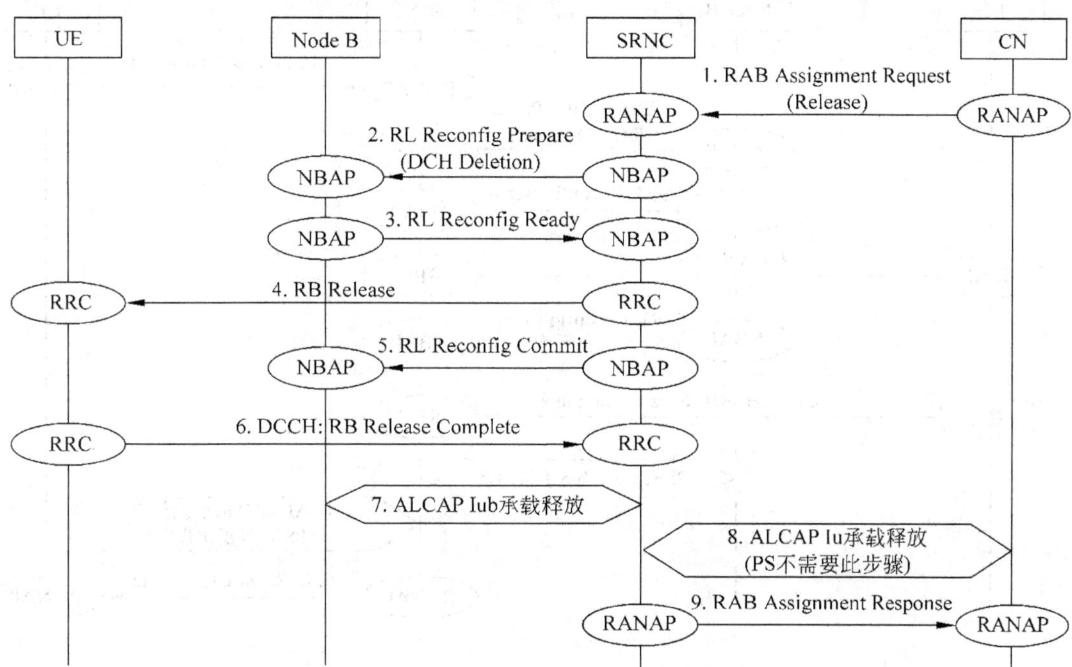

图 3.2-11 RAB 连接释放过程(DCH-DCH,同步)

① CN 通过发送 RAB Assignment Request(Release)消息启动 RAB 释放过程,消息中指明需要释放的 RAB 的 ID。

② SRNC 向 Node B 发送 RL Reconfiguration Prepare 消息请求 Node B 准备释放承载 RAB 的 DCH。

③ Node B 向 SRNC 发送 RL Reconfiguration Ready 消息通知 SRNC 释放准备已经完成。

④ SRNC 向 UE 发送 Radio Bearer Release 消息启动承载释放过程。

⑤ SRNC 向 Node B 发送 RL Reconfiguration Commit 消息,释放无线承载。

⑥ SRNC 收到 UE 的无线承载释放完成消息 Radio Bearer Release Complete。

⑦ SRNC 通过 ALCAP 协议释放 Iub 接口的数据传输承载。

⑧ SRNC 使用 ALCAP 协议,如果是 AAL2 承载,使用 AAL2 释放消息来启动和 CN 之间的 Iu 数据传输承载的释放(对于 PS 域不需要)。

⑨ SRNC 向 CN 发送 RAB 指配响应消息 RAB Assignment Response,释放过程结束。

(2) Iu 信令连接和 RAB 进行联合释放流程

若 CS 域只建立了一个 RAB,则在业务释放时进行 Iu 信令连接和 RAB 联合释放。进行业务释放时,CN 将首先向 SRNC 发送 Iu Release Command 消息,RNC 接收到这条消息后,将同时释放 Iu-CS 接口的 Iu 信令连接和 RAB,详细过程如图 3.2-12 所示。

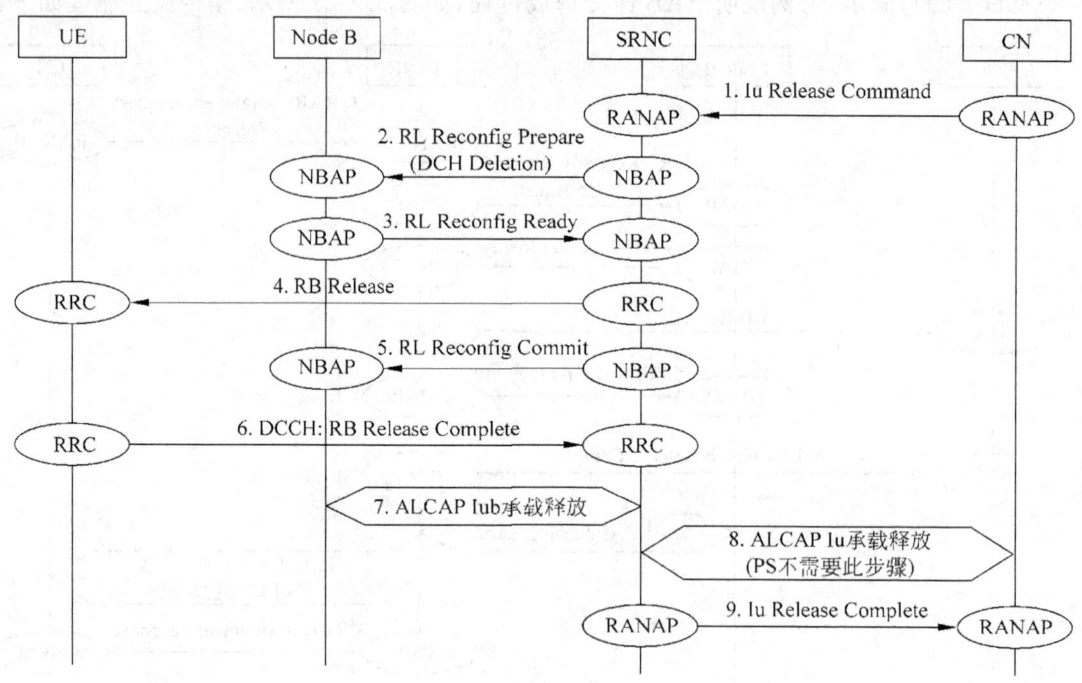

图 3.2-12　Iu 信令连接和 RAB 联合释放流程

7. RRC 连接释放流程

RAB 释放后，SRNC 将判断系统中是否还存在由相同 RRC 承载的 Iu 信令连接。如果该 UE 对应的 Iu 信令连接已全部被释放，则释放该 RRC 连接。RRC 连接释放就是释放 UE 和 UTRAN 之间的信令链路以及全部无线承载，经过 RRC 连接释放过程，无线接口上将释放所有与 UE 相关的信令连接。与 RRC 连接建立相对应，RRC 连接释放流程可划分为两类：释放建立在专用信道上的 RRC 连接、释放建立在公共信道上的 RRC 连接。

（1）建立在专用信道上的 RRC 连接释放

建立在专用信道上的 RRC 连接释放流程如图 3.2-13 所示，信令交互流程如下：

① SRNC 通过 DCCH 信道向 UE 发送 RRC 连接释放消息 RRC Connection Release，SRNC 可能发送多次，来提高 UE 接收的可靠性。

② UE 向 SRNC 返回 RRC 连接释放完成消息 RRC Connection Release Complete。

③ SRNC 向 Node B 发送无线链路删除请求消息 Radio Link Deletion Request，删除 Node B 中的无线链路资源。

④ Node B 资源释放完成后，向 SRNC 返回无线链路删除响应消息 Radio Link Deletion Response。

⑤ RNC 使用 ALCAP 协议发起 Iub 接口用户面传输承载的释放。RRC 释放过程结束。

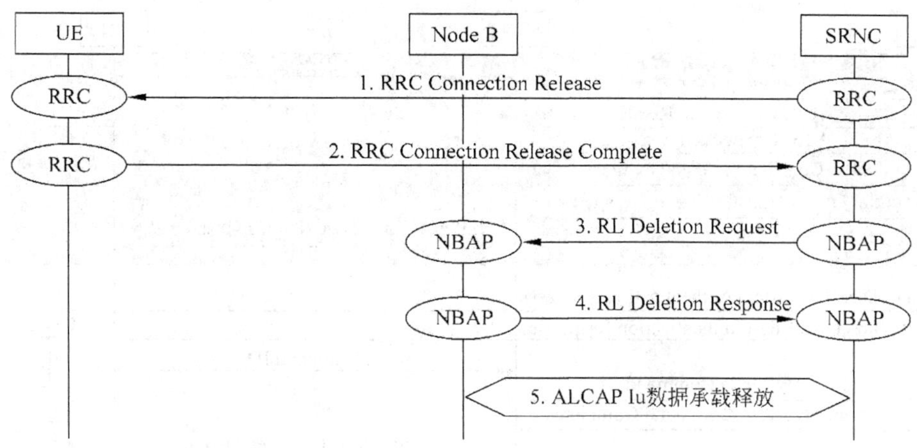

图 3.2-13　建立在 DCH 上的 RRC 连接释放

(2) 建立在公共信道上的 RRC 连接释放

建立在公共信道上的 RRC 连接释放无需释放 Node B 的资源，也没有数据传输承载的释放过程，信令流程如图 3.2-14 所示。

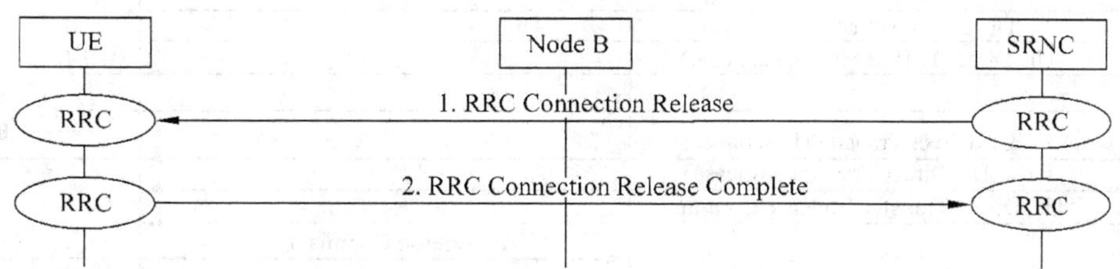

图 3.2-14　建立在 CCH 上的 RRC 连接释放

3.2.2　CS 被呼流程

CS(电路域业务)被呼流程基本与起呼流程相似，区别在 RRC 连接建立前 UE 首先接收到寻呼信道上的 Paging Type1 消息，然后进行 RRC 连接的建立。CS 被呼流程在寻呼流程以后的各部分同起呼流程，如图 3.2-15 所示。

在图 3.2-15 中，首先由 CN 通过寻呼消息对 UE 进行寻呼。如果 UE 处于空闲模式或 CELL_PCH、URA_PCH 状态，RNC 通过 PCCH 信道，使用寻呼类型 1 消息(Paging Type1)寻呼 UE。如果 UE 处于 CELL_FACH 或者 CELL_DCH 状态，RNC 通过 DCCH 信道，使用寻呼类型 2 消息(Paging Type2)寻呼 UE，寻呼类型 2 也称为专用寻呼过程。也就是说，寻呼类型 1 消息是用于 UE 空闲时从 PCCH 上下发；寻呼类型 2 消息是用于 RRC 连接状态时从 DCCH 下发。例如 UE 在 PS 业务时下发 CS 的寻呼消息就用 Paging Type2。Paging Type 是由 RNC 控制的，CN 无需知道。详细的 CS 被呼过程的剩余流程请参考 3.2.1 节的 CS 起呼流程部分，在此不再赘述。

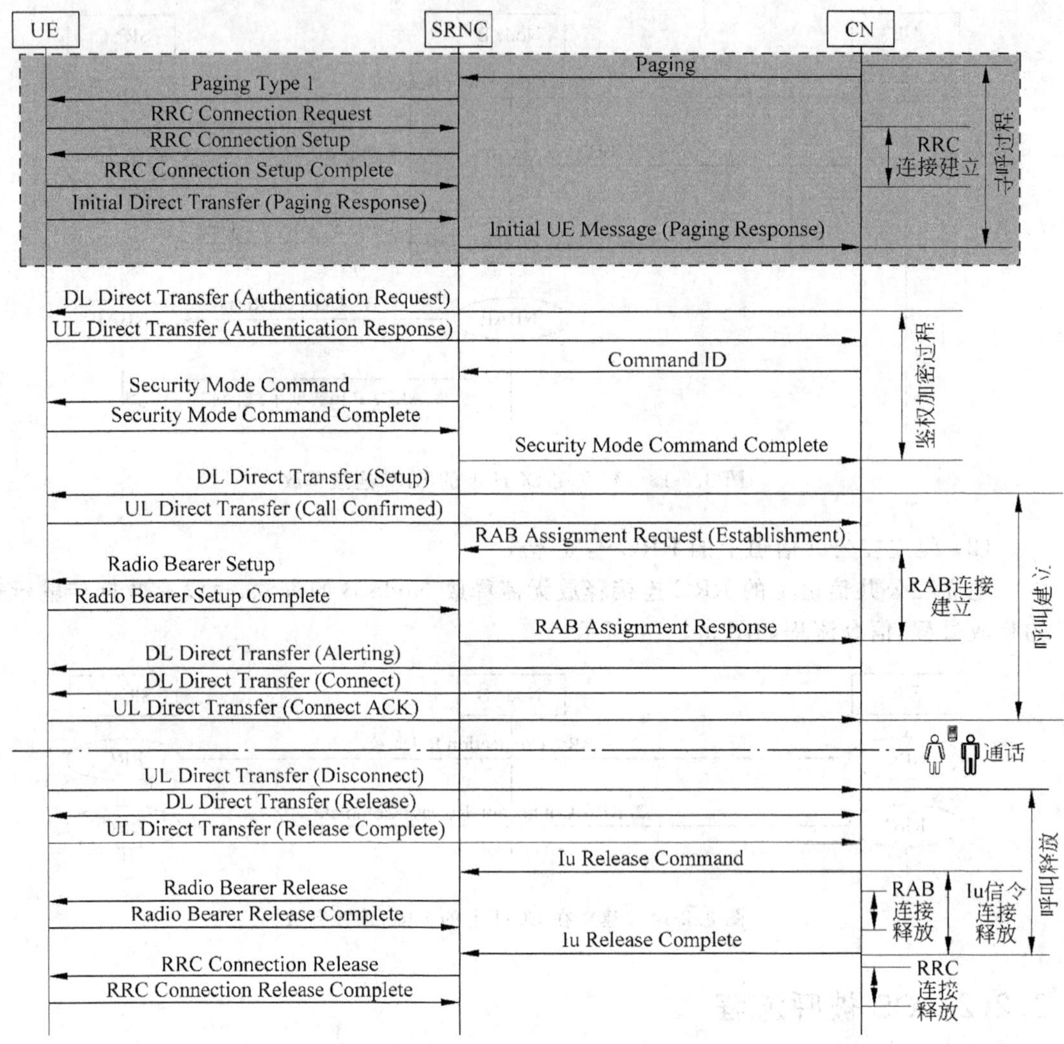

图 3.2-15 CS被呼流程

3.3 PS呼叫流程

PS(分组域业务)呼叫流程与CS呼叫流程主要不同体现在两个部分：移动性管理流程(MM)和会话管理(SM)流程。移动性管理主要完成用户的附着、分离、鉴权流程、路由区更新、位置更新等功能。会话管理一方面完成核心网络SGSN到GGSN之间的隧道建立、修改和释放的控制功能，另一方面完成SGSN和RNC/UE之间RAB建立、修改和释放的控制。为便于读者在仔细理解信令字段时能够正确辨析，下面首先介绍在PS呼叫流程中经常用到的基本概念，然后对PS起呼流程和PS被呼流程分别进行详细描述。

(1) PDP 上下文(PDP Context)。PDP(分组数据协议)上下文保存了用户面进行隧道转发的所有信息,包括 RNC/GGSN 的用户面 IP 地址、隧道标识和 QoS 等。

(2) QoS 协商。会话管理在建立分组传输路由的同时,也必须指定此路由满足的 QoS(服务质量),会话管理过程在 UE、RNC、SGSN、GGSN 之间进行 QoS 协商,使各节点提供的服务质量保持一致。QoS 协商的算法是在签约的 QoS、SGSN 能提供的最大 QoS 和其他节点满足的 QoS 之间取最小值。

(3) 路由区标识符(Routing Area Identity,RAI)。一个路由区是一个且只有一个位置区(LAC)的子集,这意味着一个路由区不能扩展到多个位置区。此外,一个路由区只由一个 SGSN 提供服务。

(4) 网络层业务接入点标识符(Network Service Access Point Identity,NSAPI)。在 UE,NSAPI 标识 PDP 业务接入点;在 SGSN 和 GGSN,NSAPI 标识与一个 MM 上下文相关联的 PDP 上下文。

(5) RAB ID。在接入层标识用户的一个 RAB,它的取值等于 NSAPI。

(6) 隧道端点标识符(Tunnel Endpoint Identity,TEID)。隧道端点标识符由 GPRS 隧道协议用来在 GSN 之间、RNC 和 SGSN 之间,在接收 GTP-C 或 GTP-U 协议的实体中标识一个隧道端点,和标识一个 PDP 上下文。在一个逻辑节点如 RNC,SGSN,或 GGSN 的一个 IP 地址内 TEID 是一个唯一的标识。

(7) PDP 地址(PDP Address)。由 IMSI(国际移动用户标识号)标识的分组域用户将有一个或多个网络层地址,也即,临时的和/或永久的相关联的 PDP 地址,遵从所采用的各自网络层业务的标准地址方案,比如:IPv4 地址、IPv6 地址。

(8) GSN(GPRS 支撑节点)号码(GSN number)。每个 SGSN(服务 GPRS 支撑节点)应有一个 SGSN 号码用于与 HLR(归属位置寄存器)和 EIR(设备标识寄存器)通信。每个可选地支持基于 SS7 信令的 Gc 接口的 GGSN 应有一个 GGSN 号码用于与 HLR 通信。

(9) GSN 地址(GSN Address)。每个 SGSN 和 GGSN 应有一个 IPv4 类的 IP 地址,或可选地有一个 IPv6 类的 IP 地址,用于在骨干网上内部通信。全部 PLMN 的 GSN 和其他骨干节点的 IP 地址建立了一个从公众 Internet 不能访问的私有地址空间。对于 SGSN 和 GGSN,这个 IP 地址也可能与一个或多个 DNS 类型的逻辑 GSN 名相对应。

3.3.1 PS 起呼流程

如图 3.3-1 所示,PS 起呼流程有以下几个基本过程:

第一步,建立 RRC 连接(该步与 CS 呼叫流程相同)。

第二步,Iu 信令连接的建立(该步与 CS 呼叫流程相同)。

第三步,附着过程,建立 UE 和服务 GPRS 业务节点(SGSN)之间的逻辑连接。通过执行附着过程 在 MS 和 SGSN 中应建立 MM 上下文。如果用户的 MM 上下文在网络侧不存在,鉴权过程是必须的。如果需要重新分配 P-TMSI,并且网络支持加密,则需要有

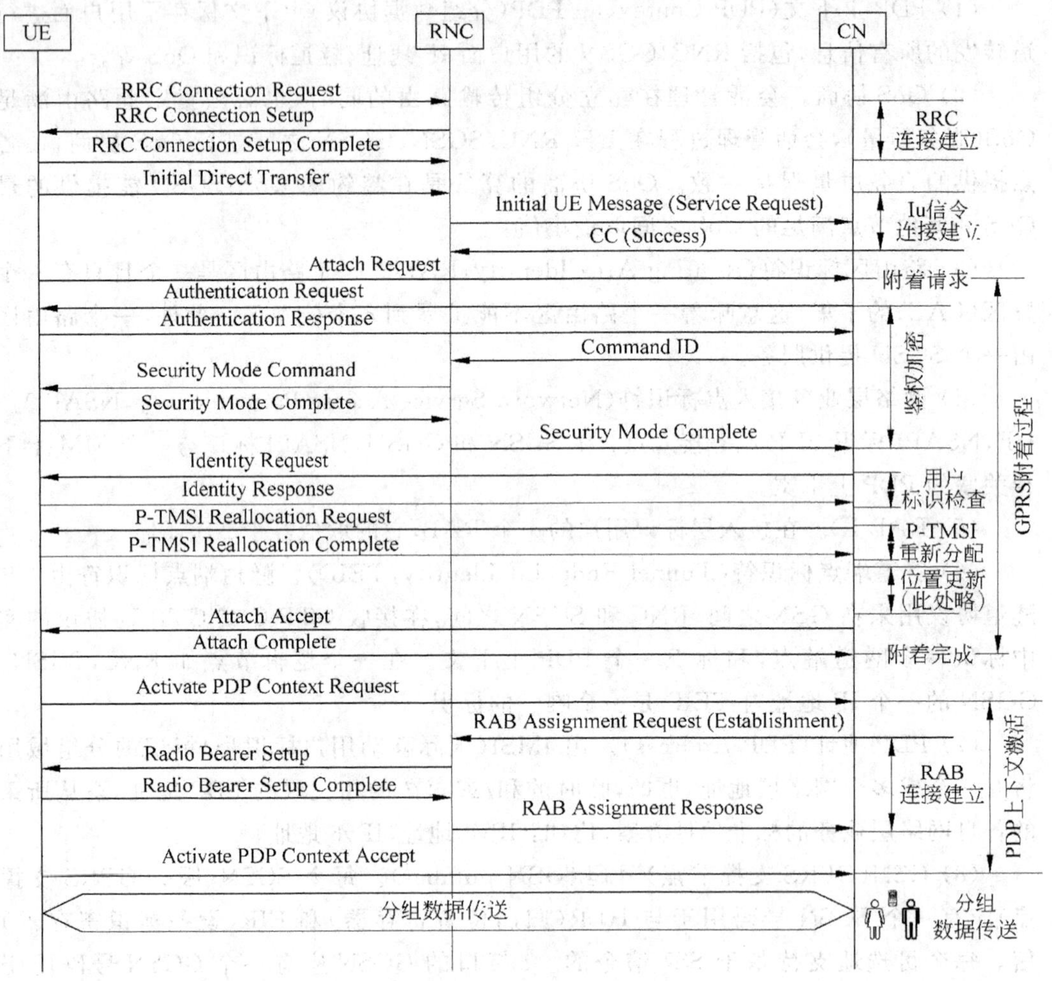

图 3.3-1 PS 起呼流程

加密模式过程。附着的信令交互流程请参考下文的描述。

第四步，PDP 上下文激活包括 UE 发起的 PDP 上下文激活、网络发起的 PDP 上下文激活和二次激活三种情况，详细信令交互流程请参考下文的描述。

第五步，RAB 的建立。UE 业务请求被网络接收后，CN 将分配无线接入承载(RAB)。在空中接口将建立相应的无线承载(RB)。RAB 的建立流程请参考下文。

第六步，等待应答。UE 等待 CN 响应。当 UE 接收到 PDP Response 消息，此时可以发送接收 IP 数据包。

一般来说，WCDMA 系统的分组业务是实时在线的，即用户和网络始终连接。通常在用户终端开启时，便进行附着操作，与 SGSN 建立了逻辑连接。已经完成 GPRS 附着的用户在需要进行分组业务数据传输时，直接激活 PDP 上下文就可以了。因此在 UE 上电时通常会执行 1～3 步，附着到网络上，并一直保持附着状态。在需要进行数据传输时，执行 4～6 步的呼叫过程。

1. 附着流程

通过执行附着过程，在 UE 和 SGSN 中应建立 MM 上下文。GMM 子层支持以下附着类型：(1)GPRS 附着；(2)已经 IMSI 附着的 UE 进行 GPRS 附着；(3)联合的 GPRS/IMSI 附着。下面分别描述这三种附着流程。

(1) GPRS 附着

UE 在接入分组数据业务之前，必须先附着到 GPRS 上。如图 3.3-2 所示，GPRS 附着的信令交互流程为：

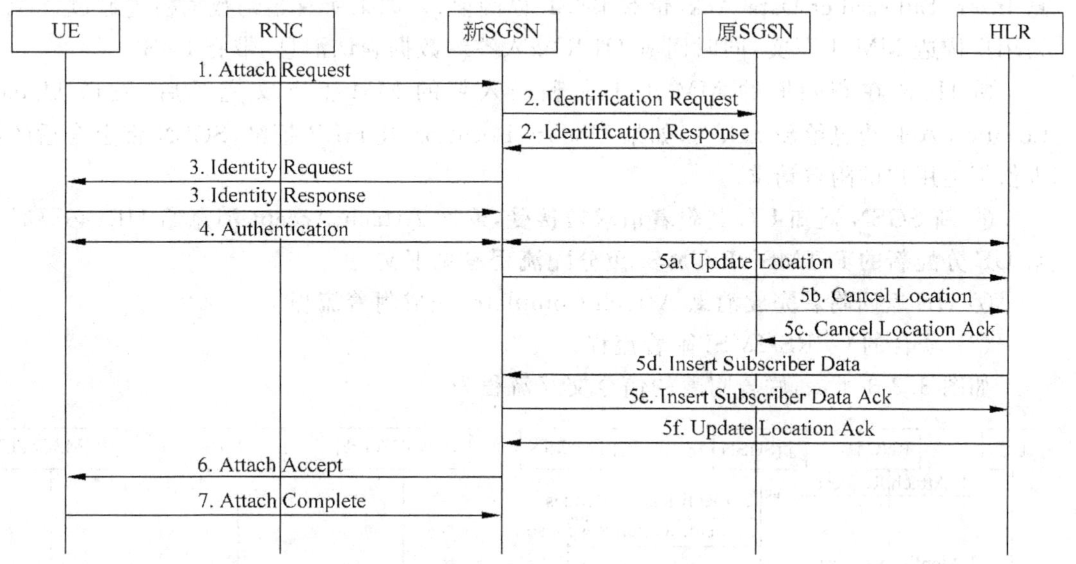

图 3.3-2 GPRS 附着流程

① UE 向新 SGSN 发出附着请求消息 Attach Request。

② 新 SGSN 向原 SGSN 发出标识请求消息 Identification Request；如果 UE 在原 SGSN 中已知，则返回标识响应消息 Identification Response，如果 UE 在原 SGSN 中未知，则返回错误原因。

③ 如果新 SGSN 未能从原 SGSN 获得 UE 的标识，则新 SGSN 向 UE 发送标识请求消息 Identity Request(标识类型为 IMSI)；UE 返回标识响应消息 Identity Response。

④ 执行鉴权过程。

⑤ 执行 SGSN 的位置更新过程。如果 SGSN 号码自从上次分离后发生改变，或者是用户的第一次附着，SGSN 应该通知 HLR。位置更新过程如下：

⑤a 新 SGSN 发送一条 Update Location 消息(带有 SGSN 号码、SGSN 地址、IMSI)给 HLR。

⑤b HLR 发送 Cancel Location(带有 IMSI、取消类型)消息给原 SGSN，同时置取消类型为 Update Procedure。

⑤c 原 SGSN 返回 Cancel Location Ack(带有 IMSI)消息确认收到 HLR 的 Cancel Location。

⑤d HLR 发送插入用户签约数据消息 Insert Subscriber Data(带有 IMSI、GPRS 签约数据)给新 SGSN。

⑤e 新 SGSN 证实用户存在于新的路由区中,如果用户签约数据限制用户在此路由区附着,SGSN 应该拒绝用户的附着请求,带以恰当的原因值,同时可以回应插入签约数据确认消息 Insert Subscriber Data Ack 给 HLR。如果签约数据检查由于其他原因失败,SGSN 应该拒绝用户附着请求,带上合适的原因值,同时回应 HLR 插入签约数据确认消息 Insert Subscriber Data Ack(带有 IMSI、原因值)。如果所有签约数据检查通过,SGSN 为用户构造 MM 上下文,同时回应 HLR 插入签约数据确认消息(带有 IMSI)。

⑤f HLR 在删除旧的 MM 上下文和插入新的 MM 上下文完成后,发送 Update Location Ack 消息给新 SGSN,如果 Update Location 被 HLR 拒绝,SGSN 带上合适的原因值拒绝用户的附着请求。

⑥ 新 SGSN 通知 UE 其附着请求被接受,返回 Attach Accept 消息给 UE(必要时需给 UE 分配新的 P-TMSI,P-TMSI 重分配流程参见下文)。

⑦ UE 返回附着完成消息 Attach Complete,完成附着流程。

(2) 联合的 GPRS/IMSI 附着流程

如图 3.3-3 所示,联合附着的信令交互流程为:

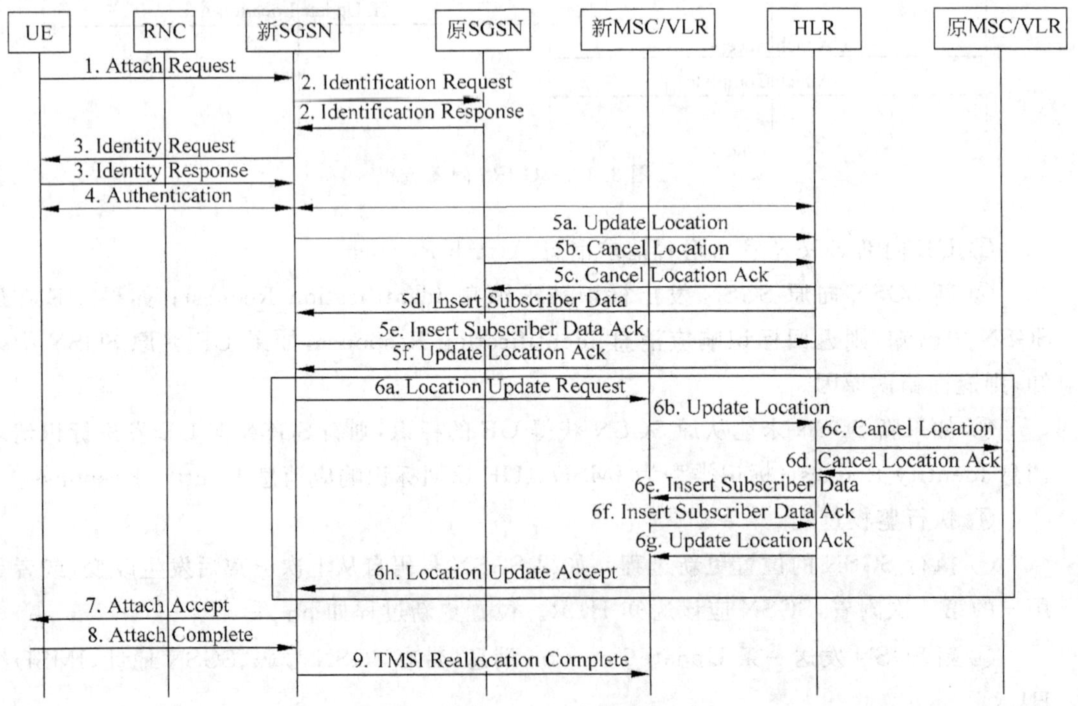

图 3.3-3 联合附着流程

① 第 1～5 步与图 3.3-2 中 GPRS 附着流程 1～5 步类似。

② 如果在步骤 1 中的附着类型指示已经 IMSI 附着的用户进行 GPRS 附着，或者联合附着，那么 VLR 将通过 Gs 接口进行联合的位置更新。VLR 号码可以从路由区信息导出。一旦新的 SGSN 在 5d 步骤中从 HLR 中接收到插入用户数据的消息，SGSN 发起指向新 MSC/VLR 的位置更新，过程如下：

6a 新的 SGSN 发送位置更新请求消息 Location Update Request 给 VLR，该消息包含新 LAI、IMSI、SGSN 号、位置更新类型等参数。如果更新类型指示联合的位置更新，则位置更新类型 Location Update Type 指示为 IMSI 附着。否则，Location Update Type 应该指示正常位置更新。

6b 如果位置区更新发生在 MSC 之间，则新 VLR 发送位置更新消息 Location Update 给 HLR，消息包含 IMSI 和新 VLR 号等参数。

6c 如果位置区更新发生在 MSC 之间，则 HLR 发送 Cancel Location（带有 IMSI）给原 VLR。

6d 原 VLR 以 Cancel Location Ack 消息确认。

6e 如果位置区更新发生在 MSC 之间，HLR 发送插入用户签约数据消息 Insert Subscriber Data 给新的 VLR。

6f 新的 VLR 通过插入用户数据确认消息 Insert Subscriber Data Ack 进行确认。

6g 位置更新过程完成之后，HLR 以 Update Location Ack 消息（带有 IMSI）给新的 VLR。

6h 新 VLR 发送位置更新确认消息 Location Update Accept（带有 VLR 号码、TMSI）给 SGSN。

③ 步骤 7，SGSN 发送附着接受消息 Attach Accept（带有 P-TMSI、VLR 号码、TMSI、P-TMSI 签名等参数）给用户。

④ 步骤 8，如果 P-TMSI 或者 TMSI 改变，UE 以附着完成消息 Attach Complete 给 SGSN 确认新分配的 TMSI。

⑤ 步骤 9，如果 TMSI 发生改变，SGSN 发生 TMSI 重分配完成消息 TMSI Reallocation Complete 给新 VLR 以确认重分配的 TMSI。

2. P-TMSI 重分配流程

针对 PS 业务，一个临时的移动台标识 P-TMSI 用于无线接口信令过程的识别。在路由区里，P-TMSI 显得非常重要，它可以提供明确的移动台标识。在路由区以外，P-TMSI 和 RAI（路由区标识）联合提供明确的移动台标识。P-TMSI 重分配的目的是提供识别，如保护用户不被侵入者识别和定位。SGSN 可以在任何时间对 P-TMSI 进行重新分配。通常在每次路由区改变以后都执行 P-TMSI 再分配，也可以在附着或路由区更新时分配。

P-TMSI 由 SGSN 分配，如图 3.3-4 所示，P-TMSI 重分配的信令交互流程为：

(1) SGSN 向 MS 发出 P-TMSI 重新分配命令消息 P-TMSI Reallocation Command

发起 P-TMSI 重分配过程。P-TMSI 重分配期间网络不会发送任何用户数据。

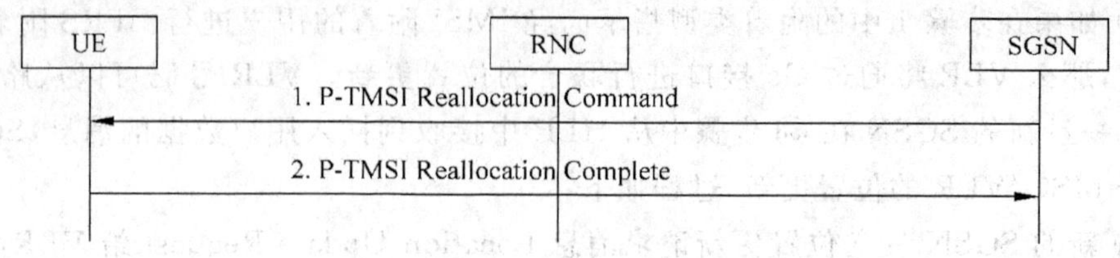

图 3.3-4 P-TMSI 重分配流程

(2) 一旦 UE 接收到 P-TMSI Reallocation Command 消息，UE 存储 RAI 和 P-TMSI 并发送一个 P-TMSI Reallocation Complete 消息给网络。如果一个 P-TMSI 签名在 P-TMSI Reallocation Command 消息中出现，UE 将存储新的 P-TMSI 签名并将删除原来的 P-TMSI 签名。如果在 P-TMSI Reallocation Command 消息中没有 P-TMSI 签名出现，原 P-TMSI 签名将被保持。P-TMSI 签名是一个与 P-TMSI 相关的可选参数，用于附着和位置更新等规程。

3. 用户标识校验流程

用户标识校验流程被网络用来向 UE 请求提供特定的身份识别参数给网络如 IMEI (International Mobile Equipment Identity，国际移动设备识别码)，如图 3.3-5 所示，用户标识校验流程的信令交互流程为：

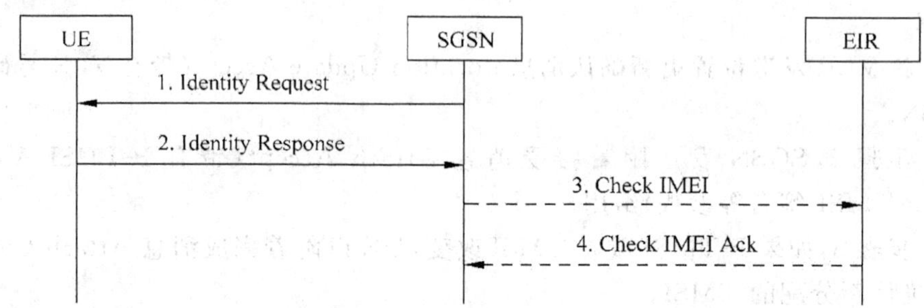

图 3.3-5 用户标识校验流程

① SGSN 向 UE 发出标识请求消息 Identity Request(身份类型)。

② UE 向 SGSN 返回标识响应消息 Identity Response，在 UMTS 系统中，UE 可以选择发送加密的 IMSI 给 SGSN。

③ 如果需要校验 IMEI，则 SGSN 向 EIR(设备标识寄存器)发出校验 IMEI 消息 Check IMEI。

④ 如果需要校验 IMEI，则 EIR 向 SGSN 返回校验 IMEI 确认消息 Check IMEI Ack。

4. PDP 上下文激活流程

PDP(分组数据协议)上下文激活包括 UE 发起的 PDP 上下文激活、网络发起的 PDP

上下文激活和二次激活。

(1) UE 请求发起 PDP 上下文激活

无论 PDP 地址为静态或动态，都可由 UE 请求发起 PDP 上下文激活流程。UE 发起 PDP 上下文激活的流程如图 3.3-6 所示，信令交互流程为：

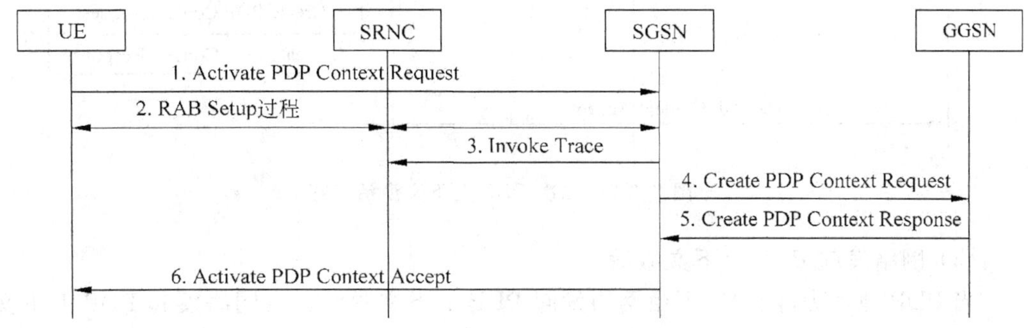

图 3.3-6　UE 发起的 PDP 上下文激活流程

① UE 向 SGSN 发出激活 PDP 上下文请求消息 PDP Context Request。

② 通过 RAB 建立过程建立 RAB。

③ SGSN 发送调用跟踪消息 Invoke Trace 给 UTRAN，消息中包括 TRACE Reference，TRACE Type 等。

④ SGSN 根据 MS(移动台)提供的 APN(Access Point Name，接入点)来解析 GGSN(网关 GPRS 支撑节点)地址，如果 SGSN 不能从 APN 解析出 GGSN 地址，或判断出该激活请求无效，则拒绝该请求；如果 SGSN 从 APN 解析出了 GGSN 地址，则为所请求的 PDP 上下文创建一个 TEID(隧道端点标识符)，并向 GGSN 发出创建 PDP 上下文请求消息 Create PDP Context Request。

⑤ GGSN 利用 SGSN 提供的信息确定外部 PDN(Public Data Network，公司数据网)、分配动态地址、启动计费、限定 QoS 等，如果能满足所商定的 QoS，则向 SGSN 返回创建 PDP 上下文响应消息 Create PDP Context Response；如果不能满足所商定的 QoS，则向 SGSN 返回拒绝创建 PDP 上下文请求。

⑥ SGSN 收到 GGSN 的创建 PDP 上下文响应消息，则在该 PDP 上下文中插入 NSAPI、GGSN 地址、动态 PDP 地址，根据商定的 QoS 选择无线优先权，然后向 MS 返回激活 PDP 上下文接受消息。此时就已建立起 MS 与 GGSN 之间的路由，开始计费，可以进行分组数据传送。

(2) 二次 PDP 上下文激活

UE 使用同一个 PDP 地址可以激活多个业务，即一个 PDP 地址可以对应多个 PDP 上下文；如果一个用户想发起一个新的业务，该业务 PDP 上下文中除了 QoS 属性外与已经激活的 PDP 上下文属性相同，此时不会发起通常的 PDP 上下文激活，而是发起二次 PDP 上下文激活流程。每个 PDP Context 使用唯一的 TI 和 NSAPI，二次 PDP 上下文激活执行过程 APN 选择和地址协商不必执行，二次 PDP 上下文激活流程与通常的 PDP 上下文激活流程基本相同，只是没有 Invoke Trace 消息，具体流程如图 3.3-7 所示。

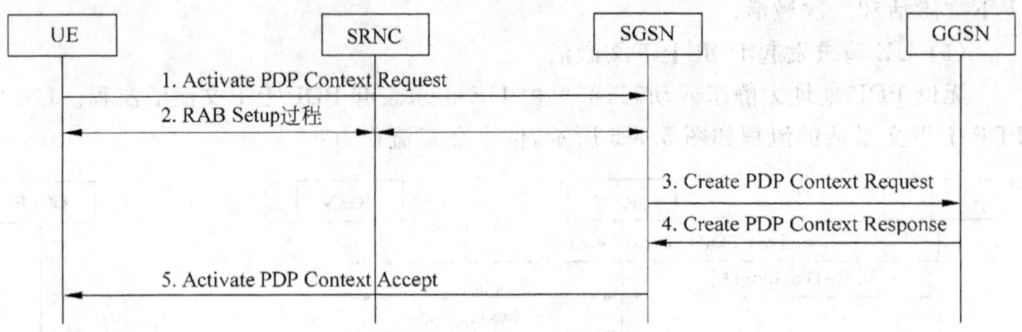

图 3.3-7 二次 PDP 上下文激活流程

(3) 网络发起 PDP 上下文激活

当 PDP 地址为静态时，可由网络发起 PDP 上下文激活。由网络发起 PDP 上下文激活的流程如图 3.3-8 所示，信令交互流程为：

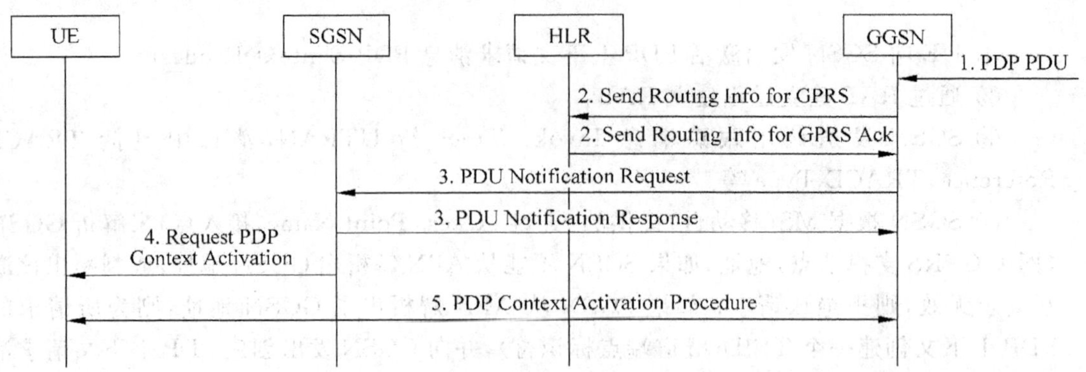

图 3.3-8 网络发起的 PDP 上下文激活流程

① GGSN 收到来自外部 PDN 的 PDP PDU，则将这些 PDP PDU 存储起来，向 HLR 发送 Send Routing Information for GPRS (IMSI)，获取 SGSN 的地址。

② 如果 HLR 判断可为该请求提供服务，则 HLR 发送 Send Routing Information for GPRS Ack (IMSI，SGSN Address，Mobile Station Not Reachable Reason)返回 SGSN 的地址，否则返回错误；如果错误不是"No Paging Response"，HLR 将此 GGSN 添加到该用户的 GGSN-List。

③ 如 SGSN 存在或错误是"No Paging Response"，则发送 PDU Notification Request (IMSI，PDP Type，PDP Address，APN)通知给 SGSN。

④ SGSN 返回应答 PDU Notification Response(Cause)，确认将要请求 UE 激活 PDP 上下文的过程。

⑤ SGSN 向 UE 发送 Request PDP Context Activation (TI，PDP Type，PDP Address，APN)要求 UE 发起激活 PDP 上下文的请求。

⑥ UE 发起 PDP 上下文激活过程，具体过程与图 3.3-6 所示过程相同。

3.3.2　PS 被呼流程

网络可在一定的 MM(移动性管理)状态下对具有静态 PDP 地址的 UE 发起分组数据业务,即启动 PS 被呼流程。当 MM 状态为分离态时,网络无法对 UE 进行寻呼,因此无法发起分组数据业务;当 MM 状态为空闲态或连接态时,网络需先向 UE 发起寻呼,然后再执行激活 PDP 上下文流程,如图 3.3-9 所示。当 MM 状态为连接态时,其业务流程不需图 3.3-9 中的第 4 步对 UE 寻呼过程。

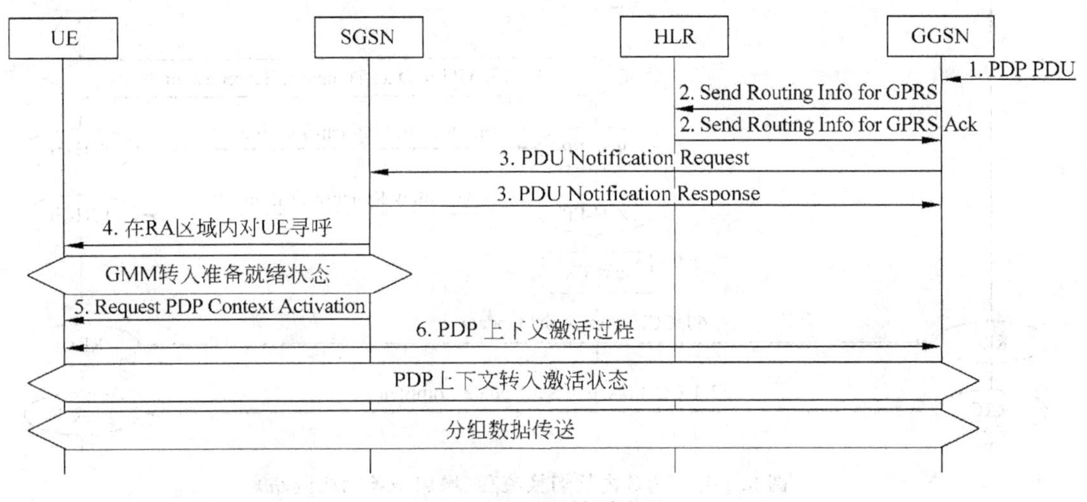

图 3.3-9　PS 被呼流程

3.4　切换流程

在这一部分描述的切换流程包括软切换、系统内硬切换和系统间硬切换三类。

3.4.1　软切换流程

软切换仅适用于 FDD 模式,可实现多条链路同时通信,基于此可实现宏分集发射,因此宏分集是软切换的最根本的特征。当软切换发生在同一 Node B 的同频扇区之间时,称为更软切换。在这一部分仅描述软切换的流程,关于软切换的具体算法将在第 4 章中描述。

(1) RNC 内软切换(添加一条无线链路)

RNC 内添加一条无线链路的软切换流程如图 3.4-1 所示。

(2) RNC 内软切换(删除一条无线链路)

RNC 内删除一条无线链路的软切换流程如图 3.4-2 所示。

(3) RNC 间软切换

同时删除属于同个 RNC 不同 Node B 的一条无线链路和建立属于 DRNC 的 Node B 一条无线链路的流程,如图 3.4-3 所示,信令交互流程为:

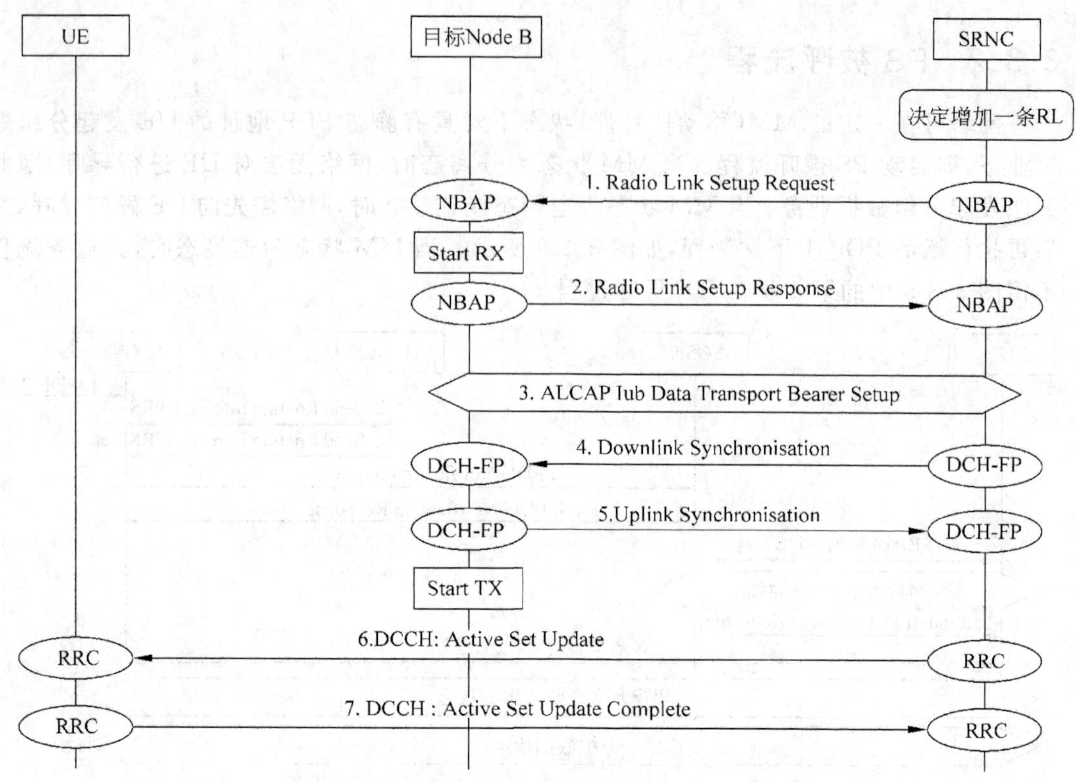

图 3.4-1　RNC 内软切换流程(增加一条无线链路)

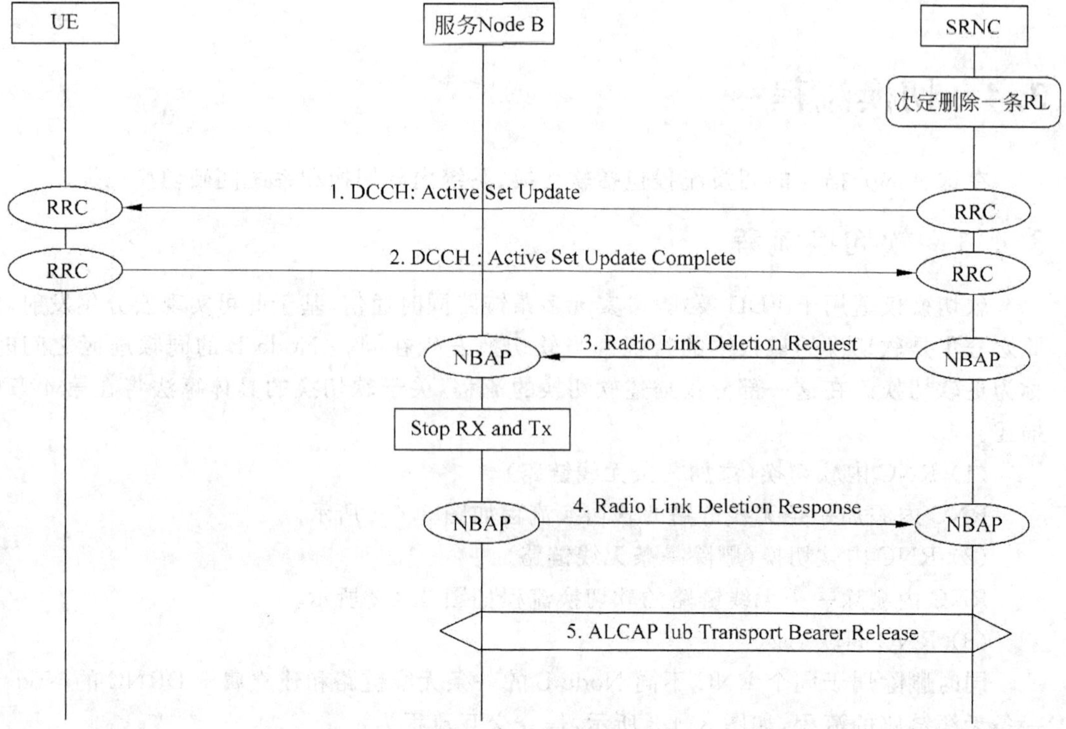

图 3.4-2　RNC 内软切换流程(删除一条无线链路)

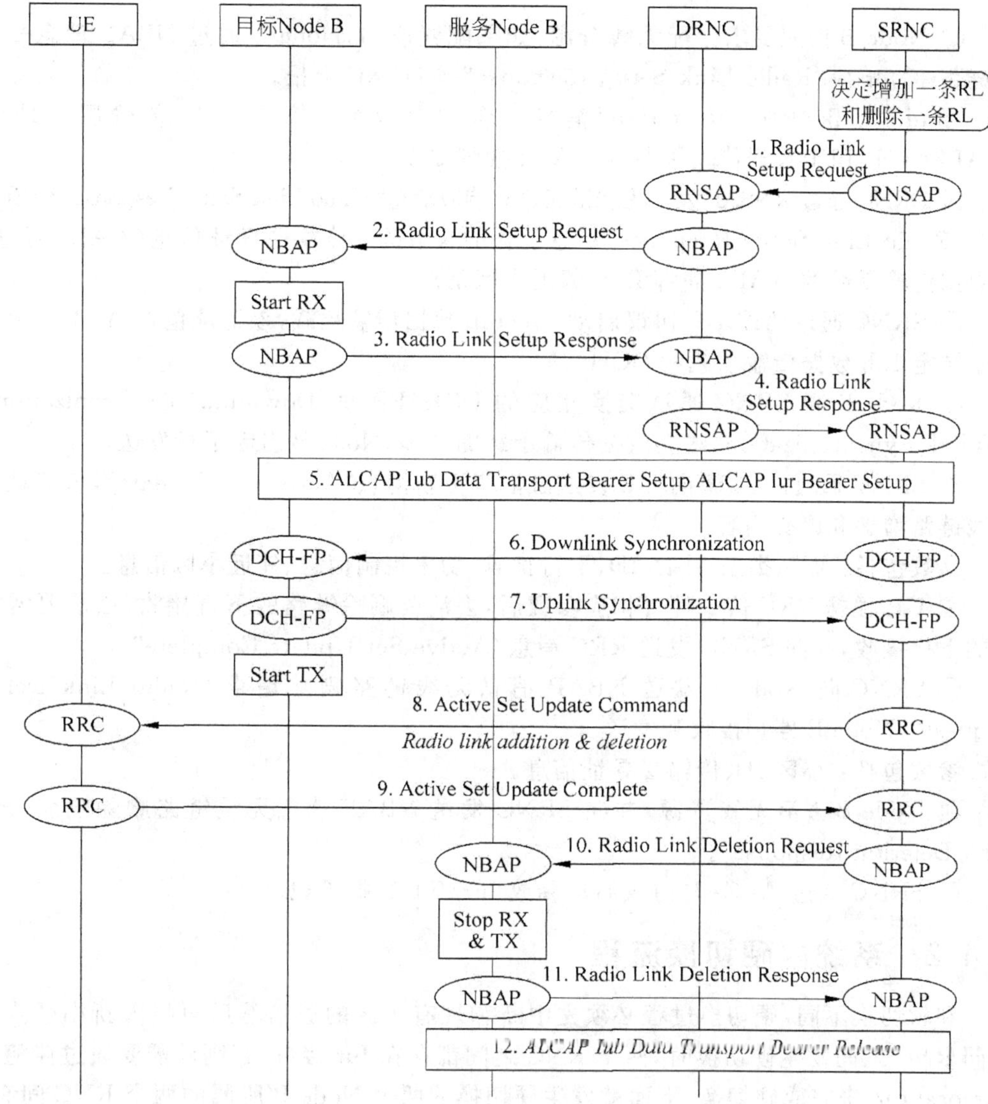

图 3.4-3 软切换流程(无线链路同时增加和删除)

① SRNC 决定建立一条新的无线链路，该无线链路所属的新小区由另一个 RNC (DRNC)控制。SRNC 通过 RNSAP 向 DRNC 发送"Radio Link Setup Request"消息，请求 DRNC 准备相应的无线资源。由于新的无线链路是 UE 同 DRNC 建立的第一条无线链路，于是建立新的 Iur 信令连接。该 Iur 信令连接承载跟 UE 相关的 RNSAP 信令。

"Radio Link Setup Request"消息包含的参数为：小区 ID、TFS、TFCS、频率、上行链路扰码。

② DRNC 根据无线资源判定是否可以满足请求的无线资源要求，如果可以满足，DRNC 向属于它的 Node B 发送 NBAP 消息(无线链路建立请求"Radio Link Setup Request")。然后 Node B 启动上行链路接收。

"Radio Link Setup Request"消息包含的参数为：小区 ID、TFS、TFCS、频率、上行链路扰码。

③ Node B 按照要求分配无线资源，如果配置成功，Node B 通过 NBAP 消息——无线链路建立响应“Radio Link Setup Response”向 DRNC 上报。

“Radio Link Setup Response”消息包含的参数为：信令终止、传输层寻址信息(AAL2 寻址、用于数据传输承载的 AAL2 捆绑 ID)。

④ DRNC 通过 RNSAP 发送无线链路建立响应消息“Radio Link Setup Response”给 SRNC。

“Radio Link Setup Response”消息包含的参数为：传输层寻址信息(AAL2 寻址、用于数据传输承载的 AAL2 捆绑 ID)、邻近小区信息。

⑤ SRNC 通过 ALCAP 协议启动 Iur/Iub 数据传输承载，该请求包含 AAL2 捆绑 ID 用于绑定 Iub 数据传输承载和 DCH。

⑥ Node B 和 SRNC 通过交换相应的 DCH FP 帧“Downlink Synchronization”和“Uplink Synchronization”建立数据传输承载的同步，Node B 启动下行发送。

⑦ SRNC 通过 DCCH 向 UE 发送激活集更新消息“Active Set Update”，该消息包含无线链路增加和删除内容。

参数包括：更新类型、小区 ID、下行扰码、功率控制信息、邻近小区信息。

⑧ UE 根据 RRC 信令配置相应参数后，去活要删除链路的下行接收，激活要增加链路的下行接收，并向 SRNC 发送 RRC 消息“Active Set Update Complete”。

⑨ SRNC 向 Node B 发送 NBAP 消息无线链路删除请求“Radio Link Deletion Request”，Node B 停止接收和发送。

参数包括：小区 ID、传输层寻址信息。

⑩ Node B 去活无线资源，并向 SRNC 发送 NBAP 消息无线链路删除响应“Radio Link Deletion Response”。

⑪ SRNC 通过 ALCAP 协议启动释放 Iur/Iub 数据承载。

3.4.2 系统内硬切换流程

和软切换不同，硬切换过程必须先中断和现有小区的通信然后再接入新小区。通常不同 RNC 之间发生硬切换时，两个 RNC 之间都存在 Iur 接口，否则就需要通过伴随迁移(Relocation)来完成硬切换，下面就发生硬切换的两个 Node B 所属的两个 RNC 间有 Iur 接口和无 Iur 接口两种情况来讨论硬切换的流程。RNC 间有 Iur 接口的硬切换流程如图 3.4-4 所示，RNC 间无 Iur 接口的硬切换流程如图 3.4-5 所示。

如图 3.4-4 所示，RNC 间有 Iur 接口的硬切换信令交互流程如下：

(1) SRNC 向目标 RNC 发送无线链路建立请求消息“Radio Link Setup Request”。

参数包括：目标 RNC 标识符、S-RNTI、小区 ID、TFS、TFCS。

(2) 目标 RNC 为 RRC 连接和无线链路分配 RNTI 和无线资源，并发送 NBAP 消息“无线链路建立请求(Radio Link Setup Request)”给目标 Node B。

参数包括：小区 ID、TFS、TFCS、频率、上行扰码、功率控制信息等。

(3) 目标 Node B 分配无线链路资源，启动物理层接收，并发送 NBAP 消息“无线链路建立响应(Radio Link Setup Response)”给目标 RNC。

参数包括：信令终止、用于 Iub 数据传输承载的传输层寻址信息。

(4) 目标 RNC 用 ALCAP 协议启动 Iub 数据传输承载的建立。该请求包含 AAL2

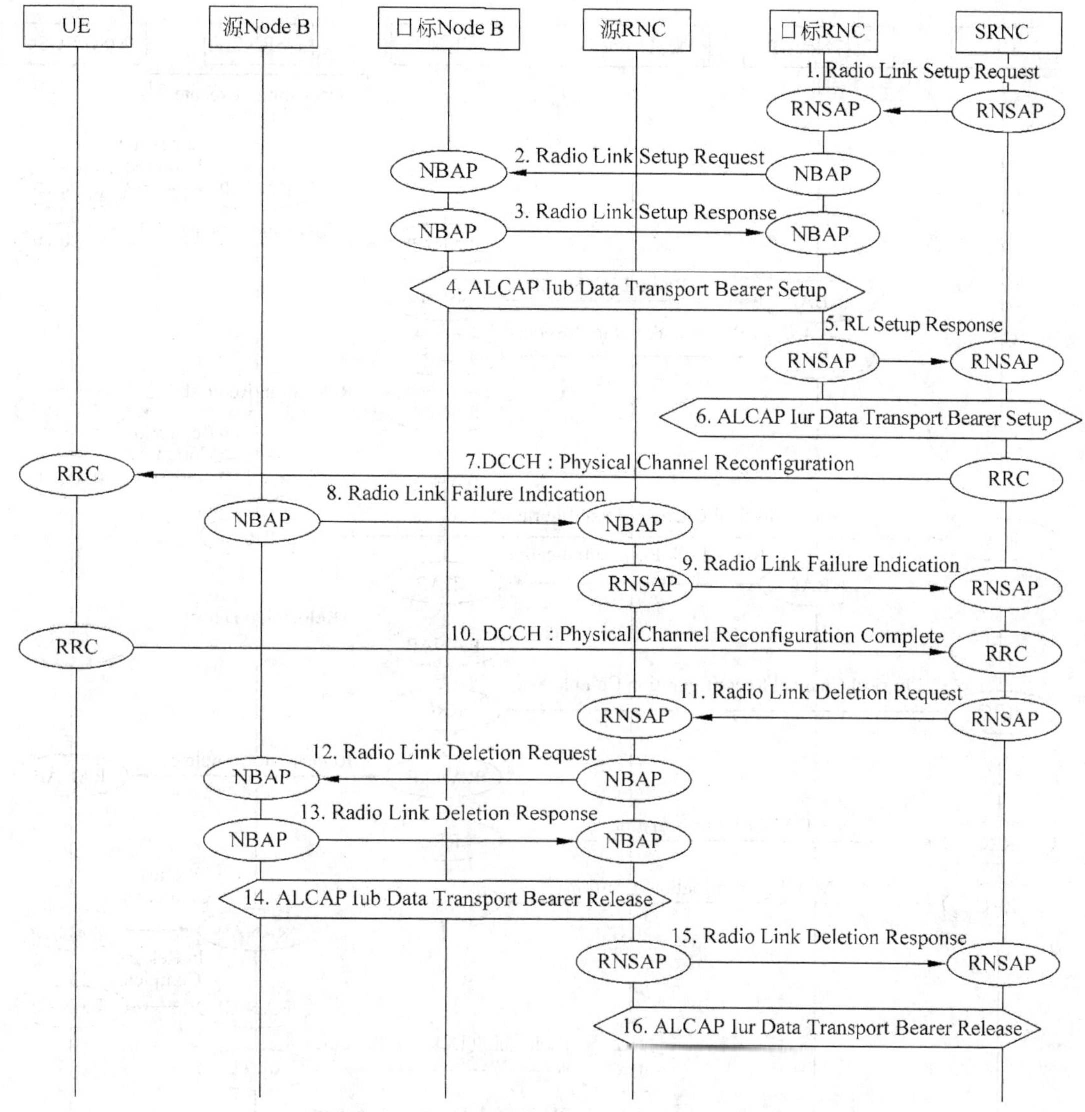

图 3.4-4　RNC 间有 Iur 接口的硬切换流程

捆绑 ID 用于绑定 Iub 数据传输承载和传输信道 DCH，同时该请求由 Node B 确认。

(5) 当目标 RNC 完成准备过程，目标 RNC 发送“无线链路建立响应”给 SRNC。

(6) SRNC 用 ALCAP 协议启动 Iur 数据传输承载的建立。该请求包含 AAL2 捆绑 ID 用于绑定 Iur 数据传输承载和传输信道 DCH，同时该请求由目标 RNC 确认。

(7) SRNC 向 UE 发送 RRC 消息“物理信道重配置(Physical Channel Reconfiguration)”。

(8) 当 UE 从旧的链路切换到新的链路时，源 Node B 检测到旧链路同步失败，发送 NBAP 消息“无线链路失败指示(Radio Link Failure Indication)”给源 RNC。

(9) 源 RNC 发 RNSAP 消息“无线链路失败指示(Radio Link Failure Indication)”给 SRNC。

(10) 当与目标 RNC 的 RRC 连接建立并分配相应的无线资源后，UE 发送 RRC 消息“物理信道重配置完成(Physical Channel Reconfiguration Complete)”给 SRNC。

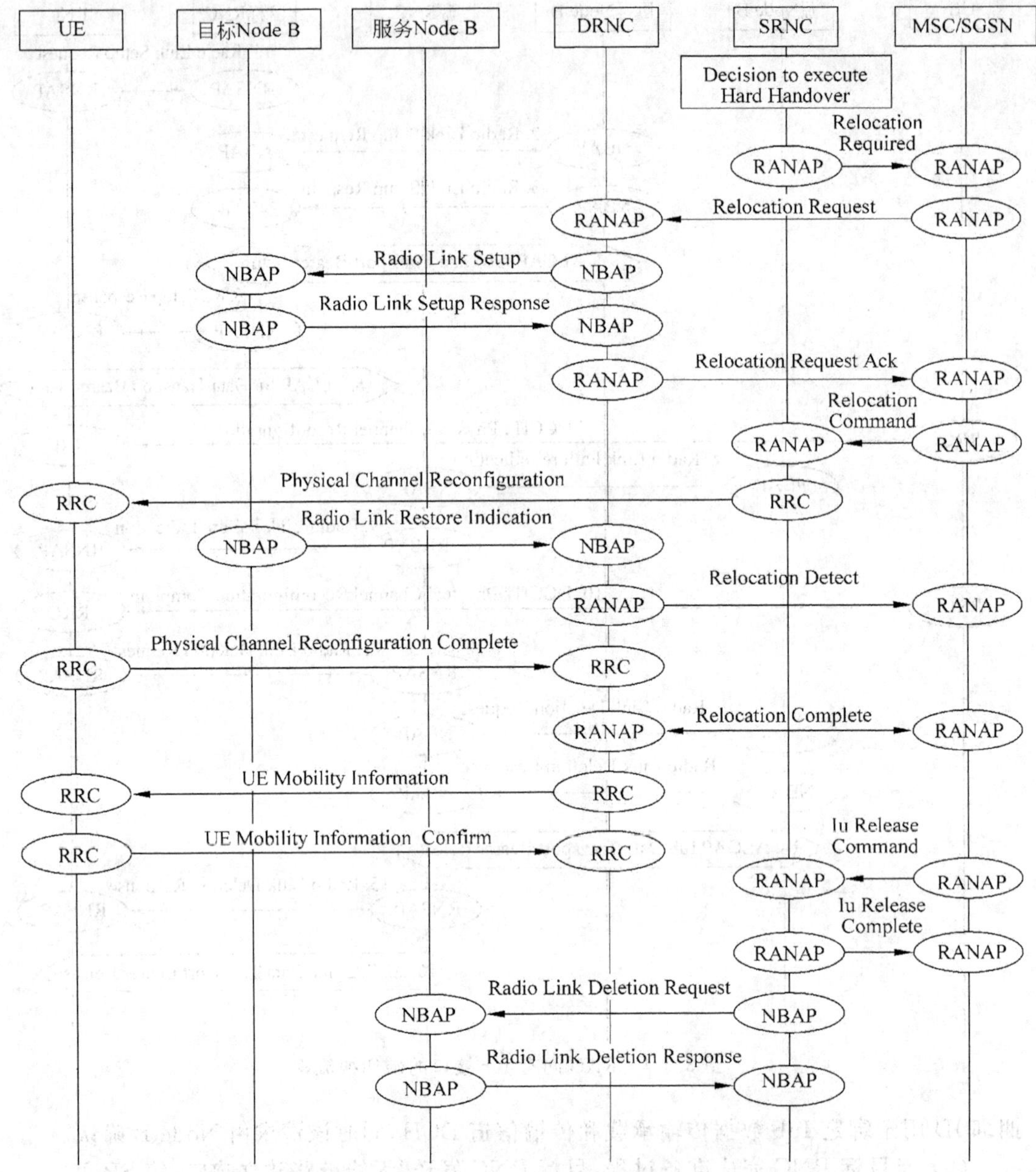

图 3.4-5　RNC 间无 Iur 接口的硬切换流程

(11) SRNC 给源 RNC 发送 RNSAP 信令“无线链路删除请求(Radio Link Deletion Request)”给源 RNC,要求源 RNC 释放相应的旧链路所用资源。

(12) 源 RNC 给源 Node B 发送 NBAP 消息“无线链路删除请求”。参数包括：小区 ID,传输层寻址信息。

(13) 源 Node B 释放旧链路无线资源,并向源 RNC 发送 NBAP 信令“无线链路删除响应(Radio Link Deletion Response)”。

(14) 源 RNC 用 ALCAP 协议启动释放 Iur 数据传输承载。

(15) 当源 RNC 完成释放 Iur 数据传输承载，发送 RNSAP 消息"无线链路删除响应"给 SRNC。

(16) SRNC 用 ALCAP 协议启动 Iur 数据传输承载的释放。该请求包含 AAL2 捆绑 ID 用于绑定 Iur 数据传输承载和传输信道 DCH，同时该释放请求由目标 RNC 确认。

3.4.3 系统间硬切换流程

1. 3G 到 2G 的 CS 切换流程

3G 到 2G 的 CS 切换流程如图 3.4-6 所示，在 RNC 决定进行系统间切换之前，首先

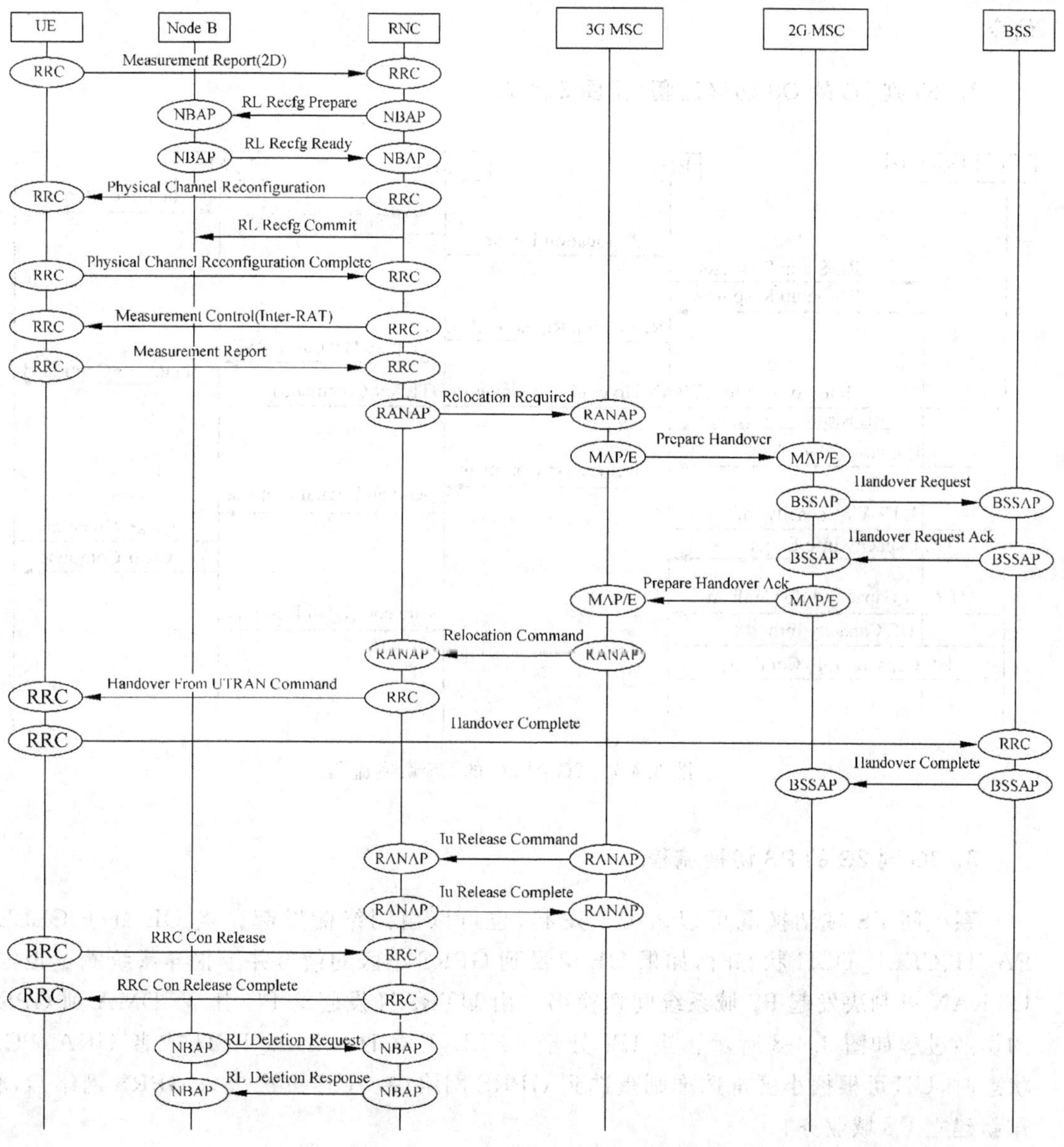

图 3.4-6 3G 到 2G 的 CS 切换流程

启动压缩模式和测量的过程，这一点和异频硬切换相似，只是此处进行是异系统测量而不是异频测量。3G 到 2G 的 CS 切换流程和普通的切换流程类似，在 SRNC 作出切换判决后，SRNC 首先到目标小区进行资源分配请求，不同的地方是此时的目标小区为 2G 的小区，通过 Iu 接口、2G MSC-3G MSC E 接口、2G 的 A 接口等进行资源分配，分配成功后，返回响应，SRNC 收到后，向 UE 发出系统间切换的命令，UE 收到此命令后，进行切换，切换成功后，通过 2G 的 BSC、MSC 告诉 3G 的 MSC 和 RNC，最后 3G 系统内释放原有资源。

图 3.4-6 中 3G 到 2G 的 CS 切换属于 MSC 间切换，如果 2G 和 3G 之间共 MSC，则这种切换就是局内切换，流程类似，不同的是少了 2G MSC-3G MSC 之间 E 接口上的信令。

2. 2G 到 3G 的 CS 切换流程（见图 3.4-7）

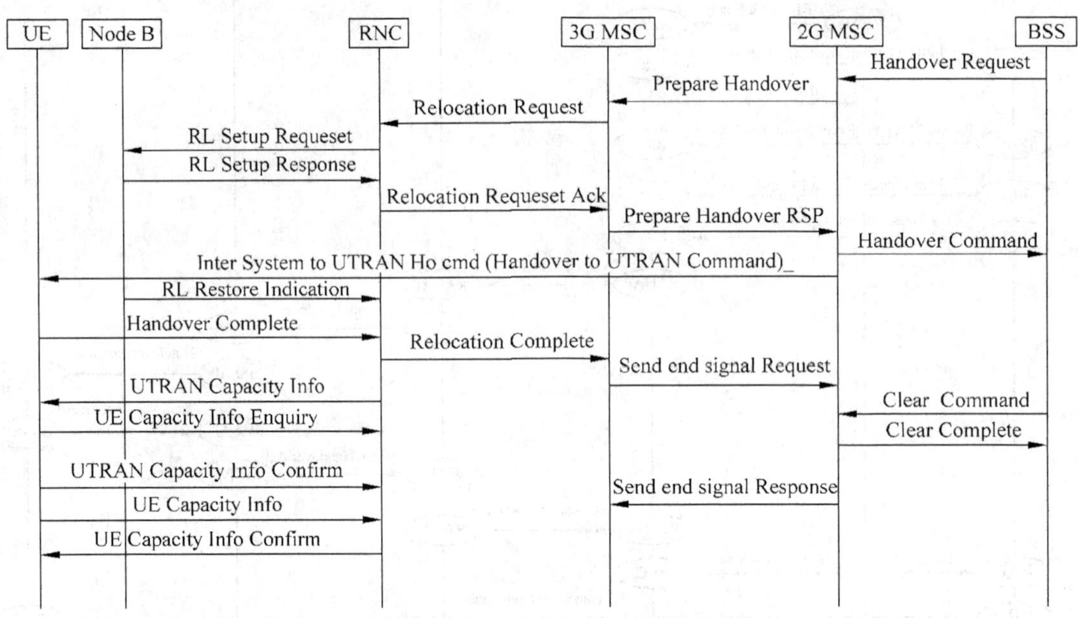

图 3.4-7　2G 到 3G 的 CS 切换流程

3. 3G 到 2G 的 PS 切换流程

系统间 PS 域切换既可以由 UE 发起，也可以由网络侧发起。当 UE 处于 CELL_FACH、CELL_DCH 状态时，如果 UE 测量到 GPRS 小区的信号并上报异系统测量报告，UTRAN 可判决发起 PS 域系统间切换出。由 UTRAN 发起的 PS 由 WCDMA 到 GPRS 的切换过程如图 3.4-8 所示。当 UE 处于 CELL_FACH、CELL_PCH 或者 URA_PCH 状态时，UE 可根据小区重选准则重选到 GPRS 网络中。UE 重选进入 GPRS 网络后，将重新建立 PS 域业务。

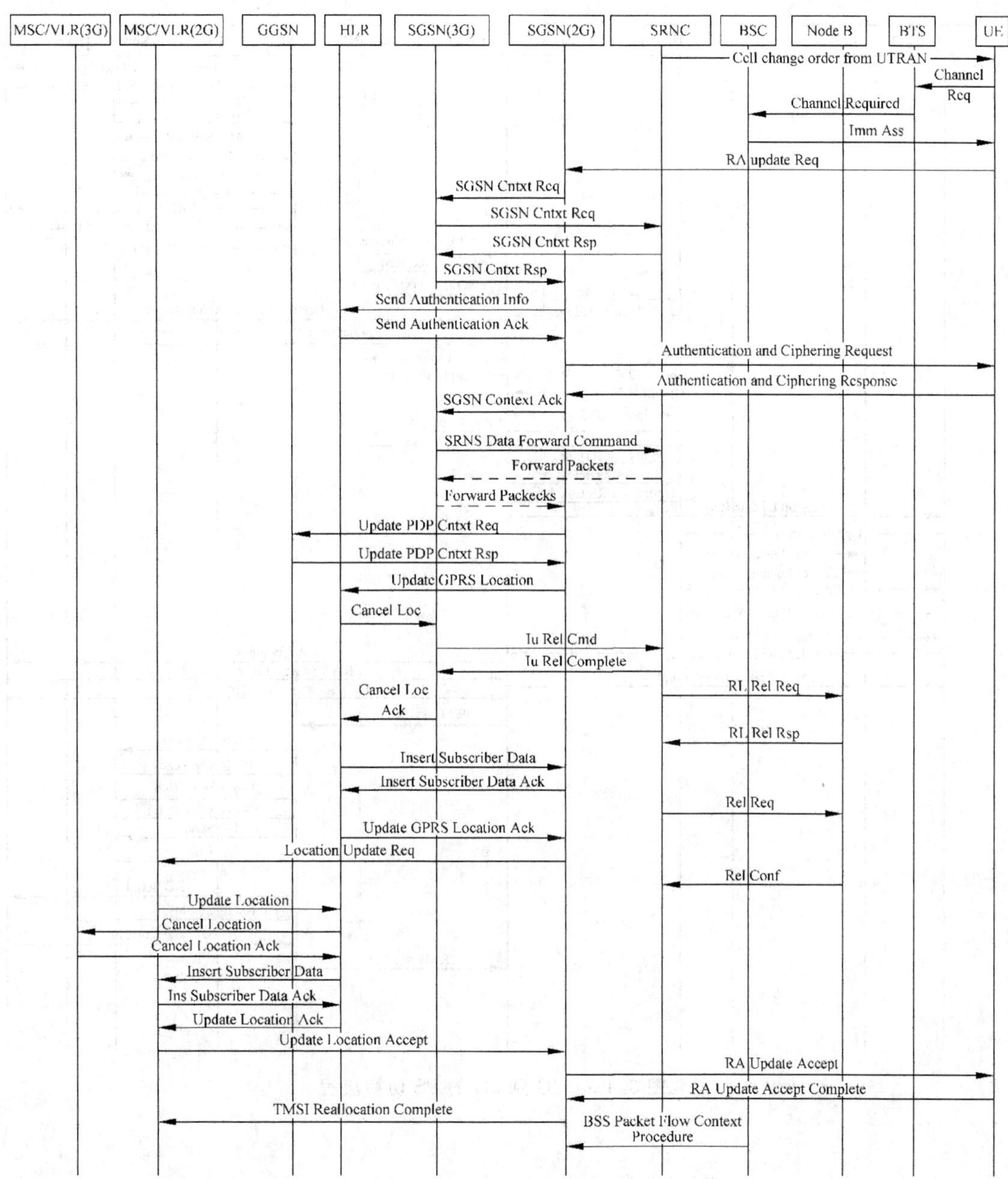

图 3.4-8 3G 到 2G 的 PS 切换流程(UTRAN 发起)

4．2G 到 3G 的 PS 切换流程（见图 3.4-9）

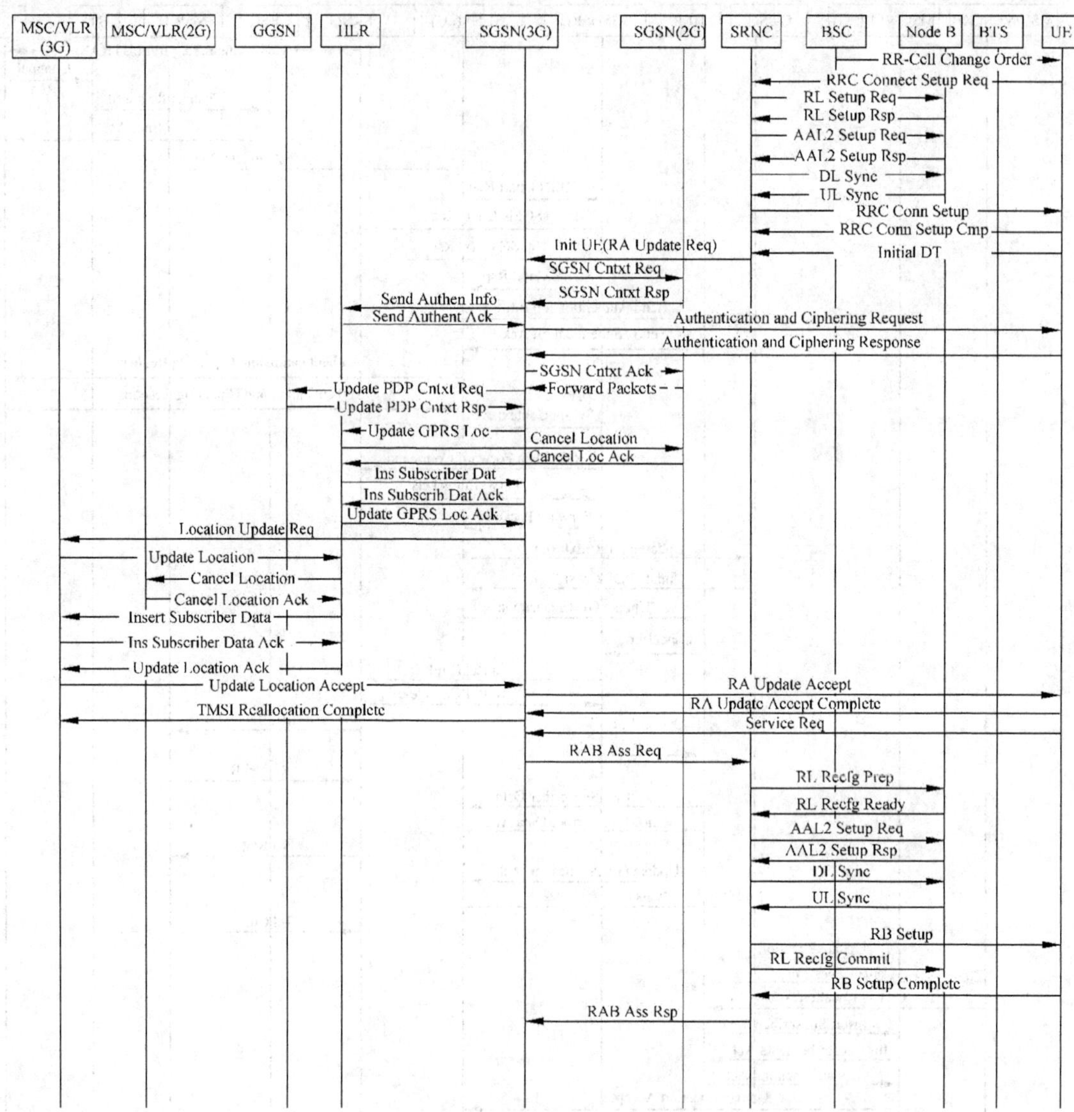

图 3.4-9　2G 到 3G 的 PS 切换流程

第 4 章　WCDMA 关键算法和参数设置：重选与切换

对用户来说，一个完整的通信流程包括：小区搜索、小区选择（重选）、随机接入、建立专用物理信道的过程，并涉及功率控制、切换等参数。因此接下来的几章内容将介绍用户通信流程中的关键算法及实际网络的主要参数设置，以引导读者进一步加深对 WCDMA 网络优化知识的理解和运用。

相对 GSM 来讲，WCDMA 对无线资源的管理要求更加复杂，所以涉及更多的算法。对于 3GPP 中详细规定的具体算法（如切换、功率控制等）来说，各个厂家的实现基本是大同小异的，只是涉及具体参数的名称有明显区别，内部的实现原理基本是相同的。但对于 3GPP 中没有明确规定的算法，例如负荷控制、码资源管理等，各个厂家的实现均不相同，参数也各不相同。所以在此综合参考了目前世界上 WCDMA 主要设备提供厂商如华为、爱立信、中兴、诺基亚和西门子的具体算法，对于 3GPP 中详细规定的具体算法则以某个厂商为典型代表具体进行讲解，对于 3GPP 中没有明确规定的具体算法，则具体分析每个厂商的算法和参数，将各个厂商的关键算法和参数尽可能全面地呈现给读者，以期对设备选型和日后的网络优化提供有益的参考。接下来将介绍小区选择和重选以及切换部分，其他部分如功率控制、接纳控制等内容在后续章节中描述。

4.1　小区选择和重选

当 UE 开机或者由无网络覆盖区重新进入覆盖区时，UE 处于空闲模式。概括说来，UE 在空闲模式下的行为分为三个过程：(1)PLMN 选择；(2)小区选择和重选；(3)位置登记。处于空闲模式的 UE 首先要选择一个 PLMN，然后在选定的 PLMN 中进行小区搜索，选择合适的小区以提供服务，并监测该小区的控制信道，这个过程称为“小区驻留”。此后，UE 利用非接入层登记过程在所选择小区的登记区中进行位置登记。若 UE 发现一个更合适的小区，它在已选 PLMN 的可选择小区中重新选择小区。如有必要，UE 将在其他的 PLMN 中周期性地选择一个更合适的小区〔该过程称为 PLMN 重选择〕。若新小区位于不同的登记区，则需要进行位置登记。

(1) PLMN 的选择

UE 开机后首先选择一个 PLMN 并与其建立连接。UE 接入层将所有可以利用的 PLMN 报告给非接入层，UE 保存一个允许的 PLMN 类型队列。PLMN 类型可能为 GSM-MAP(GSM 移动应用部分)或 ANSI-41(American National Standards Institute，ANSI)。在 PLMN 选择和重选择时，基于允许的 PLMN 类型队列以及接入优先级，手动或自动地选择合适的 PLMN。

(2) 小区选择与重选

UE 在选定的 PLMN 中搜索一个合适的小区，选择该小区驻留以提供服务，并监测该小区的控制信道以接收系统信息。小区搜索过程包括时隙同步、帧同步和捕获主扰码三个步骤。UE 驻留到一个小区后，将根据小区重选规则寻找更好的小区。若 UE 发现一个更好的小区，它将选择并驻留到该小区。所选小区可以在已选 PLMN 中，也可以在其他的 PLMN 中。

(3) 位置登记

UE 开机选择了一个合适的小区后，将利用非接入层登记过程在其所选小区的位置区中进行位置登记；在小区重选时，若新小区位于不同的登记区，也需要进行位置登记。

接下来将重点描述 UE 在空闲模式下的主要过程，并讨论相关算法和主要设置参数。

4.1.1 PLMN 选择

1. PLMN 的分类

对于 UE 来说，通常需要维护几种不同类型的 PLMN 列表，每个列表中可能会有多个 PLMN：

(1) 已登记 PLMN(RPLMN)是 UE 在上次关机或脱网前登记上的 PLMN。

(2) 等效 PLMN(EPLMN)是与 UE 当前所选择的 PLMN 处于同等地位的 PLMN，其优先级相同。

(3) 归属 PLMN(HPLMN) 为终端用户归属的 PLMN。也就是说，终端 USIM 卡上的 IMSI 号中包含的 MCC(移动国家码)和 MNC(移动网络码)与 HPLMN 上的 MCC 和 MNC 是一致的，对于某一用户来说，其归属的 PLMN 只有一个。

(4) 用户控制 PLMN(UPLMN)是储存在 USIM 卡上的一个与 PLMN 选择有关的参数。

(5) 运营商控制 PLMN(OPLMN)是储存在 USIM 卡上的一个与 PLMN 选择有关的参数。

(6) 禁用 PLMN(FPLMN)为被禁止访问的 PLMN，通常终端在尝试接入某个 PLMN 被拒绝以后，会将其加到本列表中。

(7) 可捕获 PLMN(APLMN)为终端能在其上找到至少一个小区，并能读出其 PLMN 标识信息的 PLMN。

2. PLMN 的选择方式

PLMN 的选择有自动选择和手动选择两种方式。不同类型的 PLMN 其优先级别不同，终端在进行 PLMN 选择时将按照以下顺序依次进行：(1) RPLMN 和 EPLMN；(2) HPLMN；(3) UPLMN；(4) OPLMN；(5) 其他 PLMN。

如果是自动选择 PLMN，终端开机或脱网时，非接入层功能模块会利用终端中存储的 PLMN 信息按照 PLMN 的优先级顺序自动选择一个 PLMN，通常 RPLMN(即上次注册成功的 PLMN)有最高的优先级。如果 MS 没有存储任何相关信息，MS 会在所有载频上的 2110MHz～2170MHz 范围内从低到高搜索。在每个载频上，优先读取信号最强小区的系统消息，找出小区所属的 PLMN，并把结果上报给非接入层，同时也把小区广播中 NAS 相关消息上报给 NAS 层，由非接入层评估各有效的 PLMN，并做出选择。在同一载频上若某小区质量满足 CPICH RSCP≥－95dBm(毫瓦分贝)，则作为具有高质量的 PLMN 上报给 NAS(非接入层)层。否则，根据检测的 PLMN 信号强度按由强到弱的顺序上报给 NAS，由 NAS 选择 PLMN。

如果是手动选择 PLMN，则终端开机或脱网时，其非接入层功能模块会命令接入层去搜索所有的 PLMN，然后接入层将搜索到的所有 PLMN 信息报告给非接入层，由用户通过手动操作来选定一个特定的 PLMN。

4.1.2　小区选择

在完成 PLMN 选择后，UE 进入小区选择流程。与 PLMN 选择类似，小区选择流程也分为两种不同的情况：初始小区选择流程或保存信息的小区选择流程。通过小区选择，UE 搜索一个合适的小区进行驻留。初始小区选择流程不需要知道所选择的 PLMN 信息，而保存信息小区选择流程需要知道所选择的 PLMN 以前保存的信息，包括载波频率以及小区的其他信息，如扰码以及以前接收到的测量控制信息，这些信息能加快小区搜索速度。

1. 小区的分类

小区按照它所能提供的服务分为几种类型：(1)可接受的小区；(2)合适的小区；(3)禁止小区；(4)预留小区。UE 只有选择合适的小区后才能获得正常服务。

可接受的小区(Acceptable Cell)是指终端用户在小区中只可以获得一些受限的最基本服务，比如只能拨打紧急电话。它的判定条件是不在禁止的小区之列，而且其信号质量满足一定的要求(即下文提到的 S 准则)。

合适的小区(Suitable Cell)是指终端用户可以在小区中获得正常的通信服务，比如拨打电话、传送数据等。它的判定条件是不在禁止的小区之列，其信号质量满足一定的要求(S 准则，见下文)，其所属的 PLMN 是被选择的 PLMN 或 EPLMN，且不在被禁止的路由位置区内。

禁止的小区(Barred Cell)是指终端无法驻留的小区。通常，此类小区会在其发送的系统消息中有明确的指示信息。

运营商预留的小区(Reserved Cell)是指被运营商用作其他一些特殊用途的小区，通常这类小区也会在其发送的系统消息中有明确指示。

2. 小区选择过程

小区选择过程如图 4.1-1 所示，包括小区搜索、小区测量和小区选择三个过程。

(1) 小区搜索

通过小区搜索，产生一个可以驻留的候选小区列表。通常，终端在事先不知道小区任何信息的情况下搜索小区，需要经过时隙同步、帧同步、捕获主扰码三个步骤。这三个步

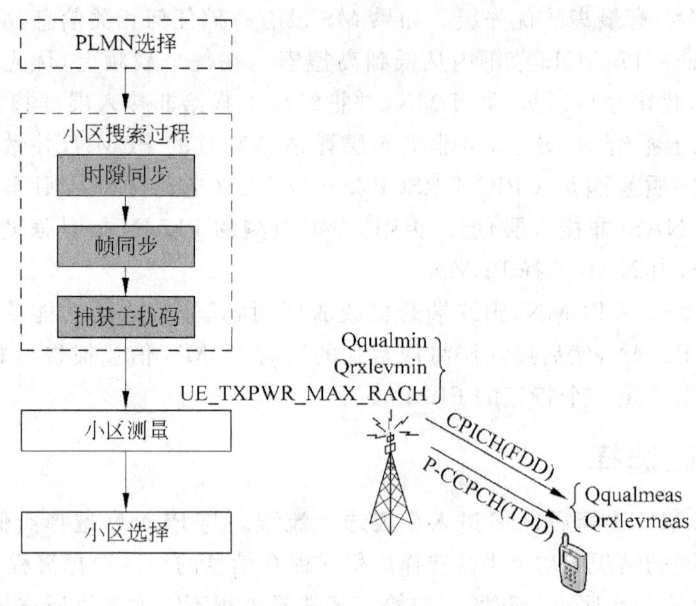

图 4.1-1 小区选择过程

骤涉及四个下行物理信道：主同步信道(P-SCH)、从同步信道(S-SCH)、主公共导频信道(P-CPICH)、主公共控制物理信道(P-CCPCH)。如果终端上已经存有某个小区的信息，如载波频率、主扰码等，那么终端可以利用这些信息来简化小区搜索过程。这实际上只是前一种情况的特殊现象，其搜索过程仍大致需要遵循这三个步骤，下面以终端不知道任何小区信息为例进行讨论，以做较为全面的介绍。小区搜索的三个步骤包括：

① 时隙同步

一个 WCDMA 无线帧为 10ms(38400chips)，包含 15 个时隙。上面提到的四个物理信道之间是互相同步的。小区搜索第一步的目的就是要获取各时隙的边界，从而与各物理信道实现时隙同步。这一步是通过捕获 P-SCH 信道来实现的。

P-SCH 不属于码信道，没有经过扩频和加扰处理。主同步信道在每个时隙的起始处重复发送主同步码，为 256chips，占整个时隙的 1/10。所有小区的主同步码相同，而且终端预先知道其码片序列，所以只需要通过性能良好的匹配滤波器就可以检测、捕获到该主同步码，从而确定各物理信道的时隙边界。

② 帧同步

这一步是通过捕获 S-SCH 信道来实现的。从同步信道也不属于码信道，没有经过扩频和加扰处理。从同步信道上发送从同步码，从同步码也包含 256chips，在每个时隙的开始处与主同步码一起发送，每个时隙使用一个从同步码。不同的是，从同步码总共有 16 个不同码片序列，这些从同步码又被编排成 64 个不同组合，每个组合为 15 个从同步码字长，用于一个无线帧。需要注意的是，在某一组合中同一从同步码可能出现若干次，而每个组合对应一组主扰码。

我们知道，下行链路扰码是由长度为 18 位的移位寄存器生成的 PN 序列，因此总共有$2^{18}-1$个，常用的有 8192 个，又分为主扰码和从扰码，其中主扰码有 512 个，分为 64

组，每组 8 个。因此，在第二步实现物理信道的帧同步的同时，终端可以获悉该小区的无线帧中使用的从同步码字组合，从而可以确定该小区使用的主扰码组。

③ 捕获主扰码

有了前两步的基础，并且知道主公共导频信道的信道化码为 $C_{256,0}$，终端即能够同步到主公共导频信道的无线帧。

主公共导频信道是一个码信道，在整个小区内广播，每个小区有且仅有一个主公共导频信道。该信道在发射前需要经过扩频和加扰。在扩频前，该信道发送 4 个符号“1”，即“1111”。经过扩频，该信道发送 256 个符号“1”。再用一个主扰码进行加扰，最后在该信道的每一帧上发射的就是 38400 码片的主扰码。而第二步已经确定该主扰码所属的组号，因此，只需要定位到该主扰码组，然后从 8 个主扰码中找到与本小区匹配的主扰码，即实现捕获主扰码。然后，就可以用主扰码解码主公共控制物理信道，从而解调出系统下发的广播消息，有系统消息可以获知当前小区的小区负荷、上行链路干扰情况、随机接入时隙的时序以及下行链路功率等参数。

(2) 小区测量和小区选择

在完成小区搜索后 UE 就可以读此小区的广播信道了，在系统消息 1 中可以读到 PLMN 信息，UE 可以判断当前找到的 PLMN 是否就是要找的 PLMN，如果是要找的 PLMN，则读取系统消息 3 中的小区选择参数，判断当前小区是否符合合适小区的所有要求。若满足，选择该小区进行驻留，UE 将发起位置登记过程。如果已搜索到的小区不是要找的 PLMN，UE 再找下一个频率，从小区搜索开始相同的过程。如果 UE 没有发现符合 S 准则的合适小区，UE 就认为没有覆盖，会继续 PLMN 选择和重选过程。如果最终 UE 找不到合适的小区，或没插 USIM 卡或位置登记失败，则 UE 尝试驻留到其他 PLMN 的最高优先级可接受的小区，进入有限“服务状态”，在有限服务状态下只能提供紧急呼叫。

当 UE 在小区正常驻留时，UE 将完成以下任务：(1)根据 DRX(非连续接收)周期选择寻呼监听时刻，监听寻呼信道上的消息；(2)监测相关的系统信息；(3)根据系统消息提供的列表，执行小区重选程序。

3. 算法

当完成小区搜索后，需根据一定准则判定该小区的信号质量是否达到一定的要求，才能进一步确定是否可以驻留在该小区，以获得正常的通信服务，这一判定准则称为 S 准则。即

$$\text{S 准则：}\begin{cases} S_{\text{qual}} > 0 \\ S_{\text{rxlev}} > 0 \end{cases} \tag{4.1-1}$$

对于 FDD(频分双工)小区，S 准则要求 $S_{\text{qual}}>0$ 和 $S_{\text{rxlev}}>0$ 同时成立；对于 TDD(时分双工)小区，S 准则要求 $S_{\text{rxlev}}>0$ 成立。其中，S_{qual} 表示小区选择接收质量值，S_{rxlev} 表示小区选择接收电平值，二者的意义如下式所示。

$$S_{\text{qual}} = Q_{\text{qualmeas}} - Q_{\text{qualmin}}$$

$$S_{\text{rxlev}} = Q_{\text{rxlevmeas}} - Q_{\text{rxlevmin}} - P_{\text{compensation}}$$

$$P_{\text{compensation}} = \max(UE\_TXPWR\_MAX\_RACH - P\_MAX, 0) \qquad (4.1\text{-}2)$$

4. **参数**

小区选择涉及的各个参数的含义如表 4.1-1 所示。

表 4.1-1　小区选择参数

参数名称	参数含义	取值范围及设置建议
S_{qual}	小区选择质量值(dB)，不适用于 TDD 及 GSM 的小区	实际计算值
S_{rxlev}	小区选择的接收电平级别(dB)	实际计算值
$Q_{qualmeas}$	被测量小区的质量值。对于 FDD 小区，接收信号的质量用 CPICH E_c/N_o 表示，对于 TDD 及 GSM 小区不可用	实际测量值
$Q_{rxlevmeas}$	被测量小区的接收电平。对于 FDD 小区，接收信号强度为 CPICH RSCP(dBm)；对于 TDD 小区，接收信号强度为 P-CCPCH RSCP (dBm)	实际测量值
$Q_{qualmin}$	小区满足选择和重选条件的质量最小需求级别(dB)，对应的测量量是 CPICH E_c/N_o，不适用于 TDD 或 GSM 模式。该参数在 SIB3 或 SIB11 中读取	取值为 integer (−24,…,0)dB 建议值：−18(dB) 影响：该参数设置的越大，UE 选择该小区驻留越困难，设置越小则越容易
$Q_{rxlevmin}$	WCDMA 小区满足选择和重选条件的接收电平最小需求级别(dBm)，对应的测量量为：CPICH RSCP (FDD) 或者 P-CCPCH RSCP (TDD)，设置步长为 2dB。该参数在 SIB3 或 SIB11 中读取	取值为[−58,…,13]，对应[−115,…,−25]dBm 建议值：−58(−115dBm) 影响：同 $Q_{qualmin}$
$Q_{rxlevmin}$	异系统小区(如 GSM)满足选择和重选条件的接收电平最小需求级别(dBm)，对应的测量量为：Rxlev(GSM)，设置步长为 2dB	取值为[−58,…,−13]，对应[−115,…,−25]dBm 建议值：−58(−115dBm) 影响：该参数设置过低会导致小区重选时有过多的 GSM 小区进入候选小区列表
$P_{compensation}$	功率补偿值，$P_{compensation} = \max(UE\_TXPWR\_MAX\_RACH - P\_MAX, 0)$	实际计算值
UE_TXPWR_MAX_RACH	表示 UE 通过 RACH 接入一个小区时，可以使用的最大发射功率级别 (在 SIB3 中读取)(dBm)	取值为[−50,…,33]dBm 建议值：取值与网络规划的上行覆盖要求有关，默认值为 21dBm 影响：当覆盖受限时，该参数取值过小会影响到上行链路的覆盖
P_MAX	UE 的最大射频输出功率(dBm)	

4.1.3　小区重选

1. 3G 到 2G 的小区重选算法

当 UE 选择一个 3G 小区驻留以后，UE 将通过接收服务小区的测量消息产生一个由该小区及其相邻小区组成的候选小区列表。UE 根据服务小区的测量报告按照小区重选测量准则判断是否需要开始执行小区重选测量，以便选择更好的小区进行驻留。WCDMA 的邻区类型可以是本系统内的 WCDMA 同频、异频小区，或者相邻的其他系统小区如 GSM、CDMA 等，协议规定邻区的数目最大可以到 32 个。在以下情况下将触发小区重选流程：(1)当前服务小区不符合 S 准则；(2)当前服务小区变为阻塞或禁止小区；(3)当前服务小区的小区选择重选的参数发生变化；(4)UE 离开 CELL_DCH 状态；(5)由于 UE 的移动，当 UE 测量到当前服务小区质量满足 $S_x < S_{intrasearch}$，或 $S_x < S_{intersearch}$ 或 $S_x < S_{searchRAT}$(若当前小区为 FDD 则 $S_x = S_{qual}$，若当前小区为 TDD 则 $S_x = S_{rxlev}$)时，将执行对同频、异频、异系统小区的评估和重选过程。

WCDMA 小区的重选测量准则如下：

如果 $S_x > S_{intrasearch}$，UE 不执行同频测量；如果 $S_x < S_{intrasearch}$，UE 执行同频测量。如果当前小区没有发送 $S_{intrasearch}$ 给 UE，UE 执行同频测量。

如果 $S_x > S_{intersearch}$，UE 不执行异频测量；如果 $S_x < S_{intersearch}$，UE 执行异频测量。如果当前小区没有发送 $S_{intersearch}$ 给 UE，UE 执行异频测量。

如果 $S_x > S_{searchRAT}$，UE 不执行异系统测量；如果 $S_x < S_{searchRAT}$，UE 执行异系统测量。如果当前小区没有发送 $S_{searchRAT}$ 给 UE，UE 执行异系统测量。

$S_{intrasearch}$，$S_{intersearch}$ 和 $S_{searchRAT}$ 是相应的测量门限，在系统消息 3(SIB3)的“Cell selection and re-selection info”中给出。若当前小区为 FDD 则 $S_x = S_{qual}$，若当前小区为 TDD 则 $S_x = S_{rxlev}$。

小区重选的过程包括三个步骤，如图 4.1-2 所示。

(1) 对测量小区进行 S 准则的判决：当测量小区的信号满足 S 准则时，则把该小区作为小区重选的候选小区。每个小区的系统消息 SIB3 的“Cell Access Restriction”信元具有以下三个域：

- 禁止小区——Cell barred (取值：“barred”or“not barred”)；
- 运营商预留小区——Cell Reserved for operator use (取值：“reserved” or “not reserved”)；
- 将来扩展预留小区——Cell reserved for future extension (取值：“reserved” or “not reserved”)。

在小区重选过程中，作为候选小区的小区系统消息中的以上信元必须分别为“not barred”，“not reserved”，“not reserved”，否则该小区不能作为候选小区进行重选。

小区重选需要进行 S 准则判决，S 准则详见前文的具体描述。

(2) 将满足 S 准则的候选小区和服务小区一起按照 R 准则进行第一次排队。

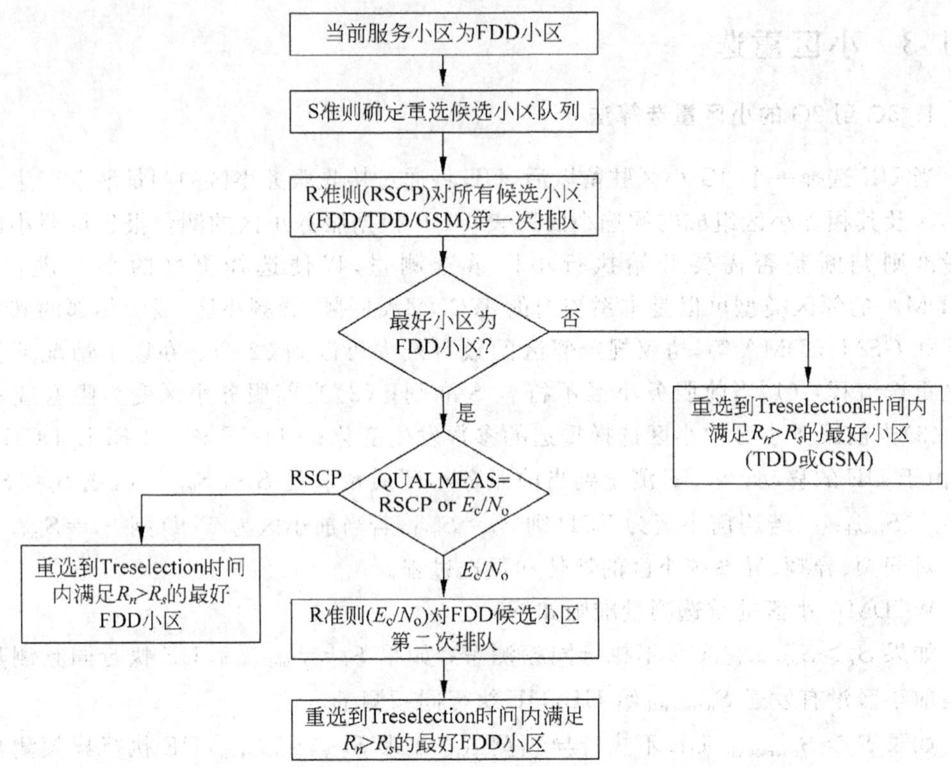

图 4.1-2 3G 到 2G 的小区重选过程(服务小区为 FDD 小区)

$$\text{R 准则：}\begin{cases} R_s = Q_{\text{meas},s} + Q_{\text{hyst}_s} & \text{(服务小区)} \\ R_n = Q_{\text{meas},n} - Q_{\text{offset}_{s,n}} & \text{(相邻小区)} \end{cases} \tag{4.1-3}$$

UE 当前的服务小区和所有相邻小区都应使用上述准则计算 R 值，式 4.1-3 中，$Q_{\text{meas},n}$和$Q_{\text{meas},s}$是 UE 测量到的相邻小区和本小区信号质量：WCDMA FDD 小区可使用 CPICH RSCP 或 CPICH E_c/N_o、WCDMA TDD 小区使用 P-CCPCH RSCP、GSM 小区使用接收信号平均强度值。如果使用 WCDMA FDD 的 CPICH RSCP，则公式中的 $Q_{\text{offset}_{s,n}}$ 取 SIB11 的字段 $Q_{\text{offset1}_{s,n}}$，公式中的 Q_{hyst_s} 取 SIB3 的字段 Q_{hyst1_s}；如果使用 WCDMA FDD 的 CPICH E_c/N_o，则公式中的 $Q_{\text{offset}_{s,n}}$ 取 SIB11 的字段 $Q_{\text{offset2}_{s,n}}$，公式中的 Q_{hyst_s} 取 SIB3 的字段 Q_{hyst2_s}，各参数的含义如表 4.1-2 所示。在第一次排队时，对于 FDD 小区使用的信号测量量为 RSCP。

由于不同无线接入技术(Radio Access Technology，RAT)之间的信号强度无法直接比较，对于既有 WCDMA(FDD)，又有 WCDMA(TDD)和 GSM 的覆盖区域，需要将 UE 的测量量映射为统一的标准[31]，以便带入 R 准则中进行计算后第一次排队。因此，UE 首先测量当前服务小区和邻区的信号强度结果记录在 $Q_{\text{meas},s}$和 $Q_{\text{meas},n}$ 中，然后 UE 根据映射函数将 $Q_{\text{meas},s}$ 和 $Q_{\text{meas},n}$ 分别映射到 $Q_{\text{map},s}$ 和 $Q_{\text{map},n}$ 中。对于不同无线接入技术而言，R 准则的计算演变为式(4.1-4)所示。

$$\text{R 准则：}\begin{cases} R_s = Q_{\text{map},s} + Q_{\text{hyst}_s} & \text{(服务小区)} \\ R_n = Q_{\text{map},n} - Q_{\text{offset}_{s,n}} & \text{(相邻小区)} \end{cases} \tag{4.1-4}$$

即对当前小区而言根据上述方法测得的信号质量就映射为 $Q_{map,s}$，对邻近小区测得的信号质量映射为 $Q_{map,n}$。映射函数的相关参数在系统信息 SIB3 中的“mapping info”中广播，映射函数将一定范围内的测量值映射为表示质量的值。$Q_{map,n}$ 和 $Q_{map,s}$ 的取值范围为 0～99，步长为 1。

如图 4.1-2 所示，在利用 R 准则对所有候选小区(包括 FDD、TDD 和 GSM)进行第一次排队后，如果 TDD 或者 GSM 小区为最好小区，且在 $T_{reselection}$ 时间间隔内 $R_n > R_s$ 始终满足，则 UE 重选到新的最好小区(TDD 或 GSM)，完成小区重选过程；如果 FDD 为最好小区，且在 $T_{reselection}$ 时间间隔内 $R_n > R_s$ 始终满足，若小区重选测量量 QUALMEAS 设置为 RSCP 时，UE 重选到新的最好小区(FDD)，完成小区重选过程；如果 FDD 为最好小区，且小区重选测量量 QUALMEAS 设置为 E_c/N_o 时，继续执行下面的小区重选第三步骤。

(3) 在利用 R 准则对所有候选小区进行第一次排队后，如果 FDD 为最好小区，且小区重选测量量 QUALMEAS 设置为 E_c/N_o 时，需要利用 R 准则(E_c/N_o)对所有 FDD 候选小区进行第二次排队，二次排队后若在 $T_{reselection}$ 时间间隔内存在 $R_n > R_s$ 始终满足的 FDD 目标小区，则 UE 重选到新的 FDD 目标小区，完成小区重选过程。

另外，3GPP 协议[31]中还规定有 H 准则，是在分层小区结构(HCS)中对小区重选规则的补充，在网络运营初期不建议使用分层小区结构，这里暂不作说明。

2. 2G 到 3G 的小区重选算法

3GPP 协议 TS 05.08[32]中详细地描述了由 2G 到 3G 的小区重选算法，概括起来其流程如图 4.1-3 所示。对于支持多种无线接入技术的 UE，其他接入技术的小区和频率可以包括在 3G 小区重选列表(3G Cell Reselection List)中。在 UE 当前的服务小区为 GSM 小区的情况下，RLA_C 将和 Q_{search}_I(CS 域空闲状态为 Q_{search}_I，CS 域连接建立阶段为 $Q_{search}\_C\_Initial$，PS 域为 Q_{search}_P)门限进行比较，当满足下列条件时 UE 开始异系统测量

$$\begin{cases} RLA\_C < Q_{search\_}I & 0 \leqslant Q_{search\_}I \leqslant 7 \\ RLA\_C > Q_{search\_}I & 7 < Q_{search\_}I \leqslant 15 \end{cases} \tag{4.1-5}$$

式中，RLA_C 为当前服务小区和至少 6 个最强 GSM 相邻小区的信号强度平均值，其平均算法基于在 3～5s 内对每个 BA list(BCCH 分配表)的测量频率取至少 5 个采样点，然后把不同频率的采样值进行平均。若 GSM 小区系统消息中的 3G 小区重选列表(由 SI_{2ter} 和 $SI_{2quarter}$ 组成)中包含了 UTRAN 频率，则 UE 应该至少每隔 5s 更新一次 RLA_C 的值。Q_{search}_I 这个参数控制是否需要开始异系统测量。

若 GSM 的 3G 小区重选列表中只有一个 UTRAN 频率，则 UE 应该能够在 30s 内标识和重选到一个新的 3G 小区上；3G 重选列表中每增加一个不同的 UTRAN 频率，允许的时间就增加 30s。但若频率相同，则允许的时间不增加。

如果满足以下的条件，UE 就会由 GSM 小区重选到 3G 小区进行驻留：

(1) CPICH $E_c/N_o > FDD\_Q_{min}$ 且 CPICH $RSCP > RLA\_C + FDD\_Q_{offset}$ 持续时间大于 5s；

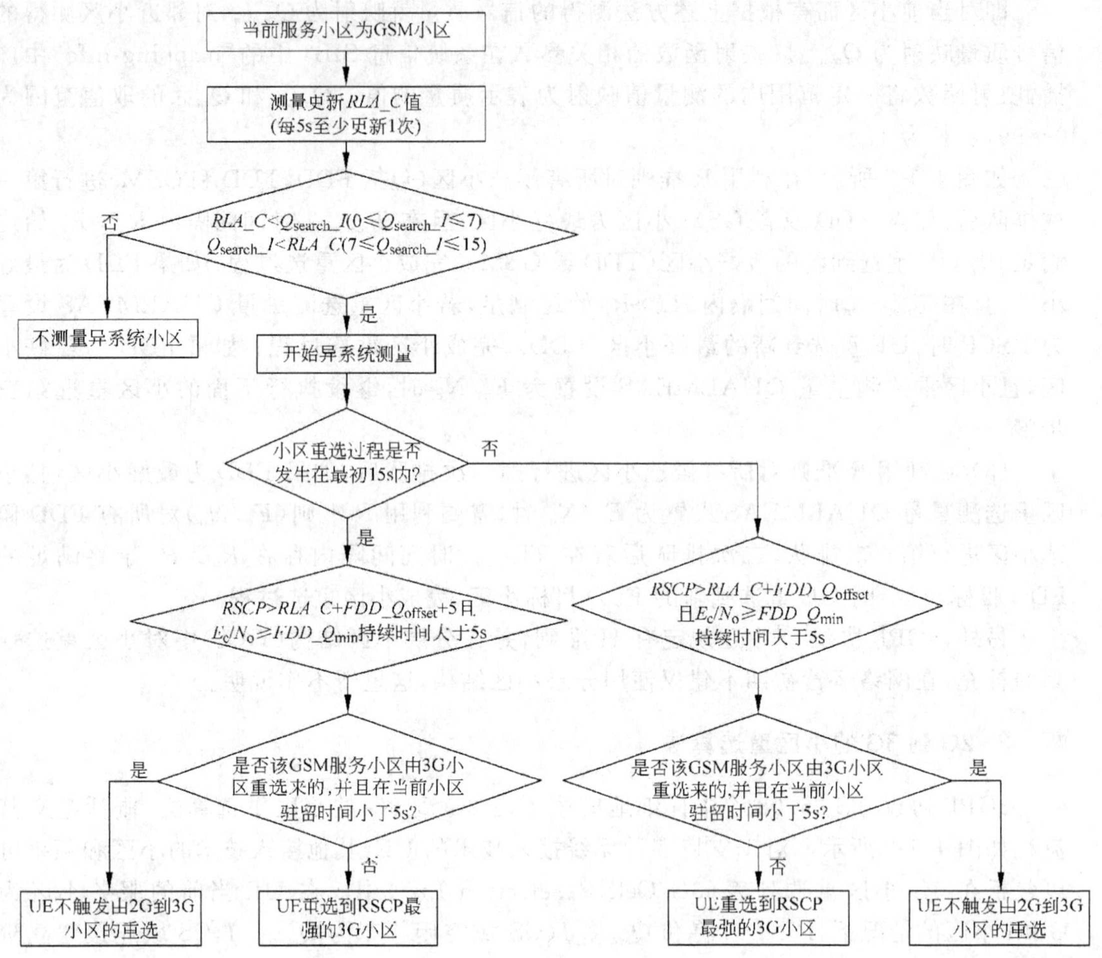

图 4.1-3　2G 到 3G 的小区重选过程

(2) 如果小区重选发生在最初 15s 内,则(1)中的 FDD_Q_{offset} 提高 5dB;

(3) UE 从 3G 小区重选到 2G 小区的最初 5s 内不能重选回 3G。

若有超过一个的 3G 小区满足以上条件,则 UE 重选到 RSCP 最强值的小区进行驻留。2G 到 3G 小区重选相关参数的描述详见表 4.1-3。

为实现 2G 到 3G 双向小区重选的流程,3G 到 2G 的小区重选不需要 2G 网络做任何改动,而 2G 到 3G 的小区重选则需要 2G 网络修改以支持相关数据配置和系统消息:

对于 3G 到 2G 的小区重选,协议支持异系统之间的小区重选,不需要 GSM 系统做任何修改。可以在 RNC 配置 GSM 相邻小区和相关的漫游参数,这些参数通过系统消息 SIB3 和 SIB11 下发给 UE,以实现 3G 到 2G 系统的无缝漫游。

对于 2G 到 3G 的小区重选,需要对基于 GSMR98 版本的 BSS 软件代码做小的修改,使 BSS 支持对 3G 邻区和相关漫游参数的系统消息的广播。具体来说,BSC 应支持系统消息 $SI_{2quater}$ 的下发,该系统消息是 R99 协议的新增消息,同时修改系统消息 SI_{2ter} 和系统消息 SI_3。该方案可以实现 2G 到 3G 异系统小区间的小区重选,对 3G、2G 的 PLMN 是否相同或不同没有要求。

3. **参数**

由上一节对 UE 的小区重选 S 准则及 R 准则的描述可知，影响 3G 到 2G 小区重选的相关参数主要有：小区的质量最小需求级别（$Q_{qualmin}$）、小区的最小接收电平门限（$Q_{rxlevmin}$）、服务小区的重选迟滞 1（Q_{hyst1_s}）、服务小区的重选迟滞 2（Q_{hyst2_s}）、服务小区和邻区质量偏移 1（$Q_{offset1_{s,n}}$）、服务小区和邻区质量偏移 2（$Q_{offset2_{s,n}}$）、小区重选定时器时长（$T_{reselection}$）。此外还有三个测量门限：同频测量门限 $S_{intrasearch}$、频间测量门限 $S_{intersearch}$、系统间测量门限 $S_{searchRATn}$。对 3G 到 2G 小区重选参数的详细描述如表 4.1-2 所示，小区选择参数请见表 4.1-1。

表 4.1-2　3G 到 2G 小区重选参数

参数名称	参数含义	取值范围及设置建议
QUALMEAS (cell_selection_and_reselection_quality_measure)	该参数仅对 FDD 小区可设置，用于表示小区重选时选择 CPICH E_c/N_o 还是 CPICH RSCP 进行判决，该参数在 SIB3 中读取	CPICH E_c/N_o
$S_{intrasearch}$	同频小区搜索启动门限，当前服务小区质量低于该门限时启动同频邻区的小区搜索，该参数在 SIB3 中读取	取值为[－16，…，10]，对应[－32dB，…，＋20dB] 建议值：5(10dB) 影响：设置过大，可能使得小区重选频繁启动，消耗 UE 电池；设置过小，可能使得小区重选启动困难，不能及时更新驻留到质量好的小区，影响 UTRAN 和 UE 之间可能通信的质量
$S_{intersearch}$	异频小区搜索启动门限，当前服务小区质量低于该门限时启动异频邻区的小区搜索，该参数在 SIB3 中读取	取值为[－16，…，10]，对应[－32dB，…，＋20dB] 建议值：4(8dB) 影响：同 $S_{intrasearch}$
$S_{searchRAT}$	异系统小区搜索启动门限，当前服务小区质量低于该门限时启动异系统邻区的小区搜索，该参数在 SIB3 中读取	取值为[－16，…，10]，对应[－32dB，…，＋20dB] 建议值：2(4dB) 影响：同 $S_{intrasearch}$
Q_{hyst1_s}	服务小区 CPICH RSCP 测量迟滞，该参数在 SIB3 中读取	取值为[0，…，20]，对应[0，…，40]dB 建议值：2(4dB) 影响：迟滞值越大，发生各类小区重选的概率越小，抗慢衰落的能力越好，但对环境变化的反应能力也越慢

续表

参数名称	参数含义	取值范围及设置建议
Q_{hyst2_s}	服务小区 CPICH E_c/N_o 测量迟滞，该参数在 SIB3 中读取	取值为[0,…,20]，对应[0,…,40]dB 建议值：1(2dB) 影响：同 Q_{hyst1_s}
$T_{reselction}$	小区重选延迟时间，其他小区信号质量在该时间内始终优于当前驻留小区，则重选到目标小区，该参数在 SIB3 中读取	取值为[0,…,31]s 建议值：1 影响：设置过小，可能造成 UE 乒乓重选；设置过大，可能使小区重选时延过大，影响小区重选的正常进行
$Q_{offset1_{s,n}}$	CPICH RSCP 测量时的邻区偏置，相邻小区测量值减去此偏置后参与小区重选排序。该参数在 SIB11 中读取	取值为[－50,…,＋50]dB 建议值：对 2G 邻区：0dB；对 3G 邻区：5dB 影响：该值越大，选择邻近小区的概率越小；该值越小，选择邻近小区的概率越大
$Q_{offset2_{s,n}}$	CPICH E_c/N_o 测量时的邻区偏置，相邻小区测量值减去此偏置后参与小区重选排序。该参数在 SIB11 中读取	取值为[－50,…,＋50]dB 建议值：对 3G 邻区：5dB 影响：同 $Q_{offset1_{s,n}}$

2G 到 3G 小区重选参数的详细描述如表 4.1-3 所示。

表 4.1-3 2G 到 3G 小区重选参数

参数名称	参数含义	取值范围及设置建议
Q_{search}_I	空闲模式下，手机搜索 3G 小区的门限，该值取[0,…,7]时，服务小区质量低于该值开始搜索 3G 小区；该值取[8,…,15]时，服务小区质量高于该值开始搜索 3G 小区。该参数在 $SI_{2quarter}$ 中读取	取值为[0,…,15]，对于[0,…,7]，对应[－98,－94,－90,…,＋∞]dBm；对于[8,…,15]，对应[－78,－74,－70,…,＋∞]dBm 建议值：7(采用优选 3G 策略，总是搜索 3G 小区)
$Q_{search}\_C\_Initial$	连接模式下，获得连接模式搜索小区门限前使用什么值作为连接模式搜索小区门限。该参数在 $SI_{2quarter}$ 中读取	取值为[0,1]，0：使用 Q_{search}_I；1：始终搜索。默认值为 0
FDD_Q_{offset}	小区重选偏移：3G 小区的平均接收电平必须比当前服务小区的电平大 FDD_Q_{offset}，才可能重选 3G 小区。该参数在 $SI_{2quarter}$ 中读取	取值[0,…,15]，0 对应－∞(always select a cell if acceptable)，1 对应－28dB，2 对应－24dB，15 对应 28dB，步长 4dB 建议值：8(对应 0dB)

续表

参数名称	参数含义	取值范围及设置建议
FDD_Q_{min}	3G 小区重选质量门限：3G 小区的接收质量 E_c/N_o 必须大于 FDD_Q_{min} 才有可能成为重选候选小区。该参数在 $SI_{2quarter}$ 中读取	取值[0，…，7]，对应[－20，…，－13]dB[注1] 建议值：7(对应－13dB)，即 3G 小区 E_c/N_o 必须大于－13dB 才可能重选 3G 小区)，在采用更新后的 FDD_Q_{min} 对应值后，建议设为 7（对应－12dB)
$3G\_SEARCH\_PRIO$	必须解 BSIC 的情况下是否允许搜索 3G 小区。该参数在 $SI_{2quarter}$ 中读取	取值[0,1]，0：不允许；1：允许 建议值：1(允许)
FDD_REP_QUANT	测量报告中报告什么指标，该参数在 $SI_{2quarter}$ 中读取	取值[0,1]，0：RSCP；1：E_c/N_o 建议值：1(E_c/N_o)

[注 1]：FDD_Q_{min}在之前的 3GPP 协议中，[0，…，7]对应[－20，…，－13]dB，但自 2003－09 通过 CR GP-032221 将 FDD_Q_{min}修改为如下的对应关系：0＝－20dB，1＝－6dB，2＝－18dB，3＝－8dB，4＝－16dB，5＝－10dB，6＝－14dB，7＝－12dB，默认设置为 7，对应－12dB。这个改动已经体现在 3GPP TS 05.08(Release 99) V8.23.0 中，参见文献[32]。

4.1.4 小区选择与重选参数设置讨论

(1) $S_{intrasearch}$，$S_{intersearch}$，$S_{searchRAT}$设置

一般来说运营商选择的策略为优先驻留 3G 小区，则这三个测量门限的大小关系应设置为：$S_{intrasearch} > S_{intersearch} > S_{searchRAT}$，即优先触发同频 3G 小区的测量，继而触发异频 3G 小区测量，最后才触发异系统小区测量。

(2) 影响小区重选排队的参数设置

若要尽可能使 UE 驻留在 3G 小区内，则可减小 WCDMA 邻区的偏置值 $Q_{offset1_{s,n}}$ 和 $Q_{offset2_{s,n}}$，适当增大 GSM 邻区的偏置值 $Q_{offset1_{s,n}}$，并同时适当增加 3G 服务小区的迟滞 Q_{hyst1_s} 和 Q_{hyst2_s}，但由于 WCDMA 基站的灵敏度比 GSM 灵敏度高，所以在设置 WCDMA 邻区和 GSM 邻区偏置值时一般建议二者相差 5dB 左右。

(3) FDD_Q_{min}、$S_{searchRAT}$、$Q_{qualmin}$ 设置

由上节可知，当 3G 小区的平均接收电平必须比当前 2G 服务小区大 FDD_Q_{offset}才可能由 2G 小区重选到 3G 小区。使用较低的 FDD_Q_{offset}取值可以减少 UE 在 GSM 系统上的驻留，使用较高的取值可以增加 UE 在 GSM 系统上的驻留。3G 建网初期一般采取优选 3G 的策略，因此可将 FDD_Q_{offset} 设置为 8(对应 0dB)。或者干脆将该参数设置为 0(对应－∞，即不考虑 RSCP 的约束，只考虑 E_c/N_o 对重选的限制)。接下来在讨论 FDD_Q_{min}、$S_{searchRAT}$、$Q_{qualmin}$ 设置的时候假设 FDD_Q_{offset} 设置为－∞，即只考虑 E_c/N_o 对小区重选的限制。

在满足上述假设的情况下，影响是否发起 2G 到 3G 重选的关键参数就是 FDD_Q_{min}。3G 小区的接收质量 E_c/N_o 必须大于 FDD_Q_{min} 才有可能成为重选候选小区。

FDD_Q_{min}参数设置越大，UE 越不容易从 2G 返回到 3G；设置越小则返回到 3G 越容易。为了避免 2G/3G 系统间发生乒乓小区重选，2G 系统中 FDD_Q_{min}的设置值应当大于 3G 设备中 $S_{searchRAT}+Q_{qualmin}$的设置。原因分析如下：假设当前 UE 接收到 3G 小区的 RSCP 为 $Q_{qualmeas}$，则 UE 由 2G 可能重选到 3G 小区必须满足：$Q_{qualmeas}>FDD\_Q_{min}$；而 UE 由 3G 可能重选到 2G 小区必须满足：$S_x<S_{searchRAT}$（异系统测量启动条件），而 $S_x=S_{qual}=Q_{qualmeas}-Q_{qualmin}<S_{searchRAT}$，可知只有当 $Q_{qualmeas}<Q_{qualmin}+S_{searchRAT}$ 成立时 UE 才可能由 3G 重选到 2G 小区。所以为避免 2G/3G 系统间发生乒乓小区重选，在优先选择 3G 系统的策略下，FDD_Q_{min}应大于 $S_{searchRAT}+Q_{qualmin}$。举例来说，若 $S_{searchRAT}$为 2（对应 4dB），$Q_{qualmin}$为 −18dB，二者之和为 −14dB，则 FDD_Q_{min} 相应设置为大于等于 −12dB。为避免网络中存在导频污染时 E_c/N_o比较差导致驻留在 2G 小区后难以重选到 3G，通常来说 FDD_Q_{min}不应设置大于 −8dB，而 $S_{searchRAT}+Q_{qualmin}$不应过低，不应小于 −14dB。

4.1.5　小区选择与重选案例

案例 1：3G 与 2G 重选测试

某海外运营商进行 3G 与 2G 重选测试的主要测试区域如图 4.1-4 所示，该运营商的 3G 与 2G 采用相同的 PLMN。为了便于 3G 与 2G 的测试，3G 站点仅保留 site100、site101 和 site103 正常开启，其余周围 3G 站点暂时关闭，GSM 基站正常开启。利用 10 部测试手机分别对 3G 与 2G 系统间小区重选进行了多次多项测试，3G 与 2G 重选测试的选网时间正常，如表 4.1-4 所示。

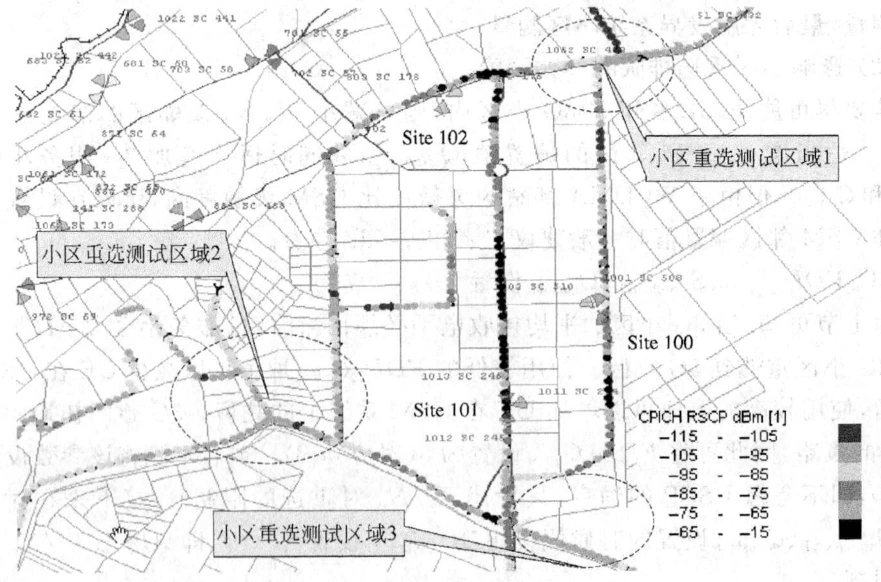

图 4.1-4　3G 与 2G 重选测试

表 4.1-4　3G 与 2G 重选时间

测　试　项	小区重选开始到结束时间
空闲状态从 WCDMA 网络重选到 GSM 网络	1.63s
空闲状态从 GSM 网络重选到 WCDMA 网络	2.52s

测试中发现，对于同样的 Q_{qualmin} 设置，$S_{\text{searchRAT}}$ 设置越低，越容易将空闲模式留在 3G 小区，$S_{\text{searchRAT}}$ 设置越高，则重选到 2G 小区越容易；

$Q_{\text{offset1}_{s,n}}$ 和 Q_{hyst1_s} 控制 3G 源小区及 2G 目标小区之间的重选边界，$Q_{\text{offset1}_{s,n}}$ 设置越高，UE 越容易在空闲模式驻留在 3G 小区；设置越低，则越容易由 3G 重选到 2G。Q_{hyst1_s} 设置越大，UE 越容易在空闲模式驻留在 3G 小区；设置越低，则越容易由 3G 重选到 2G。

在本次测试过程中，为使手机尽可能快地从 2G 返回 3G，可以通过设置 FDD_Q_{offset} 为无穷大，表示始终选择 3G 小区，将 Q_{search}_I 置为 7，表示始终搜索 3G 小区，并设置较小的阈值 $FDD\_Q_{\min}=-18\text{dB}$，来让 UE 尽可能快地从 2G 重选回 3G，结果在图 4.1-4 的测试区域 2 出现 3G 和 2G 乒乓重选的现象，即使 UE 位置不动，也会发生频繁的 3G 和 2G 乒乓重选。随即对参数设置进行了优化，优化后 3G 和 2G 重选正常，乒乓重选问题解决。优化前后的参数对比如表 4.1-5 所示。

表 4.1-5　优化前后 3G 与 2G 重选参数对比

参数名称		优　化　前	优　化　后
3G 重选参数	$S_{\text{searchRAT}}$	2(4dB)	2(4dB)
	Q_{qualmin}	−18	−18
	Q_{rxlevmin}	−58(−115dBm)	−58(−115dBm)
2G 重选参数	FDD_Q_{offset}	0(−∞)	0(−∞)
	Q_{search}_I	7(始终搜索 3G 小区)	7(始终搜索 3G 小区)
	$FDD\_Q_{\min}$	0(−20dB)	7(−12dB)

由表 4.1-5 中优化前的参数设置可知，FDD_Q_{offset} 为 0 表示 2G 小区不使用 3G 小区的 RSCP 进行重选判决，只依据 E_c/N_o 进行 2G 到 3G 的重选判决，Q_{search}_I 设置为始终进行 3G 小区搜索，因此当 UE 驻留在 2G 小区时，只要测量到的 3G 的 E_c/N_o 大于 −20dB($FDD\_Q_{\min}$)时，就可能发生 2G 到 3G 的重选(不管当前 2G 信号强度如何)。而一旦 UE 重选到 3G 网络，当前 3G 服务小区的 E_c/N_o 在 −14～−20dB 时，启动 2G 的异系统测量(因 $S_x<S_{\text{searchRAT}}$ 成立)，而图 4.1-4 中的测试区域 3G 小区覆盖较差，RSCP<−95dBm，此时根据 R 准则进行排队时，最好小区不是 FDD 小区而是 GSM 小区，所以触发 3G 到 2G 的重选。而一旦重选到 2G，又会反复重选回 3G，发生频繁重选。结合 4.1.4 节中的相关分析，不难看出此反复重选的原因在于 $FDD\_Q_{\min}$(−20dB) 的设置小于($S_{\text{searchRAT}}+Q_{\text{qualmin}}$)的值。修改 $FDD\_Q_{\min}$ 参数后问题解决。该案例验证了 4.1.4 节中的相关分析，在进行 $S_{\text{searchRAT}}$ 和 Q_{qualmin} 设置时，建议二者之和不小于 −14dB，而 $FDD\_Q_{\min}$ 参数需大于 $S_{\text{searchRAT}}+Q_{\text{qualmin}}$，以避免乒乓重选。

案例 2：导频污染导致无法及时从 2G 重选回 3G

某海外运营商测试过程中发现，在图 4.1-5 所示的问题区域当手机驻留在 2G 小区时，某 3G 邻小区的 RSCP＞－80dBm，但手机长时间（＞10 分钟）无法从 2G 重选到 3G。经分析发现，问题区域 3G 小区无主导频，当 UE 强制选到 3G 时，主服小区的 RSCP＞－80dBm，而 E_c/N_o＜－15dB，存在导频污染。当小区驻留在 2G 时，由于 3G 邻区的 E_c/N_o（－15dB）小于 FDD_Q_{min}（－13dB）而不能成为 2G 的重选候选小区，不能触发到 3G 的重选而始终驻留在 2G。解决措施：调整 site85 和 site128 的天线倾角和朝向，在问题区域引入主导频，从而解决导频污染问题引起的重选问题。

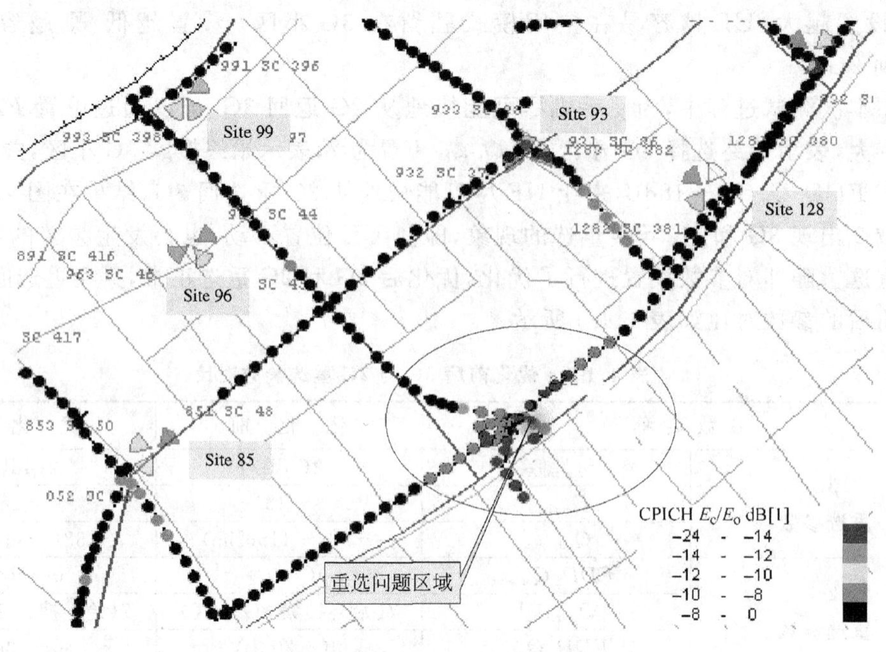

图 4.1-5　导频污染导致 2G 不能重选到 3G

实际网优过程中遇到的小区重选问题是复杂多样的，尤其是室内和室外的 3G/2G 小区间重选，也是常见的问题之一，但只要熟练掌握小区选择、重选的算法原理和相关参数设置，就能准确分析具体问题从而进行解决。在研究 3G 和 2G 系统的互操作问题时，通常重选和切换是一起研究的，在下一节将对 WCDMA 的切换算法和参数设置进行讨论。

4.2　切换控制技术

当用户在网络中移动时，需要机动地建立和释放无线链路，切换控制管理着用户的移动性。就 WCDMA 系统而言，切换分成软切换和硬切换两大类。

软切换是当无线链路发生变化时，UE 先建立新的无线链路，再释放原来的无线链路，即“先通后断”；硬切换是当无线链路发生变化时，UE 先释放原来的无线链路，再建立新的无线链路，即“先断后通”。软切换详细分为软切换和更软切换，软切换和更软切换的区别在于：更软切换发生在同一 Node B 的不同小区之间，在 Node B 对上行信号进行最大比合并，软切换发生在不同 Node B 的不同小区之间，在 RNC 对上行信号进行选择性合并。由于最大比合并的增益比选择合并大，更软切换性能比软切换好。此外，由于更软切换合并在 Node B 进行，也不会占用 Iub 接口的传输资源。

硬切换又分成异频硬切换、同频硬切换和系统间切换。异频硬切换是指发生在不同频率小区间的切换（WCDMA 不同频率载波之间的切换），这种切换只能是硬切换。同频硬切换发生在 UTRAN 内不同 RNS 间且没有 Iur 接口时的同频切换，或者为了节省资源对高速数据业务的同频小区之间采取硬切换的策略。系统间切换是指 WCDMA 与 GSM（或者 cdma2000）之间的切换。

根据协议的规定，UE 有 IDLE、URA-PCH、CELL-PCH、CELL-FACH、CELL-DCH 共 5 种状态。处于 IDLE 状态下 UE 的越区由小区重选判决，并通过 NAS 层信令在网络侧反映。UE 处于 URA-PCH、CELL-PCH、CELL-FACH 状态的越区也由小区重选判决，并分别由 RRC 层 URA-Update、CELL-Update 信令完成网络侧的更新。UE 处于 CELL-DCH 状态的越区由位于 RNC 中的切换算法进行判决和处理。所以本节讨论的切换指 UE 处于 CELL_DCH 状态的情况。

一般来讲，切换的步骤包括 UE 侧的切换测量、RNC 侧的切换判决和判决完成后切换的执行几部分。测量是切换的前提，切换判决是切换的核心，切换的执行是切换实施的过程。在 3GPP 协议 25.331[28] 中对切换算法有明确规定，但不同厂家在具体实现过程中也有所不同，所以本节先阐述协议中的切换算法，然后就目前获得广泛商用的厂家如华为、爱立信等不同的算法实现做进一步描述。

4.2.1　切换基本概念

WCDMA 可定义 3 组最大为 32 个的邻区，分别是同频邻区、异频邻区和异系统邻区。邻区信息由 RNC 通过系统消息块 SIB11/SIB12 和测量控制消息通知给 UE。在 CELL_DCH 状态下，激活集中的小区个数可能大于一个，所以 RNC 下发的邻区需要从激活集中所有小区定义的邻区集中选取，目前各个厂家是按自己的算法选择邻区下发的。

UE 引入了关于切换集合的三个概念。

(1) 激活集(Active Set)：指与某个 UE 建立连接的小区的集合。用户信息从这些小区发送，可同时进行解调。

(2) 监测集(Monitor Set)：不在激活集中，但信号的强度达到一定值，根据 UTRAN 分配的邻区列表而被监测的小区。

(3) 检测集(Detected Set)：既不在激活集中，也不在监测集中。检测集的频内测量的报告只能由 UE 在 CELL_DCH 状态提出请求，属频内测量。是否启用检测集由运营参数控制。

UE 进行测量的量由 RNC 控制，RNC 可随时下发给 UE，共有 6 类，这 6 类测量量不完全用于切换。

(1) 同频测量：测量与导频集内频率相同的下行链路物理信道，针对 FDD，测量量可以是 E_c/N_o、Pathloss、RSCP。

(2) 异频测量：测量与导频集内频率不同的下行链物理信道，测量量可以是小区标识、SFN-SFN 观测时间差、E_c/N_o、Pathloss、RSCP 等。

(3) 异系统测量：测量另一个系统的下行链物理信道，对 GSM 系统是测 RSSI(接收信号强度指示)。

(4) 业务量测量：测量上行业务量，测量量可以是缓存占用、缓存平均占用、缓存占用变化量。

(5) QoS 测量：测量质量参数，如下行传输误块率。

(6) UE 内部测量：测量 UE 发射功率、RSSI、接收-发送时间差。

UE 对测量量的测量结果进行两次平滑性处理，第一次处理在物理层，目的是滤除快衰落的影响，第二次是在事件评估前由高层对物理层报上来的测量结果进行处理，过滤应根据下列公式执行

$$F_n = (1-\alpha) \times F_{n-1} + \alpha \times M_n$$

$$\alpha = 1/(2^{k/2})$$

其中 k 是滤波系数，由网络侧设定；M_n 是从物理层接收到的最近的测量值；F_n 是经过滤波处理更新的测量结果；F_{n-1} 是经过滤波处理，上一时刻旧的测量结果。

UE 向 RNC 上报事件，作为 RNC 判断是否需要切换的依据。事件是在测量量符合一组条件后触发的。WCDMA 同频测量事件用 1x 表示，包括 1A～1F 事件；异频测量事件用 2x 表示，包括 2A～2F 事件；系统间测量事件用 3x 表示，包括 3A～3D 事件。

压缩模式是与 WCDMA 移动台测量有关的一种工作模式。当移动台触发硬切换(系统内频间硬切换、系统间切换)时，移动台必须启动压缩模式完成测量。在 FDD 模式下，一套收发信机只能工作在一组收发频率上，若要对其他频率的信号进行测量，接收机需停止工作，将频率切换到目标频率上进行测量。为保证下行信号的正常发送，需将原来信号在剩余时间内发送，此即下行压缩模式；当测量频率与上行发送频率较近时，为保证测量效果，需同时停止上行信号的发送，此即上行压缩模式。压缩模式可以由以下三种不同的方法实现：(1)当高层获得终端压缩模式的调度信息时，降低来自高层数据的速率，指定在一帧中预留某些空时隙；(2)将扩频因子减半，提高相应数据速率；(3)在物理层的复用过程中打孔来降低符号速率。压缩模式的使用会带来系统性能的下降，拥有两套射频接收机的 UE 在频间切换和系统间切换时不需要压缩模式。

4.2.2 软切换算法和参数

根据协议 3GPP 25.331[28]规定，同频测量报告的方式有事件报告和周期报告。而事件报告的事件有 6 类(FDD)，分别以 1A、1B、1C、1D、1E、1F 来表示。同频测量是指对同频小区进行的测量，测量量一般为导频信道的 E_c/N_o，用于反映某小区质量的好坏。当然，协议中也规定了 RSCP 和 Pathloss 也可以作为测量量进行判决，但大多数厂家在商用时均采用了 E_c/N_o 作为测量量，所以本节的相关判决公式就以 E_c/N_o 作为测量量。文献[28]中定义了一系列的频内测量事件，在满足定义的条件时 UE 会上报对应的事件：

1A 事件：目标小区质量变差，进入相对激活集质量的一个报告范围。可用于软切

换加。

1B 事件：目标小区质量变差，离开相对激活集质量的一个报告范围。可用于软切换去。

1C 事件：一个非激活集小区质量好于某个激活集小区质量。可用于软切换替换。

1D 事件：最好小区发生变化。可用于负荷均衡或同频硬切换。

1E 事件：目标小区质量变好，高于一个绝对门限。可用于软切换加或测量的控制。

1F 事件：目标小区质量变差，低于一个绝对门限。可用于软切换去或测量的控制。

在测量报告的 6 个事件中，1A 和 1B 为相对门限的报告，1C 为替代报告，1D 作为最好小区发生变化的报告，1E 和 1F 是绝对门限的报告。

一般来说，1A 事件被用作软切换分支加入的判断条件，1B 事件被用作软切换分支删除的判断条件，1C 事件被用作激活集小区已满时激活集替换的判断条件，1D 事件被用作同频硬切换的判断条件，而 1E 事件和 1F 事件则很少被厂家作为切换判决条件使用。

1. 1A 事件算法

当不属于激活集的主导频进入报告范围时，事件 1A 将被触发。1A 事件：一个主导频信号进入报告范围，触发公式为

$$10\times\log M_{\text{new}}+CIO_{\text{new}}\geqslant W\times 10\times\log\left(\sum_{i=1}^{N_A}M_i\right)+(1-W)\times 10\times\log M_{\text{best}}-(R_{1\text{A}}-H_{1\text{A}}/2) \tag{4.2-1}$$

式中，M_{new}是进入报告范围小区的测量结果；CIO_{new}是进入报告范围的小区的偏移(如果存储了针对该小区偏移的话，否则就为 0)。M_i 是激活集内的一个小区的测量结果；N_A 是当前激活集内小区数目；M_{best}是激活集内最强小区的测量结果；W 是 RNC 发送给 MS 的权值参数，为切换时不同小区分别在判决门限公式中所占的权重。由于一般默认为此权重为 0，因此，在进行切换优化时通常不考虑此项参数给切换所带来的影响。$R_{1\text{A}}$是从 RNC 发送给 MS 的报告范围常量；$H_{1\text{A}}$是事件 1A 的迟滞。如果所报告的小区是一个有效的邻区，同时激活集是非满的，建议将该小区增加到激活集中。

如图 4.2-1 所示，在时刻(1)新小区的公共导频信号 P2 大于当前服务小区 P1 的信号强度 Addition Window，在时刻(2)该新小区导频信号 P2 大于 Addition Window 并持续 Time to Trigger 后，UE 会检测当前的激活集个数是否已经达到激活集个数上限。如果没有达到激活集个数上限，则上报 1A 事件，启动网络判决过程；如果网络判决完成，则 RNC 下发 Active Set Update 信令，进行激活集更新，完成一次 1A 事件流程。如果已经达到激活集个数上限，则不触发 1A 事件上报，此时 RNC 不能将导频 P2 加入激活集，手机在等待一段时间(等待一段时间由 Addition Reporting Interval 定义)后继续周期性地发测量报告直到导频 P2 离开报告范围或被加入激活集。

1A 事件参数如表 4.2-1 所示。

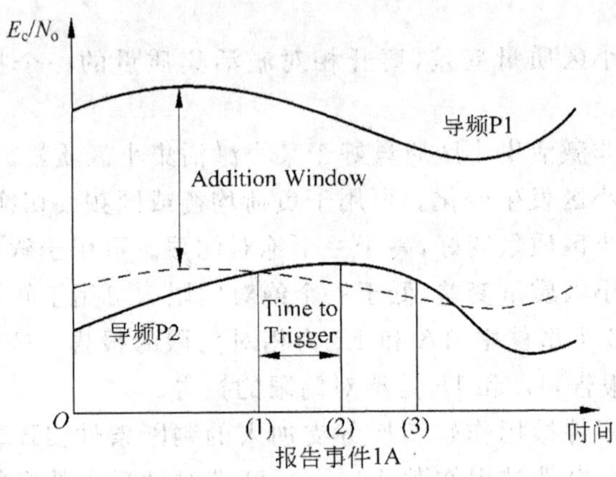

图 4.2-1　1A事件算法

表 4.2-1　1A事件参数

参数名称	参数含义	取值范围及设置建议
Reporting Range1A 1A事件报告范围 (R_{1A})	决定1A事件判决门限的参数。Reporting Range1A和Hysteresis1A是判决是否触发1A事件的重要参数参数设置决定了软切换区域的大小和软切换用户比例	取值范围：[0，…，29]，对应[0，…，14.5]dB，步长0.5dB。若此值设置越大，则说明1A事件的判决门限越低，则目标小区加入活动集容易，不容易掉话，处于软切换状态的UE比例增大，但前向资源占用严重。若此值设置越小，则说明1A事件的判决门限越高，越不易触发1A事件，目标小区加入活动集困难。默认值：6(3dB)
Hysteresis1A 1A事件判决迟滞 (H_{1A})	进行1A判决时的迟滞范围，决定1A事件判决门限	取值范围：[0，…，15]，对应[0，…，7.5]dB，步长0.5dB。若此值设置越大，则说明1A事件的判决门限越高，越不易触发1A事件，目标小区加入活动集困难。若此值设置越小，则说明1A事件的判决门限越低，越容易触发1A事件，目标小区加入活动集容易。默认值：0dB
W 1A事件加权因子	进行1A事件质量判决时的权重(W)，反映了信号最好的小区在进行质量判决时所占的比重	取值范围：[0，…，20]，对应[0.0，…，2.0]dB，步长0.1。默认值：0
小区偏置CIO(该参数用于邻区)	同频切换小区CPICH测量值偏移量。该值与实际测量值相加所得的数值用于UE的事件评估过程。UE将该小区原始测量值加上这个偏置后作为测量结果用于UE的同频切换判决	参数取值范围：[－20，…，20]；对应[－10，…，10]dB，步长0.5dB。在切换算法中起到移动小区边界的作用。该参数由网络优化根据实际环境配置。该参数设置越大(为正值)，则软切换越容易，处于软切换状态的UE越多，但占用前向资源；设置越小，软切换越困难，有可能影响接收质量。默认值：0

续表

参数名称	参数含义	取值范围及设置建议
Reporting Deactivation Threshold 激活集中允许小区的最多数目(1A 事件)	指示激活集中放置小区的最多数目；当 UE 监测到某个监测集小区的测量结果，满足 1A 事件时，首先要判断当前激活集中的小区个数是否已等于 Reporting Deactivation Threshold，若等于则不触发 1A 事件	取值范围：Integer(0,1,2,3,4,5,6,7)
Time to Trigger 1A	监测到事件发生的时刻到事件上报的时刻之间的时间差	取值范围：Integer(0,10,20,40,60,80,100,120,160,200,240,320,640,1280,2560,5000)ms，默认值：320ms
Amount of Reporting 1A 事件触发时周期上报的次数	触发 1A 事件后周期上报 1A 事件的次数，1A 事件被周期性地报告，直到网络接收或报告量超过设定值或该事件已经不再许可为止	取值范围：Integer(1,2,4,8,16,32,64,∞)，默认值：∞
Reporting Interval 1A 事件触发时周期上报的报告间隔	触发 1A 事件周期性发送测量报告的时间间隔	取值范围：Integer(0,250,500,1000,2000,4000,8000,16000)ms，默认值：1000ms

2. 1B 事件算法

当属于激活集的主导频离开报告范围时，1B 事件被触发。1B 事件：一个主导频信号离开报告范围，触发公式为

$$10\times\log M_{\mathrm{old}}+CIO_{\mathrm{old}}\leqslant W\times 10\times\log\left(\sum_{i=1}^{N_A}M_i\right)+(1-W)\times 10\times\log M_{\mathrm{best}}-(R_{1\mathrm{B}}+H_{1\mathrm{B}}/2)\qquad(4.2\text{-}2)$$

式中，M_{old}是离开报告范围小区的测量结果；M_i 是一个激活集内小区的测量结果；N_A 是当前激活集内小区数目；M_{best}是激活集内最强小区的测量结果；W 是 RNC 发送给 MS 的权值参数，为切换时不同小区分别在判决门限公式中所占的权重。$R_{1\mathrm{B}}$是从 RNC 发送给 MS 的报告范围常量，$H_{1\mathrm{B}}$是事件 1B 的迟滞。CIO_{old}是进入报告范围的小区的偏移(如果存储了针对该小区偏移的话；否则就为 0)。

1B 事件不考虑最大允许的激活集个数，所以 1B 事件只要满足了判决门限，即导频强度在 Time to Trigger 时间内都低于 Drop Window 后，会触发 1B 事件上报，删除已经不再满足要求的激活集。如图 4.2-2 所示，在位置(1)，激活集导频 P2 与激活集最强导频的 E_c/N_o 之差达到报告范围，在位置(2)，激活集导频 P2 的持续时间超过 Time to Trigger，UE 触发 1B 事件后向 RNC 发送测量报告，RNC 从激活集中去除该小区，手机将该小区由激活集移入监测集，但需确保至少有一个小区保持在激活集中。

1B 事件参数如表 4.2-2 所示。

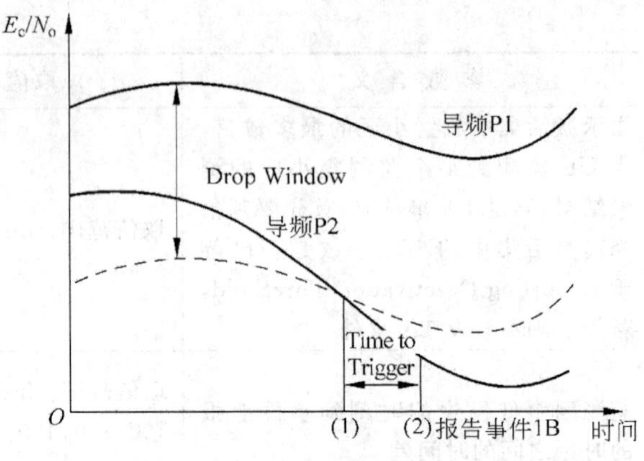

图 4.2-2 1B 事件算法

表 4.2-2 1B 事件参数

参 数 名 称	参 数 含 义	取值范围及设置建议
Reporting Range1B 1B 事件报告范围 (R_{1B})	决定 1B 事件判决门限的参数。Reporting Range1B 和 Hysteresis1B 是判决是否触发 1B 事件的重要参数	取值范围：[0,…,29]，对应[0,…,14.5]dB，步长 0.5dB。若此值设置越大，则说明 1B 事件的判决门限越低，越不易触发 1B 事件；此值给的越小，则说明 1B 事件的判决门限越高，越容易触发 1B 事件。默认值：10(5dB)
Hysteresis1B 1B 事件判决迟滞 (H_{1B})	进行 1B 判决时的迟滞范围，决定 1B 事件判决门限	取值范围：[0,…,15]，对应[0,…,7.5]dB，步长 0.5dB。若此值设置越大，越不易触发 1B 事件；此值给的越小，越容易触发 1B 事件。默认值：0dB
W 1B 事件加权因子	进行 1B 事件质量判决时的权重(W)，反映了信号最好的小区在进行质量判决时所占的比重	取值范围：[0,…,20]，对应[0.0,…,2.0]dB，步长 0.1dB。默认值：0
小区偏置 CIO(该参数用于邻区)	同频切换小区 CPICH 测量值偏移量。该值与实际测量值相加所得的数值用于 UE 的事件评估过程。UE 将该小区原始测量值加上这个偏置后作为测量结果用于 UE 的同频切换判决	参数取值范围：[－20,…,20]；对应[－10,…,10]dB，步长 0.5dB。该参数由网络优化根据实际环境配置。该参数设置越大(为正值)，则不容易删除软切换分支；设置越小，容易删除软切换分支。默认值：0
Time to Trigger 1B	监测到事件发生的时刻到事件上报的时刻之间的时间差	取值范围：Integer(0,10,20,40,60,80,100,120,160,200,240,320,640,1280,2560,5000)ms，默认值：640ms

3. 1C 事件算法及参数

当不属于激活集的主导频变得强于激活集中最弱的导频时，事件 1C 将被触发。1C 事件：监测集中某小区的信号质量比激活集小区中最差小区的信号质量好，触发公式为

$$10 \times \log M_{new} + CIO_{new} \geqslant 10 \times \log M_{InAS} + CIO_{InAS} + H_{1C}/2 \quad (4.2\text{-}3)$$

式中，M_{new}是某监测集小区的测量结果；CIO_{new}是该监测集小区的偏移（如果存储了针对该小区偏移的话；否则就为 0）。M_{InAS}是激活集中最差小区的测量结果；CIO_{InAS}是该最差激活集小区的偏移；H_{1C}是事件 1C 的迟滞。如果 1C 事件所报告的小区是一个有效的邻区并且激活集是满的，则建议用该小区替换激活集中最弱的小区。

如图 4.2-3 所示，导频 P1、P2、P3 在激活集中，而导频 P4 不在激活集中。在位置(1)，某监测集小区导频 P4 的信号质量超过激活集最差导频 P3 的信号质量达 Replacement Window。在位置(2)，导频 P4 信号质量超过激活集最差导频 P3 的信号质量达 Replacement Window 且持续时间超过 Time to Trigger，触发事件 1C，但此时手机激活集已满（MaxActiveSetSize=3），所以 RNC 不能将导频 P4 加入激活集。手机在等待一段时间（等待时间由 Replacement Reporting Interval 定义）后继续周期性地发测量报告直到导频 P4 离开报告范围或被加入激活集替换了导频 P3。

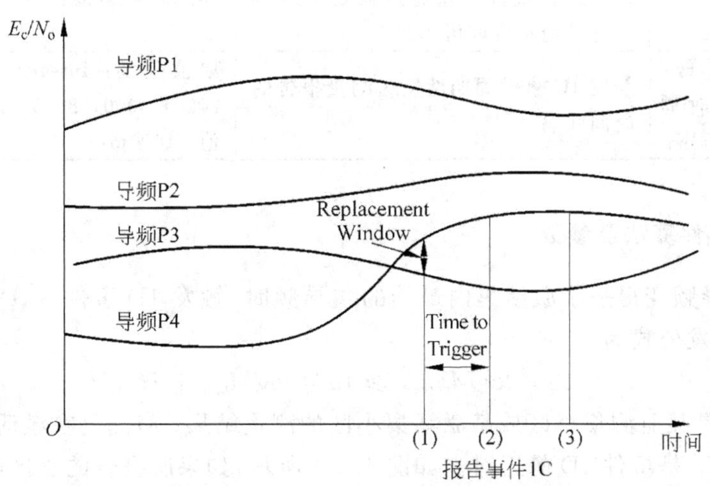

图 4.2-3 1C 事件算法

1C 事件参数如表 4.2-3 所示。

表 4.2-3 1C 事件参数

参数名称	参数含义	取值范围及设置建议
Hysteresis1C 1C 事件判决迟滞 (H_{1C})	进行 1C 判决时的迟滞范围，决定 1C 事件判决门限	取值范围：[0,…,15]，对应[0,…,7.5]dB，步长 0.5dB。若此值设置越大，则说明 1C 事件的判决门限越高，越不易触发 1C 事件。若此值设置越小，则说明 1C 事件的判决门限越低，若 Hysteresis 配置的很小，也会导致 1C 事件频繁触发，从而也造成乒乓切换。默认值：8(4dB)
小区偏置 CIO（该参数用于邻区）	同频切换小区 CPICH 测量值偏移量。该值与实际测量值相加所得的数值用于 UE 的事件评估过程	取值范围：[－20，…，20]；对应[－10,…,10]dB，步长 0.5dB。默认值：0

续表

参数名称	参数含义	取值范围及设置建议
Replacement Activation Threshold 激活集中允许小区的最小数目 1C	指示触发 1C 事件时的最小激活集数目，当 UE 监测到 1C 事件发生时，则需要查看当前激活集中小区数目是否大于等于 Replacement Activation Threshold，若满足，则触发 1C 事件，否则不触发	取值范围：Integer(0,1,2,3,4,5,6,7)ms
Time to Trigger 1C	监测到事件发生的时刻到事件上报的时刻之间的时间差	取值范围：Integer(0,10,20,40,60,80,100,120,160,200,240,320,640,1280,2560,5000)ms，默认值：640ms
Amount of Reporting 1C 事件触发时周期上报的次数	触发 1C 事件后周期上报 1C 事件的次数，1C 事件被周期性地报告，直到网络接收或报告量超过设定值或该事件已经不再许可为止	取值范围：Integer(1,2,4,8,16,32,64,∞)ms，默认值：∞
Reporting Interval 1C 事件触发时周期上报的报告间隔	触发 1C 事件周期性发送测量报告的时间间隔	取值范围：Integer(0,250,500,1000,2000,4000,8000,16000)ms，默认值：1000ms

4. 1D 事件算法及参数

任何主导频变得强于激活集内最佳的主导频时，触发 1D 事件。1D 事件：最好小区发生变化，触发公式为

$$10 \times \log M_{\text{notbest}} \geqslant 10 \times \log M_{\text{best}} + H_{1D}/2 \tag{4.2-4}$$

式中，M_{notbest}是某监测集小区或某激活集小区的测量结果；M_{best}是在激活集中最强小区的测量结果；H_{1D}是事件 1D 的迟滞。如图 4.2-4 所示，如果所报告的小区属于激活集，则建议该小区作为最佳主导频小区。如果所报告的小区属于监测集并且激活集是不满的，则

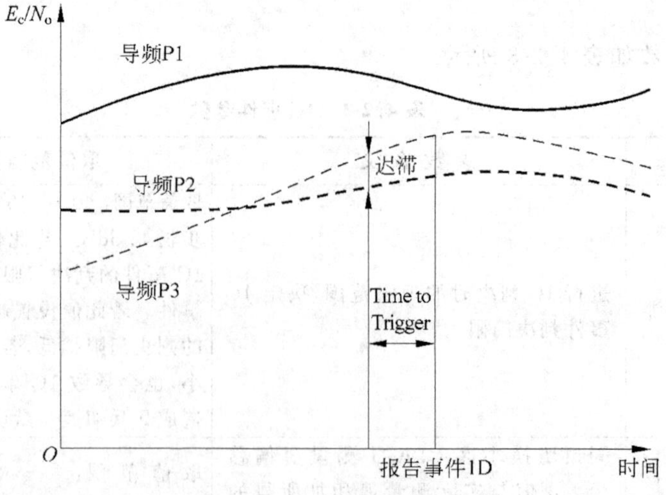

图 4.2-4 1D 事件算法

建议将该小区加入到激活集中并成为最佳主导频小区。如果激活集是满的，则建议用所报告的小区替换激活集中最弱的小区，并成为最佳主导频小区。为防止乒乓切换发生，1D 事件的触发也设置了相应的触发时间和迟滞。

1D 事件参数如表 4.2-4 所示。

表 4.2-4 1D 事件参数

参数名称	参数含义	取值范围及设置建议
Hysteresis1D 1D 事件判决迟滞(H_{1D})	进行 1D 判决时的迟滞范围，决定 1D 事件判决门限	取值范围：[0,…,15]，对应[0,…,7.5]dB，步长 0.5dB。若此值设置越大，则说明 1D 事件的判决门限越高，越不易触发 1D 事件。若此值设置越小，则说明 1D 事件的判决门限越低，若 Hysteresis 配置的很小，也会导致 1D 事件频繁触发，从而也造成乒乓切换。默认值：8(4dB)
Time to Trigger 1D	监测到事件发生的时刻到事件上报的时刻之间的时间差	取值范围：Integer(0,10,20,40,60,80,100,120,160,200,240,320,640,1280,2560,5000)ms，默认值：640ms

5. 1E 事件算法及参数

当一个目标小区主导频的测量质量优于一个绝对门限时，触发 1E 事件，触发公式为

$$10\times\log M_{new}+CIO_{new}\geqslant T_{1E}+H_{1E}/2 \tag{4.2-5}$$

式中，M_{new}是优于绝对门限的目标小区测量值；CIO_{new}是该优于绝对门限小区的偏移；T_{1E}是绝对门限；H_{1E}是事件 1E 的迟滞。

1E 事件算法及参数分别如图 4.2-5 和表 4.2-5 所示。

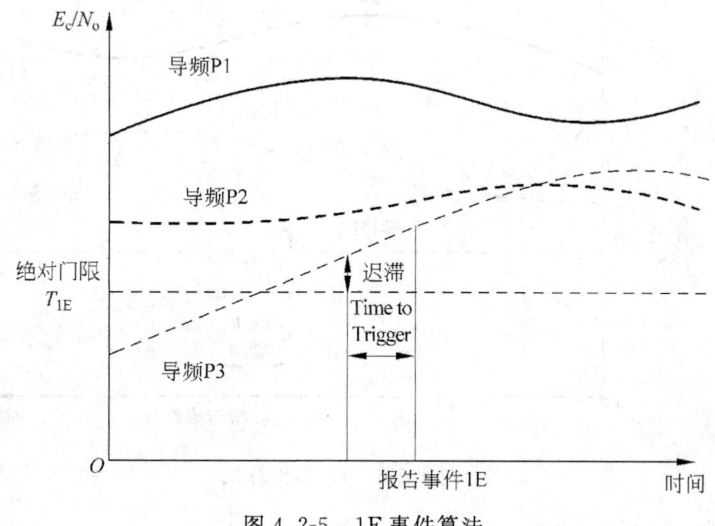

图 4.2-5 1E 事件算法

表 4.2-5 1E 事件参数

参数名称	参数含义	取值范围及设置建议
软切换绝对门限 1E IntraAblThdFor1E	1E 事件报告使用的绝对门限，目前没有厂商启用该参数	取值范围[-24,…,0]dB
Hysteresis1E 1E 事件判决迟滞 (H_{1E})	进行 1E 判决时的迟滞范围，决定 1E 事件判决门限	取值范围：[0,…,15]，对应[0,…,7.5]dB，步长 0.5dB。若此值设置越大，则说明 1E 事件的判决门限越高，越不易触发 1E 事件。若此值设置越小，则说明 1E 事件的判决门限越低。默认值：8(4dB)
Time to Trigger 1E	监测到事件发生的时刻到事件上报的时刻之间的时间差	取值范围：Integer(0,10,20,40,60,80,100,120,160,200,240,320,640,1280,2560,5000)ms，默认值：640ms

6. 1F 事件算法及参数

当一个目标小区主导频的测量质量低于一个绝对门限时，触发 1F 事件，触发公式为

$$10\times\log M_{\mathrm{old}}+CIO_{\mathrm{old}}\geqslant T_{\mathrm{1F}}-H_{\mathrm{1F}}/2 \qquad (4.2\text{-}6)$$

式中，M_{old}是低于绝对门限的目标小区测量值；CIO_{old}是该低于绝对门限小区的偏移；T_{1F}是绝对门限；H_{1F}是事件 1F 的迟滞。

1F 事件算法及参数分别如图 4.2-6 和表 4.2-6 所示。

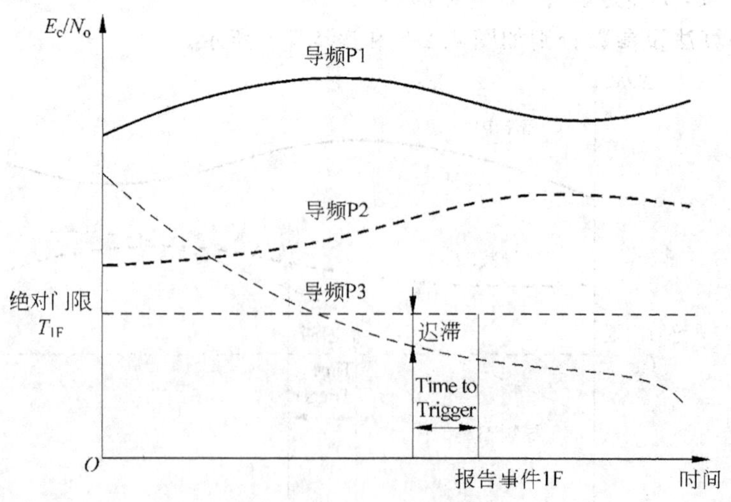

图 4.2-6 1F 事件算法

表 4.2-6　1F 事件参数

参数名称	参数含义	取值范围及设置建议
软切换绝对门限 1F IntraAblThdFor1F	1F 事件报告使用的绝对门限	取值范围：[−24,…,0]dB，默认值：−18dB 1F 事件用于触发紧急盲切换，如果激活集最优小区上报 1F 事件，标明激活集质量已经很差，这时触发盲切换，以便在掉话前做最后的尝试。门限设置越高，则盲切换越容易被触发；门限设置越低，则盲切换触发越困难
Hysteresis1F 1F 事件判决迟滞（H_{1F}）	进行 1F 判决时的迟滞范围，决定 1F 事件判决门限	取值范围：[0，…，15]dB，对应[0，…，7.5]dB，步长 0.5dB。若此值设置越大，则说明 1F 事件的判决门限越高，越不易触发 1F 事件。若此值设置越小，则说明 1F 事件的判决门限越低。默认值：8(4dB)
Time to Trigger 1F	监测到事件发生的时刻到事件上报的时刻之间的时间差	取值范围：Integer(0,10,20,40,60,80,100,120,160,200,240,320,640,1280,2560,5000)ms，默认值：640ms

4.2.3　系统内频间硬切换

大多数 WCDMA 运营商有两个以上可用的载波，待运营商使用两个以上载波运营后，就涉及 WCDMA 系统内的频率间切换问题，频率间切换需要启动压缩模式测量。

1. 异频硬切换算法

异频测量报告的方式有事件报告和周期报告，共有 6 类事件：2A～2F。描述异频测量事件时，对频率 j 的质量估计值计算为

$$Q_{\text{frequency}j} = 10 \times \log M_{\text{frequency}j}$$

$$= W_j \times 10 \times \log\left(\sum_{i=1}^{N_{Aj}} M_{ij}\right) + (1 - W_j) \times 10 \times \log M_{\text{best}j} \qquad (4.2\text{-}7)$$

式中，$Q_{\text{frequency}j}$ 是对频率 j 的质量估计值的对数形式；$M_{\text{frequency}j}$ 是对频率 j 的质量估计值；M_{ij} 是对激活集内频率为 j 的小区 i 的测量结果；N_{Aj} 是激活集内频率为 j 的小区数；$M_{\text{best}j}$ 是激活集内频率为 j 的最佳小区的测量结果；W_j 是加权系数。异频测量量可以为 RSCP 或者 E_c/N_o，测量量可作为切换参数供运营商选择。

在描述 2x 事件前介绍两个概念："non-used frequency"是 UE 需要测量但不在激活集内的频率；"used frequency"是 UE 需要测量而且在激活集内的频率。异频测量事件及相应的定义如下。

(1) 事件 2A：最好频率发生变化。如果"non-used frequency"的质量估计值要好于"used frequency"里最好小区的质量估计值，而且满足迟滞条件和延迟触发(Time to Trigger)条件，就会触发事件 2A。触发公式为

$$Q_{nonused} \geqslant Q_{best} + H_{2A}/2 \tag{4.2-8}$$

式中，$Q_{nonused}$是对非激活集内频率的质量估计值；Q_{best}是激活集中最好小区的质量估计值；H_{2A}为 2A 事件的迟滞。

(2) 事件 2B："used frequency"的质量估计值低于某一门限，"non-used frequency"的质量估计值高于某一门限，而且满足迟滞条件和延迟触发(Time to Trigger)条件，就会触发事件 2B。触发公式为

$$\begin{aligned} Q_{used} &\leqslant T_{used2B} - H_{2B}/2 \\ Q_{nonused} &\geqslant T_{nonused2B} + H_{2B}/2 \end{aligned} \tag{4.2-9}$$

式中，Q_{used}是对激活集内频率的质量估计值；T_{used2B}为激活集小区触发 2B 事件上报的绝对门限；$Q_{nonused}$是对非激活集内频率的质量估计值；$T_{nonused2B}$为非激活集小区触发 2B 事件上报的绝对门限；H_{2B}为 2B 事件的迟滞。

(3) 事件 2C："non-used frequency"的质量估计值高于某一门限，而且满足迟滞条件和延迟触发(Time to Trigger)条件，就会触发事件 2C。触发公式为

$$Q_{nonused} \geqslant T_{nonused2C} + H_{2C}/2 \tag{4.2-10}$$

式中，$Q_{nonused}$是对非激活集内频率的质量估计值；$T_{nonused2C}$为 2C 事件绝对门限；H_{2C}为 2C 事件的迟滞。

(4) 事件 2D："used frequency"的质量估计值低于某一门限，而且满足迟滞条件和延迟触发(Time to Trigger)条件，就会触发事件 2D。触发公式为

$$Q_{used} \leqslant T_{used2D} - H_{2D}/2 \tag{4.2-11}$$

式中，Q_{used}是对激活集内频率的质量估计值；T_{used2D}为 2D 事件绝对门限；H_{2D}为 2D 事件的迟滞。

(5) 事件 2E："non-used frequency"的质量估计值低于某一门限，而且满足迟滞条件和延迟触发(Time to Trigger)条件，就会触发事件 2E。触发公式为

$$Q_{nonused} \leqslant T_{nonused2E} - H_{2E}/2 \tag{4.2-12}$$

式中，$Q_{nonused}$是对非激活集内频率的质量估计值；$T_{nonused2E}$为 2E 事件绝对门限；H_{2E}为 2E 事件的迟滞。

(6) 事件 2F："used frequency"的质量估计值高于某一门限，而且满足迟滞条件和延迟触发(Time to Trigger)条件，就会触发事件 2F。触发公式为

$$Q_{used} \geqslant T_{used2F} + H_{2F}/2 \tag{4.2-13}$$

式中，Q_{used}是对激活集内频率的质量估计值；T_{used2F}为 2F 事件绝对门限；H_{2F}为 2F 事件的迟滞。

针对异频测量报告的两种不同报告方式(事件报告和周期报告)，进行频间切换所依据的 2x 事件也不同，目前厂家的实现主要采取周期报告方式，事件报告作为功能可选项。

事件报告使用 2B 事件作为频间切换的触发事件。因 2B 事件没有事件周期，不能自动实现切换失败后的重试功能，除非该小区可以再次触发 2B 事件。如果切换失败，只能通过内部定时器的方式触发周期重试。事件报告的优点为节省信令传输和处理负担，可以比较同频和异频的相对信号质量，一定程度上防止乒乓切换现象。缺点主要为事件报告只能报告一次，没有事件周期机制。

周期报告使用 2D、2F 事件作为压缩模式启动和停止事件，并在压缩模式期间周期上报异频邻区的测量结果，当 UE 上报的小区质量高于某一绝对门限＋迟滞时，启动延迟触发定时器(Time to Trigger)，如果在定时器超时期间始终满足要求，则在延迟触发定时器超时后启动异频切换。如果切换失败，根据异频测量周期报告继续进行切换判决。异频测量报告的周期为 480ms，不同于同频测量报告的周期(200ms)。周期报告的优点为，当切换失败后可利用周期报告完成对同一小区的多次直接重试；缺点主要为信令量大，增加空口负载和信令处理负载。

2. 异频硬切换参数

异频硬切换参数如表 4.2-7 所示。

表 4.2-7　异频硬切换参数

参数名称	参数含义	取值范围及设置建议
InterFreqMeasQuantity 异频测量量选择	该参数用于确定当该小区在进行异频相关的测量时，选择 E_c/N_o 还是 RSCP 作为测量量	取值范围：Enum(E_c/N_o，RSCP)，默认值为 RSCP。对于载频覆盖边缘小区建议使用 RSCP，载频中心小区建议使用 E_c/N_o
W 加权因子	进行 2x 事件质量判决时的权重(W)，确定质量判决时激活集中最好小区以及其他小区所占比重	取值范围：[0，…，20]dB，对应(0.0，…，2.0)dB，步长 0.1dB。默认值：0。该参数越大，相同条件下计算得到的当前频率质量估值越高，越不容易发生异频切换；反之越小，当前频率质量估值越低，越容易触发异频切换
H_{2D}、H_{2F}、H_{HO} 硬切换相关迟滞：2D 事件迟滞、2F 事件迟滞、硬切换迟滞	这些参数用于克服 2D、2F 事件的乒乓发生以及乒乓硬切换	取值范围：[0，…，29]dB，对应[0，…，14.5]dB，步长为 0.5dB。默认值：6(3dB)。迟滞设置越大，抵抗信号波动的能力越强，乒乓效应会得到抑制，但也减弱切换算法对信号变化的响应速度
InterFreqCSThd2DRSCP、InterFreqPSThd2DRSCP、InterFreqCSThd2FRSCP、InterFreqPSThd2FRSCP RSCP 表示的异频测量启停门限(RSCP 表示的 CS/PS 异频测量启动/停止门限)	当前频点测量值低于 2D 事件绝对门限时 UE 上报 2D 事件，RNC 下发信令启动压缩模式，开始异频测量(对应式(4.2-11)中的 T_{used2D})。当前频点测量值高于 2F 事件绝对门限时 UE 上报 2F 事件，RNC 下发信令关闭压缩模式，停止异频测量(对应式(4.2-13)中的 T_{used2F})	取值范围：[－115，…，－25]dBm，步长为 1dBm InterFreqCSThd2DRSCP、InterFreqPSThd2DRSCP 默认值：－95dBm， InterFreqCSThd2FRSCP、InterFreqPSThd2FRSCP 默认值：－90dBm。 如果希望尽早启动压缩模式，可以设大 2D 事件门限，否则设小。为了减小压缩模式启动停止的乒乓，可以适当增大 2D 和 2F 两个门限之间的差

续表

参数名称	参数含义	取值范围及设置建议
InterFreqCSThd2DE_c/N_o、InterFreqPSThd2DE_c/N_o、InterFreqCSThd2FE_c/N_o、InterFreqPSThd2FE_c/N_o E_c/N_o 表示的异频测量启停门限（E_c/N_o 表示的 CS/PS 异频测量启动/停止门限）	同上	取值范围：[-24,…,0] dB，步长为 1dB。InterFreqCSThd2DE_c/N_o、InterFreqPSThd2DE_c/N_o 的默认值：-16dB，InterFreqCSThd2FE_c/N_o、InterFreqPSThd2FE_c/N_o 的默认值：-14dB。如果希望尽早启动压缩模式，可以设大 2D 事件门限，否则设小；如果希望减小压缩模式启动停止的乒乓，可以适当增大 2D 和 2F 两个门限之间的差
TrigTime2D、TrigTime2F、TrigTimeHHO，2D/2F 事件延迟触发时间、硬切换延迟触发时间	异频硬切换相关的延迟触发时间	TrigTime2D、TrigTime2F 取值范围：Enum(0，10，20，40，60，80，100，120，160，200，240，320，640，1280，2560，5000)ms，TrigTimeHHO 对应的取值范围是[0，…，64000]ms，默认值：640ms

4.2.4 系统间切换

系统间测量报告的方式有事件报告和周期报告，共有 4 类事件：3A～3D。描述异系统测量事件时，对 WCDMA 系统的质量估计值计算为

$$Q_{\mathrm{wcdma}} = 10 \times \log M_{\mathrm{wcdma}} = W \times 10 \times \log\left(\sum_{i=1}^{N_A} M_i\right) + (1-W) \times 10 \times \log M_{\mathrm{best}} \tag{4.2-14}$$

式中，Q_{wcdma}是对当前使用的 WCDMA 频率的质量估计值的对数形式；M_{wcdma}是对当前使用的 WCDMA 频率的质量估计值；M_i 是对激活集内小区 i 的测量结果；N_A 是激活集的小区个数；M_{best}是激活集内最佳小区的测量结果；W 是加权系数。对于 WCDMA 小区，异系统测量量可以为 RSCP 或者 E_c/N_o，对于 GSM 小区，异系统测量量为 RSSI。

在描述 3x 事件前介绍两个概念："used UTRAN frequency"是 UE 需要测量而且当前正在使用的 UTRAN 的频率；"Other system"在本节中以 GSM 为例。异系统测量事件及其定义如下。

(1) 事件 3A："used UTRAN frequency"的质量估计值低于某一门限，而且"Other system"的质量估计值高于某一门限，且满足迟滞条件和触发时间条件，就会触发事件 3A。触发公式为

$$\begin{aligned} &Q_{\mathrm{used}} \leqslant T_{\mathrm{used3A}} - H_{3A}/2 \\ &M_{\mathrm{otherRAT}} + CIO_{\mathrm{otherRAT}} \geqslant T_{\mathrm{otherRAT}} + H_{3A}/2 \end{aligned} \tag{4.2-15}$$

式中，Q_{used}是对当前使用的 WCDMA 频率的质量估计值；T_{used3A}为正在使用 UTRAN 频率质量的小区触发事件 3A 上报的门限；H_{3A}为 3A 事件的迟滞；M_{otherRAT}为异系统(GSM)小区的测量量；CIO_{otherRAT}为异系统小区的偏移；T_{otherRAT}为异系统小区触发事件

3A上报的门限。

(2) 事件3B："Other system"的质量估计值低于某一门限，且满足迟滞条件和触发时间条件，就会触发事件3B。触发公式为

$$M_{\text{otherRAT}} + CIO_{\text{otherRAT}} \leqslant T_{\text{otherRAT}} - H_{3B}/2 \tag{4.2-16}$$

式中，M_{otherRAT}为异系统小区的测量量；CIO_{otherRAT}为异系统小区的偏移；T_{otherRAT}为异系统小区触发事件3B上报的门限；H_{3B}为3B事件的迟滞。

(3) 事件3C："Other system"的质量估计值高于某一门限，且满足迟滞条件和触发时间条件，就会触发事件3C。触发公式为

$$M_{\text{otherRAT}} + CIO_{\text{otherRAT}} \geqslant T_{\text{otherRAT}} + H_{3C}/2 \tag{4.2-17}$$

式中，M_{otherRAT}为异系统小区的测量量；CIO_{otherRAT}为异系统小区的偏移；T_{otherRAT}为异系统小区触发事件3C上报的门限；H_{3C}为3C事件的迟滞。3C事件通常用于系统间的负载切换和业务切换。

(4) 事件3D：异系统的主小区发生了变化，且满足迟滞条件和触发时间条件，就会触发事件3D。触发公式为

$$M_{\text{new}} \geqslant M_{\text{best}} + H_{3D}/2 \tag{4.2-18}$$

式中，M_{new}为异系统小区的测量量；M_{best}为异系统小区最佳小区的测量量；H_{3D}为3D事件的迟滞。

1. 系统间切换算法(Inter-RAT)

与异频测量报告类似，异系统测量报告也有两种不同报告方式：

(1) 事件报告使用3A事件作为判决发起异系统切换的触发事件。为提高切换成功率，要求触发事件的GSM小区的BSIC必须被UE正确解码。因3A事件没有事件周期，不能自动实现切换失败后的重试功能，除非该小区可以再次触发3A事件。

(2) 周期报告使用2D事件启动压缩模式进行异频测量，采用2F事件关闭压缩模式和异频测量。当UE上报的GSM小区的电平高于3A事件绝对门限T_{otherRAT}以及3A事件迟滞H_{3A}时(不考虑3A事件对正在使用小区的另一个门限T_{used3A}的限制)，启动延迟触发定时器，如果在定时器超时期间始终满足要求，则在延迟触发定时器超时后启动异频切换。对BSIC能够解码的GSM小区使用较短的延迟触发时间(TimeToTrigForVerify)以体现其高优先级。对于BSIC非确认的GSM小区使用较长的延迟触发时间(TimeToTrigForNonVerify)以体现低优先级，并便于BSIC尽量解码。如果切换失败，则根据异系统测量周期报告进行切换重试。

事件报告的优点为节省信令传输和处理负担，利用3A事件可以比较同频和异频的相对信号质量，一定程度上防止切换乒乓。缺点主要为事件报告只能报告一次，没有事件转周期机制，如果切换失败，只能通过内部定时器的方式触发周期重试。算法参数如果面向小区配置，在每次最优小区更新后，异频测量参数需要相应更新。

周期报告的优点为当切换失败后可利用周期报告完成对同一小区的多次直接重试，算法扩充灵活；另外参数面向小区设置，在用户切换后，无需信令通知UE，RNC在内部做切换判决时更新即可。缺点主要为：信令量大，增加空口负载和信令处理负载。

目前各厂家的系统间切换算法实现各有不同，华为公司建议采用周期报告方式（事件报告方式为选用），即启动压缩模式后周期性上报异系统邻区测量结果，当 UE 上报的 GSM 小区的电平高于 3A 事件绝对门限 $T_{otherRAT}$ 以及 3A 事件迟滞 H_{3A} 时，启动延迟触发定时器，如果在定时器超时期间始终满足要求，则在延迟触发定时器超时后启动异频切换，这一算法在此就不再赘述。

爱立信公司采用事件报告方式，即基于 2D、2F 和 3A 事件的系统间切换算法，图 4.2-7 示出了 2D、2F 和 3A 事件的过程（图中没有考虑事件的延迟触发时间）：

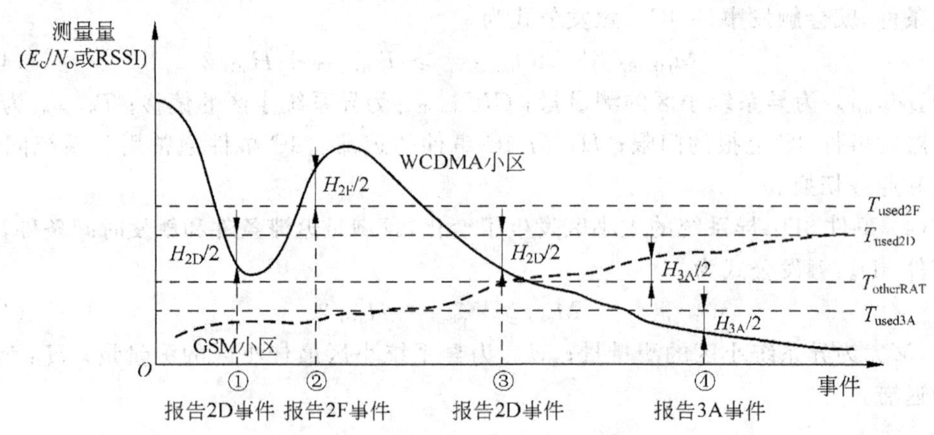

图 4.2-7 2D、2F 和 3A 事件

在位置①，UE 触发事件 2D 和开启 GSM 压缩模式进行异系统测量。当前使用的 WCDMA 频率的估计质量低于 2D 事件绝对门限 T_{used2D} 以及 2D 事件迟滞 H_{2D} 时，触发事件 2D，UE 向 RNC 发送事件 2D 报告。可以通过参数 2D 事件绝对门限 T_{used2D} 以及 2D 事件迟滞 H_{2D} 来设置对事件 2D 的报告。RNC 在收到事件 2D 报告后，为了对 GSM 进行异系统测量，UE 开启压缩模式。测量控制消息被送往 UE，供建立事件 3A 之用，消息中包括被监测的 GSM 小区的初始设置。

在位置②，UE 触发事件 2F，关闭 GSM 压缩模式及异系统测量。当前使用的 WCDMA 频率的估计质量高于 2F 事件绝对门限 T_{used2F} 以及 2F 事件迟滞 H_{2F} 时，触发事件 2F。UE 向 RNC 发送事件 2F 报告。事件 2F 报告可以通过 2F 事件绝对门限 T_{used2F} 以及 2F 事件迟滞 H_{2F} 参数设置。在收到来自 UE 的事件 2F 报告后，异系统测量被释放，压缩模式随之中止，RNC 向 UE 发送测量控制消息，以中止对事件 3A 的测量。

在位置③，重新触发事件 2D 和开启 GSM 压缩模式进行异系统测量。

在位置④，UE 触发事件 3A 并进行系统间切换。在启动对 GSM 的测量后，UE 监测 GSM 小区 BCCH 信道的信号强度（RSSI），通过 $CIO_{otherRAT}$ 参数向 GSM 小区分配偏移值。在当前使用的 WCDMA 频率的估计质量低于 T_{used3A} 门限及 3A 事件迟滞 H_{3A}，并且 GSM 系统的估计质量高于 $T_{otherRAT3A}$ 门限值及 3A 事件迟滞 H_{3A} 时，触发 3A 事件报告，报告中的第一个小区被用作 GSM 切换的建议目标小区。可以通过 T_{used3A} 和 $T_{otherRAT3A}$ 这两个门限值，以及迟滞 H_{3A} 对事件 3A 的报告进行设置。

2. 系统间切换参数(Inter-RAT)

系统间硬切换参数如表 4.2-8 所示。

表 4.2-8　系统间硬切换参数

参数名称	参数含义	取值范围及设置建议
W 加权因子	进行 3x 事件质量判决时的权重(W)，确定质量判决时激活集中最好小区以及其他小区所占比重	取值范围：[0，…，20] dB，对应[0.0，…，2.0]dB，步长 0.1dB。默认值：0。该参数越大，相同条件下计算得到的当前频率质量估值越高，越不容易发生异频切换；反之越小，当前频率质量估值越低，越容易触发异频切换
H_{2D}、H_{2F}、H_{3A}、H_{RAT} 硬切换相关迟滞：2D 事件迟滞、2F 事件迟滞、3A 事件迟滞、系统间硬切换迟滞	这些参数用于克服 2D、2F、3A 事件的乒乓发生以及乒乓硬切换。H_{RAT}用于防止系统间切换判决中由于信号的突发性抖动而造成误判，它与异系统质量门限一起决定是否触发系统间切换判决	H_{2D}、H_{2F}取值范围：[0，…，29]dB，对应[0，…，14.5] dB，步长为 0.5dB。默认值：6(3dB)。 H_{3A}、H_{RAT}取值范围：[0，…，15] dB，对应[0，…，7.5] dB，步长为 0.5dB。H_{3A}默认值：0(0dB)。H_{RAT}默认值：4(2dB)迟滞设置越大，抵抗信号波动的能力越强，乒乓效应会得到抑制，但也减弱切换算法对信号变化的响应速度
$T_{otherRATPS\_RSCP}$、$T_{otherRATCS\_RSCP}$ 系统间切换判决门限	分别对应 PS 业务的切换判决门限和 CS 业务的切换判决门限。即对应周期报告或者事件报告方式时，异系统小区触发 3A 事件上报的门限	$T_{otherRATPS\_RSCP}$、$T_{otherRATCS_RSCP}$取值范围：[0，…，63]dBm，对应[－110，…，－48]dBm，默认值：21(－90dBm)
T_{usedPS_RSCP}、T_{usedCS_RSCP}、$T_{usedPS\_E_c/N_o}$、$T_{usedCS\_E_c/N_o}$ 系统间切换判决门限	分别对应采用 RSCP 和 E_c/N_o 为测量量时，PS 业务的切换判决门限和 CS 业务的切换判决门限。即对应事件报告方式时，正在使用的 WCDMA 小区触发 3A 事件上报的门限	T_{usedPS_RSCP}、T_{usedCS_RSCP}取值范围：[－115，…，－25] dBm，默认值：－95dBm。 $T_{usedPS\_E_c/N_o}$、$T_{usedCS_E_c/N_o}$取值范围：[－24，…，0]dB，默认值：－16dB
BSICVerify BSIC 确认选择开关	用于对异系统测量上报小区进行控制，如果设置为 Required，则只有当测量到的 GSM 的 BSIC 被正确解码后才能上报；如果设置为 Not Required，则所有测量到的小区只要满足上报条件，不论其 BSIC 是否被解码，都可以上报	取值范围：Enum(Required，Not_Required)，默认值为 Required。该参数对周期报告和事件报告都有效，通常为了保证切换的可靠性，建议要求 BSIC 确认后再上报

续表

参数名称	参数含义	取值范围及设置建议
TimeToTrigForVerify 确认延迟触发时间	BSIC 已经确认的 GSM 小区的延迟触发时间。如果在该参数值规定的时间范围内，GSM 邻区信号质量一直满足系统间切换判决的条件，且 GSM 邻区为确认状态，网络将启动系统间切换过程	取值范围：[0，…，64000]ms，默认值：0ms
TimeToTrigForNonVerify 非确认延迟触发时间	BSIC 未确认的 GSM 小区的最大延迟触发时间。如果在该参数值规定的时间范围内，GSM 邻区信号质量一直满足系统间切换判决的条件，且 GSM 邻区为非确认状态，网络将启动系统间切换过程	取值范围：[0，…，64000，65535]ms，默认值：65535ms，表示 RNC 不会切换到非确认的 GSM 小区

4.2.5 切换案例

案例 1：异频测量量选择不当

在 UE 向某异频小区移动的时候，一直未启动压缩模式发起异频测量，直到掉网以后重新占用该异频小区，查询源小区配置发现 2D、2F 事件和异频测量都采用 E_c/N_0 作为测量量。分析发现，在载频的覆盖边缘，当 UE 从使用载频小区向另一个载频小区移动时，CPICH RSCP 的衰落和干扰的衰落速度基本相同，所以 UE 接收到信号的 CPICH E_c/N_0 变化非常缓慢，如图 4.2-8 所示。实际网络验证表明，当 UE 接收到 CPICH RSCP 在 −105dBm 以下时，CPICH E_c/N_0 仍然可以达到 −12dB 以上。由于 CPICH E_c/N_0 尚未恶化到 2D 事件的触发门限，所以不能及时触发异频测量和切换，因而导致掉话。

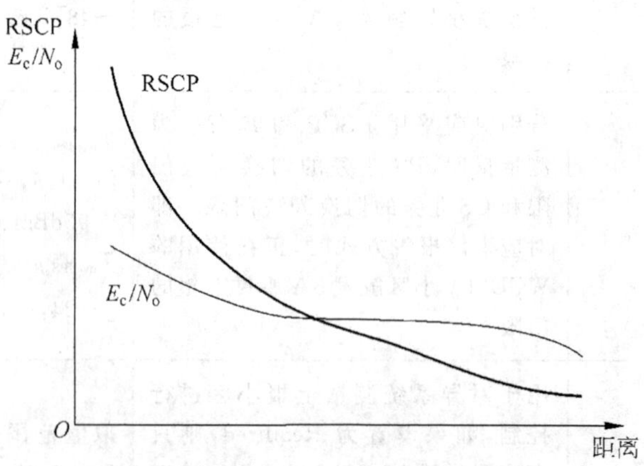

图 4.2-8 RSCP 和 E_c/N_0 随距离衰落关系示意

建议：将载频边缘小区的测量量设置为 RSCP，以便及时发起异频测量。该例就是因异频测量量选择不当而造成不能及时触发异频测量的。

案例 2：同频滤波系数过大导致的软切换不及时

在路测过程中发现软切换滞后现象比较严重，即使邻小区信号已经很强，也要过很久才被加入激活集，而且如果车速过快，甚至会因为切换不及时而掉话。

在 4.2.1 节中提到，高层会对物理层报上来的测量结果进行滤波处理，以便减小信号频繁波动的影响，避免乒乓切换。滤波系数 k 决定了滤波对信号的平滑能力，滤波系数越大，对毛刺的平滑能力越强，但对信号的跟踪能力减弱，必须在两者之间进行权衡。华为公司提出通过仿真得出的滤波系数与跟踪时间的关系如表 4.2-9 所示。

表 4.2-9　滤波系数与跟踪时间的关系

滤波系数 k	0	1	2	3	4	5	6	7	8	9	11
同频跟踪时间(s)	0.2	0.4	0.6	1	1.4	2	3	4.2	6	8.4	17

以典型的切换区大小计算，假设两相据为 800m 的小区之间的典型切换距离为 150m 左右，则速度在 20km/h 的 UE 通过切换区的平均时间在 20～30s 内，而 100km/h 的移动台通过时间只有 5～6s 左右。基于考虑到事件判别中还有迟滞、延迟触发等的影响，切换的跟踪时间还需进一步减少。基于以上分析，参数滤波系数 k 配置方法如下：同频滤波系数默认配置为 5，对应的同频跟踪是时间为 2s 左右。这个参数可以根据实际情况进行调整。对不同的小区覆盖类型，典型值可以设置如下：(1)若切换区信号变化较慢，同频滤波系数可设为 7；(2)若切换去信号变化速度中等，同频滤波系数设为 6；(3)若切换区信号变化较快，同频滤波系数设为 3。本例发生在密集城区，由于站间距很小，切换时间很短，因此必须减小跟踪时间，也就是减小此滤波系数。实际将滤波系数 k 由 6 改为 2，问题解决。

案例 3：拐角效应

拐角效应主要表现在服务小区信号快速下降，目标小区信号却很强，但由于服务小区信号迅速恶化，导致手机收不到激活集更新而掉话的情况。这种情况比较常见的是发生在街道拐角处，因此称为拐角效应。通过合理修改切换参数可使切换顺畅，从而避免掉话现象。如图 4.2-9 所示，在拐弯前服务小区为 76 的第三小区，可以看到激活集中该小区在拐弯后 RSCP 快速下降到－97dBm 以下(此时 E_c/N_o 也下降为－16dB)，而监视集中 853 号小区的信号很好(RSCP 为－73dBm，E_c/N_o 为－5.5dB)，但来不及切换导致掉话。

从 UE 上的空口信令跟踪可以看到测量报告已经发出，从 RNC 的信令跟踪可以看到 RNC 收到测量报告，但 RNC 在下发激活集更新的时候，由于服务小区的信号太差，导致手机不能收到激活集更新命令而产生信令复位，从而引起掉话。如图 4.2-10 所示，检查 RNC 跟踪的信令可以看到手机上报了 208 号扰码(对应监测集的 851 小区)的 1A 事件，同时也下发了激活集更新命令，但无法收到激活集更新完成消息而导致了掉话。

针对拐角效应的解决办法和建议如下：

(1) 针对小区配置 1A 事件参数，使得切换更容易触发。比如，降低触发时间(Time to Trigger 1A)由默认 320ms 改为 200ms，同时减小 1A 切换迟滞；一般情况需要针对小区进行配置。这两个参数的更改会导致该小区和其他小区(没有拐角效应的小区)的切换

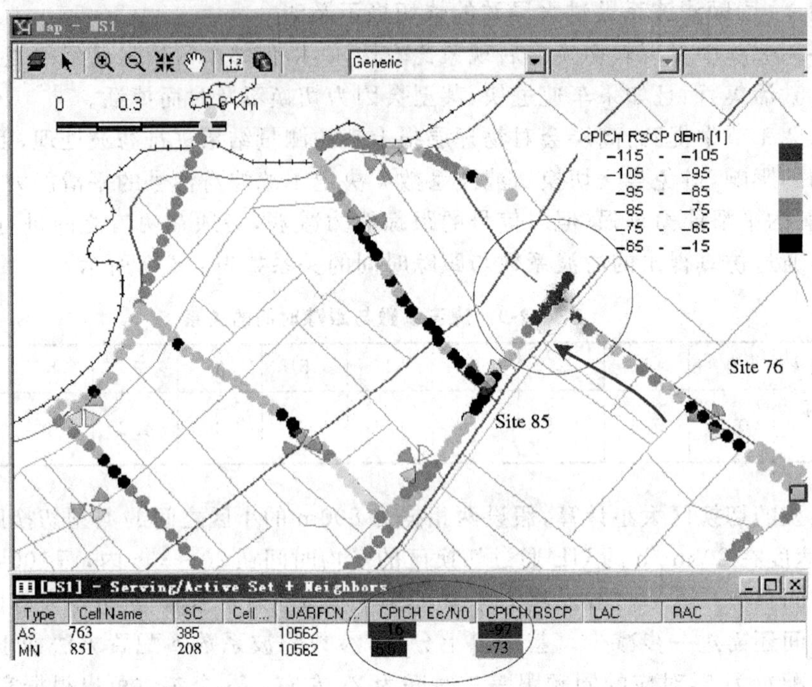

图 4.2-9 拐角效应的典型情况

消息方向	消息类型
发往Node B	NBAP_DL_PWR_CTRL_REQ
发往Node B	NBAP_DL_PWR_CTRL_REQ
来自UE	RRC_MEAS_RPRT
发往Node B	NBAP_RL_SETUP_REQ
来自Node B	NBAP_RL_SETUP_RSP
来自Node B	NBAP_RL_RESTORE_IND
发往UE	RRC_ACTIVE_SET_UPDATE
来自UE	RRC_MEAS_RPRT
发往Node B	NBAP_DL_PWR_CTRL_REQ
发往Node B	NBAP_DL_PWR_CTRL_REQ
发往Node B	NBAP_DL_PWR_CTRL_REQ
发往Node B	NBAP_DL_PWR_CTRL_REQ
发往Node B	NBAP_DL_PWR_CTRL_REQ
发往Node B	NBAP_DL_PWR_CTRL_REQ
发往CN	RANAP_IU_RELEASE_REQUEST
来自CN	RANAP_IU_RELEASE_COMMAND
发往CN	RANAP_IU_RELEASE_COMPLETE

EventID: e1 a(0)
cellMeasurementEventResults
Fdd
PrimaryCPICH Info
PrimaryScramblingCode0xd0 (208)

图 4.2-10 拐角效应-RNC 侧的信令跟踪

也更容易发生，可能会造成过多的乒乓切换。

(2) 配制拐角效应产生的两个小区之间的小区偏置(CIO)，使目标小区更容易加入。由于 CIO 只影响两个小区之间的切换行为，影响面相对较小，但 CIO 会对切换删除也产生影响，这种配置可能导致切换比例的增加。

(3) 调整天馈工程参数，使目标小区的天线覆盖能够越过拐角，在拐角之前就能发生切换，或者使当前服务小区的天线覆盖越过拐角，从而避免拐角带来的信号快速变化过程，来降低掉话。在实际的实施过程中，由于天馈工程参数的调整以及是否能越过拐角的判断过多地依赖于经验和实际环境情况，使得这个方法的实施存在一定困难。

综合以上的措施，建议优先采用方法(1)；如果方法(1)不能解决，采用方法(2)；在方法(2)无法解决问题的情况下，采用方法(3)。方法(3)是最好的解决办法，在天馈调整实施非常方便的地方可以优先考虑。

第 5 章　WCDMA 关键算法和参数设置：功率控制

在 WCDMA 系统中，作为无线资源管理的功率管理是非常重要的环节。在上行链路中，各个 UE 与 Node B 之间的距离是不同的，不同的 UE 到 Node B 的距离可能相差 100 倍，假定移动台具有相同的发射功率，则 Node B 收到来自距它较近的 UE 的信号可能比在小区边缘处 UE 的信号要强 40dB 以上。由于 WCDMA 是同频接收系统，这样就造成弱信号淹没在强信号中，使得弱信号在 Node B 处不能被正确解调，此称为“远近效应”。为了克服“远近效应”，有必要对发射端的发射功率水平进行控制。与上行链路不同，下行链路的干扰主要来自于其他小区的信号和本小区内其他用户的信号。尽管不存在“远近效应”，但是当 UE 位于相邻小区的交界处时，收到所属 Node B 的有用信号强度很低，同时还会收到相邻小区的较强的干扰，仍需要对 Node B 的发射功率进行一定的控制。除了抗干扰之外，功率控制还可通过补偿衰落来提高衰落信道下 WCDMA 系统的性能。如果能及时地跟踪信道变化趋势，理想的功率控制将使衰落信道在接收端作为 AWGN（加性白高斯噪声）信道来处理。

因此，有效地进行功率控制才能消除远近效应和补偿信道衰落的影响，保证用户要求的服务质量，有效提高系统容量。本章将详细阐述 WCDMA 的各种功率控制算法，参考并讨论了华为、爱立信、阿尔卡特和西门子等公司商用网的典型参数设置。

WCDMA 系统的功率控制分类如图 5.0-1 所示，包括以下几种：

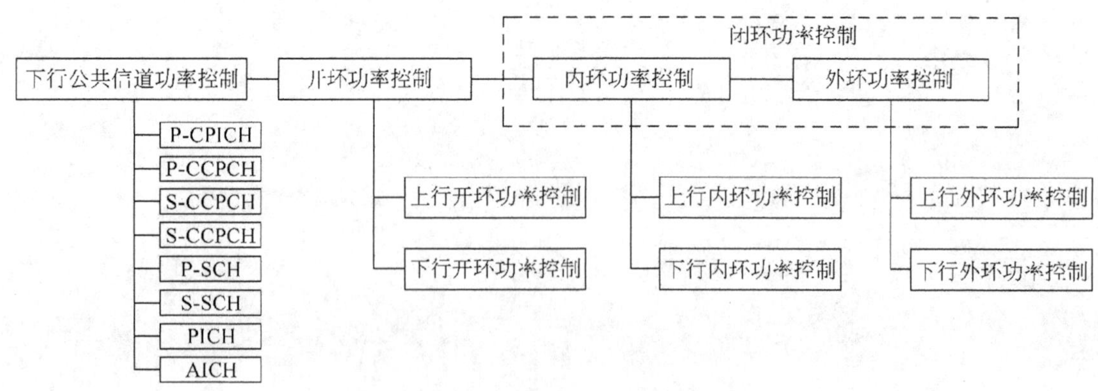

图 5.0-1　功率控制分类

(1) 下行公共信道功率控制。对于下行公共信道而言，没有动态功率控制过程，需要通过参数设置为固定不变的功率，使得 UE 恰好能够进行信道解码以成功接入网络。下行物理公共信道包括：P-CPICH、P-CCPCH（BCH）、S-CCPCH（PCH 和 FACH）、P-SCH、S-SCH、PICH 和 AICH，括号内为相对应的传输信道，上述信道的发射功率都是基于 P-CPICH 功率的相对值。

（2）开环功率控制。包括上行开环功率控制和下行开环功率控制。对于上行链路而言，移动台通过对下行信道信号的测量，估算出信号在传播路径上的功率损耗，从而确定上行信道的发射功率。但这种功控方式是非常不准确的。因为在 FDD 模式下，上行信道的快衰落和下行信道的快衰落是互不相干的，而在小区范围内，快衰落引起的信号衰落往往比传播路径引起的信号衰落更为严重。所以开环功控只是在连接建立之初才使用，一般是用于功率初始值的设定。对于下行链路而言，则是网络侧根据 UE 的测量报告，对下行信道的发射功率初值进行设置。

（3）内环功率控制。包括上行内环功率控制和下行内环功率控制。上行内环功率控制在 DPCCH（专用物理控制信道）信道上执行，Node B 在收到 UE 的信号后，估算出该信号在接收端的信噪比（SIR），将该 SIR 和预先设定的目标信噪比（SIR_{Target}）相比较，生成功率控制命令调节 UE 的发射功率。下行内环功率控制在 DPDCH（专用物理数据信道）信道上执行，原理与上行内环功率控制相同，只是出发点不同。UE 在收到 Node B 的信号后，估算出该信号在接收端的信噪比（SIR），将该 SIR 和预先设定的目标信噪比（SIR_{Target}）相比较，生成功率控制命令调节 Node B 的发射功率。内环功率控制是由 Node B 和 UE 共同完成的，不需要 RNC 的参与。

（4）外环功率控制。外环功率控制是内环功率控制的辅助，基本原理是把传输信道实际的 BLER 与目标 BLER 比较，然后慢速调整 SIR_{Target}，以使业务质量不因无线环境的变化而受影响，保持相对恒定的通信质量。上行链路的外环功率算法在 SRNC 侧进行，下行链路的外环功率控制算法在 UE 侧进行。

按照协议的要求，功率控制在各信道中的实现如表 5.0-1 所示。

表 5.0-1　功率控制在各信道中的实现

物理信道	开环功率控制	内环功率控制	外环功率控制	没有功控过程，功率由高层指定
DPDCH		√	√	
DPCCH	√	√	√	
P-CCPCH				√
S-CCPCH				√
PRACH	√			
AICH				√
PICH				√
P-SCH				√
S-SCH				√

5.1 下行公共信道功率控制

对于下行专用信道而言，有动态功率控制(如内环、外环功控)过程；而对于下行公共信道而言，没有动态功率控制过程，需要通过参数设置为固定不变的功率。根据3GPP协议[27]中的规定，下行公共控制信道包括P-CPICH、P-CCPCH(BCH)、S-CCPCH(PCH和FACH)、P-SCH、S-SCH、PICH和AICH。FACH和PCH可以同时映射到S-CCPCH上，一条S-CCPCH最多可映射8条FACH，但最多只能映射1条PCH。如果S-CCPCH中没有PCH映射，那么PCH、PICH的信息都无需配置。下行公共信道的功率设置都是相对P-CPICH进行设置的，相关参数如表5.1-1所示。

表5.1-1 小区下行公共信道功率配置参数

参数名称	参数含义	取值范围及设置建议
P-CPICH发射功率	该参数确定了小区公共信道覆盖的范围，UE接收的导频信道的信号质量和强度是切换的判决基础	取值范围：[－10.0，…，＋50.0]dBm，步长：0.1dB，默认值：33dBm
FACH最大发射功率	当SCCPCH只承载有FACH传输信道时所需要的最大发射功率(基于P-CPICH的相对值)	取值范围：[－35，…，＋15]dB，默认值：－1dB。FACH功率设置过低，会导致UE收不到FACH的数据包，或收到错包的比例很大；若设置过大，导致功率浪费，影响系统容量
PCH发射功率	映射到S-CCPCH上的PCH的发射功率	取值范围：[－35，…，＋15]dB，默认值：－2dB
P-SCH的发射功率	小区主同步信道的发射功率(基于P-CPICH的相对值)。主同步信道的作用是进行时隙同步	取值范围：[－35，…，＋15]dB，默认值：－5dB
S-SCH的发射功率	小区辅同步信道的发射功率(基于P-CPICH的相对值)，辅同步信道的作用是进行帧同步和确定扰码组	取值范围：[－35，…，＋15]dB，默认值：－5dB
PICH的发射功率	PICH相对于P-CPICH的发射功率	取值范围：[－10，…，＋5]dB，步长1dB，默认值：－7dB
AICH的发射功率	AICH相对于P-CPICH的发射功率	取值范围：[－22，…，＋5]dB，步长1dB，默认值：－6dB
BCH发射功率	小区BCH的发射功率(基于P-CPICH的相对值)，BCH映射到PCCPCH物理信道，一个小区只有一条PCCPCH/一条BCH，BCH上承载的是系统广播信息	取值范围：[－35，…，＋15]dB，默认值：－2dB

5.2　开环功率控制

开环功控包括上行开环功控和下行开环功控，上行开环功控仅仅用来提供移动台初始发射功率的控制，设置 PRACH 前导码以及 DPCCH 初始发射功率。下行开环功控用来设置下行专用信道 DPCCH 和 DPDCH 信道的初始发射功率。

5.2.1　上行开环功率控制

(1) PRACH 信道初始发射功率

PRACH 信道的第一个前导码(Preamble)发射功率计算公式如下：

$$P_{\text{preamble\_initial power}} = \text{Primary CPICH\_DL TX power-CPICH\_RSCP} + \text{UL Interference} + \text{Constant Value} \tag{5.2-1}$$

式中，Primary CPICH_DL TX power 是 P-CPICH 信道的发射功率，UE 通过读取系统消息 SIB5 获得该值；UE 通过测量得到当前接收到的导频功率 CPICH_RSCP；Primary CPICH_DL TX power－CPICH_RSCP 计算得到下行链路的路径损耗。UL Interference 是上行干扰值，即 Node B 接收到的系统带宽内的所有上行功率总和(RTWP)，UE 通过读取系统消息 SIB7 得到该值。Constant Value 是个常数，UE 通过读取系统消息 SIB5 得到该值。

在 PRACH 的初始发射功率确定后，接下来对随即接入过程进行简要描述。如图 5.2-1 所示，UE 在接入过程中，使用的前导码功率逐次递增。当 UE 以初始发射功率 $P_{\text{preamble\_initial power}}$ 发送一次前导码后，如果 Node B 完整地检测到该前导码，则在捕获指示信道(AICH)上发送确认指示 AI(ACK Indication)。如果 UE 未收到 AI，将在新的接入时隙发送新的前导码，新前导码的功率将比前一个前导码发射功率提升一个步长(PowerRampStep)，并且将前导码重传最大次数(PreambleRetransMax)减 1。如果 UE 收到了 AI，则发送 PRACH 消息部分，消息部分的功率由最后的前导码和偏移量(PowerOffsetPpm)决定。如果在接入过程中前导码发射功率大于 PRACH 信道允许的最大发射功率(MaxAllowedULTxPower)或者 PreambleRetransMax 小于 0，则 UE 在 AICH 信道上报 NACK，并退出随机接入过程。

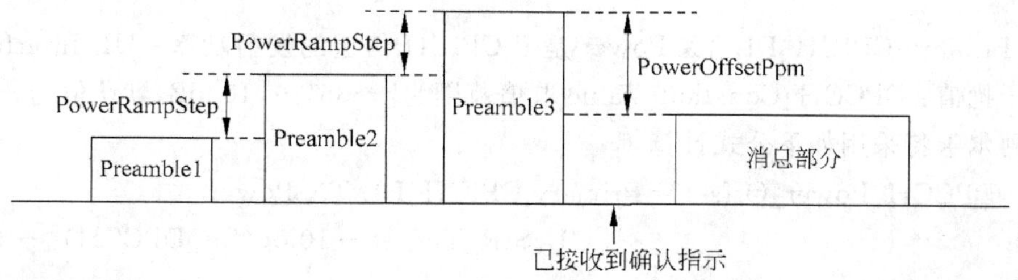

图 5.2-1　随机接入过程开环功率控制

上行开环功率控制参数如表 5.2-1 所示。

表 5.2-1 上行开环功率控制参数

参数名称	参数含义	取值范围及设置建议
Constant Value PRACH 初始发射功率常量	PRACH 信道初始发射功率进行计算时的常量	取值范围：[－35，…，－10]dB，默认值：－20dB
PowerRampStep PRACH 功率攀升步长	UE 没有接收到 Node B 捕获指示时对 Preamble 功率的提升步长	取值范围：[1，…，8]dB，步长为 1dB，默认值：2dB
PowerOffsetPpm PRACH 前导码和消息部分的功率偏置	PRACH 最后一个接入前导与消息部分的功率偏置	取值范围：[－5，…，10]dB，步长为 1dB，默认值：－2dB
PreambleRetransMax 一个前导码攀升周期内前导码重传最大次数	UE 在一个前导码攀升周期内前导码的最大重传次数，该参数和 PowerRampStep 的乘积决定了 UE 在一个前导码攀升周期内可以攀升的最大功率	取值范围：[1，…，64]dB，步长为 1dB，默认值：8
MaxPreambleCycle 前导循环最大次数	设置 UE 的最大攀升周期次数	取值范围：[1，…，32]dB，步长为 1dB，默认值：4dB
MaxAllowedULTxPower PRACH 信道的最大允许发射功率	即小区选择 S 准则中的参数 UE_TXPWR_MAX_RACH	取值范围：[－50，…，33]dBm，步长为 1dB，默认值：21dBm

(2) DPCCH 初始发射功率

上行链路 DPCCH 的初始发射功率计算公式为

$$\text{DPCCH\_Initial\_Power} = \text{DPCCH\_Power\_Offset} - \text{CPICH\_RSCP} \quad (5.2\text{-}2)$$

式中，UE 根据收到的“DPCCH_Power_Offset”消息和测量得的 CPICH_RSCP 的值计算出上行 DPCCH 的初始功率。关于 DPCCH_Power_Offset 在协议[28]中没有提到具体如何计算，因此不同厂家采用的算法不同。

华为采用引入了一个 DPCCH 常量(DPCCH_Constant Value)的实现方法：

$$\begin{aligned}\text{DPCCH\_Power\_Offset} = &\ \text{Primary CPICH\_DL TX Power} + \text{UL Interference}\\ &+ \text{DPCCH\_Constant Value}\end{aligned} \quad (5.2\text{-}3)$$

式中，Primary CPICH_DL TX Power 是 P-CPICH 信道的发射功率；UL Interference 是上行干扰值；DPCCH_Constant Value 取值范围为[－35，…，10]dB，默认值为－27dB。

阿尔卡特采用如下公式计算：

$$\begin{aligned}\text{DPCCH\_Power\_Offset} = &\ \text{Primary CPICH\_DL TX Power}\\ &+ [\text{UL\_SIR\_Target} - 10\log(\text{SF\_DPCCH})] - 97\end{aligned} \quad (5.2\text{-}4)$$

式中，Primary CPICH_DL TX Power 是 P-CPICH 信道的发射功率；－97dBm 是上行干扰的近似值；UL_SIR_Target 是与业务相关的可配置的参数，取值范围为[－8.2，…，17.3]dB；SF_DPCCH 是下行 DPCCH 信道的扩频因子，对于上行链路为固定值 256。

西门子公司直接定义 DPCCH_Power_Offset 为可配置参数，取值范围为[－164，…，－6]dB，步长为 2dB，默认值为－86dB。

上行链路 DPCCH 的开环功控是对 DPCCH 的初始发射功率进行粗略的估算，精度比较差，随后快速的闭环功控会调整其为准确值。

5.2.2　下行开环功率控制

下行专用信道开环功控控制的目的是给出无线链路的初始发射功率、最大发射功率、最小发射功率以及控制域和数据域之间的功率偏置。

(1) 下行 DPDCH 信道初始发射功率

下行链路 DPDCH 的初始发射功率的估算在 RNC 中进行，计算公式为

$$\begin{aligned} P_{\text{DPDCH initial}} &= \text{Primary CPICH Power} + \text{SIR}_{\text{Target}} \\ &\quad - (E_c/N_o)_{\text{CPICH}} - 10\log(\text{SF}_{\text{DPDCH}}/2) + \text{Margin}_{\text{DPDCH}} \end{aligned} \tag{5.2-5}$$

式中，Primary CPICH Power 是 P-CPICH 信道的发射功率；$\text{SIR}_{\text{Target}}$ 是下行 DPDCH 内环功率控制所需的 SIR 目标值，取值范围为[－8.2，…，17.3]dB；$(E_c/N_o)_{\text{CPICH}}$ 是 UE 的测量结果，在无法获得该测量值的情况下使用能够在小区边缘建立可靠呼叫的默认值；SF_{DPDCH} 为下行 DPDCH 的扩频因子，例如对于 CS 12.2b/s 的业务来说，该值为 128，对于 CS 64kb/s 业务来说，该值为 32；$\text{Margin}_{\text{DPDCH}}$ 是可设置的参数，该参数面向 RNC 设置，用来调整初始下行功率。

(2) 下行 DPCCH 信道初始发射功率

下行 DPCCH 信道的初始功率与下行 DPDCH 的取值有关，通过附加一系列偏置，按下列公式确定 DPCCH 初始功率：

$$\begin{aligned} P_{\text{DPCCH}}\_\text{TFCI} &= P_{\text{DPDCH initial}} + \text{PO1} \\ P_{\text{DPCCH}}\_\text{TPC} &= P_{\text{DPDCH initial}} + \text{PO2} \\ P_{\text{DPCCH}}\_\text{PILOT} &= P_{\text{DPDCH initial}} + \text{PO3} \end{aligned} \tag{5.2-6}$$

式中，P_{DPCCH}_TFCI 为 DPCCH TFCI 段的初始输出功率，PO1 是下行 DPCCH 数据段和 TFCI 段之间的功率偏置；P_{DPCCH}_TPC 为 DPCCH TPC 段的初始输出功率；PO2 是下行 DPDCH 数据段和 TPC 段之间的功率偏置；P_{DPCCH}_PILOT 为 DPCCH 导频段的初始输出功率；PO3 是下行 DPDCH 数据段和导频之间的功率偏移量。不论 UE 采用何种业务，功率偏置 PO1、PO2、PO3 均保持不变。

下行开环功率控制参数如表 5.2-2 所示。

表 5.2-2　下行开环功率控制参数

参数名称	参数含义	取值范围及设置建议
$\text{Margin}_{\text{DPDCH}}$	用来调整下行 DPDCH 初始功率	取值范围：[－350，…，150]，对应[－35，15]dB，默认值为 0dB
PO1	DPDCH 数据段和 DPCCH 信道 TFCI 段之间的功率偏置	取值范围：[0，…，24]，对应[0，6]dB，默认值为 0
PO2	DPDCH 数据段和 DPCCH 信道 TPC 段之间的功率偏置	取值范围：[0，…，24]，对应[0，6]dB，默认值为 12

续表

参数名称	参数含义	取值范围及设置建议
PO3	DPDCH数据段和DPCCH信道导频段之间的功率偏置	取值范围：[0,…,24]，对应[0,6]dB，默认值为0
DLMaxPower 下行 DPDCH 最大发射功率	限制了专用信道DPDCH的下行最大发射功率，当在进行内环功控时，DPDCH下行发射功率范围只能在DLMaxPower和DLMinPower二者之间	取值范围：[－350，…，150]，对应[－35,15]dB(表示与P-CPICH信道的相对值)，依据不同业务类型和数据速率而设置。默认值：CS12.2为－30，CS64为30，PS64为－20，PS128为0，PS384为40
DLMinPower 下行 DPDCH 最小发射功率	限制了专用信道DPCCH的下行最小发射功率，在进行内环功控时，DPDCH下行发射功率范围只能在DLMaxPower和DLMinPower二者之间	取值范围：[－350，…，150]，对应[－35,15]dB(表示与P-CPICH信道的相对值)，对所有业务默认值均配置为－200

5.3 内环功率控制

简单来说，内环功率控制是通信本端接收通信对端发出的功率控制命令控制本端的发射功率，通信对端的功率控制命令的产生是通过测量通信本端的发射信号的信噪比(SIR)，与预置的目标信噪比(SIR_{Target})相比，产生功率控制命令(TPC_cmd)以弥补测量值与目标值的差距，若测量值低于预设值，功率控制命令就是上升；测量值高于预设值，功率控制命令就是下降。WCDMA系统的上下行链路均需要快速内环功率控制，接下来分开来描述上行内环功控和下行内环功控。

5.3.1 上行内环功率控制

通过上行内环功率控制直接对UE上行DPCCH信道的发射功率进行控制。Node B通过测量接收到的上行DPCCH信道的PILOT比特的信噪比，与预置的目标信噪比(SIR_{Target})相比较产生功控命令来控制DPCCH信道功率的升降，通过相对功率偏置控制与之相关的上行DPDCH信道的功率，功控处理流程如图5.3-1所示。

如图5.3-1所示，在上行内环功率控制时，基站对来自移动台的信号进行RAKE接收后，估算出当前接收信号的SIR值，然后与目标值SIR_{Target}进行比较，根据以下原则产生发射功率控制(Transmit Power Control，TPC)指令：

当前接收信号的$SIR \geq SIR_{Target}$，则发送功率控制命令TPC Command＝0，要求减少发射功率一个功控步长(TPC_STEP_SIZE)；

当前接收信号的$SIR < SIR_{Target}$，则发送功率控制命令TPC Command＝1，要求增加发射功率一个功控步长(TPC_STEP_SIZE)。

UE根据接收到的TPC命令TPC Command和网络层指定的功控算法类型，合并得到当前的功率控制命令TPC_cmd，判断是增加发射功率还是减小发射功率，调整的幅度为TPC_cmd×TPC_STEP_SIZE。

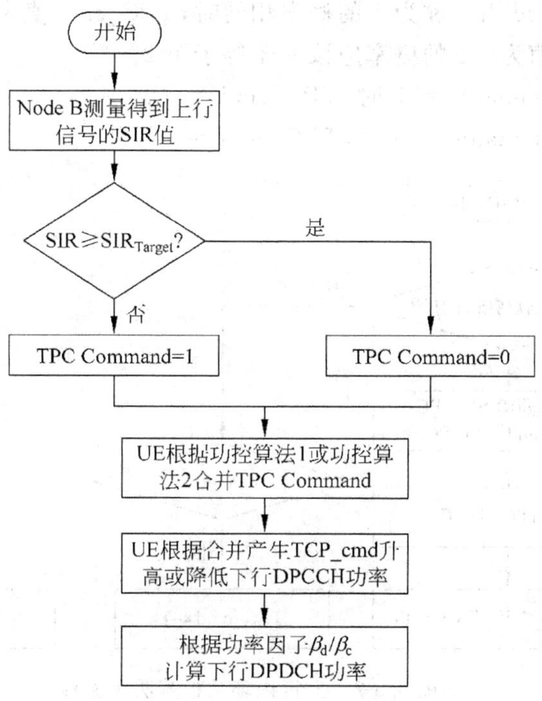

图 5.3-1 上行内环功率控制过程

上行 DPDCH 信道的功率根据 DPDCH 与 DPCCH 信道的功率增益因子 β_d/β_c 确定，功率增益因子是由网络在高层信号中通知移动台的。

3GPP 协议[27]中规定了 UE 对接收到的 TPC Command 进行合并得到 TPC_cmd 的算法，包括功控算法 1 和功控算法 2，在此分别介绍。

1. 功控算法 1

功控算法 1 的功控频率为 1500Hz，即每时隙由 UE 合并生成一个功控命令 TCP_cmd，功控步长为 1 或 2dB。如图 5.3-2 所示，算法过程如下：

(1) 如果 UE 只连接一条无线链路，则 UE 在每个时隙只收到一个 TPC 命令，当 TPC Command＝0 时，TPC_cmd＝－1；当 TPC Command＝1 时，TPC_cmd＝1。

(2) 如果 UE 处于更软切换时，UE 收到的多条无线链路属于同一个无线链路集(Radio Link Set，RLS)，此时一个 RLS 内的所有 RL 的 TPC Command 是相同的，因此 UE 可采用与第(1)步相同的方法。

(3) 如果 UE 处于软切换时，则可以分为两步，第一步是将属于同一个 RLS 无线链路的 TPC Command 进行合并(在一个 RLS 内的所有 RL 的 TPC Command 相同)。假设有 N 个 RLS，则对所有收到的 $TPC_i(i = 1,2,\cdots,N)$ 做软判决，得到相应的值 W_i，然后由下式得出 TPC_cmd 的值：

$$\text{TPC\_cmd} = \gamma(W_1, W_2, \cdots, W_N) \tag{5.3-1}$$

式中，$\gamma(\ )$函数为厂家自定义函数，协议[27]中仅对该函数的功能作出如下三条限制：

当 TPC Command 为 0 和为 1 的概率相同时，TPC_cmd 值为 1 的概率应该大于等于 $1/2^N$，而 TPC_cmd 值为 −1 的概率应该大于等于 1/2。

当所有 TPC Command ＝ 1 时，TPC_cmd ＝ 1。

当所有 TPC Command ＝ 0 时，TPC_cmd ＝ −1。

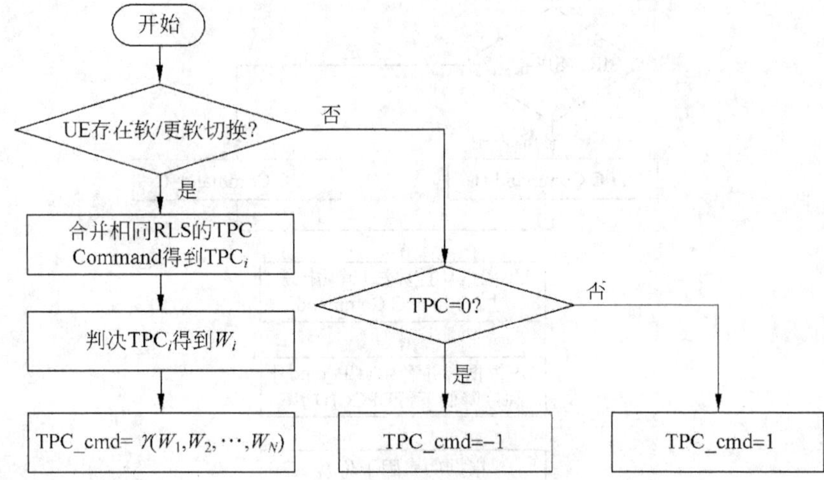

图 5.3-2 上行内环功控算法 1 流程

2. 功控算法 2

功控算法 2 的功控频率为 300Hz，即将每帧等分为 3 段，每 5 时隙由 UE 合并生成一个功控命令 TCP_cmd，功控步长为 1dB。如图 5.3-3 所示，功控算法 2 过程如下：

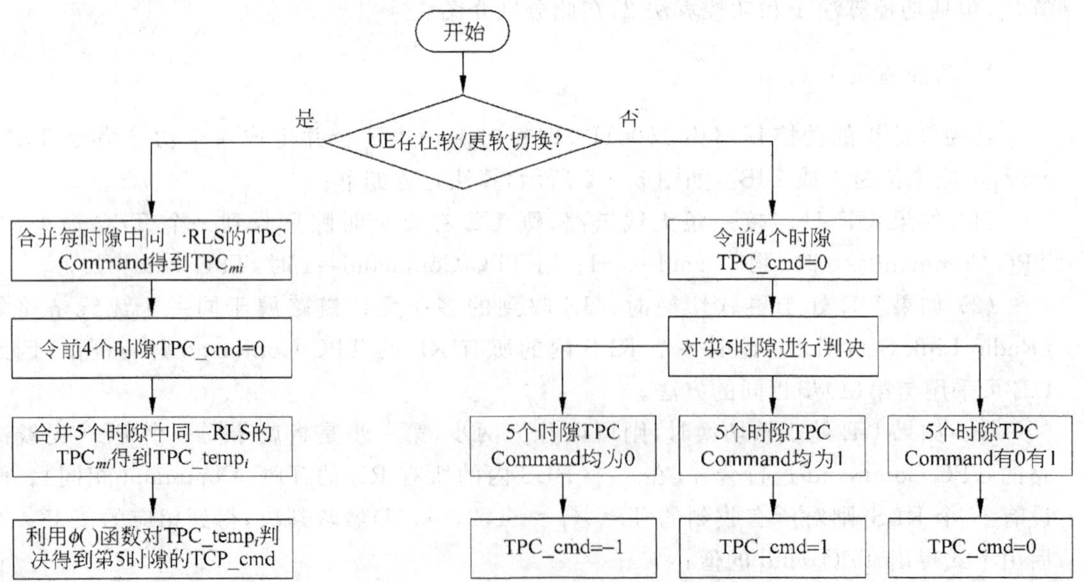

图 5.3-3 上行内环功控算法 2 流程

(1) 如果 UE 只连接一条无线链路，则 UE 在每个时隙只收到一个 TPC Command，将前 4 个时隙的 TPC_cmd 置 0，第 5 时隙的 TPC_cmd 判决规则为

若 5 个 TPC Command 的值全为 1，则第五个时隙的 TPC_cmd=1；

若 5 个 TPC Command 的值全为 0，则第五个时隙的 TPC_cmd=−1；

若 5 个 TPC Command 的值同时有 1 和 0，则第五个时隙的 TPC_cmd=0。

(2) 如果 UE 处于更软切换时，UE 收到的多条无线链路属于同一个无线链路集，此时一个 RLS 内的所有 RL 的 TPC Command 是相同的，因此 UE 可采用与第(1)步相同的方法。

(3) 如果存在软切换时，则可以分为两步，处理方法与功控算法 1 类似。第一步是分别将每个时隙中属于同一个 RLS 的无线链路的 TPC Command 进行合并(在一个 RLS 内的所有 RL 的 TPC Command 相同)，得到每个时隙的 TPC_{mi}(m 表示所属时隙，$i=1,2,\cdots,N$，表示 RLS 数)，例如第 1 时隙的合并结果可以表示为 TPC_{1i}($m=1$ 表示第 1 时隙，$i=1,2,\cdots,N$ 表示 RLS 数)，第 2 时隙的合并结果可以表示为 TPC_{2i}，以此类推。按照如下规则合并 5 个时隙中属于相同 RLS 的 TPC_{mi} 值，得到每个 RLS 的临时功率控制命令 TPC_temp_i($i=1,2,\cdots,N$，表示 RLS 数)：

若某 RLS 的所有 5 个时隙 TPC_{mi} 值全为 1，则该 RLS 功控命令合并后 $TPC\_temp_i=1$；

若某 RLS 的所有 5 个时隙 TPC_{mi} 值全为 0，则该 RLS 功控命令合并后 $TPC\_temp_i=0$；

若某 RLS 的所有 5 个时隙 TPC_{mi} 值有 0 有 1，则该 RLS 功控命令合并后 $TPC\_temp_i=0$。

第二步首先将前四个时隙的 TPC_cmd 置为 0，第 5 个时隙的 TPC_cmd 通过 TPC_temp_i 获得

$$TPC\_cmd_{5th}=\phi(TCP\_temp_1,TCP\_temp_2,\cdots,TCP\_temp_N) \tag{5.3-2}$$

式中，$\phi()$ 函数为厂家自定义函数，协议[27]中仅对该函数的功能定义为

当所有 $TPC\_temp_i=-1$ 时，TPC_cmd=−1；

当 $\frac{1}{N}\sum_{i=1}^{N}TPC\_temp_i>\frac{1}{2}$ 时，TPC_cmd=1；

其他情况 TPC_cmd=0。

为达到最佳功控效果，可针对不同的小区特点选择功控算法 1 或者功控算法 2。功控算法 1 采用 1dB 功控步长时，可有效跟踪移动速度大于 3km/h 且小于 80km/h 的 UE 引起瑞利衰落和多普勒频移；功控算法 2 更适用于大于 80km/h 或小于 3km/h 的 UE，对于覆盖高速公路的小区宜采用功控算法 2。关于功控算法 1 的步长选择，中兴公司还提出了自适应的功控步长选择方法，如图 5.3-4 所示，针对算法 1，当连续超过 3 个时隙的 TPC_cmd 判断为 1(或连续判断为−1)时，功控步长调整为 2dB。上行内环功控的主要参数如表 5.3-1 所示。

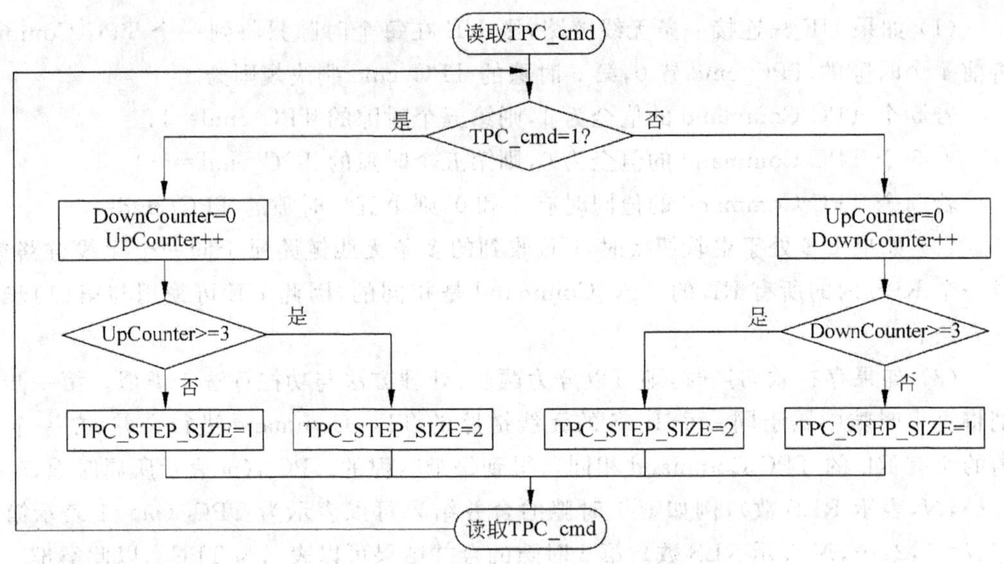

图 5.3-4 上行内环功控算法 1 功控步长自适应算法

表 5.3-1 上行内环功率控制参数

参数名称	参数含义	取值范围及设置建议
power control algorithm 上行内环功控算法	指示上行内环功控选择哪种算法，对于算法 1，内环功控频率为 1500Hz；对于算法 2，内环功控频率为 300Hz	取值范围：[algorithm1，algorithm2]。默认值：algorithm1
β_c	上行 DPCCH 功率增益因子	取值范围：[0,…,15]，默认值设置根据不同业务类型和速率进行设置。CS12.2：11；CS64：8；PS64：8；PS384：8
β_d	上行 DPDCH 功率增益因子，UE 利用 β_d/β_c 计算上行 DPDCH 的发射功率	取值范围：[0,…,15]，默认值设置根据不同业务类型和速率进行设置。CS12.2：15；CS64：15；PS64：15；PS384：15
TPC_STEP_SIZE 上行内环功控调整步长	该参数是在选择了内环功控算法 1 时需要配置的参数；对于算法 2，其步长取 1dB，无需配置	取值范围：[1,2]dB，默认值：1dB
UL_SIR_Target 上行内环功控的初始信噪比	初始目标信噪比是进行上行内环功控的标准；此值给的好坏影响到功控的收敛速度	取值范围：[0,…,255]，对应[−8.2,…,17.3]dB，步长为0.1dB。根据不同的业务类型进行默认值设置：CS12.2 为 49，CS64 为 77，PS64 为 76，PS128 为 76，PS384 为 76

5.3.2 下行内环功率控制

下行内环功率控制直接对 Node B 的下行 DPDCH 和 DPCCH 信道发射功率进行控制。UE 测量接收到的下行 DPDCH 信道的信噪比（SIR），与预置的目标信噪比（SIR_{Target}）相比较产生功控命令来控制下行 DPDCH 信道功率的升降，通过功率偏置

PO1、PO2、PO3 分别计算下行 DPCCH 信道的 TFCI、TPC 和 PILOT 字段的功率。可见，下行内环功率控制过程 DPDCH 与 DPCCH 是采用相同功控步长的。下行内环功率控制处理流程如下：

(1) UE 首先检查下行功率控制模式(DPC_MODE)。若 DPC_MODE＝0，UE 在每个时隙更新功率控制命令 TPC Command，并在上行 DPCCH 上发送该功率控制命令给 Node B；若 DPC_mode＝1，UE 在每 3 个时隙重复同一功率控制命令 TPC Command，并在上行 DPCCH 上发送该功率控制命令给 Node B。

(2) 如果 DPC_mode＝0，Node B 估计每时隙接收到的 TPC Command 值 TPC_{est}(为 0 或 1)，并每个时隙更新功率；如果 DPC_mode＝1，Node B 估计每 3 个时隙接收到的 TPC Command 值 TPC_{est}(为 0 或 1)，并每 3 个时隙更新功率。

(3) 在估计了 k 个 TPC Command 后，Node B 应根据下述公式把当前下行链路功率 $P(k-1)$ [dB]调节到新的功率 $P(k)$ [dB]：

$$P(k) = P(k-1) + P_{TPC}(k) + P_{bal}(k) \tag{5.3-3}$$

式中，$P_{TPC}(k)$是下行内环功率控制的第 k 个功率调节量；$P_{bal}(k)$是根据下行链路功率控制程序进行的校正值，以把无线链路功率平衡到公共参考功率。$P_{TPC}(k)$ 的计算方法为

如果 Limited Power Raise Used 参数的值是“Not used”，那么第 k 个内环功率调节量计算如下

$$P_{TPC}(k) = \begin{cases} +\nabla_{TPC} & \text{if } TPC_{est}(k) = 1 \\ -\nabla_{TPC} & \text{if } TPC_{est}(k) = 0 \end{cases} \tag{5.3-4}$$

如果 Limited Power Raise Used 参数的值是“Used”，那么第 k 个内环功率调节量应计算如下

$$P_{TPC}(k) = \begin{cases} +\Delta_{TPC} & \text{if } TPC_{est}(k) = 1 \text{ and } \Delta_{sum}(k) + \Delta_{TPC} < \text{Power\_Raise\_Limit} \\ 0 & \text{if } TPC_{est}(k) = 1 \text{ and } \Delta_{sum}(k) + \Delta_{TPC} \geqslant \text{Power\_Raise\_Limit} \\ -\Delta_{TPC} & \text{if } TPC_{est}(t) = 0 \end{cases} \tag{5.3-5}$$

式中，$\Delta_{sum}(k) = \sum_{i=k-\text{DL_Power_Averaging_Window_Size}}^{k-1} P_{TPC}(i)$是上 DL_Power_Averaging_Window_Size 次内环功率控制调节量的临时总和(用 dB 表示)。功率控制步长∇_{TPC}有四个值：0.5dB、1dB、1.5dB 和 2dB。协议规定 1dB 的功率控制步长是必须支持的，其他步长则是可选的。此外下行内环功率控制更新方式还要应用下述限制：在拥塞时，Node B 可以忽略 UE 的 TPC Command；在一个时隙上传输的 DPDCH 最大功率不得高于 DLMaxPower，最小功率不得低于 DLMinPower 的限制。下行内环功控的主要参数如表 5.3-2 所示。

表 5.3-2 下行内环功率控制参数

参数名称	参数含义	取值范围及设置建议
DPC_MODE 下行功率控制模式	指示采用哪种下行功控模式，0 表示每个时隙更新一次功率，1 表示每 3 个时隙更新一次	取值范围：[0,1]。默认值：0

续表

参数名称	参数含义	取值范围及设置建议
Power_Raise_Limit	在下行功控平均窗口定义的时间范围内计算下行发射功率的增加量，以确定是否超过了该参数 Power_Raise_Limit 的限制。如果超过限制，则即使收到增加功率的命令也不调整功率	取值范围：[0,…,10]dB，步长 1dB。该参数和 DL_Power_Averaging_Window_Size 是相互关联的。如果该参数比较小，则 DL_Power_Averaging_Window_Size 也比较小，反之亦然。举例： 默认值取 Power_Raise_Limit＝10dB。对应的 ∇_{TPC}＝1，DL_Power_Averaging_Window_Size＝20； ∇_{TPC}＝1.5，DL_Power_Averaging_Window_Size＝10； ∇_{TPC}＝2，DL_Power_Averaging_Window_Size＝8。
DL_Power_Averaging_Window_Size 下行功控平均窗口尺寸	在该参数定义的时间范围内计算下行发射功率的增加量，以确定是否超过了上面参数 Power_Raise_Limit 的限制。如果超过限制，则即使收到增加功率的命令也不调整功率	取值范围：[1,…,60]时隙，设置与 Power_Raise_Limit 和 TPC DL Step Size 有关
Limited Power Raise Used 是否使用功率限制算法	设置是否使用功率限制算法，Power_Raise_Limit 表示下行内环功控受限模式下在窗口内功率增加的上限	取值范围：[ON,OFF]，默认值：ON
∇_{TPC}(TPC DL Step Size) 下行内环功控步长	下行内环功控步长	取值范围：[0.5,1,1.5,2]dB，默认值设置与 Power_Raise_Limit 和 DL_Power_Averaging_Window_Size 有关
DLMaxPower 下行 DPDCH 最大发射功率	限制了专用信道 DPDCH 的下行最大发射功率，当在进行内环功控时，DPDCH 下行发射功率范围只能在 DLMaxPower 和 DLMinPower 二者之间	取值范围：[－350,…,150]，对应[－35,…,15]dB(表示与 P-CPICH 信道的相对值)，依据不同业务类型和数据速率而设置。默认值：CS12.2 为－30，CS64 为 30，PS64 为－20，PS128 为 0，PS384 为 40
DLMinPower 下行 DPDCH 最小发射功率	限制了专用信道 DPCCH 的下行最小发射功率，在进行内环功控时，DPDCH 下行发射功率范围只能在 DLMaxPower 和 DLMinPower 二者之间	取值范围：[－350,…,150]，对应[－35,…,15]dB(表示与 P-CPICH 信道的相对值)，对所有业务默认值均配置为－200

5.3.3　功率平衡

当 UE 处于软切换状态时，UE 需要向与它进行通信的多个 Node B 发出功控命令 TPC Command，这些功控命令没有经过 RNC 处理而是直接发往各 Node B。由于信令在空中接口中可能发生错误，所以 Node B 接收到的功控结果会有误。可能出现这样的情形：一个 Node B 在降低对某一移动台发射功率的同时而另一 Node B 却提高对该移动台的发射功率。在这样的情形下，导致了下行链路发射功率（不同基站对于同一移动台的发射功率）开始漂移，称为下行链路功率漂移。为了消除功率漂移的不良影响，实际可以采用如下两种方法：

(1) 限制下行链路功率控制的动态范围

允许的功控动态范围越小，则最大功率漂移也越小。功控动态范围由表 5.3-2 中的参数 DLMaxPower 和 DLMinPower 确定。由于大的功控动态范围可以改善功控的性能，所以需要权衡功控动态范围的设置。

(2) 定期通过 RNC 对各基站进行统一的控制调整

式(5.3-3)对下行内环功率进行调整时，已经考虑功率平衡的因素 $P_{bal}(k)$，其计算公式为

$$\sum P_{bal}(k) = (1-r)(P_{ref} + P_{P\text{-}CPICH} - P_{init}) \tag{5.3-6}$$

式中，$\sum P_{bal}(k)$ 是指在一个功率平衡调整周期内所有 $P_{bal}(k)$ 的总和，$P_{bal}(k)$ 是某个时隙的平衡校正值；r 是功率平衡调整比例；$P_{P\text{-}CPICH}$ 是 P-CPICH 信道的发射功率；P_{init} 是上一个调整周期内最后一个时隙的功率；P_{ref} 是下行功率平衡参考功率。在一个调整周期内，调整范围不应超过下行功率平衡最大调整步长给出的值。

当下行功率平衡功能被启动时，在 UE 对激活集内各个下行无线链路的功率测量上报结果中，功率最大的无线链路集对应的功率为 P_{max}，功率最小的无线链路集对应功率为 P_{min}，当以下条件满足时，下行功率平衡过程被激活：

$$P_{max} - P_{min} \geqslant T_{StartDPB} \tag{5.3-7}$$

当以下条件满足时，功率平衡过程停止：

$$P_{max} - P_{min} < T_{StopDPB} \tag{5.3-8}$$

式(5.3-7)和式(5.3-8)中，$T_{StartDPB}$ 是触发下行功率平衡过程的门限，$T_{StopDPB}$ 是停止下行功率平衡过程的门限。下行功率平衡参考功率 P_{ref} 计算如下式所示：

$$P_{ref} = \frac{\alpha}{100} \times (P_{max} - P_{P\text{-}CPICHmax}) + \left(1 - \frac{\alpha}{100}\right) \times (P_{min} - P_{P\text{-}CPICHmin}) \tag{5.3-9}$$

式中，$P_{P\text{-}CPICHmax}$ 是对应 P_{max} 的 P-CPICH 信道功率，$P_{P\text{-}CPICHmin}$ 是和 P_{min} 对应的 P-CPICH 信道功率，α 是最大功率比。

下行动率控制平衡相关参数如表 5.3-3 所示。

表 5.3-3 下行功率控制平衡相关参数

参数名称	参数含义	取值范围及设置建议
Power Adjustment Type 功率平衡调整类型	取值为"Common"时，Node B 对所有相关的无线链路采用同一个 Pref 进行功率平衡调整；取值为"Individual"，Node B 分别对所有相关的无线链路采用不同的 Pref 进行功率平衡调整；取值为"None"时，Node B 不进行功率平衡调整	
r(Adjustment Ratio) 功率平衡调整比例	该参数值为 1 时不进行功率平衡调整	取值范围：[0,…,100]，对应[0,…,1]，默认值：50(0.5)
Adjustment Period 功率平衡调整周期		取值范围：[1,…,256]帧，对应[10,…,2560]ms，默认值：2

5.4 外环功率控制

WCDMA 系统中的内环功率控制目的是控制单链路的 SIR 逼近 SIR_{Target}，外环功率控制是内环功率控制的辅助，基本原理是接收方根据传输信道的质量慢速调整 SIR_{Target}，以使业务质量不因无线环境的变化而受影响，保持相对恒定的通信质量($BLER_{Target}$)。外环功率控制分为上行外环功率控制和下行外环功率控制，功控频率一般为 10～100Hz。上行外环功率控制算法是在 SRNC 中进行的，下行外环功率控制算法是在 UE 中进行的。下面分别来描述它们的算法和参数。

由于 3GPP 协议中没有明确规定外环功率控制的具体算法，所以不同的厂家在外环功率控制的算法上是不同的，以爱立信公司为例说明上行外环功率控制的算法过程。

对于上行外环功控来说，SRNC 对接收信号的质量估算有如下方法：

(1) 利用错误检测，如 CRC 校验，其优势在于它对帧错误的检测非常可靠而且简单。

(2) 接收信号的质量也可以通过基于帧可靠性的软信息来进行估计，这些信息可以是：信道译码之前估计的误比特率(BER)、来自卷积码的维特比译码器的软信息、来自 Turbo 码译码器的软信息(例如中间迭代译码后的 BER 或 BLER)、接收到的 SIR 值。

这些用来进行信号质量估算的信息被送到 RNC，然后 RNC 进行相应的基于 CRC 或者软信息的外环功率控制。爱立信公司提供的两种可选的上行链路外环功率控制算法：定值步进调节(Constant Step Regulator)和跳跃式调节(Jump Regulator)，这两种算法对接收信号质量的估算均采用错误检测(CRC 校验)的方式，选用何种上行外环功控算法由参数 ulOuterLoopRegulator 决定。上行 SIR 目标值 SIR_{Target} 受限于两个可调参数 SIR_{max} 与 SIR_{min}，均以 dB 表示。

(1) 定值步进调节算法

每一个传输块(Transport Block，TB)都有一个 12 或 16bit 的 CRC 字段，Node B 检测上行收到的每一个 TB 的 CRC 字段，对没有错误的 TB，其 CRC 标签(CRCI)置为 0；

对错误的 TB，其 CRC 标签置为 1。Node B 将 CRC 标签上报给 RNC。RNC 根据 CRC 标签判断接收到的传输块是否有错，按照如下公式调整上行链路 SIR 目标值 SIR_{Target}：

$$SIR_{Target}(k)\begin{cases} SIR_{Target}(k-1) - \text{uISIRStep} & \text{连续 NBR\_CRC\_OK 个 CRCI} = 0 \\ SIR_{Target}(k-1) + \text{uISIRStep} & \text{CRCI} = 1 \end{cases} \tag{5.4-1}$$

式中，只要接收到的传输块出错（CRCI＝1），上行链路 SIR 目标值就提高一个步长 uISIRStep；一旦收到连续的 NBR_ CRC_OK 个正确的传输块（CRCI＝0），上行链路 SIR 目标值就降低一个步长 ulSIRStep。触发上行 SIR 目标值降低所需的连续传输块数 NBR_CRC_OK 取决于 BLER 目标值 $BLER_{Target}$。定值步进调节的外环功控方式如图 5.4-1 所示。

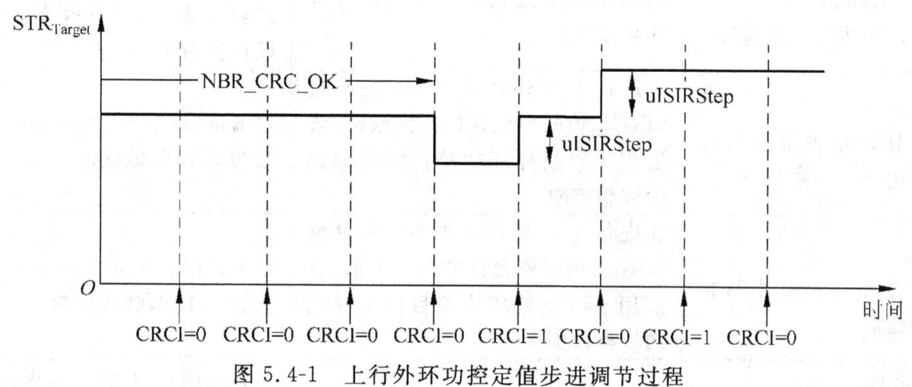

图 5.4-1　上行外环功控定值步进调节过程

(2) 跳跃式调节算法

只要接收到的传输块 CRC 有错（CRCI＝1），就采用跳跃式调节按预设的步长 uISIRStep 提高上行 SIR 目标。当收到一个正确的传输块（CRCI＝0）时，按调整步长 uISIRStep 的一定比例（UP_DOWN_STEP_RATIO）为幅度降低上行链路 SIR 目标值。参数 denoted UP_DOWN_STEP_RATIO 的设置取决于 BLER 目标值，如下式所示：

$$\text{UP\_DOWN\_STEP\_RATIO} = \frac{BLER_{Target}}{1 - BLER_{Target}} \tag{5.4-2}$$

跳跃式调节的外环功控效果如图 5.4-2 所示。

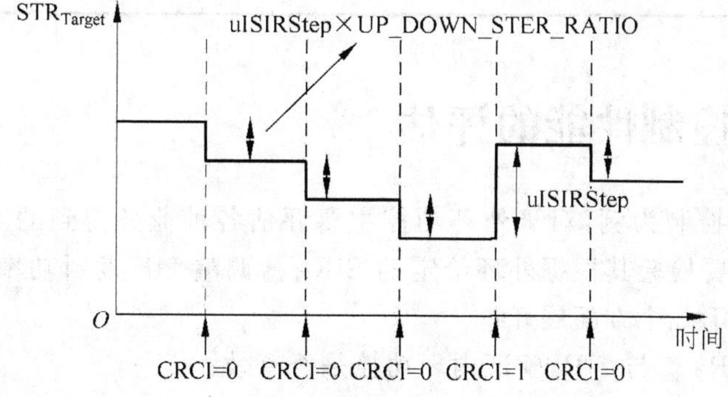

图 5.4-2　上行外环功控跳跃式调节过程

为避免上行 SIR 目标值的波动效应(Wind up effects),采用了一种称为"anti-Windup"的机制。该机制原理如下:

$$SIR_{error,min} < SIR_{error} = SIR - SIR_{Target} < SIT_{error,max} \quad (5.4\text{-}3)$$

式中,SIR_{error}由 Node B 测量并计算后上报给 RNC,当 SIR_{error}大于 $SIR_{error,max}$或者 SIR_{error}小于 $SIR_{error,min}$值时,不允许调整 SIR_{Target},即暂时关闭上行外环功控。等到内环功控使得 SIR_{error}满足式(5.4-3)时,再启动外环功控。

上行外环功率控制参数如表 5.4-1 所示。

表 5.4-1　上行外环功率控制参数

参数名称	参数含义	取值范围及设置建议
uIOuterLoopRegulator 上行外环功控方式选择	包括定值步进式和跳跃式两种外环功控方式	取值范围:[0,1],0 表示定值步进式调节方式,1 表示为跳跃方式。默认值为 1
SIR_{max} 上行外环功控最大目标信噪比	在进行上行外环功控时,在调整 SIR_{Target}值时所允许的最大限值,该值用于限制外环功控目标信噪比的调整范围	取值范围:[−8.2,…,17.3]dB,步长为 0.1dB,默认值为 17.3dB
SIR_{min} 上行外环功控最小目标信噪比	在进行上行外环功控时,在调整 SIR_{Target}值时所允许的最小限值,该值用于限制外环功控目标信噪比的调整范围	取值范围:[−8.2,…,17.3]dB,步长为 0.1dB,默认值为−8.2dB
uISirStep 上行外环功控调整步长		取值范围:[0,…,5],步长 0.1dB,默认值为 1
$uIBLER_{Target}$ 上行功控 BLER 质量目标值		取值范围:[−60,…,0],−60 对应 0.0001%,…,−25 对应 0.3%,…,−20 对应 1%,…,0 对应 100%。针对不同业务类型设置此值,默认值为−20
$SIR_{error,min}$ SIR_{error}的下门限	SIR_{error}小于该值时,不允许调整 SIR_{Target},即暂时关闭上行外环功控	取值范围:[−31,…,31],对应[−15.5,…,15.5]dB,默认值为−3dB
$SIR_{error,max}$ SIR_{error}的上门限	SIR_{error}大于该值时,不允许调整 SIR_{Target},即暂时关闭上行外环功控	取值范围:[−31,…,31],对应[−15.5,…,15.5]dB,默认值为 3dB

5.5　功率控制性能的评估

以上行功率控制为例,对于外环功控主要评估各种业务得到的所需 BLER 的情况,对于内环功控主要检验其根据外环给定的 SIR_{Target}调整 UE 发射功率的能力。对测试结果的评估将在以下几个方面展开:

(1) 比较 SIR_{Target}与 SIR,验证内环功控是否有效;

(2) 比较 $BLER_{Target}$与 BLER 测量值,验证外环功控是否有效;

(3) 检查 UE 发射功率的变化情况是否真实地反映了测试路径上快衰落和慢衰落的趋势；

(4) 计算 BLER 均值和方差、SIR 测量值的均值和方差以及 SIR_{error} 的分布来评估功控性能。下面以某 WCDMA 网络的功率测试实际结果来说明功率控制性能的情况，对应测试的业务为 CS12.2kb/s，如图 5.5-1～图 5.5-4 所示。

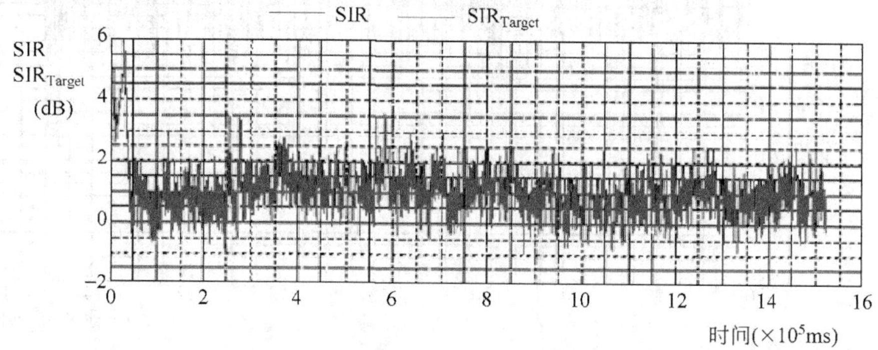

图 5.5-1 上行 SIR 与 SIR 目标值变化曲线

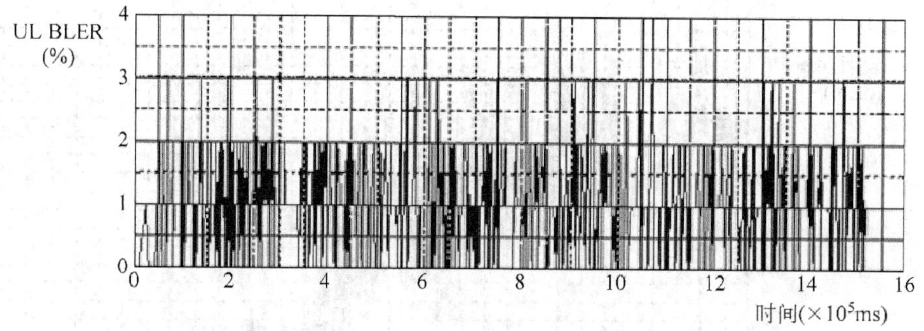

图 5.5-2 上行 BLER 变化曲线(BLER 目标值为 1%)

由图 5.5-1 可以看出，SIR 对于 SIR_{Target} 的跟踪性很好，不存在明显的偏离，说明上行内环功控效果不错。从图 5.5-3 可以看出，绝大部分的 SIR_{error} 值落在了 0.7dB 到 −0.4dB 的范围内。根据 BLER 的曲线图 5.5-2，可以看到除极少数的 BLER 值大于 2% 之外，大部分 BLER 值落在 0 到 2% 的范围内，并且收敛于 1%。这说明了经过内外环功控，使得业务质量成功收敛于一个确定的均值。根据 UE 发射功率的曲线图 5.5-4，可见 UE 的发射功率曲线真实地反映了测试路径上快衰落和慢衰落的趋势。随着 UE 距离基站越来越近，UE 发射功率总体上呈现下降的趋势，而下降曲线上的波动，则反映了测试路线上快衰落对于发射功率的影响。由此，我们可以看到系统对于 UE 上行发射功率的有效控制。这也反映了系统功率控制的有效性。

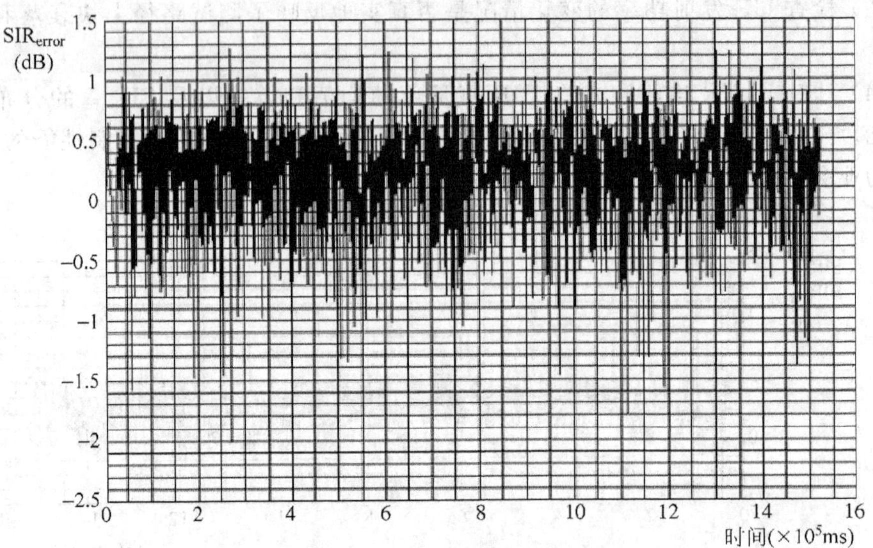

图 5.5-3 SIR$_{error}$变化曲线

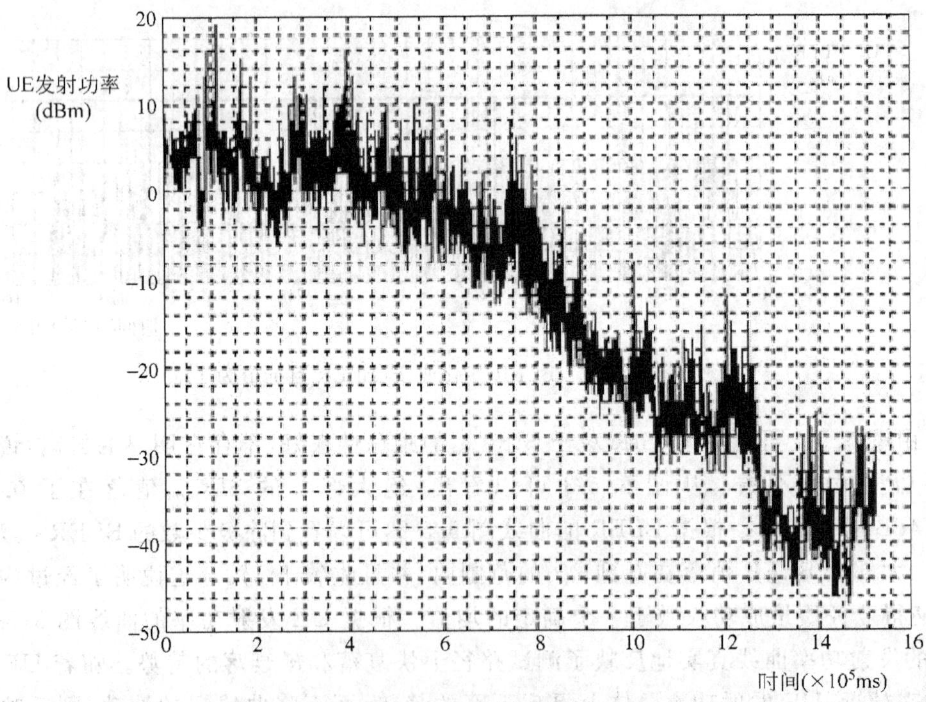

图 5.5-4 UE 发射功率变化曲线

第 6 章 WCDMA 关键算法和参数设置：接纳控制和拥塞控制

WCDMA 系统是一个自干扰的系统，它具有“软容量”的特点，服务质量与同时接入的用户数量之间存在着平衡与折衷的关系。因此当网络承载一定用户之后，如何保持网络性能的稳定是值得研究的问题，WCDMA 系统的接纳控制和拥塞控制算法为系统的稳定提供了保障，本章将对接纳控制和拥塞控制算法进行描述和分析。

由于 3GPP 协议中对接纳控制和拥塞控制的实现形式和算法均没有做具体要求，对算法的要求只需要保证系统的稳定，所以各厂商的实现算法和参数有很大差异。限于篇幅本章不可能对各厂商的具体实现算法进行逐一阐述，只在对接纳控制和拥塞控制的基本原理进行描述的基础上，讨论多数厂商公认的典型实现算法及参数设置。

6.1 接纳控制算法

为避免无线网络在增加新的无线接入承载后，负载过高造成覆盖范围收缩，并影响现有连接的质量，WCDMA 采用接纳控制技术，接纳控制又称为准入控制。接纳控制的目的在于对系统目前的资源状况进行评估，根据设定的处理准则对呼叫进行处理，判断是否能满足新用户的无线接入承载（RAB）和新的无线链路（RL）的信噪比（SIR）以及比特速率的要求，决定给予接入或者拒绝。

接纳控制过程是在新的呼叫接入（新的 RAB 建立）或者增加新的无线链路（切换发生）时测量系统小区当前的负荷情况，并进行预测和估计，根据系统的实际负荷判断是否能接纳新到达用户的呼叫请求，从而控制系统中通话用户的数量，使系统负荷维持在一个比较稳定的水平上。接纳控制算法将估计建立无线接入承载或无线链路所导致的无线网络中上下行负载的增加情况，仅当上行链路和下行链路的接入控制均可以接受这个新增加的无线承载时，才可以接纳此接入请求，否则予以拒绝，以避免网络中的干扰过重。可见，接纳控制涉及的过程为：现有网络负载的检测和衡量、新增负载预测、不同业务的接纳策略及不同呼叫类型的接纳策略。

接纳控制分为上行呼叫接纳控制和下行呼叫接纳控制。当上行链路和下行链路的接纳控制均符合接纳控制准则时，建立请求才被接纳。用户的接纳算法不只考虑功率或干扰上的限制，还要综合考虑其他因素的限制，包括系统的码资源、信道资源和传输资源，限于篇幅本章接下来只讨论基于功率或者干扰（负荷）的判决准则。实际上接纳控制算法需对不同的业务和不同呼叫类型采取不同的策略。业务一般分为实时业务和非实时业务。实时业务（如 CS 业务）对时延的要求较高，非实时业务（Best Effort）往往是时延不限制业务，对时延的要求较低，因此实时业务的优先级要高一些。呼叫类型一般分为新呼叫和切换两类，资源优先分配给切换过来的业务，以降低掉话率，提高服务质量；新呼叫的优先级低，在保证切换呼叫资源使用后才能允许接入。若小区目前的负荷高于新呼叫接纳门限，则不接纳新呼叫，但是仍然可以接纳切换呼叫。可通过设置不同的接纳门限实现不同业务和呼叫类型的优先级接纳控制。接纳控制算法的一般过程如图 6.1-1 所示。

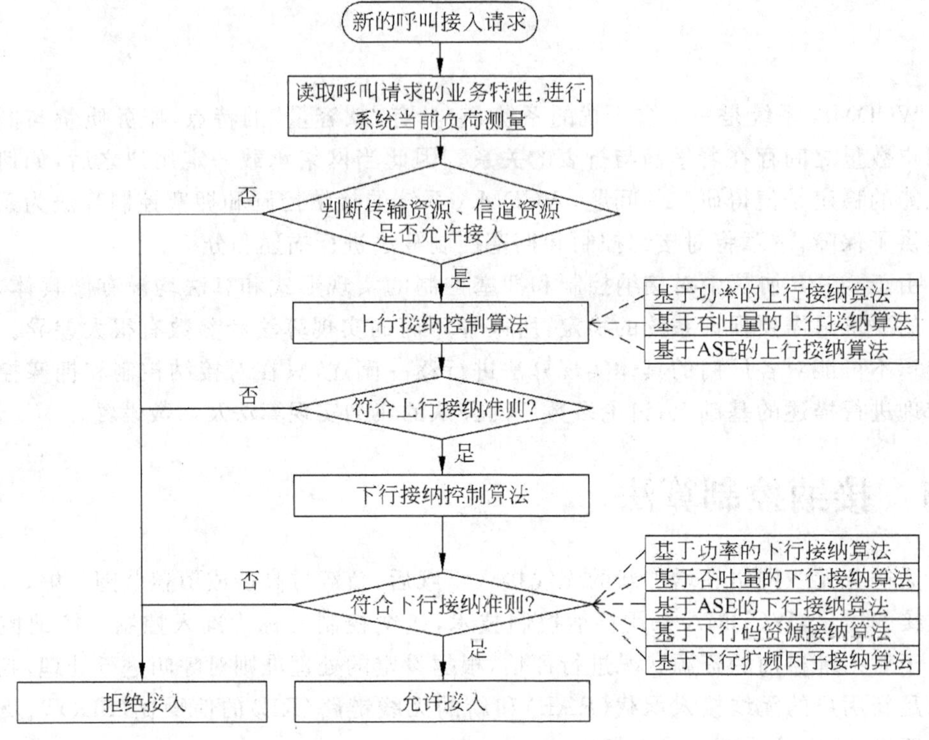

图 6.1-1 接纳控制算法的一般过程

6.1.1 上行接纳控制

接纳控制功能的核心是评估建立新承载或新无线链路所导致的无线网络负荷增加量。上行接纳控制策略分为基于功率和基于吞吐量两种方案。

1. 基于功率的上行接纳控制策略

在上行方向，如果新的总干扰电平高于门限值，就拒绝接纳新用户的接入，该门限为

$$I_{\text{total}} + \Delta I \leqslant I_{\text{threshold\_UL}} \tag{6.1-1}$$

式中，I_{total}为新的无线接入承载或无线链路接入前系统的当前总干扰电平，即 RTWP (Received Total Wideband Power)，ΔI 为新的无线接入承载或无线链路接入对系统增加干扰量的预测值，$I_{\text{threshold_UL}}$为上行干扰电平门限，干扰电平与负荷因子的关系如图 6.1-2 所示。

Noise Rise 与负荷因子的关系如下：

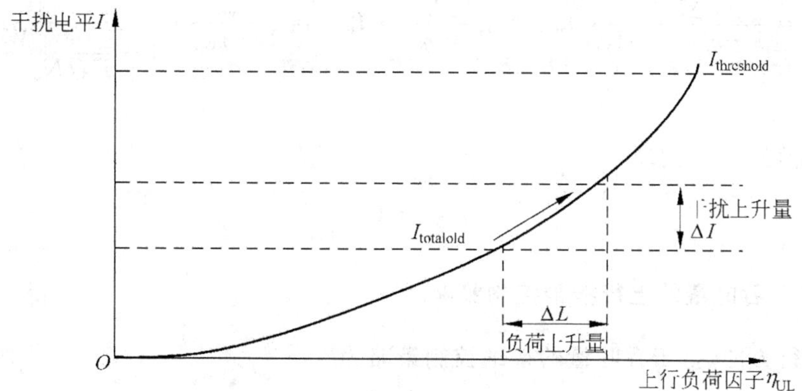

图 6.1-2　上行干扰电平与上行负荷因子的关系

$$\text{Noise Rise} = \frac{I_{\text{total}}}{P_N} = \frac{1}{1-\eta_{\text{UL}}} \tag{6.1-2}$$

由式(6.1-2)可得

$$I_{\text{total}} = \frac{P_N}{1-\eta_{\text{UL}}} \Rightarrow \mathrm{d}I_{\text{total}} = \frac{P_N}{(1-\eta_{\text{UL}})^2}\mathrm{d}\eta_{\text{UL}} \tag{6.1-3}$$

$$\Rightarrow \Delta I = \int_{\eta_{\text{UL}}}^{\eta_{\text{UL}}+\Delta L} \mathrm{d}I_{\text{total}} = \int_{\eta_{\text{UL}}}^{\eta_{\text{UL}}+\Delta L} \frac{P_N}{(1-\eta_{\text{UL}})^2}\mathrm{d}\eta_{\text{UL}} \tag{6.1-4}$$

式(6.1-4)化简为

$$\Delta I = \frac{\Delta L}{1-\eta_{\text{UL}}-\Delta L} \cdot \frac{P_N}{1-\eta_{\text{UL}}} \tag{6.1-5}$$

将式(6.1-3)带入式(6.1-5)可得

$$\Delta I = \frac{\Delta L}{1-\eta_{\text{UL}}-\Delta L} \cdot I_{\text{total}} \tag{6.1-6}$$

式中，η_{UL} 为新用户接入前的当前系统负荷因子，I_{total} 为新用户接入前的总干扰电平(RTWP)，可通过测量得出，P_N 为上行背景噪声功率。

下面来推导由于新用户接入导致的负荷增加量预测值 ΔL。设 Node B 接收到来自某用户的有用功率为 P_j，则上行链路的 E_b/N_o 定义为

$$E_b/N_o = \text{processing gain} \cdot \frac{\text{Signal power}}{\text{Interference power}} = \frac{W}{v_j \cdot R_j} \cdot \frac{P_j}{I_{\text{total}} - P_j} \tag{6.1-7}$$

式中，W 是码片速率，L_j 是第 j 个用户的负荷因子，R_j 是第 j 个用户的数据速率，v_j 是激活因子，可得单用户的接收功率

$$P_j = \frac{1}{1+\dfrac{W/(v_j \cdot R_j)}{E_b/N_o}} \cdot I_{\text{total}} \tag{6.1-8}$$

单用户的负荷因子 L_j(对应式(6.1-6)中的 ΔL)为

$$L_j = \frac{1}{1+\dfrac{W}{E_b/N_o \cdot v_j \cdot R_j}} \tag{6.1-9}$$

将该式代入式(6.1-6)可得

$$\Delta I=\frac{\Delta L}{1-\eta_{\mathrm{UL}}-\Delta L}\cdot I_{\mathrm{total}}\approx\frac{\Delta L}{1-\eta_{\mathrm{UL}}}\cdot I_{\mathrm{total}}=\frac{I_{\mathrm{total}}}{1-\eta_{\mathrm{UL}}}\cdot\frac{1}{1+\dfrac{W}{E_{\mathrm{b}}/N_{\mathrm{o}}\cdot v_j\cdot R_j}} \tag{6.1-10}$$

式中的 η_{UL} 可由下式求得

$$\eta_{\mathrm{UL}}=1-\frac{P_N}{I_{\mathrm{total}}} \tag{6.1-11}$$

2. 基于吞吐量的上行接纳控制策略

在上行方向，基于吞吐量的接纳控制策略为

$$\eta_{\mathrm{UL}}+\Delta L\leqslant\eta_{\mathrm{threshold\_UL}} \tag{6.1-12}$$

式中，η_{UL} 为新用户接入前的当前系统负荷因子，ΔL 为由于新用户接入导致的负荷增加量预测值，$\eta_{\mathrm{threshold\_UL}}$ 是接纳控制的负荷门限。如果满足式(6.1-12)，则允许新用户接入，否则拒绝接入。

由式(6.1-9)可知单用户的负荷因子 L_j 可求，则当前小区用户数为 N 时上行负荷因子 η_{UL} 为

$$\eta_{\mathrm{UL}}=(1+f)\cdot\sum_{j=1}^{N}L_j=(1+f)\cdot\sum_{j=1}^{N}\frac{1}{1+\dfrac{W}{(E_{\mathrm{b}}/N_{\mathrm{o}})_j\cdot R_j\cdot v_j}} \tag{6.1-13}$$

式中，W 是码片速率，L_j 是第 j 个用户的负荷因子，R_j 是第 j 个用户的数据速率，v_j 是第 j 个用户的激活因子，N 是本小区的用户数，f 是其他小区对本小区的干扰因子。

6.1.2 下行接纳控制

下行接纳控制策略分为基于下行载波发射功率和基于吞吐量的两种方案。

1. 基于下行载波发射功率的接纳控制策略

该策略基于小区的下行载波发射功率 TCP (Transmitted Carrier Power)，采用如下的判决准则：

$$\mathrm{TCP}_{\mathrm{old}}+\Delta\mathrm{TCP}\leqslant\mathrm{TCP}_{\mathrm{threshold}} \tag{6.1-14}$$

当满足式(6.1-14)时，允许新用户接入，否则予以拒绝。在式(6.1-14)中，$\mathrm{TCP}_{\mathrm{old}}$ 为新的用户接入前的小区下行载波发射功率的测量值；$\Delta\mathrm{TCP}$ 包含为新用户分配的初始功率以及已存在的用户为抵抗新用户加入产生附加干扰的功率增加量，需要根据预测算法确定。$\mathrm{TCP}_{\mathrm{threshold}}$ 为下行准入载波发射功率门限值。

由于 TCP 为一个绝对量，不能准确反映小区下行的负载量，所以判决时可采用一个相对量(小区下行负载因子) η_{DL} 来代替 TCP 进行判决：

$$\eta_{\mathrm{DL}}=\frac{\mathrm{TCP}}{\mathrm{CellPower\_Max}} \tag{6.1-15}$$

式中，η_{DL} 为新用户接入前的小区下行负载因子，CellPower_Max 为小区最大下行发射功率。与小区下行负载因子对应的下行接纳控制判决准则为

$$\eta_{DL} + \Delta\eta \leqslant \eta_{threshold\_DL} \tag{6.1-16}$$

当满足式(6.1-16)时，允许新用户接入，否则予以拒绝。在式(6.1-16)中，η_{DL} 为新用户接入前的小区下行负载因子，$\eta_{threshold\_DL}$ 为小区下行负载门限值，$\Delta\eta$ 为新用户的下行负荷因子预测增量，定义为

$$\Delta\eta = \frac{\Delta TCP}{CellPower\_Max} \tag{6.1-17}$$

2. 基于吞吐量的下行接纳控制策略

基于吞吐量的下行负荷因子计算如下：

$$\eta_{DL} = \sum_{j=1}^{N} v_j \cdot \frac{(E_b/N_o)_j}{W/R_j} \cdot [(1-a_j)+f_j] \tag{6.1-18}$$

式中，W 是码片速率，R_j 是第 j 个用户的数据速率，v_j 是第 j 个用户的激活因子，N 是本小区的用户数，f_j 是其他小区对本小区的干扰因子，a_j 表示第 j 个用户的下行链路正交因子。与小区下行负载因子对应的下行接纳控制判决准则为

$$\eta_{DL} + \Delta\eta \leqslant \eta_{threshold\_DL} \tag{6.1-19}$$

当满足式(6.1-19)时，允许新用户接入，否则予以拒绝。在式(6.1-19)中，η_{DL} 为新用户接入前的小区下行负载因子，$\eta_{threshold\_DL}$ 为小区下行负载门限值，$\Delta\eta$ 为新用户的下行负荷因子预测增量。下行接纳控制算法中，基于功率的接纳控制策略更容易从系统测量中得到，具有实际的意义，所以厂家具体实现时多数是采用基于功率的接纳控制策略。

6.1.3 接纳控制参数

上行、下行接纳控制参数分别如表 6.1-1 和表 6.1-2 所示。

表 6.1-1 上行接纳控制参数

参数名称	参数含义	取值范围及设置建议
$\eta_{threshold\_ULAMR}$ 会话业务 AMR 语音上行接入最大负荷门限	接纳控制时小区上行 AMR 语音业务接入最大可以接受的负荷。上行负载门限包括本参数和[会话业务 AMR 语音上行门限]、[其他业务上行门限]、[上行切换准入门限]。根据这四个参数间的关系，可以对小区中会话和其他业务的比例进行限制，也可以用于保证切换用户和会话业务接入的优先级	取值范围：[0，…，100]dB，对应[0，…，1]，默认值为 75
$\eta_{threshold\_ULNonAMR}$ 会话业务非 AMR 语音业务上行接入最大负荷门限	接纳控制时小区上行会话业务非 AMR 语音接入最大可以接受的负荷	取值范围：[0，…，100]dB，对应[0，…，1]，默认值为 75
$\eta_{threshold\_ULother}$ 其他业务上行接入最大负荷门限	接纳控制时小区其他业务上行接入最大可以接受的负荷	取值范围：[0，…，100]dB，对应[0，…，1]，默认值为 60

续表

参数名称	参数含义	取值范围及设置建议
$\eta_{threshold\_ULHO}$ 上行切换接入最大负荷门限	接纳控制时小区上行切换接入最大可以接受的负荷	取值范围：[0,…,100]dB，对应[0,…,1]，默认值为80
P_N 背景噪声	用于计算负荷因子	取值范围：[0,…,621]，对应[－112,…,50]dBm，步长为0.1dBm。默认值为71，对应－105dBm
f 上行邻区干扰因子	在进行准入预测时，需要使用邻区干扰因子来计算负载因子或者等效用户数的增量	取值范围：[0,…,200]，对应[0,…,2]，步长0.01，默认值为60

表 6.1-2　下行接纳控制参数

参数名称	参数含义	取值范围及设置建议
Orthogonal Factor(a_j) 正交因子	下行链路中的正交系数，用于载波发射功率预测值计算	取值范围：[0,…,100]dB，对应值为[0,…,1]，默认值为60，等于100为完全正交
$\eta_{threshol\_DLAMR}$ 会话业务AMR语音下行接入最大负荷门限	接纳控制时小区下行AMR语音业务接入最大可以接受的负荷。下行负载门限包括本参数和[会话业务AMR语音下行门限]、[其他业务下行门限]、[下行切换准入门限]。根据这四个参数间的关系，可以对小区中会话和其他业务的比例进行限制，也可以用于保证切换用户和会话业务接入的优先级	取值范围：[0,…,100]dB，对应[0,…,1]，默认值为80
$\eta_{threshod\_DLNonAMR}$ 会话业务非AMR语音业务下行接入最大负荷门限	接纳控制时小区下行会话业务非AMR语音接入最大可以接受的负荷	取值范围：[0,…,100]dB，对应[0,…,1]，默认值为80
$\eta_{threshold\_DLother}$ 其他业务下行接入最大负荷门限	接纳控制时小区其他业务下行接入最大可以接受的负荷	取值范围：[0,…,100]dB，对应[0,…,1]，默认值为75
$\eta_{threshold\_DLHO}$ 下行切换接入最大负荷门限	接纳控制时小区下行切换接入最大可以接受的负荷	取值范围：[0,…,100]dB，对应[0,…,1]，默认值为85
DL_ASE_MAX 下行最大等效用户数	采用等效用户数算法判决时本参数有效。不同业务优先级请求对应的等效用户数准入门限为“下行最大等效用户数”和各下行准入门限的乘积	取值范围：[0,…,200]，默认值为50。不包括HSDPA用户

6.1.4 其他接纳控制算法简介

1. 爱立信公司的 ASE 接纳控制算法

爱立信公司在上行和下行均采用了空中接口话音等效（Air interface Speech Equivalent，ASE）的接纳控制算法。ASE 计算公式为

$$\text{ASE}=\frac{\text{新无线链路最大速率}}{\text{话音连接参考速率}}\cdot\frac{\text{新无线链路激活因子}}{\text{话音连接参考激活因子}} \tag{6.1-20}$$

爱立信公司将接入请求的类型分为四类：

(1) 非保证型接入请求（Non-Guaranteed Access，NG Access）。具有后台等级（Background）的业务或被称为 Best Effort 业务的交互式的业务。

(2) 非保证型切换接入请求（Non-Guaranteed HO Access，NG HO Access）。用户处在切换中的 Background 业务或 Best Effort 业务。该接入请求的优先级高于 NG Access 用户的请求。

(3) 保证型接入请求（Guaranteed Access，G Access）。实时的语音业务或信息流业务。

(4) 保证型切换接入请求（Guaranteed HO Access，G HO Access）。用户处在切换中的实时的语音业务或信息流业务。该接入请求的优先级高于其他三类接入请求。

爱立信公司的 ASE 接纳算法中有三个用于上行链路接纳控制的参数：aseUlAdm、beMarginaseUl 和 aseUlAdmOffset，两个用于在下行链路接纳控制的参数：aseDlAdm、beMarginaseDl。各参数和 ASE 之间的相互关系如图 6.1-3 和图 6.1-4 所示。

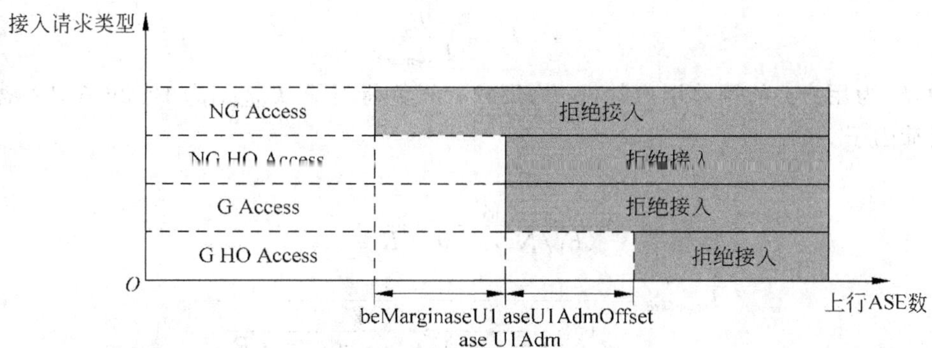

图 6.1-3 上行 ASE 接纳控制算法

如图 6.1-3 所示，当有新的接入请求发生，如果预测后使用的上行链路与当前上行链路 ASE 之和大于 aseUlAdm－beMarginaseUl 的限制时，非保证性接入请求就会被拒绝；如果预测后使用的上行链路与当前上行链路 ASE 之和超出 ASE 上行链路接入门限 aseUlAdm 时，非保证性切换请求和保证性接入用户请求被拒绝；如果预测后使用的上行链路与当前上行链路 ASE 之和超出 aseUlAdm＋aseUlAdmOffset 时，保证性切换接入用户请求被拒绝。

如图 6.1-4 所示，对于下行链路而言，其参数和下行 ASE 数之间存在与上行链路相

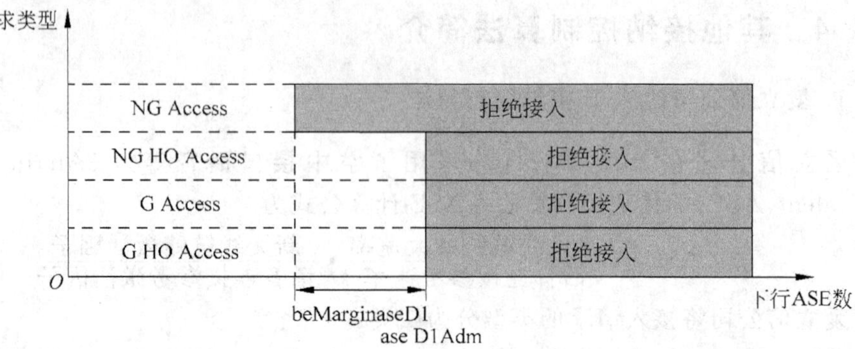

图 6.1-4 下行 ASE 接纳控制算法

似的模式。与上行链路相似，非保证性接入请求的优先权将低于其他请求。如果预测后使用的下行链路与当前下行链路 ASE 之和大于 aseDlAdm－beMarginaseDl 的限制时，非保证性接入请求就会被拒绝；如果预测后使用的下行链路与当前下行链路 ASE 之和超出 ASE 下行链路接入门限 aseDlAdm 时，非保证性切换请求、保证性接入用户请求和保证性切换接入用户请求被拒绝。

2. 华为公司的等效用户接纳控制算法

华为公司的等效用户接纳控制算法与爱立信公司的 ASE 算法思路有相似之处。定义激活因子为 1 的 12.2k AMR 语音为 1 个上行标准用户，其他用户转化为等效的上行 12.2k AMR 语音用户数的计算公式为

$$k_j = \frac{L_j}{L_{\text{standard}}} \tag{6.1-21}$$

式中，k_j 为用户 j 的等效用户数，L_j 为用户 j 的负荷因子，L_{standard} 为 12.2k AMR 语音业务的负荷因子。

$$L_j = \frac{1}{1 + \dfrac{W}{(E_b/N_o)_j \cdot v_j \cdot R_j}} \tag{6.1-22}$$

$$L_{\text{standard}} = \frac{1}{1 + \dfrac{W}{(E_b/N_o)_{\text{standard}} \cdot v_{\text{standard}} \cdot R_{\text{standard}}}} \tag{6.1-23}$$

设上行链路的极限等效用户数为 $k_{\max}$，f 是其他小区对本小区的干扰因子，则上行链路的极限负荷因子计算为

$$\eta_{\text{UL}} = (1+f) \cdot \sum_{j=1}^{k_{\max}} L_{\text{standard}} = (1+f) \cdot k_{\max} \cdot \frac{1}{1 + \dfrac{1}{(E_c/N_o)_{\text{standard}}}} \tag{6.1-24}$$

当 $\eta_{\text{UL}}=1$ 时，可求得上行链路的极限等效用户数：

$$k_{\max} = \frac{1}{(1+f)} \cdot \left(1 + \frac{1}{(E_c/N_o)_{\text{standard}}}\right) \tag{6.1-25}$$

上行等效用户接纳控制判断准则为

$$k_{UL} + \Delta k + k_{CCH} \leqslant k_{max} \cdot \text{Thd}_{UL} \quad (6.1\text{-}26)$$

当满足式(6.1-26)时，新用户接入请求被接纳，否则被拒绝。其中 k_{UL}为新用户接入前的系统等效用户数，Δk 为新用户的等效用户数，k_{CCH}为公共控制信道的等效用户数，Thd_{UL}对应不同的接入请求类型的准入门限。

下行等效用户接纳控制算法与上行类似，但其他用户转化为等效的下行 12.2k AMR 语音用户数的计算公式与上行不同：

$$k_j = \frac{(E_c/N_o)_j}{(E_c/N_o)_{standard}} \quad (6.1\text{-}27)$$

式中，k_j 为用户 j 的等效用户数。设下行链路的极限等效用户数为 N_{max}，则下行等效用户接纳控制判断准则为

$$k_{DL} + \Delta k + k_{CCH} \leqslant N_{max} \cdot \text{Thd}_{DL} \quad (6.1\text{-}28)$$

当满足式(6.1-28)时，新用户接入请求被接纳，否则被拒绝。在式(6.1-28)中，k_{DL}为新用户接入前的系统等效用户数，Δk 为新用户的等效用户数，k_{CCH}为公共控制信道的等效用户数，Thd_{DL}对应不同的接入请求类型的准入门限，下行链路极限等效用户数 N_{max}是可配置参数，而上行链路极限等效用户数 k_{max}则是由式(6.1-25)计算出来的。

6.1.5 接纳控制算法验证举例

评估接纳控制的性能主要考虑以下几点：

(1) 是否可以在网络负荷接近或达到最大负荷门限时拒绝新的无线接入承载或新的无线链路；

(2) 是否可以在网络负荷快接近或达到最大负荷门限时对不同速率业务有不同的接纳结果；

(3) 是否可以体现新的无线链路比新的无线接入承载有更高的接纳优先级。

下面以对基于下行载波发射功率的接纳控制策略的验证测试为例进行说明。基于下行载波发射功率的下行准入控制所需要设置的参数主要是小区最大发射功率 CellPower_Max、不同业务和接入请求的下行接入最大负荷门限，如表 6.1-3 所示。

表 6.1-3　下行接纳控制参数设置

参数名称	设置值
$\eta_{threshold\_DLAMR}$	25%，对应功率门限为 37dBm
$\eta_{threshold\_DLNonAMR}$	25%，对应功率门限为 37dBm
$\eta_{threshold\_DLother}$	25%，对应功率门限为 37dBm
$\eta_{threshold\_DLHO}$	35%，对应功率门限为 38.4dBm
CellPower_Max	43dBm

如表 6.1-3 所示，为了迅速达到准入门限，设置无线接入承载准入门限为 25%，无线链路切换准入门限为 35%，将拥塞控制算法关闭。测试方法描述如下：

(1) 新建 RAB 的测试

首先进行新用户的接纳测试，先在小区 A 固定地点呼入 PS384 业务，直到 PS384 被

拒绝。然后继续呼入 PS128 业务，直到 PS128 被拒绝。然后继续呼入 PS64 业务，直到 PS64 被拒绝，然后继续呼入 CS12.2 业务，直到 CS12.2 被拒绝。在测试过程中记录小区下行负荷和 UE 呼通的业务类型和用户个数。

（2）新建 RL 的测试

在小区 A 完成新建 RAB 的测试后，维持已接通用户的通信，然后在 A 小区的邻区 B 起呼入一个 PS384 业务，然后向 A 小区移动，若 PS384 被成功切入 A 小区，则把该用户留在 A 小区，在 B 小区继续呼入 PS384 业务，直到 PS384 被拒绝。然后在 B 小区呼入 PS128 业务，向 A 小区移动，若 PS128 被成功切入，则把该用户留在 A 小区，在 B 小区继续呼入 PS128 业务，向 A 小区移动，直到 PS128 业务切入 A 小区被拒绝。以此类推，直到在 B 小区起呼的 CS12.2 用户移动到 A 小区时切入被拒绝。在测试过程中记录 A 小区下行负荷，UE 由 B 小区切入 A 小区的情况、业务类型和用户个数。

图 6.1-5 为测试过程中 A 小区负载的变化情况，测试过程数据记录如表 6.1-4 和表 6.1-5 所示。从图 6.1-5 中可以看出，当某小区 A 起呼 2 个 PS384 业务并进行满速率下载后，下行负荷慢慢抬升，当达到大约 36.6dBm 时，呼入第 3 个 PS384 业务被拒绝，而 PS128 业务被接纳；此时由于 PS128 业务的接入，小区的下行负荷升高，即将达到下行新用户的接入门限(37dBm)，此时在该小区起呼的 PS64、CS12.2 业务均被拒绝。此后，从 A 小区的邻区 B 小区起呼一个 PS384 业务，并向 A 小区移动，当下行负荷在 36.9dBm 左右时，第一个 PS384 成功切入 A 小区，接入后 A 小区下行负荷升高到 37.6dBm 左右。之后在 B 小区又起呼一个 PS384 业务，并向 A 小区移动，当 A 小区下行负荷在 37.6dBm 左右时，成功切入 A 小区，切入后 A 小区下行负荷升高到 38.3dBm 左右，因此之后切换的 PS64，CS12.2 的业务都被切换拒绝。

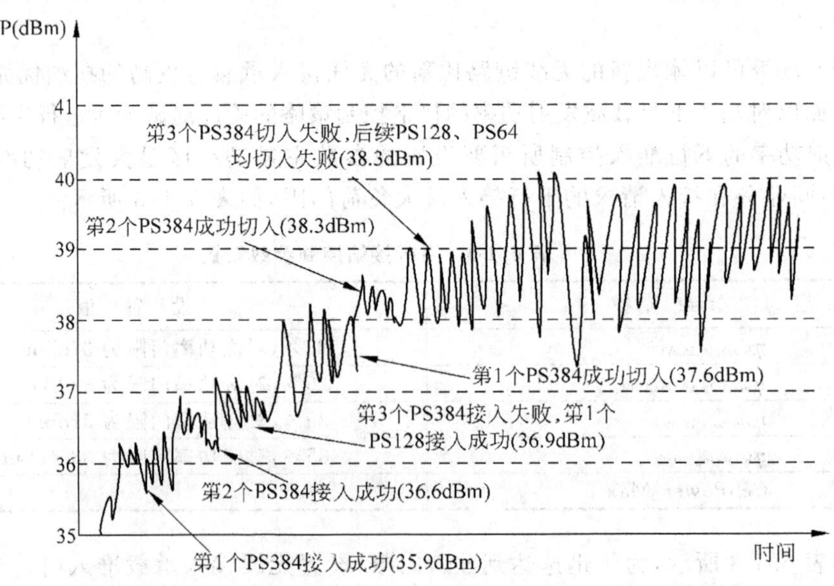

图 6.1-5 下行接纳控制测试过程负荷变化情况

表 6.1-4　新的 RAB 准入控制记录

业　　务	当前下行载波功率	下行准入门限	估计新增加的功率	呼叫失败原因	RAB 建立结果
PS384	35.2dBm	37dBm	0.7dB	—	成功
PS384	35.9dBm	37dBm	0.7dB	—	成功
PS384	36.6dBm	37dBm	0.7dB	超过准入门限	失败
PS128	36.6dBm	37dBm	0.3dB	—	成功
PS128	36.9dBm	37dBm	—	超过准入门限	失败
PS64	36.9dBm	37dBm	—	超过准入门限	失败

表 6.1-5　新的 RL 准入控制记录

业　　务	当前下行载波功率	准入门限	估计的功率	呼叫失败原因	RL 建立结果
PS384	36.9dBm	38.4dBm	0.7dB	—	成功
PS384	37.6dBm	38.4dBm	0.7dB	—	成功
PS384	38.3dBm	38.4dBm	—	超过准入门限	失败
PS128	40.5dBm	38.4dBm	—	超过准入门限	失败

6.2　拥塞控制算法

接纳控制算法用于控制用户接入后短时间内系统的稳定情况，当用户正常接入后，由于用户的移动、用户速率的增加以及语音用户的大量激活，都可能导致系统负荷发生显著变化。可通过拥塞控制算法来解决这个问题，使系统的稳定性得到保证。

上下行拥塞控制算法可分别独立进行，当上行或下行发生拥塞时，系统都会采取相应的措施控制系统的负荷，主要过程包括：上下行负荷的衡量和拥塞判断、上下行拥塞的处理。拥塞控制的触发条件基于对上下行负荷的衡量，上行负荷基于 RTWP 的测量，下行负荷基于载波发射功率 TCP 的测量。触发方式分为事件报告触发和周期报告触发两种。拥塞控制算法过程如图 6.2-1 所示。

如图 6.2-1 所示，当某小区中上行或下行链路的负荷测量量在持续时间($Hyst1_{congestion}$)内始终超过拥塞控制门限 1($Thd1_{congestion}$)时，拥塞事件 A 被触发并报告给 RNC，此时触发上行或下行拥塞控制机制。在此后周期性上报事件 A，直到负荷测量量低于拥塞控制门限 2($Thd2_{congestion}$)。拥塞控制机制被触发后，首先命令接纳控制阻塞新接入请求。如果拥塞状态仍然存在，则拥塞控制将进行调整已接入用户的业务速率和释放用户，直到拥塞状态消除。释放用户时按照业务优先级进行，例如首先释放非保证型业务(Best Effort 型数据业务)，最终释放保证型语音业务。当上行或下行链路的负荷测量在持续时间($Hyst1_{congestion}$)内始终低于拥塞控制门限 2($Thd2_{congestion}$)时，拥塞事件 B 被触发，拥塞消除，停止相应业务速率调整和释放用户的过程，按照接纳控制算法对新的接入请求进行判决。拥塞控制典型参数如表 6.2-1 所示。

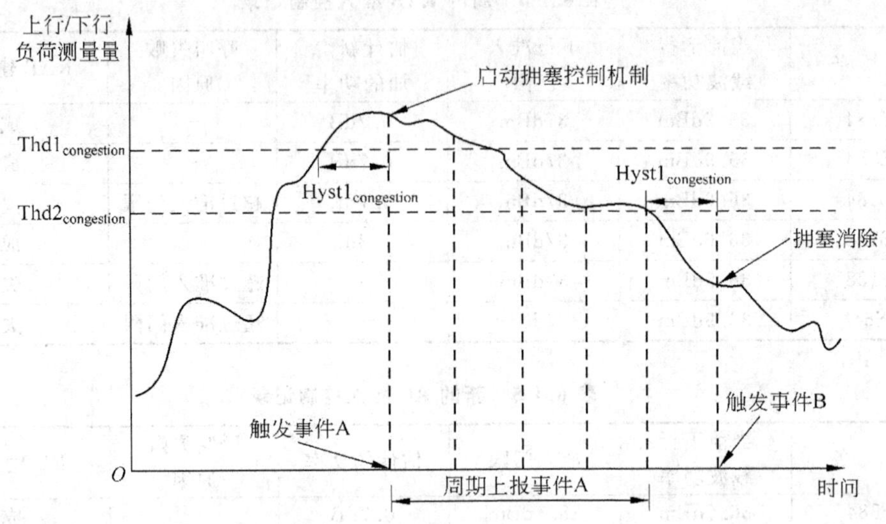

图 6.2-1 拥塞控制算法过程

表 6.2-1 下行拥塞控制参数

参数名称	参数含义	取值范围及设置建议
$Hyst1_{congestion}$ 拥塞控制迟滞时间	上行或下行链路的负荷测量量在持续时间内始终超过拥塞控制门限1($Thd1_{congestion}$)时，拥塞事件被触发并报告给RNC，上行或下行链路的负荷测量量在持续时间内始终低于拥塞控制门限2($Thd2_{congestion}$)时，拥塞事件B被触发并报告给RNC	取值范围：[0,…,6000]ms，默认值为100ms
$UlThd1_{congestion}$ 上行RTWP拥塞控制门限1	RTWP在持续时间$Hyst1_{congestion}$内始终超过该门限时，拥塞事件A被触发	取值范围：[0,…,621]，对应[−112,…,−50]dBm，步长为0.1dBm。默认值为621，对应−50dBm
$UlThd2_{congestion}$ 上行RTWP拥塞控制门限2	RTWP在持续时间$Hyst1_{congestion}$内始终低于该门限时，拥塞事件B被触发	取值范围：[0,…,621]，对应[−112,…,−50]dBm，步长为0.1dBm
$DlThd1_{congestion}$ 下行拥塞控制门限1	该参数为下行载波发射功率TCP/下行最大发射功率，在持续时间$Hyst1_{congestion}$内该值始终超过该门限时，拥塞事件A被触发	取值范围：[0,…,100]，步长为1，对应[0,…,1]。默认值为95
$DlThd2_{congestion}$ 下行拥塞控制门限2	该参数为下行载波发射功率TCP/下行最大发射功率，在持续时间$Hyst1_{congestion}$内该值始终低于该门限时，拥塞事件B被触发	取值范围：[0,…,100]，步长为1，对应[0,…,1]。默认值为85

第 7 章 WCDMA 网络优化方法和流程

WCDMA 无线网络的优化是面向网络参数、体系结构或网络部署进行优化的过程，通过研究与网络优化相关的覆盖、容量、质量，以便充分发挥现有网络资源的作用，使业务覆盖、业务质量和系统容量尽可能提高，同时尽可能降低网络运行成本和网络优化成本。在前面的章节中阐述了网络优化所需的基本原理、信令流程、关键算法和参数设置，本章将在这个基础上总结 WCDMA 网络优化的具体方法和流程。

如图 7.0-1 所示，按照网络优化的阶段划分，WCDMA 网络优化流程可分为 WCDMA 的商用前优化和商用后优化两个阶段。由于两者优化目的不同，所以优化流程不尽相同。商用前优化主要是对网络设计的结果进行调整，以满足规划设计的要求；商用后优化则是为了适应用户行为变化和性能考核的需要，主要集中在降低掉话率、提高接入成功率等关键性能指标，以及改善和加强覆盖、提高用户满意度，同时在充分利用现有网络资源的基础上使系统容量和覆盖性能最大化。

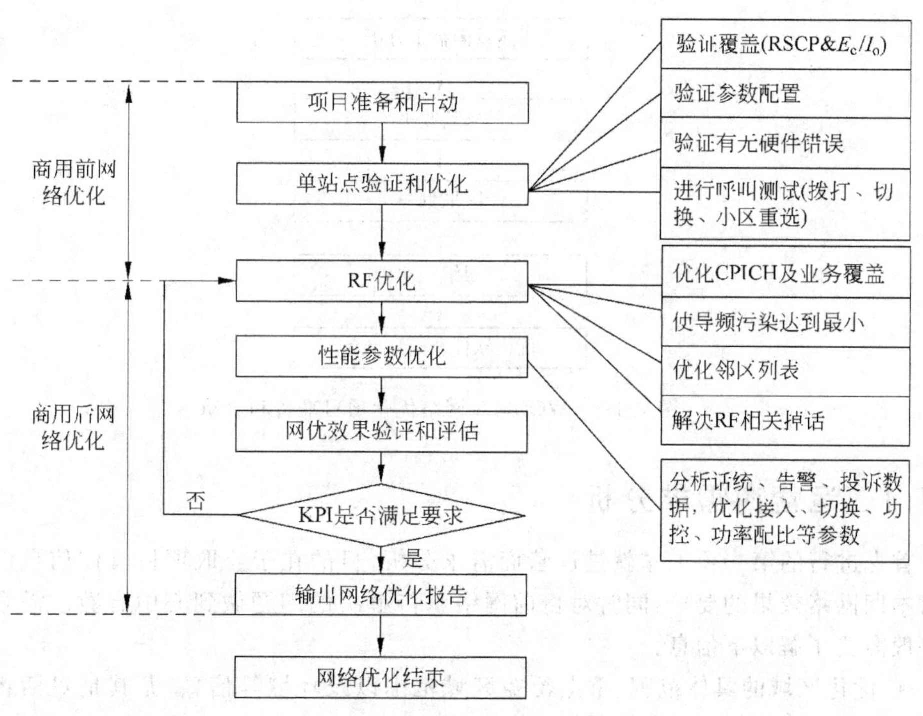

图 7.0-1 WCDMA 网络优化流程

按照网络优化的具体内容划分，可分为单站验证和优化、RF 优化、性能参数优化三部分。单站验证的重点是解决设备功能问题和工程安装问题，为随后的 RF 优化和性能参数优化打下良好的基础。单站验证和优化主要检查基站的基础数据配置是否正确、硬件是否正常(有无天线接反、硬件告警等)、系统功能是否正常(小区重选、接入、切换、话音/视频电话/数据业务、覆盖等方面)。涉及硬件告警、天馈线连接错误、基础数据配置错误、工程参数错误以及业务功能性问题需要在这个阶段进行解决。RF 优化主要针对覆盖和切换进行优化,同时需要控制导频污染和软切换比例以及解决干扰问题。一般情况下,RF 优化主要结合路测数据进行分析,重点分析覆盖问题、导频污染问题和切换问题,并提出相应的调整措施。参数优化和 RF 优化的划分是从调整的思路和措施出发,RF 优化调整的主要措施是工程参数调整(可能会涉及切换优化时的邻区列表优化),主要目标是解决覆盖问题和干扰问题,而参数优化调整的主要措施是无线参数,主要目标在于通过对路测数据、话统数据、告警数据以及参数配置数据进行分析,提出参数优化措施来提高网络的性能。此外对于复杂的问题可能需要结合信令跟踪进行定位和解决。下面分别来描述网络优化的各个步骤。

7.1 网络优化项目准备和启动

在网络优化项目开展之前,需要进行相关准备工作,在这个阶段需要完成的主要工作如图 7.1-1 所示。

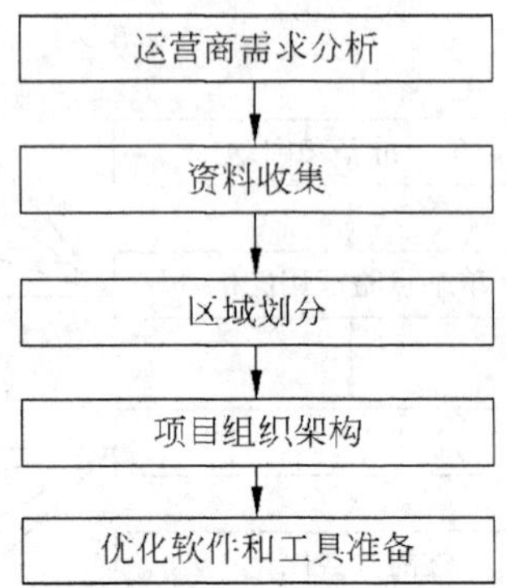

图 7.1-1 WCDMA 网络优化项目准备和启动

7.1.1 运营商需求分析

首先进行的第一项工作就是运营商需求分析,目的在于获取项目具体信息以及运营商对本期网络效果的要求,同时对目前网络亟待解决的问题做到心中有数。需求分析阶段一般需要了解以下信息:

- 优化区域的具体范围、重点覆盖区域范围以及环境等信息,尤其是对话音和数据有特殊需求的区域信息;
- 运营商反映的现有网络中存在的严重问题,也就是运营商最不能容忍的问题,可以在优化过程中重点解决;
- 各项目的验收标准,该标准应该在合同中体现,或者在合同审核阶段有所了解,需求分析阶段主要是进行确认；

- 运营商对测试的具体要求，如时间段要求、测试过程中测试点和路线的选择标准、呼叫方式设置要求等，侧重了解运营商对项目验收的相关要求；
- 确认和运营商的分工界面，明确运营商应该承担的工作及运营商需要提供的资源。

7.1.2 资料收集

明确运营商的需求之后，需要搜集网络基本数据，以便为网络性能评估做准备。需要搜集的网络基本数据如表 7.1-1 所示，表中针对已经商用后的网络，如果是商用前的网络，则着重收集表中的 1～4 项。

表 7.1-1 需要搜集的网络基本数据

序号	资料名称	备注
1	××地区最新基站信息表	包括站名、经纬度、站型、天线类型、挂高、方位角、下倾角、功率设置、信道配置等
2	××地区 WCDMA 网络基础数据	包括网络结构、路由组织
3	××地区网络设备的型号和参数	包括 WCDMA 网络所采用的设备型号和技术参数、软硬件版本号等
4	××地区网络参数设置	包括无线侧参数设置
5	××地区最新的终端情况	包括终端类型、在各 RNC 的在网比例等
6	××地区网管告警统计	包括告警类型统计和解决情况
7	××地区最近一个月的话统数据	包括各 RNC 及其下属各基站的数据(以小时为单位)
8	××地区最近一年的统计报表	以月为单位，包括各 KPI 统计趋势
9	××地区最近半年的用户投诉统计	包括不同投诉类型、解决情况等
10	××地区最近三月的路测和点测	包括原始数据和测试报告
11	××地区最近半年的主要网络优化报告	包括各期网络优化主要解决的问题、优化措施、实施情况和效果等

7.1.3 区域划分和项目组织架构

在对运营商需求分析和已收集到资料分析的基础上，对现有网络进行区域划分和成立人员组织架构，建立清晰的职责划分和质量监控机制。图 7.1-2 是某区域 WCDMA 网络优化团队的项目组织架构实例，实际可根据网络优化的任务和需求进行调整。如图 7.1-2 所示，在这个实例中采用了“项目总负责人”—“网络优化小组负责人”—“网络优化工程师”三级架构，将每个网络优化小组按照职能分为三个部分：“单站/Cluster 优化和路测数据分析组”、“性能参数和 KPI(关键性能指标)优化组”以及“Trouble Shooting 组”，各级及各组职责功能定义如下：

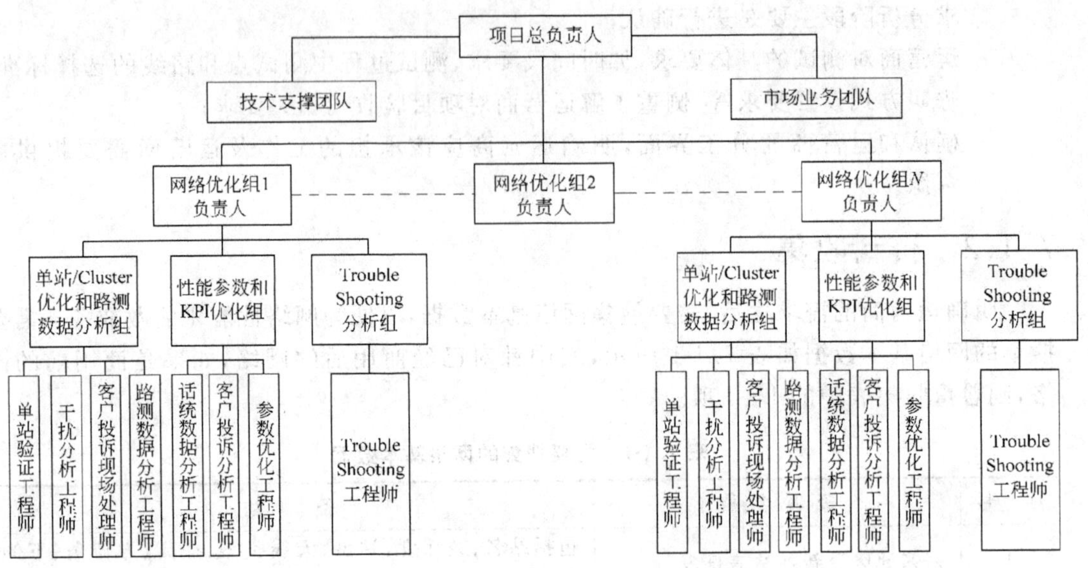

图 7.1-2　WCDMA 网络优化项目组织架构

(1) 项目总负责人职责

负责项目的实施,制定网络优化工作计划,制定日报和周报;负责整个项目的进度控制并负责整个项目的质量审核及控制。作为项目接口人,负责项目沟通工作。

(2) 技术支撑团队职责

负责项目审核和技术支持;负责技术交流和重大技术问题解决;不定期地进行项目现场支撑工作。

(3) 市场业务团队职责

负责商务谈判、合同签订,处理客户投诉、申告与建议处理等。

(4) 网络优化小组负责人职责

负责网络优化小组的工作实施,制定小组工作计划,制定日报和周报;负责整个项目的进度控制。作为网络优化小组技术负责人,负责该小组网络优化工作的质量审核及控制;作为网络优化小组接口人,负责项目沟通、任务分工及协调。

(5) 单站/簇优化和路测数据分析组职责

① 单站验证:负责单站开通完成之后的优化,包括单站的功能性验证测试数据采集和分析以及单站验证报告的编写。

② 簇优化:负责簇路测数据采集与分析,完成邻区优化、覆盖优化(天馈调整、越区覆盖整改、增选站点等),解决 RF 相关的掉话,提出网络调整建议并完成相关报告;负责维护和更新 RNC 范围内的基站工程参数表。

③ 干扰定位及分析:负责干扰源定位及分析。

④ 用户投诉处理:负责用户投诉现场处理。

(6) 性能参数和 KPI 优化组职责

负责分析 OMC(操作维护中心)话统数据,根据话统数据对性能较差的小区进行分析，提出网络优化建议并跟踪实施效果，完成话统分析网络优化报告。重点优化小区重选、切换、接入以及掉话性能参数，使网络达到 KPI 目标。负责用户投诉信息采集及分析，并制定相关解决方案。

(7) Trouble Shooting(复杂问题定位)组职责

负责对所辖区域焦点和关键网络优化问题进行分析和定位并给出解决方案，对性能参数和 KPI 优化组提出的参数修改进行审核，提供网络优化专家级的服务。

7.1.4　网络优化工具和软件准备

网络优化所需工具和软件如表 7.1-2 所示。

表 7.1-2　网络优化所需工具和软件

序　号	资 料 名 称	备　　注
1	WCDMA 扫频仪	如 PCTEL SeeGull™ LX 扫频仪
2	WCDMA 测试手机及数据卡	如索爱 Z800i/K600i 等，HSDPA 数据卡
3	GPS 及连接数据线、转串口卡	用于路测
4	路测及网络优化后处理软件	如 TEMS Investigation for WCDMA7.0 以上版本或华为 Probe/Assistant 软件
5	YBT250	用于频谱分析以查找干扰
6	笔记本电脑	用于路测和数据处理
7	勘察工具	数码相机、指北针、天线倾角测量仪

7.2　单站验证和优化

单站优化用于检查设备功能是否正常，为随后的 RF 优化和性能参数优化打下一个良好的基础，测试的重点是验证和解决设备功能问题和工程安装问题。主要通过测试手机完成空闲模式和连接模式的验证任务，包括频率检查、扰码检查、LAC/RAC 检查、基站附近 CPICH RSCP 检查和 CPICH E_c/I_o 检查、连接模式的业务呼叫和数据业务功能检查，此外还包括切换和小区重选功能验证等，如图 7.2-1 所示。主要内容如下：

- 验证覆盖(RSCP & E_c/I_o)是否正常；
- 验证扰码、LAC/RAC 等参数配置是否正确；
- 验证有无安装错误，如天线接反等；
- 进行拨打及业务测试，检查功能是否正常；
- 检查小区重选、切换功能是否正常，是否有异常事件(如掉话、切换失败等)产生。

7.2.1　数据准备

单站验证阶段需要获取的数据包括：(1)单站验证的站点清单；(2)相关小区的工程参数表；(3)RNC 侧获取小区参数配置数据。

获取数据的来源：(1)单站验证的站点清单和相关小区的工程参数表一般从无线网络优化接口人处获得；(2)RNC 侧参数配置数据从 RNC 侧接口人处获得。

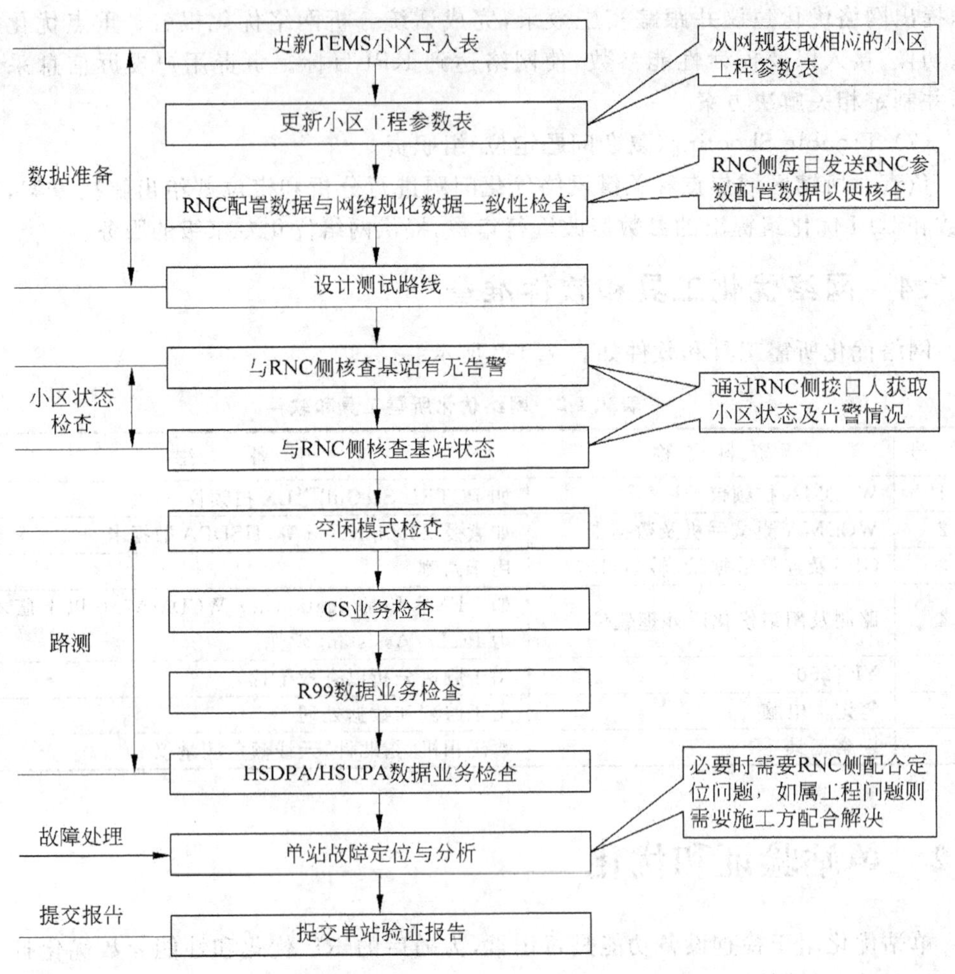

图 7.2-1　单站验证和优化

需要完成的工作：(1)及时更新路测软件导入小区表；(2)更新小区工程参数表；(3)根据 RNC 侧参数配置数据，检查实际配置的数据与网络规划数据是否一致。

每日维护最新的路测软件导入小区表和小区工程参数表、检查 RNC 侧配置数据与网络规划数据的一致性是这个过程完成的主要工作。如果 RNC 数据有问题，则需要反馈给 RNC 侧接口人进行更正。比较常见的问题为数据配置错误或者疏漏，例如错配扰码、漏配邻区数据等。

在确定需要验证的站点后设计合理的测试路线和准备相应的测试工具和车辆。测试工具配备方面，目前使用的某些类型路测软件在硬件连接方面容易出现故障，测试人员须在测试之前对测试软件试测，确保测试设备正常。测试手提电脑、测试手机、Scanner、GPS 都需要供电。手提电脑、手机可以用电池，但往往电池性能不能满足长时间测试的需求，因此在租用车辆时需确保汽车点烟器工作正常，测试人员配备 12V 直流电到 220V 交流电逆变器及电源插板 1 套。

特别提醒：在进行视频电话(VP)等业务测试时，耗电量比较大，即便一直充电，也可能赶不上耗电速度。因此在测试前注意保证手机有足够电力。

7.2.2　小区状态检查

在每日进行站点测试前，首先需要准备待测区域多个基站或单个基站的小区清单，并确认这些待测小区状态正常。按照正常流程，在基站开通之后和单站验证之前，监理方应该进行施工后的初步检验，包括对基于语音通话、视频通话、数据业务拨打等功能验证，以及确保无告警。但实际限于工程质量以及初步检验工作的严谨性有所局限，在单站验证出发前对小区状态的告警以及状态检查是非常必要的，需要从 RNC 侧接口人那里查询小区有无告警信息、有无闭塞等，确认正常后再进行单站验证，以提高单站验证的测试效率。

7.2.3　单站路测

路测时需要对每个小区的空闲状态、连接状态进行相关测试，核查参数配置、业务功能、覆盖性能是否正常。单站验证模板的实例如表 7.2-1 所示。

表 7.2-1　单站验证模板

空闲状态	1	频率和扰码配置是否正确
	2	小区选择和重选参数是否与规划参数一致(SIB 3)
	3	LAC/RAC 配置是否正确(SIB 1)
	4	邻区列表是否正确配置(SIB 11)
	5	3G 小区间重选、2G/3G 系统间重选是否正常
连接状态	6	基站附近是否满足 CPICH_RSCP＞－85dBm
	7	基站附近是否满足 CPICH_E_c/I_o＞－8dB
	8	语音业务起呼和被呼是否正常
	9	视频电话业务起呼和被呼是否正常
HSDPA	10	HSDPA 业务接入是否正常
R99 数据测试	11	PDP 激活和去激活是否正常
	12	PS 业务速率测试是否正常
切换	13	语音业务软切换是否正常
	14	视频业务软切换是否正常
	15	3G 小区间 PS 业务软切换是否正常
	16	语音业务由 3G 切换到 GSM 是否正常
	17	PS 由 3G 切换到 GPRS 是否正常
一般项	18	天线是否接反
	19	整体性能和覆盖区域是否符合规划要求

单站测试的具体步骤和要求如图 7.2-2 所示。其中，进行语音业务时要求进行短呼(持续时长 105s，等待 15s)，以便更好地反映接入性能以及获取相关的系统消息等信令信息。针对空闲模式、语音业务、VP 业务、R99 数据业务、HSDPA 业务分别将测试数据存为 5 类 logfile 备查。

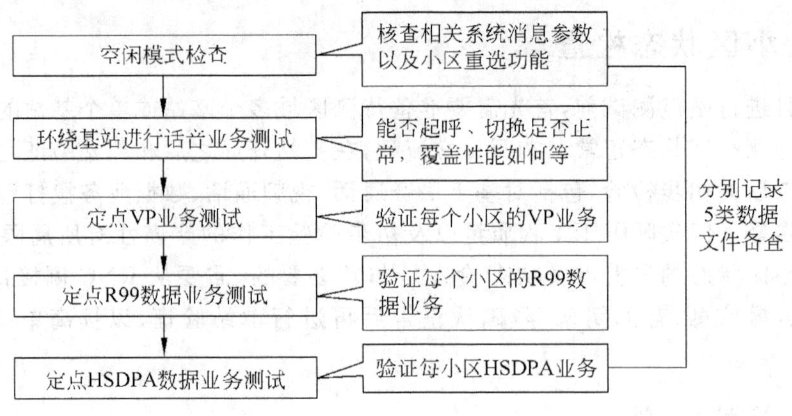

图 7.2-2 单站验证步骤

7.3 RF 优化

RF 优化是 WCDMA 网络优化的主要阶段之一，目的是在优化信号覆盖的同时控制导频污染和软切换比例，具体工作还应包括邻区列表优化。如果 RF 优化调整后采集的路测、话统等指标满足 KPI 要求，RF 优化阶段即结束，进入性能参数优化阶段。否则再次分析数据，重复调整，直至满足路测的 KPI 验收要求。

如图 7.3-1 所示，在 RF 优化阶段，主要的流程包括测试准备、数据采集、问题分析、调整实施这四个部分。其中数据采集、问题分析、优化调整需要根据优化目标要求和实际优化现状，反复进行，直至网络情况满足优化目标 KPI 要求为止。包括如下主要的工作内容：

(1) 导频信号覆盖问题优化：导频信号覆盖的优化包括两个部分的内容，一方面是对覆盖空洞的优化，保证网络中导频信号的连续覆盖；另一方面是对主导小区的优化，保证各主导小区的覆盖面积没有过多和过少的情况，主导小区边缘清晰，尽量减少主导小区交替变化的情况。

(2) 导频污染问题优化：导频污染是指某一地方存在过多强度相当的导频（大于 3 个）且没有一个主导导频。导频污染会导致下行干扰增大、频繁切换导致掉话、网络容量降低等一系列问题，需要通过工程参数调整加以解决。

(3) 切换问题优化：一方面检查邻区漏配情况，验证和完善邻区列表，解决因此产生的切换、掉话和下行干扰等问题；另一方面通过调整合理的工程参数，保证合理的路测软切换比例。

RF 优化主要围绕路测数据的测试和分析展开，关于 RF 优化的具体方法，我们将在下一章的路测数据分析方法内容中进行详细描述。

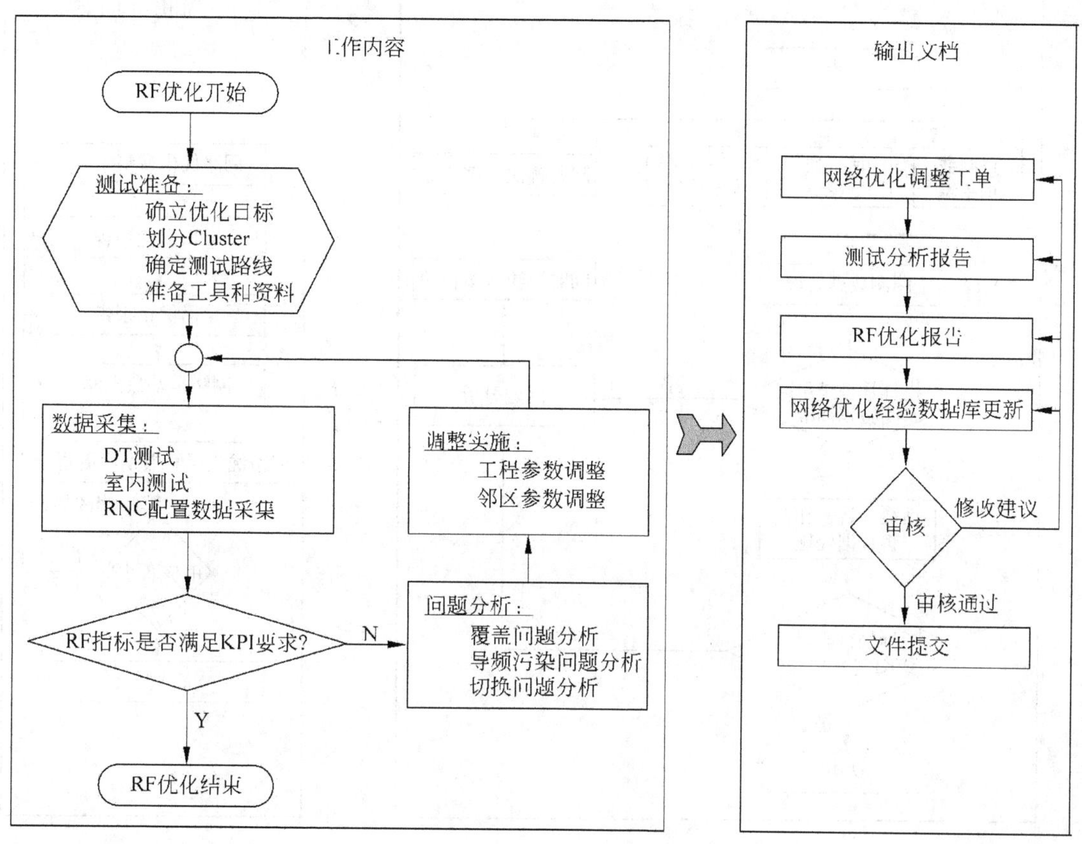

图 7.3-1 RF 优化流程

7.4 性能参数优化

在整个优化过程中，当 RF 优化结束后进入参数优化阶段。RF 优化的目的是解决覆盖相关问题，使网络具有合理的网络结构和顺畅的切换关系。而参数优化的目的是使网络指标最终满足验收标准要求。在参数优化阶段，调整建议主要是无线参数方面，但也不排除涉及天馈参数、硬件配置等调整的可能性；在数据采集方面，结合 OMC 话统数据、路测数据、告警数据以及投诉数据进行分析，进一步解决网络中存在的问题使之达到 KPI 的验收要求。性能参数优化阶段可根据采集的数据进行专题分析，如覆盖问题分析、掉话问题分析、接入问题分析、切换问题分析等，以期达到预期的指标要求。性能参数优化的具体流程如图 7.4-1 所示。

性能参数优化是在熟悉 WCDMA 各项关键算法和参数的基础上，结合话统数据和其他数据进行综合分析的过程。OMC 话统数据的各项关键性能指标(KPI)的定义将在第 9 章话统数据分析方法中给出，具体的话统数据分析方法也将在该章中进行阐述。

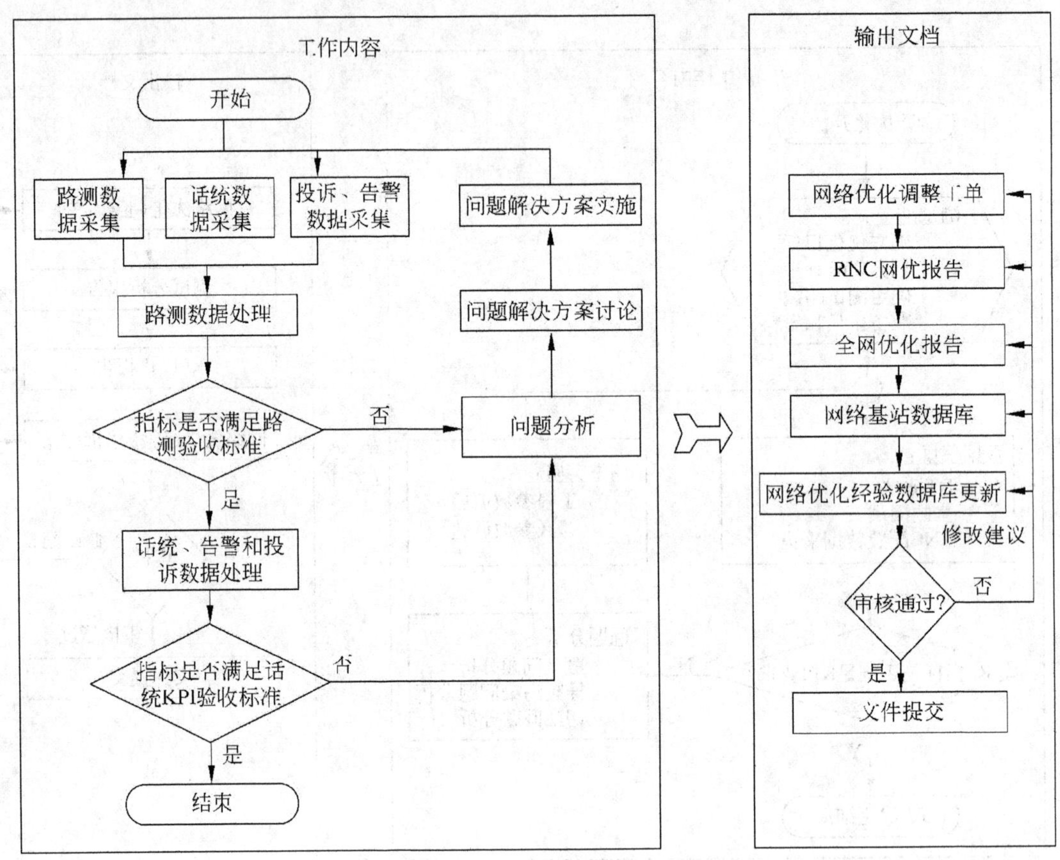

图 7.4-1　性能参数优化流程

第 8 章 WCDMA 路测数据分析方法

在 RF(射频)优化阶段的主要任务是在优化无线覆盖的同时进行邻区优化和软切换比例控制，并解决路测过程中与 RF 相关的切换失败和掉话问题。路测是 RF 优化的主要手段，因此掌握对路测数据的分析方法是非常必要的。通常 RF 优化要经过数据采集、数据分析、优化调整和网络验收这几个过程，接下来将着重对路测数据分析这一重要环节进行详细描述。

8.1 路测数据采集

无线网络优化路测是对现网运行站点进行的测试，主要是沿着设定的路线通过测试手机、扫频仪等设备对网络的主要性能指标进行测试，记录相关数据，如下行 RSCP、下行信号 E_c/I_o 等，并记录相关的信令和事件，获取用以进行网络性能分析的数据，从而达到预定的测试目的。

根据路测目的可以将路测大致分为以下几类：(1)无线网络优化测试；(2)网络性能对比测试；(3)网络性能评估测试；(4)传播模型校正测试。网络评估和网络性能对比测试主要用于评估同一个运营商或者不同运营商的网络性能，这两种测试不需对路测数据进行详细分析，重点在于根据模板生成相关的路测 KPI(关键性能指标)对比报告即可，一般来说不需提出优化建议。通过传播模型校正测试获取模式调校的测试数据，用规划仿真工具的模式调校模块调出相应的传播模型参数，用于网络规划和仿真。无线网络优化测试获得的路测数据是需要经过仔细分析的，对其中的覆盖问题区域和路测 KPI 需要进行详细分析，并需要提出详细网络优化报告。

通过路测对数据进行采集，可将问题确切地定位到具体的道路和地点，因此能够直观地在路测中发现现网存在的问题，得到第一手原始测试数据，这是用信令仪表、后台统计数据所不能做到的。但通过路测的方式对现网进行测试也有其不足之处，表现在：不能对上行信号和电平进行测试、不能了解到具体的切换原因、测试具有偶然性(有些事件是不可重复的)、少量的测试数据具有典型意义但不具有统计意义、测试数据的获取成本较高等。基于以上的原因，路测数据分析的主要任务是优化无线网络的覆盖和切换性能，定位外界干扰、解决与 RF 相关的掉话和切换失败，对于复杂的问题需要结合话统分析数据和信令跟踪等手段具体分析。

在完成单站验证优化后，对 WCDMA 进行优化是分簇(Cluster)进行的，所以测试之前需要与运营商协商对 Cluster 进行合理划分。根据经验，每个 Cluster 包括 15～25 个基站比较合适。考虑到 Cluster 内基站优化时需通盘考虑，在对 Cluster 进行划分时需要充分考虑地貌的因素，例如在河流较窄的情况下应尽量将河流两岸的站点划到同一个 Cluster 内。某 WCDMA 网络的 Cluster 划分如图 8.1-1 所示。

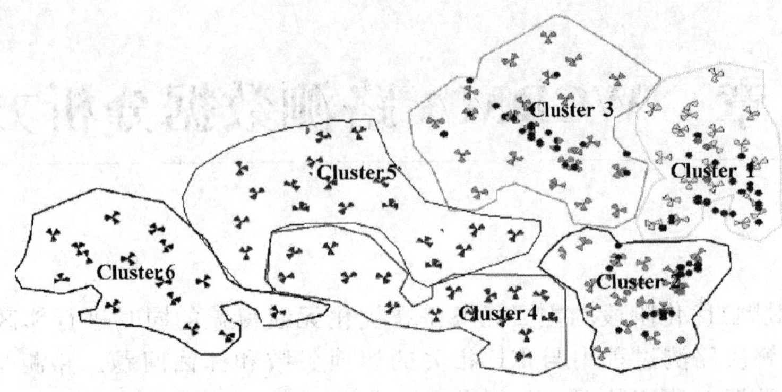

图 8.1-1 Cluster 划分

DT(路测)路线的确定需要尽量包括要求覆盖的重点区域,郊区必须包括重要的交通干线、高速公路、国道、省道以及重要旅游景点沿线等,市区的测试应包括中心密集区、市区主干道、重要区域、人流量较大的区域等。

8.2 路测数据分析方法

路测数据分析处理流程如图 8.2-1 所示,通过路测数据后处理软件对路测数据和 CQT(呼叫拨打测试)数据进行处理,着重分析覆盖性能、切换性能和掉话性能。在 RF 优

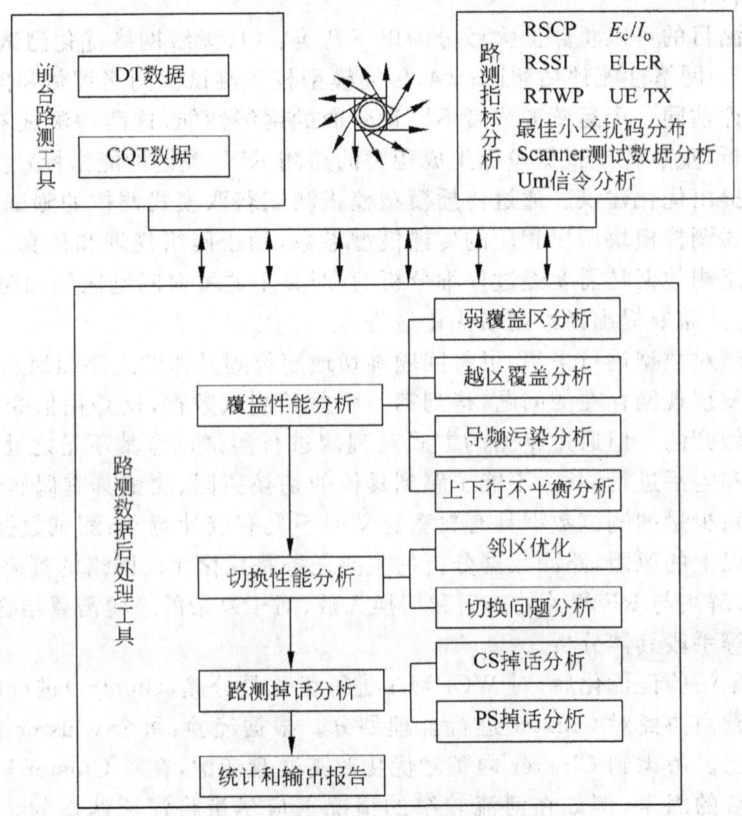

图 8.2-1 路测数据分析处理流程

化阶段的主要任务是对网络的覆盖性能进行优化，形成合理的网络结构和覆盖效果；结合路测数据的分析和处理，对邻区进行优化，并解决与 RF 相关的切换失败和掉话问题。RF 优化的措施以工程参数和邻区列表调整为主，涉及少量的切换、重选参数优化，关于性能参数的优化放在网络优化的性能参数优化阶段，这部分内容将在下一章的话统数据分析方法中具体描述。工程参数的调整措施按照施工的复杂度大致分为如下顺序(排在前面的优先采用)：(1)调整天线下倾角；(2)调整天线方向；(3)调整天线高度；(4)调整天线位置；(5)更换天线类型；(6)增加塔放；(7)更换站点位置(重新选点)；(8)新增站点。

8.2.1 良好的 RF 环境定义

在对路测数据进行分析之前，首先对"良好的 RF 环境"进行定义，如表 8.2-1 所示。良好的 RF 环境满足以下条件：RSCP≥−85dBm，E_c/I_o≥−12dB，UE TX≤0dBm。

表 8.2-1 RF 性能参数

指标分类	CPICH RSCP	E_c/I_o	UE TX
好	≥−85dBm	≥−12dB	≤0dBm
一般	≥−95dBm 且≤−85dBm	≥−14dB 且≤−12dB	≥0dBm 且≤10dBm
差	<−95dBm	<−14dB	>10dBm

8.2.2 下行覆盖分析

下行覆盖性能分析的主要参考指标为 RSCP 和 E_c/I_o，一般来说主要覆盖道路的 RSCP 要求在−95dBm 以上，E_c/I_o 在−14dB 以上，通过 RSCP 和 E_c/I_o 的地理分布图可以清楚地看到整体的覆盖效果，快速发现弱覆盖区域，如图 8.2-2 和图 8.2-3 所示。

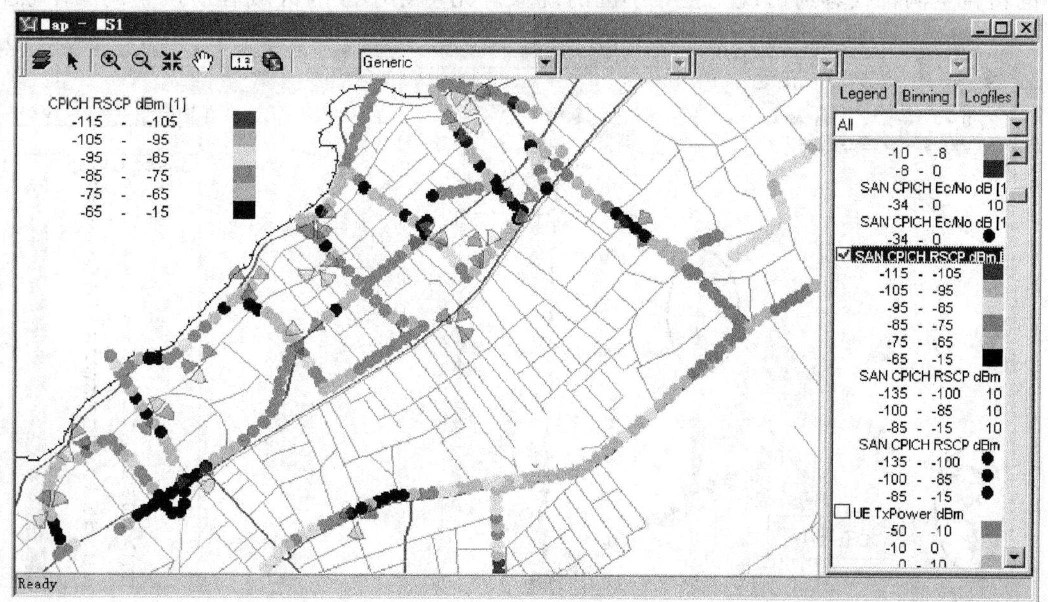

图 8.2-2 RSCP 分布

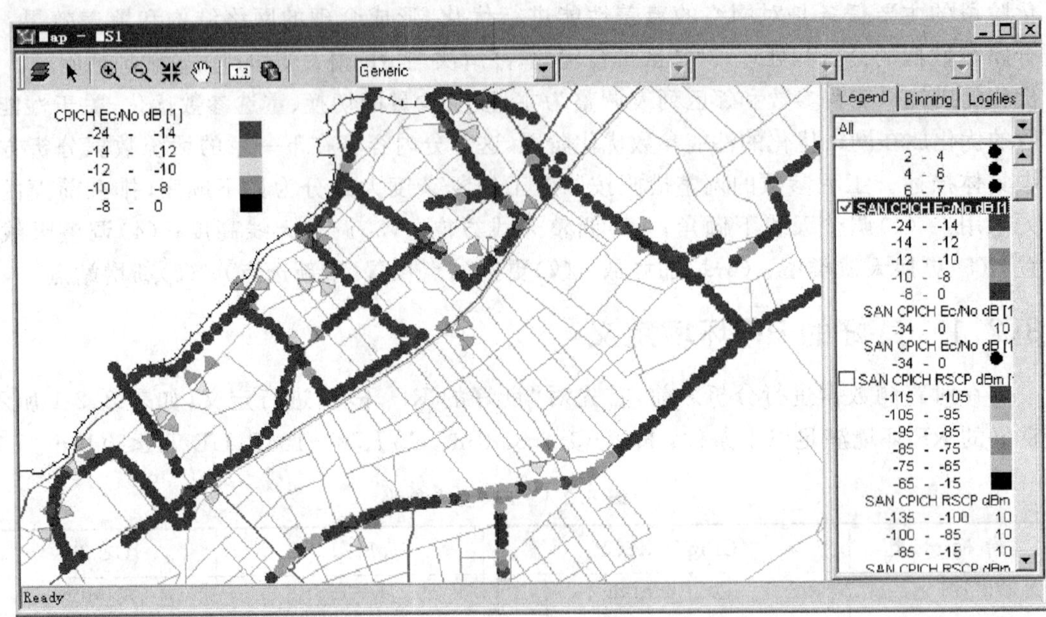

图 8.2-3 E_c/I_o 分布

良好的网络结构会使得各小区覆盖范围相互配合，各司其职，所以应对主导小区的覆盖情况进行分析，以便了解小区是否存在越区覆盖或者信号微弱的现象，最佳服务小区的扰码分布图可以为分析小区的主导覆盖区域提供便利，如图 8.2-4 所示。如果有存在最佳小区频繁变化的区域，则认为是无主导小区。通常情况下，最佳小区频繁变化的区域是市区高站导致的越区不连续覆盖或者某些区域存在导频污染。当然，覆盖区域边缘出现的覆盖空洞都很容易出现无主导小区的现象。无主导小区的区域容易产生同频干扰，导

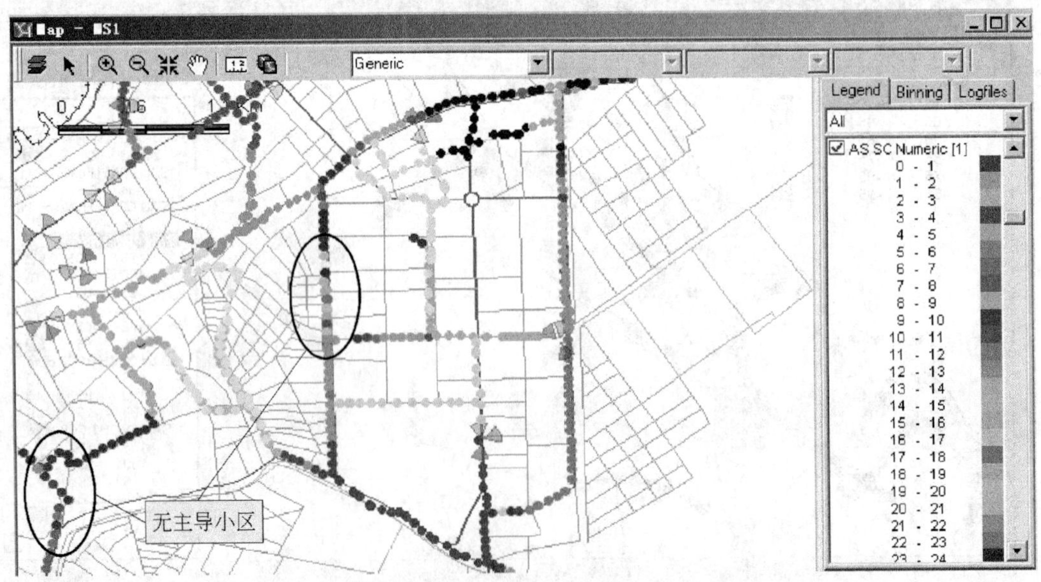

图 8.2-4 最佳服务小区扰码分布图

致乒乓切换，影响业务覆盖的性能。一般来说，单站验证测试和 RF 优化测试阶段，都必须做主导小区分析，这是给出 RF 优化措施的重要依据。

8.2.3　上行覆盖分析

上行覆盖分析应结合 UE 的发射功率(UE TX)和上行 RTWP 进行分析。UE 的发射功率分布反映了上行干扰和上行路径损耗的分布情况，如图 8.2-5 所示。正常情况下，UE 的发射功率应低于 10dBm，只有存在上行干扰或处于覆盖区域边缘的情况下，UE TX 会急剧攀升，超过 10dBm，达到 21dBm 而引起上行受限。相比较而言，宏蜂窝比微蜂窝更容易出现上行覆盖受限的情况。上行干扰电平 RTWP 可通过 OMC 来观察 Node B 的该指标，一般情况下该值小于 −100dBm，通过系统消息 SIB7 也可以查看上行干扰电平值。

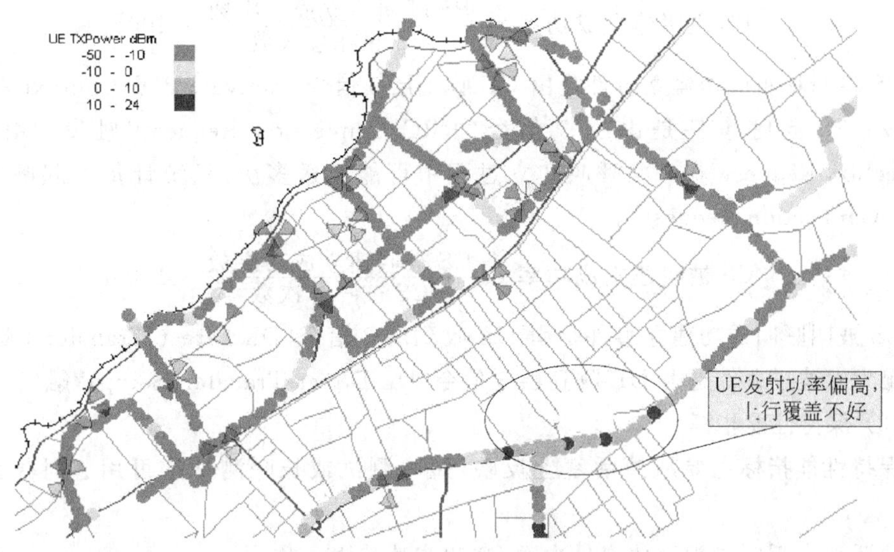

图 8.2-5　UE 的发射功率分布

8.2.4　路测网络评估的 KPI 定义

路测过程中需要进行评估的关键指标可分为五类：覆盖性能指标、接入性能指标、保持性能指标、服务质量指标和移动性能指标，与 OMC 的定义不同(OMC 话统 KPI 定义请参考本书第 9 章的相关内容)。一般来说，不同的运营商对于路测评估 KPI 的定义可能有所不同，而且目标值也不同，下面的定义取自某海外运营商，可供参考。

(1) 覆盖性能指标

覆盖性能指标包括覆盖率、软切换比例、导频污染比例等。具体定义如下：

$$\text{覆盖率} = \frac{(\text{RSCP} \geqslant -100\text{dBm} \,\&\, E_c/I_o \geqslant -14\text{dB})\text{的采样点数}}{\text{路测采集的总点数}} \times 100\%$$

$$\text{软切换比例} = \frac{\text{处于软切换状态的采样点数}}{\text{路测采集的总点数}} \times 100\%$$

$$导频污染比例=\frac{判定为导频污染的采样点数}{路测采集的总点数}\times 100\%$$

(2) 接入性能指标

接入性能指标包括呼叫建立成功率、业务建立时延，反映 UE 接入无线网络的性能，分别对应 CS 业务和 PS 业务。短呼测试用于对接入性能指标进行测量。

$$CS主叫建立成功率=\frac{CS呼叫建立成功次数}{CS起呼总次数}\times 100\%$$

CS 主叫呼叫成功建立事件是由 UE 收到层 3 信令"DL Direct Transfer (Alerting)"消息触发；起呼事件是由层 3 信令"RRC Connection Request"触发。由于"RRC Connection Request"在一次呼叫建立过程中可能发送多次，只统计每次起呼的第一个"RRC Connection Request"。

$$PS主叫建立成功率=\frac{PS呼叫建立成功次数}{PS起呼总次数}\times 100\%$$

PS 主叫呼叫成功建立事件是由 UE 收到层 3 信令"Activate PDP Context Accept"消息触发；PS 起呼事件是由层 3 信令"RRC Connection Request"触发。由于"RRC Connection Request"在一次呼叫建立过程中可能发送多次，只统计每次起呼的第一个"RRC Connection Request"。

$$CS被叫建立成功率=\frac{CS被叫建立成功次数}{CS被呼总次数}\times 100\%$$

CS 被叫呼叫成功建立事件是由 UE 收到层 3 信令"DL Direct Transfer (Alerting)"消息触发；被呼事件是由 UE 收到层 3 信令"DL Direct Transfer(Setup)"触发。

(3) 保持性能指标

保持性能指标主要从掉话率上反映，短呼测试或长呼测试均可用于对掉话率进行测量。

掉话率=呼叫异常释放事件次数/呼叫成功建立次数

$$CS掉话率=\frac{CS呼叫异常释放事件次数}{CS呼叫建立成功次数}\times 100\%$$

没有标准和统一的一条层 3 信令来表示 CS 呼叫异常释放事件，不同的测试软件在统计 CS 呼叫异常释放事件的方法可能会有不同。CS 呼叫建立成功事件由 UE 收到层 3 信令"DL Direct Transfer (Alerting)"消息触发。

$$PS掉话率=\frac{PS呼叫异常释放事件次数}{PS呼叫建立成功次数}\times 100\%$$

与 CS 呼叫异常释放事件的统计一样，不同的测试软件在统计 PS 呼叫异常释放事件的方法可能会有不同。PS 呼叫建立成功事件由 UE 收到层 3 信令"Activate PDP Context Accept"消息触发。

(4) 服务质量指标

服务质量指标包括各种 CS 业务上行 BLER 和下行 BLER、PS 业务上行 BLER 和下行 BLER、PS 业务平均吞吐量、PS 业务平均往返时延。

根据 BLER 平均统计时间的不同分为长时 BLER(Long-term BLER)和短时 BLER(Short-term BLER)。长时 BLER 为整个观察时间内的平均 BLER,短时 BLER 为 500ms 时间内的平均 BLER。计算公式为

$$\text{BLER} = \frac{\text{所有检测到错误的 Block 数}}{\text{Block 总数}}$$

其中,Block 总数$=\frac{\text{呼叫总时长}}{\text{TTI}}$。

通过 CRC 校验可检测到错误的 Block 数目。

(5) 移动性能指标

移动性能指标包括软切换成功率、同频硬切换成功率、异频硬切换成功率等。

$$\text{软切换成功率} = \frac{\text{软切换成功次数}}{\text{软切换请求次数}} \times 100\%$$

软切换请求次数的统计信令点为层 3 信令"Active Set Update",软切换成功次数的统计信令点为层 3 信令"Active Set Update Complete"。

不同厂家和运营商对路测性能指标的定义和要求可能不同。例如覆盖率的定义,有些运营商要求考虑下行 BLER 的判断指标,并且 RSCP 要求大于-95dBm,E_c/I_o 要求大于-12dB,具体定义要视网络运营的不同阶段确定。表 8.2-2 列举了某海外运营商商用初期的网络路测性能指标要求,以供参考。

表 8.2-2 路测 KPI 目标值

业务分类	路测 KPI	目标值
覆盖性能	覆盖率	≥95%
	软切换比例	30%左右
	导频污染	≤5%
CS 业务	CS 主叫建立成功率	≥97%
	CS 被叫建立成功率	≥95%
	CS 主叫建立时延	90%的呼叫小于 6s
	CS 被叫建立时延	90%的呼叫小于 8s
	CS 掉话率	≤2%
	CS 软切换成功率	≥98%
	CS Long-term BLER	≤2%
PS 业务	PS 呼叫建立成功率	≥97%
	PS 呼叫建立时延	90%的呼叫小于 15s
	PS 掉话率	≤2%
	PS 切换成功率	≥98%
	PS Long-term BLER	≤5%
	PS 下行平均吞吐量	≥240kb/s
	PS 上行平均吞吐量	≥48kb/s

8.3 常见问题分析

8.3.1 弱覆盖

如图8.3-1所示，弱覆盖区域的RSCP和E_c/I_o两个指标都很差，形成弱覆盖区域。实际网络中也存在一些称之为覆盖空洞的区域，覆盖空洞的概念与弱覆盖区域概念有所区别。覆盖空洞区域是指RSCP较低，基本能满足UE驻留小区的要求，但由于干扰的增加导致不能满足全覆盖业务的接入，出现接入困难或掉话等问题的区域。对于弱覆盖或覆盖空洞区域可通过调整规划方案、优化工程参数予以解决，可根据实际情况采取如下措施：

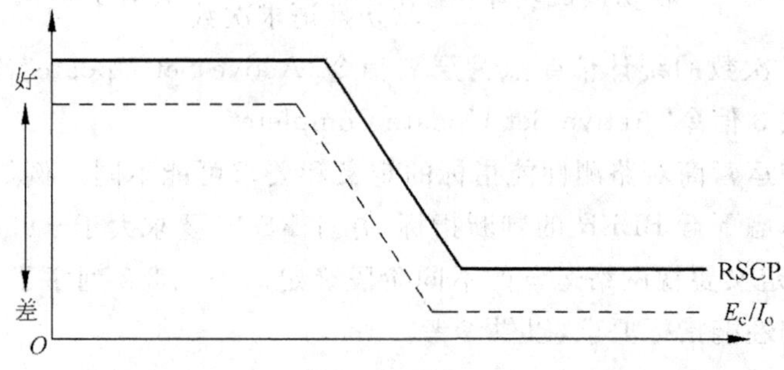

图8.3-1 弱覆盖时的指标变化情况

(1) 调整基站工程参数如天线方向和下倾角，增加天线高度或更换高增益天线，优化覆盖效果，对于因天线受阻挡的情况可调整天线安装位置或更改站址。也可通过增强导频功率来适当增强覆盖。

(2) 对于重要场所、高大建筑物室内、城中村等区域，既要保证覆盖，又要保证质量，可采用新增射频拉远(RRU)或新增室内分布、泄漏电缆等覆盖方式解决弱覆盖问题。

(3) 使用直放站能在不增加基站数量的前提下延伸网络的覆盖能力，其造价远低于有同样效果的微蜂窝系统。但是使用直放站会给网络带来额外的噪声和干扰，影响施主基站的覆盖和容量，因此要慎重使用。

(4) 根据实际网络规划需要在覆盖弱区和盲区增加新的基站也可以解决弱覆盖问题，但是需要注意避免产生干扰问题。

如图8.3-2所示，圆圈内的区域RSCP低于−95dBm，覆盖很差。核查正对该方向的小区333发现，该小区的规划下倾角为6°，但由于天线属于电下倾天线，施工时将机械下倾设置为6°，由于疏忽电下倾未调整，但该电下倾天线出厂时预置下倾角为9°，所以共有15°下倾角，导致圆圈所示区域弱覆盖。纠正后将电下倾调整为4°，机械下倾调整为2°，调整后的测试效果如图8.3-3所示，RSCP明显升高一个等级，覆盖效果已大为改善。因某些厂家的电下倾天线在出厂时会预置一定的下倾角，故在实际工程中应注意将其调整到合理下倾角度。

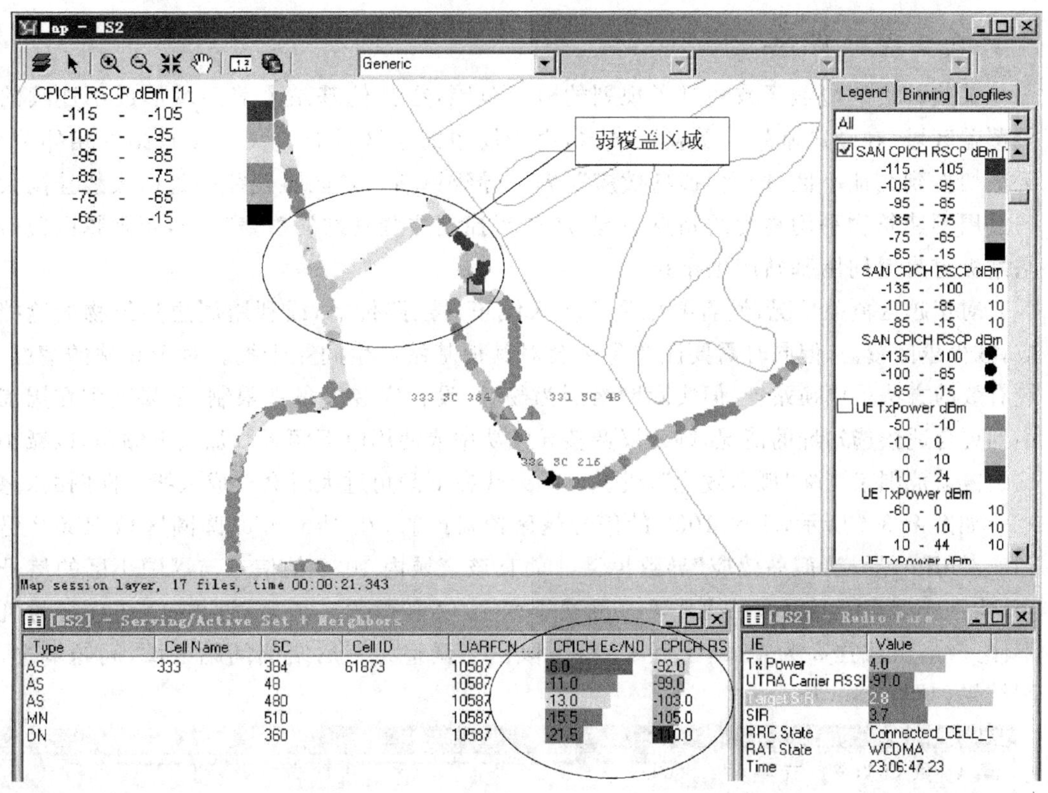

图 8.3-2 弱覆盖网络优化案例(优化前)

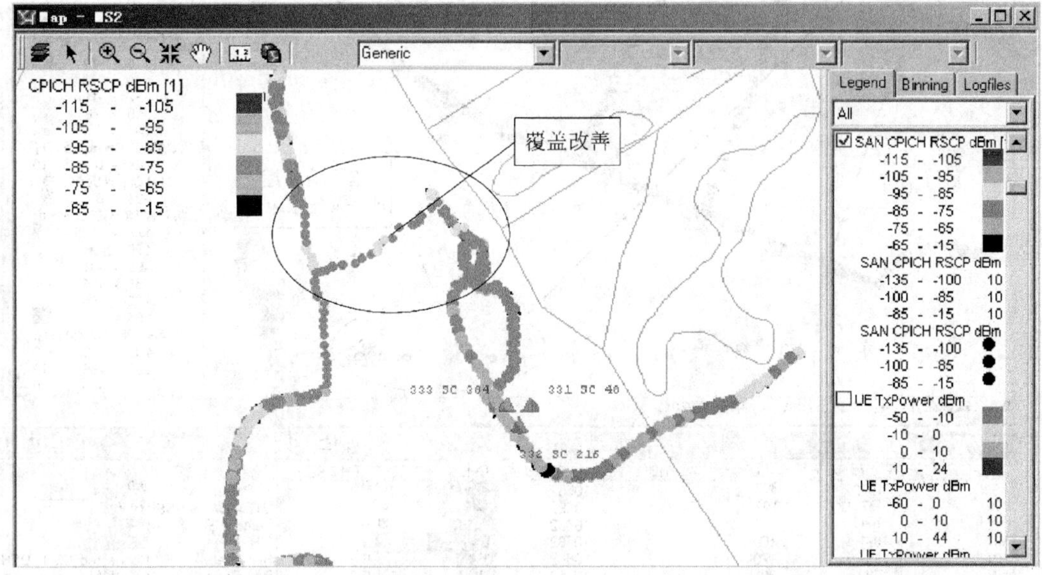

图 8.3-3 弱覆盖网络优化案例(优化后)

8.3.2 越区覆盖

某些基站的覆盖区域超过了规划的覆盖范围，在其他基站覆盖区域形成不连续的主导覆盖区域，在越区基站的覆盖区域内，由于周边的小区没有定义为该基站的相邻关系，无法切换到其他小区，产生"孤岛效应"，容易导致掉话。越区覆盖往往是由天线挂高大大超过周围建筑物平均高度的站点引起，应适当控制这些基站的覆盖范围，否则越区覆盖的基站极容易对周围基站产生干扰。

对于越区覆盖情况，就需要尽量避免天线正对道路传播，或利用周边建筑物的遮挡效应，减少越区覆盖，但同时需要注意是否会对其他基站产生同频干扰。对于高站的情况，比较有效的方法是更换站址，但实际网络因为物业、设备安装等条件限制，如果遇到在周围找不到更合适候选站址的情况，则建议调整导频功率或使用电下倾天线加大下倾角，以减小基站的覆盖范围来消除"孤岛效应"，机械下倾天线在下倾角过大时会造成天线方向图的畸变。

如图 8.3-4 所示，小区 1032 的信号越区覆盖严重，在 4km 外的圆圈区域 RSCP 仍达到 -85dBm，形成"孤岛效应"导致掉话。而且该区域内 1032 的信号与周围小区的信号相当，均在 -85dBm 左右，干扰严重。勘察小区 1032 和周边环境后，发现 1032 小区为机械下倾天线，天线挂高为 45m，下倾 4°，将下倾由 4°调整为 8°后复测问题区域，问题解决，复测结果如图 8.3-5 所示。

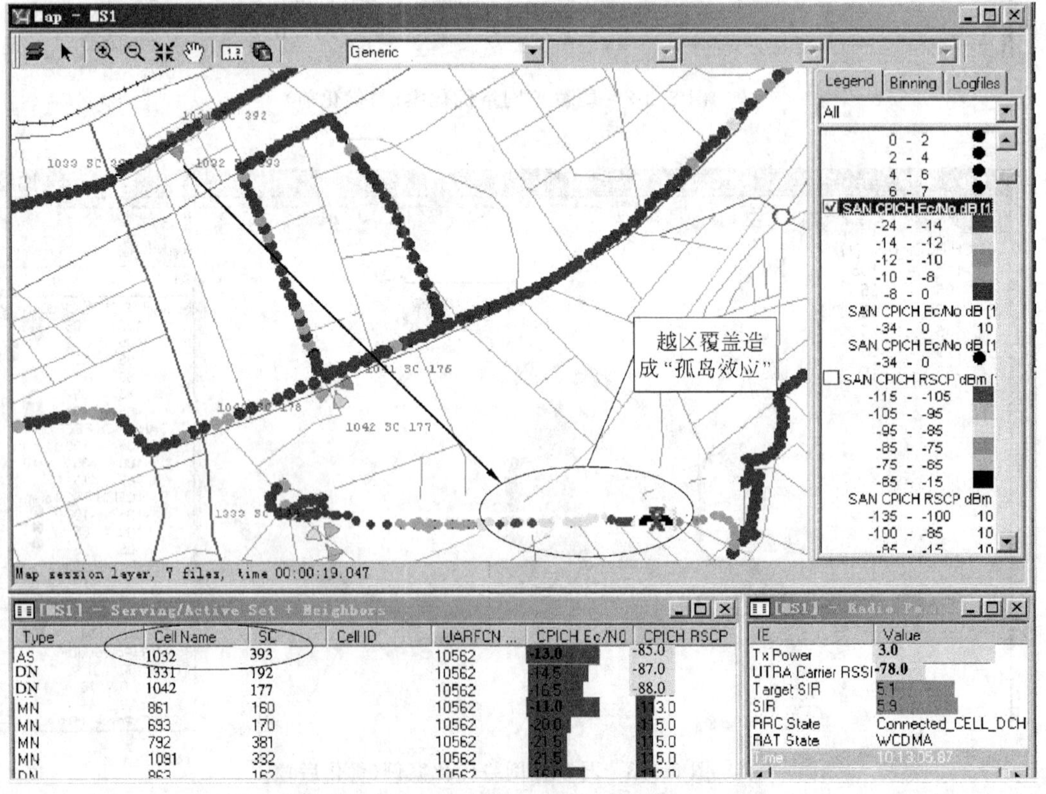

图 8.3-4 越区覆盖网络优化案例(优化前)

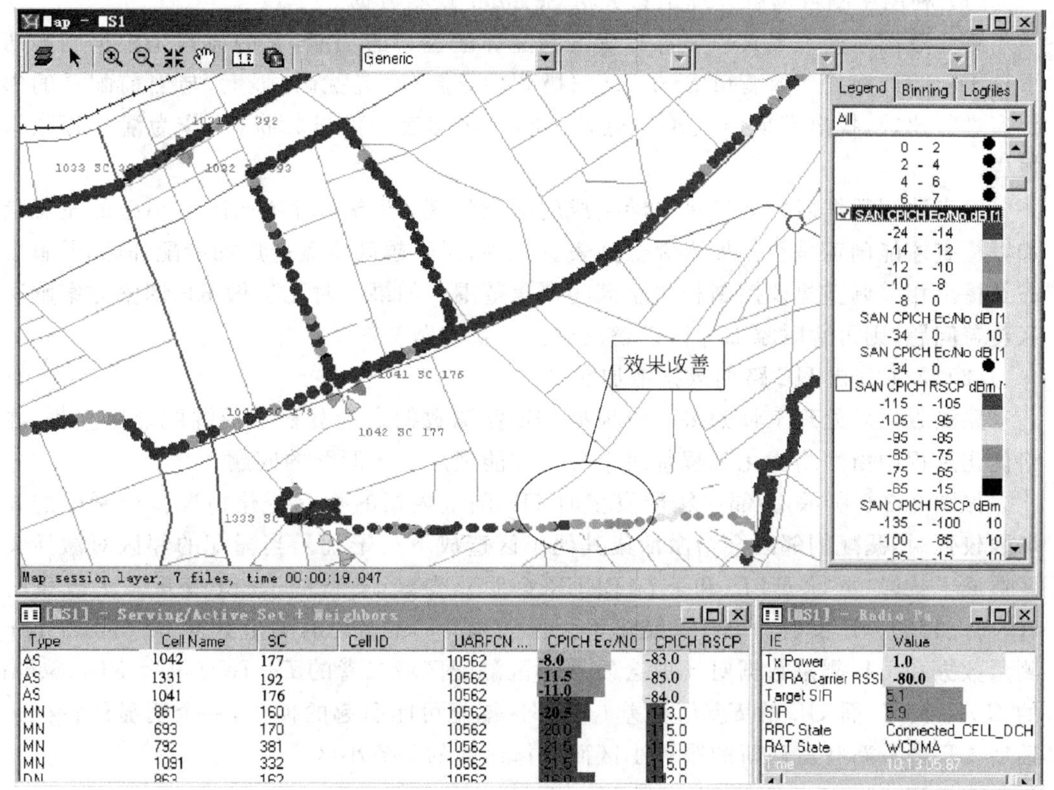

Type	Cell Name	SC	Cell ID	UARFCN ...	CPICH Ec/N0	CPICH RSCP
AS	1042	177		10562	-8.0	-83.0
AS	1331	192		10562	-11.5	-85.0
AS	1041	176		10562	-11.0	-84.0
MN	861	160		10562	-20.5	-113.0
MN	693	170		10562	-20.0	-115.0
MN	792	381		10562	-21.5	-115.0
MN	1091	332		10562	-21.5	-115.0

IE	Value
Tx Power	1.0
UTRA Carrier RSSI	-80.0
Target SIR	5.1
SIR	5.9
RRC State	Connected_CELL_DCH
RAT State	WCDMA

图 8.3-5　越区覆盖网络优化案例(优化后)

在图 8.3-5 中,AS 表示激活集小区;MN 表示监测集小区,已经与服务小区定义了相邻关系;DN 为检测集小区,与服务小区没有相邻关系。

8.3.3　邻区优化

邻区优化是 RF 优化阶段的一个重要工作内容,结合路测的切换事件报告以及路测数据,可对现有邻区进行增加和删除操作。当然,在 OMC 侧进行设置也可根据 RNC 记录的测量报告进行邻区分析,这部分内容在话统分析一章中介绍。一般的路测数据后处理软件都提供根据 Scanner 的路测数据检查漏配邻区的功能,下面首先以华为的 Assistant 软件为例介绍采用路测数据后处理软件进行邻区优化的方法,然后介绍人工利用路测数据和地理分布进行邻区优化的方法。

1. 邻区漏配分析方法

当漏配的邻区是信号强的小区时,该小区因为不能加入激活集将干扰激活集小区甚至导致掉话发生,这时需要增加必要的邻区。利用路测数据进行邻区漏配分析的方法有两种:一是利用路测数据后处理工具分析 Scanner 数据增加邻区;二是人工分析 UE 路测数据来添加漏配的邻区。

(1) 利用路测数据后处理工具分析 Scanner 路测数据

路测数据后处理工具一般都提供了漏配邻区检查的功能，它的原理是根据同频切换事件 1A～1D 相关参数衡量 Scanner 扫描到的导频(对应扰码)强度，与当前配置的邻区列表进行比较，找出满足切换条件但是不在邻区列表中的导频扰码，作为漏配邻区给出报告。

对于路测数据后处理工具自动生成的漏配邻区，还需要对照地图上小区的位置信息加以检查才能确定是否要加入邻区列表。此外，对于越区覆盖造成的漏配邻区，其首要任务是提出相关调整建议控制相关小区的覆盖范围。如果一时无法做 RF 调整方案解决越区覆盖问题，则可暂时添加邻区以解决越区干扰问题。

(2) 人工分析 UE 路测数据增加邻区

路测数据后处理工具如果不能根据 UE 路测数据自动分析生成漏配邻区报告，在网络优化过程中由网络优化工程师逐个分析才能确定邻区漏配的问题。

如图 8.3-6 所示，为邻区漏配发生时 UE 测量数据的指标变化情况。当漏配的邻区场强较强时，漏配的邻区会给激活集其他小区造成下行干扰。当漏配的邻区对激活集小区造成干扰时，下行 E_c/I_o 和下行 BLER 会明显变差，下行的 RSSI 变化不大或稍有上升，而上行的 UE 发射功率 TX 变化不大。如果有 Scanner 的测量数据，则将 Scanner 的测量数据和 UE 测量数据对比就会发现邻区漏配区域二者的 E_c/I_o 有很大不同，Scanner 的 E_c/I_o 良好，而 UE 的 E_c/I_o 变差。由邻区漏配可能引起的掉话，一个明显的特征是掉话后 UE 会重新驻留到新的服务小区而非掉话前的服务小区。

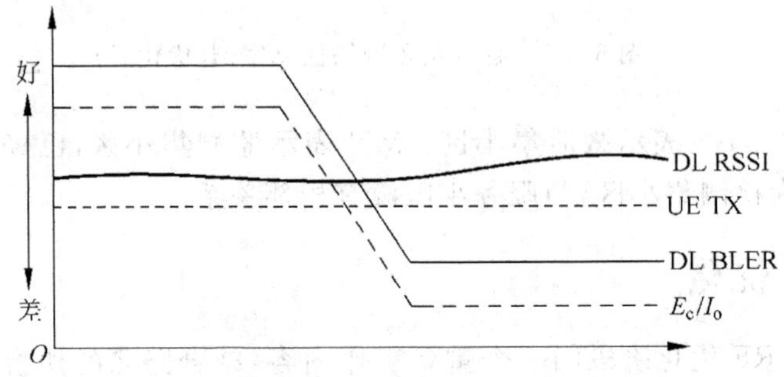

图 8.3-6　邻区漏配路测时 UE 的指标变化情况

邻区漏配是网络建设初期网络优化过程中经常遇到的问题，举国外某运营商的一个案例来说明，如图 8.3-7 所示。测试软件为爱立信的 TEMS7.1，图中激活集中的小区 701、962 和 832 的 RSCP 和 E_c/I_o 都比较差，而检测集(DN)中小区 932 的 RSCP 为 －83dBm，E_c/I_o 为－4.5，但该小区与服务小区未做相邻关系，所以该小区是明显的邻区漏配。由于漏配的 932 小区对激活集小区造成干扰，可看到下行的 RSSI 仍然较高为 －81dBm，但激活集的 E_c/I_o 都比较差。在服务小区的邻区中添加该 932 小区，问题解决。

由图 8.3-8 结合层 3 信令也可看出，932 小区(扰码 37)已触发 1C 事件。建议增加用该小区替换激活集最差小区，但由于 932 小区不在邻区内，所以不能添加。

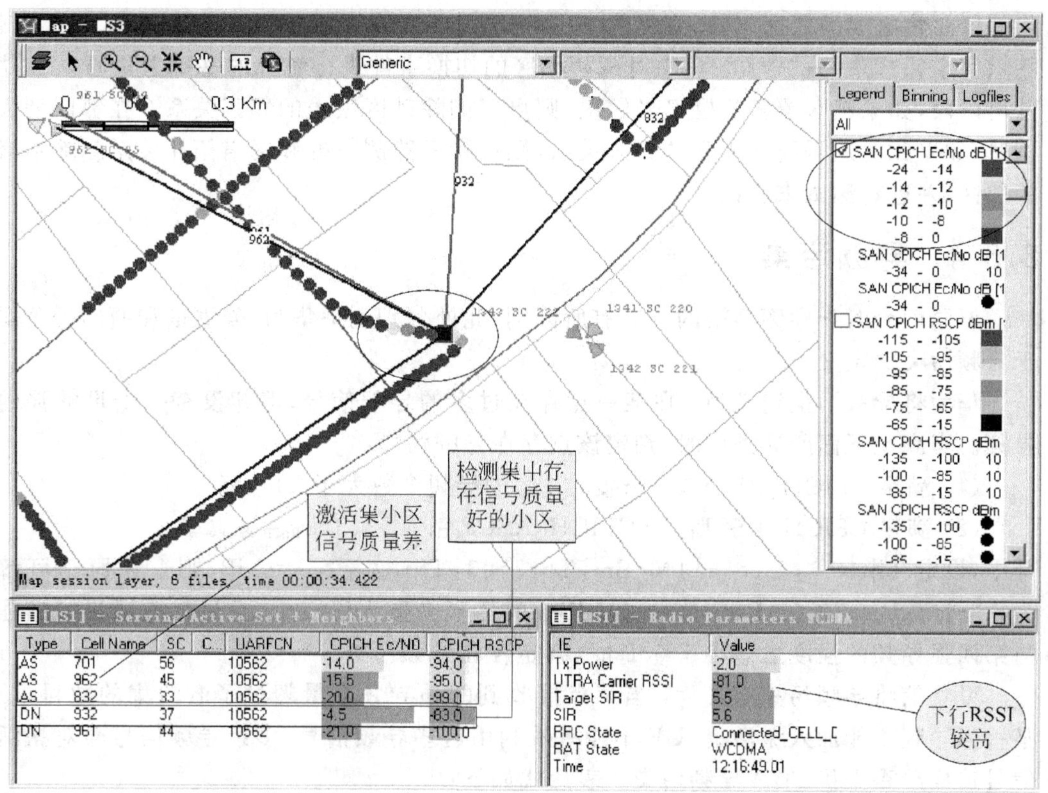

图 8.3-7　邻区漏配案例

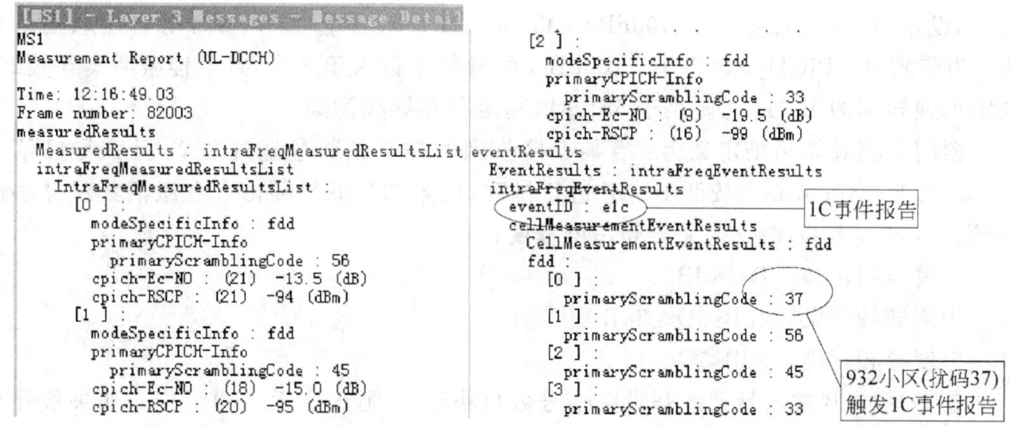

```
[MS1] - Layer 3 Messages - Message Detail
MS1
Measurement Report (UL-DCCH)

Time: 12:16:49.03
Frame number: 82003
measuredResults
  MeasuredResults : intraFreqMeasuredResultsList
   intraFreqMeasuredResultsList
     IntraFreqMeasuredResultsList :
       [0 ] :
         modeSpecificInfo : fdd
         primaryCPICH-Info
           primaryScramblingCode : 56
         cpich-Ec-N0 : (21) -13.5 (dB)
         cpich-RSCP : (21) -94 (dBm)
       [1 ] :
         modeSpecificInfo : fdd
         primaryCPICH-Info
           primaryScramblingCode : 45
         cpich-Ec-N0 : (18) -15.0 (dB)
         cpich-RSCP : (20) -95 (dBm)
       [2 ] :
         modeSpecificInfo : fdd
         primaryCPICH-Info
           primaryScramblingCode : 33
         cpich-Ec-N0 : (9) -19.5 (dB)
         cpich-RSCP : (16) -99 (dBm)
eventResults
  EventResults : intraFreqEventResults
  intraFreqEventResults
    eventID : e1c
    cellMeasurementEventResults
      CellMeasurementEventResults : fdd
      fdd :
        [0 ] :
          primaryScramblingCode : 37
        [1 ] :
          primaryScramblingCode : 56
        [2 ] :
          primaryScramblingCode : 45
        [3 ] :
          primaryScramblingCode : 33
```


图 8.3-8　UL-DCCH 测量报告信令解读

2. 删除冗余邻区的方法

3GPP 协议规定 WCDMA 的同频邻区个数最大为 32 个，而本小区自身也要包括在同频邻区列表中下发，所以真正的同频邻区最多只能配置 31 个。如果达到 31 个邻区，则优化中发现的需要添加的必要邻区就无法加入，这时需要删除部分冗余邻区。如果在删除邻区时将必要的邻区删除，则可能会导致干扰或掉话，因此对删除冗余邻区需要谨慎，删除冗余邻区最好结合 OMC 中对两两小区的切换事件进行统计的基础上进行。在路测分析阶段，如果越区覆盖问题已经解决，则可以删除越区覆盖的邻区关系。在邻区列表已满时，如果此时还需要加入新的邻区关系，则可参考路测数据和网络拓扑关系删除不必要的邻区，并进行测试来验证。

8.3.4 导频污染

不同厂家对于导频污染的定义有所区别，此处分别列举华为、爱立信和西门子公司对于导频污染的定义。

华为将导频污染定义为：在某一点存在过多的导频信号，但却没有一个足够强的主导频。当满足下面所述条件时，判定该点存在导频污染：

(1) 满足 CPICH_RSCP＞$Thr_{RSCP_Absolute}$的导频个数大于 Thr_N 个；

(2) 满足 $CPICH\_RSCP_{Best} - CPICH\_RSCP_{(Thr_N+1)} < Thr_{RSCP\_Relative}$。

其中，设定 $Thr_{RSCP\_Absolute} = -100dBm$，$Thr_N = 3$，$Thr_{RSCP\_Relative} = 5dB$，则上述原则可解释为：当前满足 CPICH_RSCP＞－100dBm 的导频个数大于 3 个，且最佳激活集导频强度与第四强导频的强度之差小于 5dB 时，判定存在导频污染。

爱立信将导频污染定义为：当某点接收到的强导频数量超过了激活集的数目，使得某些强导频不能加入激活集，UE 不能有效利用这些导频信号，多余导频信号会对激活集信号造成严重干扰，形成导频污染。表达式如下：

(1) 满足 CPICH_RSCP＞$Thr_{RSCP_Absolute}$的导频个数大于 Thr_N 个；

(2) 满足 $CPICH\_E_c/I_{oBest} - CPICH\_E_c/I_{o(Thr_N+1)} < Thr_{E_c/I_o\_Relative}$。

其中，设定 $Thr_{RSCP\_Absolute} = -100dBm$，$Thr_N = 3$，$Thr_{E_c/I_o\_Relative} = 5dB$，则上述原则可解释为：当前满足 CPICH_RSCP＞－100dBm 的导频个数大于 3 个，且最佳激活集导频 E_c/I_o 与第四强导频的 E_c/I_o 之差小于 5dB 时，判定存在导频污染。

西门子将导频污染定义为：当某点接收到的强导频数量超过 3 个，且强导频信号的 RSCP 大于－100dBm。按照 RSCP 进行排列，设第四强的导频信号和激活集最佳小区的导频信号差值为 D，由此定义导频污染程度：

严重导频污染　D≤4dB

中度导频污染　4dB＜D≤8dB

轻度导频污染　8dB＜D≤12dB

若 D＞12dB 或测量到的强导频信号数目小于 4，则认为无导频污染。如果最强导频信号的 RSCP≤－100dBm，则认为弱覆盖，不列入导频污染范畴。

当网络结构规划不合理，可能导致导频污染的问题比较严重。某地由于基站站址规划不合理，导致了比较严重的导频污染，如图 8.3-9 所示。导频污染可能会导致以下的网络问题：

(1) 低 E_c/I_o，高 BLER

由于有强导频存在而不能有效利用，则对其他的导频构成了干扰，导致 E_c/I_o 恶化，BLER 升高，提供的业务质量下降，或导致较高的掉话率。

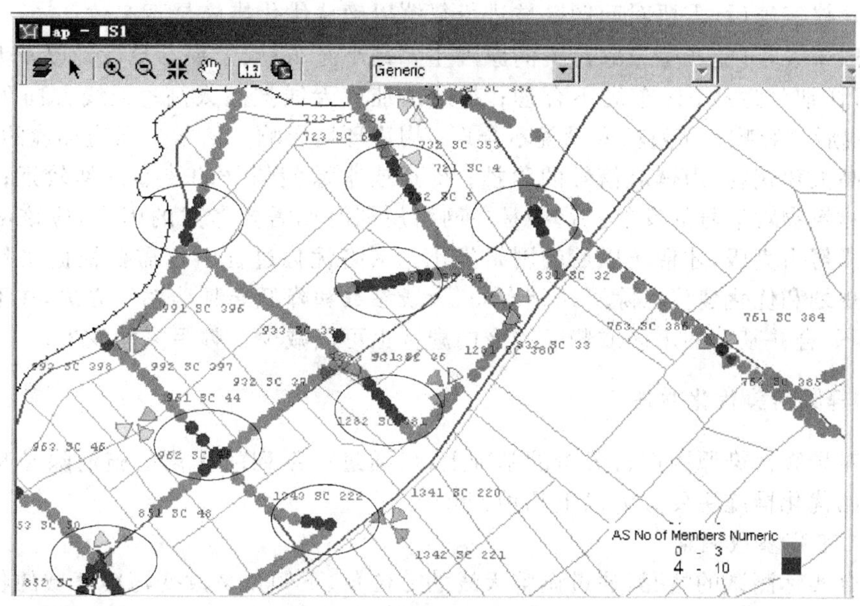

图 8.3-9 导频污染示意图

(2) 切换掉话

若存在 3 个以上的强导频，或多个导频中没有主导导频，则在这些导频之间容易发生频繁切换，从而可能造成切换掉话。

(3) 容量降低

存在导频污染的区域由于干扰增大，降低了系统的有效覆盖，使系统的容量受到影响。

1. 导频污染分析方法

如图 8.3-10 所示，为导频污染发生时 UE 测量数据的指标变化情况。导频污染会给激活集其他小区造成下行干扰，下行 E_c/I_o 和下行 BLER 会明显变差，下行的 RSSI 变化无明显规律，而上行的 UE 发射功率 TX 变化不大。在分析路测数据时，可选择 RSCP 高，而 E_c/I_o 差的区域作为可能存在导频污染的候选区域，判断该区域的导频污染是因为存在多个强导频造成的导频污染，还是因为缺少一个强导频造成的导频污染。对于前者应当从削弱其他强导频入手，对于后者应当从增强某一强导频入手，解决导频污染问题。

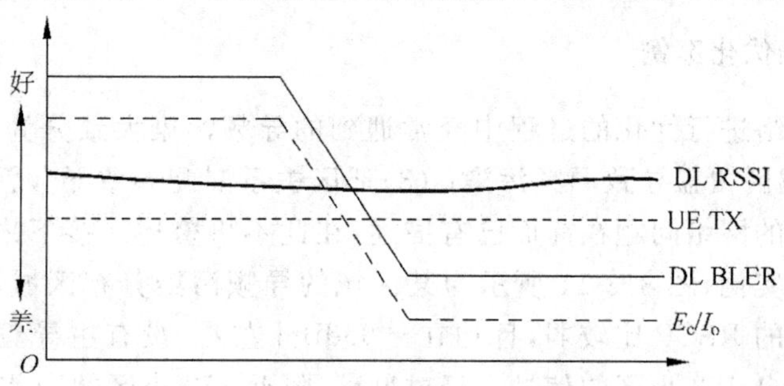

图 8.3-10 导频污染的指标变化情况

在优化建议实施后，需要对问题区域进行复测以确认优化措施是否有效。

一般来说，可能产生导频污染的原因主要是小区布局、工程参数设置以及无线环境的影响，可详细分为：小区布局不合理；基站选址或天线挂高太高；天线方向角设置不合理；天线后瓣影响；导频功率设置不合理；周边环境影响。信号受周边环境的影响，可以归纳为高大建筑物/山体对信号的阻挡；街道或水域使信号的传播延伸较远；或者是高大玻璃建筑物对信号的反射。这些是在网络规划时期需要考虑的因素，应该尽量在规划设计阶段努力克服，才便于以后的网络优化。网络优化过程中也需要根据实际情况提出适当的规划和优化建议。除了调整布局、天线参数和降低导频功率的方法，在不影响容量的条件下，合并基站的扇区或删除冗余的扇区也可以减少导频污染的发生。

2. 导频污染优化方法

在对导频污染原因进行分析的基础上，可通过一系列的优化措施消除导频污染。导频污染的优化措施主要分为以下几种：

(1) 工程参数调整

结合实际测试的情况，通过调整天线的方位角、下倾角来改变污染区域的各导频信号强度，从而改变导频信号在该区域的分布状况。调整的原则是增强主导导频，减弱其他导频。有些导频污染区域可能无法通过上述的调整来解决，可能根据具体情况考虑替换天线型号，增加反射装置或隔离装置，改变天线安装位置和挂高或改变基站位置等措施。

(2) 导频功率调整

导频污染是由于多个导频共同覆盖造成的，解决该问题的一个直接方法是提升一个小区的导频功率，降低其他小区的输出功率，形成一个主导频。当天线下倾角减小到一定程度，再增大会导致天线波瓣图畸变时，为缩小导频覆盖范围，可以减小导频功率；当天线下倾角减小到一定程度，再减小会导致越区覆盖时，为扩大导频覆盖范围，可以增大导频功率。功率调整可以和工程参数调整配合使用。

(3) 采用射频拉远基站(RRU)或者微蜂窝引入强导频

利用 RRU 或微蜂窝的目的是在导频污染区域引入一个强的信号覆盖，从而降低该区域其他信号的相对强度，改变多导频导致的导频污染状况。微蜂窝更适合于话务热点地区解决容量问题。若遇到因高大建筑或者山体阻挡导致某些区域没有强导频信号存在，这种情况下，调整天线下倾角对优化导频污染效果不明显，可根据实际需要通过增加射频拉远(RRU)加以解决。

3. 导频污染优化案例

在对实际网络进行优化的过程中经常遇到的导频污染大致分为几种情况：(1)无主覆盖小区；(2)越区覆盖导致导频污染；(3)邻区关系漏配导致导频污染。越区覆盖和邻区关系漏配导致的网络问题在前面已有描述，在此不再赘述。接下来列举无主覆盖小区导致的导频污染实例，图 8.3-11 所示为某区域的导频污染分布区域，该区域由于三个小区 763/831/833 的 RSCP 比较弱，且均在 −90dBm 左右，没有主导频小区。问题区域附近没有接收到来自 752 小区的信号。经过勘察，附近 752 小区的当前天线方向为 N190°，在此方向上受对面建筑物阻挡信号出不来。调整 752 小区的天线方向为 N260°后，复测后导频污染消除，752 小区在该处 RSCP 达到 −75dBm，通过引入主覆盖小区使问题解决，复测结果如图 8.3-12 所示。

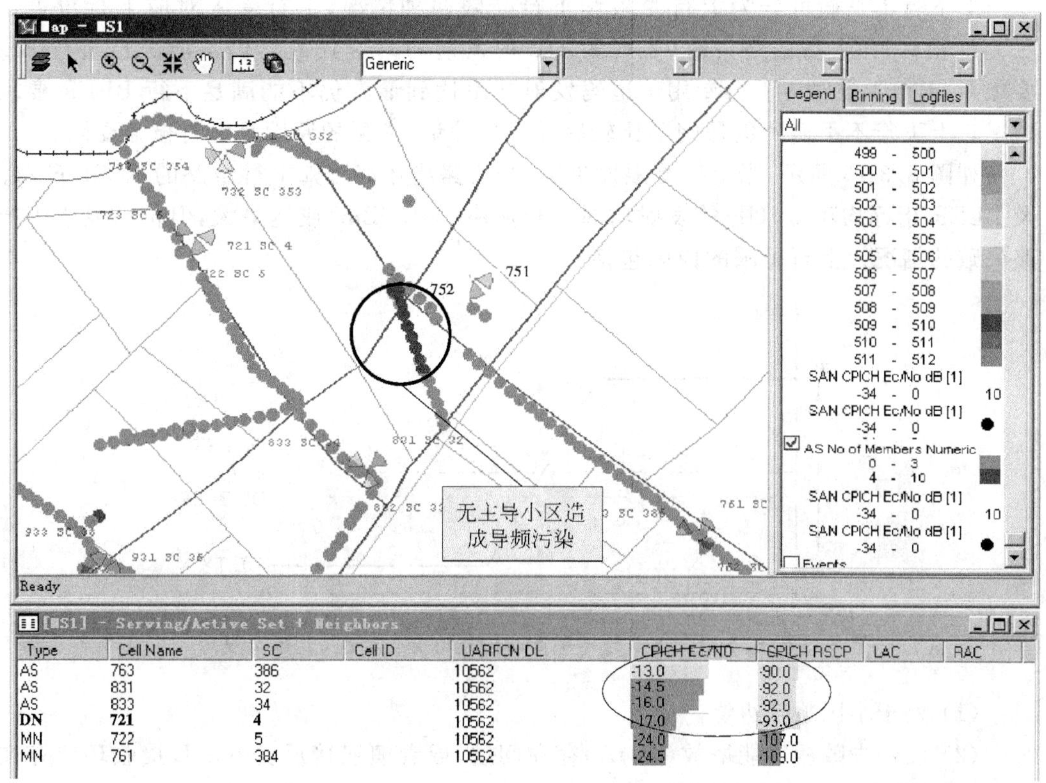

图 8.3-11 无主覆盖小区导致导频污染

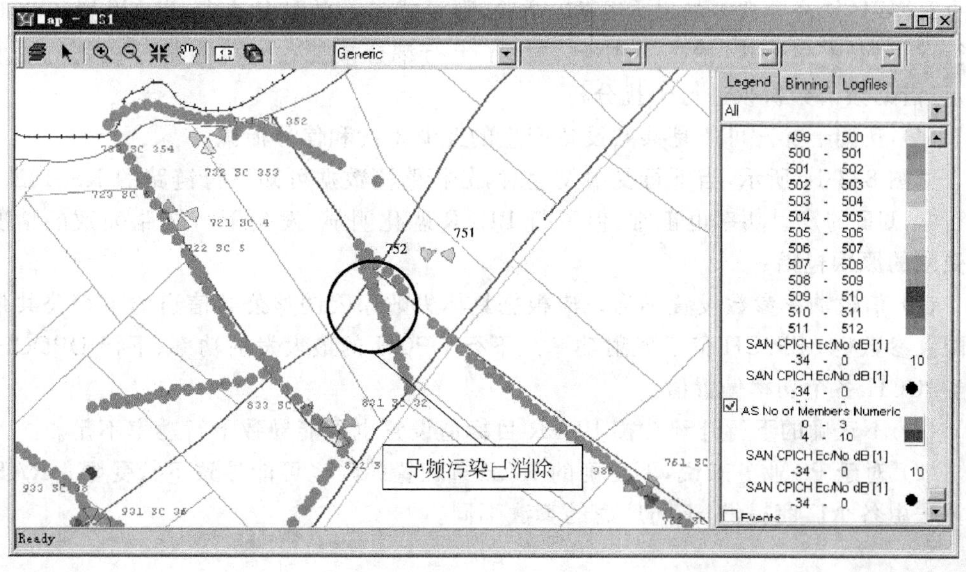

图 8.3-12 导频污染消除

8.3.5 上下行不平衡

上下行不平衡可分为上行受限和下行受限两种情况，上行受限对应下行覆盖良好(E_c/I_o很好)而上行链路失败(表现为 UE 的发射功率达到最大仍不能满足上行 BLER 要求)；下行受限对应下行专用信道码发射功率达到最大仍不能满足下行 BLER 要求的情况。上下行不平衡的覆盖问题比较容易导致掉话，常见的原因是上行覆盖受限。

如图 8.3-13 所示，当上行受限发生时，分析路测数据可知下行链路的 RSSI、E_c/I_o以及 BLER 指标均正常，UE 的发射功率上升很快(>15dBm)或达最大，但仍然发生上行链路失败的情况。上行受限的原因包括：

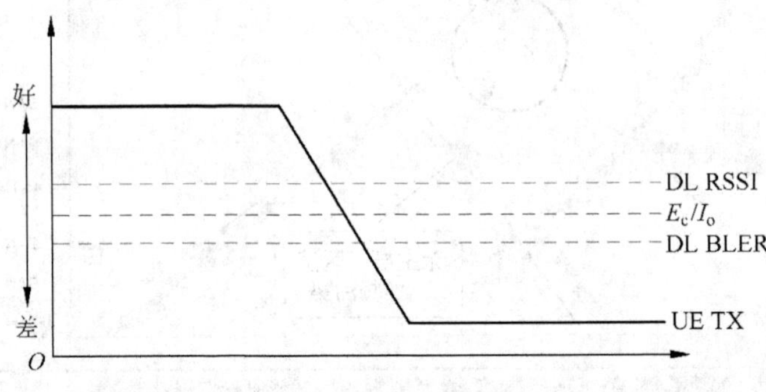

图 8.3-13 上下行不平衡时的指标变化情况(上行受限)

(1) 处于小区覆盖边缘。

(2) 硬件失败。可能塔放(TMA)存在问题，或者馈线接反、Node B 接收环节存在问题，应检查硬件的上行通道情况。

(3) 上行干扰。可通过系统消息 SIB7 查看上行干扰情况，或者通过后台查看 Node B 的 RTWP 是否异常。如果 RTWP 异常，则可能是直放站的上行增益设置不当对基站上行 RTWP 产生干扰，抬高了底噪，增大了上行耦合损耗。也可能是存在其他的外界干扰，可借助频谱分析仪进行干扰分析。

(4) 互调干扰。可能是共站设备产生的互调干扰和信号泄漏。

如图 8.3-14 所示，当下行受限发生时，分析路测数据可知下行链路的 RSSI、E_c/I_o指标正常，UE 的发射功率也正常，但下行 BLER 恶化明显，发生下行链路失败的情况。下行受限的原因包括：

(1) 信道功率参数设置不当。应根据具体失败原因调整公共信道的下行公共信道功率配置参数(如 CPICH 信道发射功率)、下行 DPCH 的最大发射功率、下行 DPDCH 与下行 DPCCH 各个功率偏置值。

(2) 不正确的下行外环功控 BLER 目标值设置也可能导致下行功率不足。

(3) 对于 PS 业务来说，不正确的 RAB 重配置门限也可能导致下行受限。RAB 重配置算法由各个厂商提供，不同厂商的算法不同。

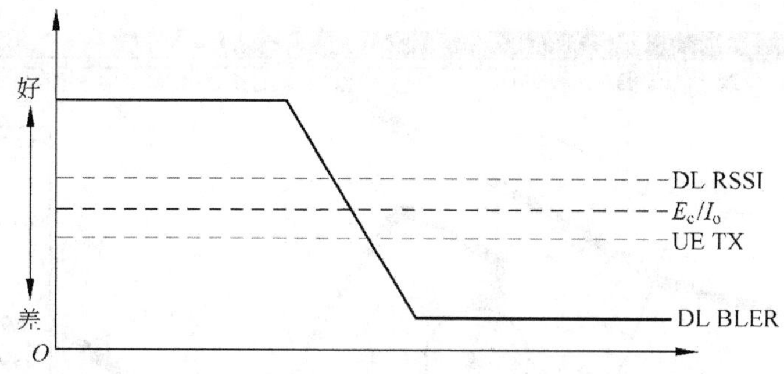

图 8.3-14　上下行不平衡时的指标变化情况(下行受限)

8.3.6　切换问题

造成切换问题的主要原因有两个，一是邻区列表设置问题，二是切换参数设置不合理。通常来说，掉话前后最佳小区不一致可能是邻区漏配，如果掉话前的最佳小区不是激活集中信号最强的小区，则可能是切换参数设置不合理导致没有及时触发切换。切换问题从信令流程上来看，CS 业务软切换时表现为 UE 收不到激活集更新信令(同频硬切换时为物理信道重配置信令)，PS 业务有时候会在切换之前先发生 TRB(业务无线承载)复位。

在 8.3.3 节中讨论了邻区优化的问题，接下来讨论由于切换参数设置不合理导致的切换问题。合理设置切换参数，包括各种切换事件的报告范围、切换迟滞、切换触发时间等，可解决相关的切换问题，这些参数将直接影响切换区域大小及切换成功率。举 1A 事件的参数来讲，减小 1A 事件报告范围，将缩小切换区域。如果该范围设置过小，导致服务小区与切换目标小区之间无法正常切换，降低切换成功率。若提高 1A 事件的切换迟滞或者增加切换触发时间，会缩小切换区域。如果 1A 事件的切换迟滞或切换触发时间过大，将导致切换成功率降低。

如图 8.3-15 所示，路测过程中，服务小区 1033 由于受附近建筑物阻挡，RSCP 突然降低，E_c/I_o 恶化到 −19dB，此时监测集小区 1042 和 1043 的 RSCP 与 E_c/I_o 均良好，但未来得及切换导致掉话。分析后调整相关参数，1A 事件触发时间由 200ms 到 100ms，1B 事件触发时间由 640ms 到 1280ms，使软切换加发生更及时，复测后问题解决，在问题区域可顺利将 1042 和 1043 加到激活集中，避免了掉话产生。

需要注意的是，软切换可以保证业务和覆盖的稳定性，但过多的软切换也会增加不必要的系统负荷。实际网络优化过程中可以根据当时网络的负载情况及周边环境，适当调整切换参数，合理控制软切换比例。对于一般道路、小区道路、高架道路和轻轨等不同地貌，因终端移动速度、覆盖强弱等因素的不同，软切换的策略应有所不同。对于终端移动速度较慢的一般道路和小区道路，较易产生乒乓切换，要通过参数设置，如设置较大的触发时间和较高的迟滞，减少切换次数；而对于终端移动速度较快的高架道路和轻轨，为了使切换能够及时进行以避免影响业务质量甚至掉话，要设置较小的触发时间和较低的迟滞；同时还可以针对覆盖高架道路和轻轨小区，设置不同的小区偏置(CIO)，以控制切换

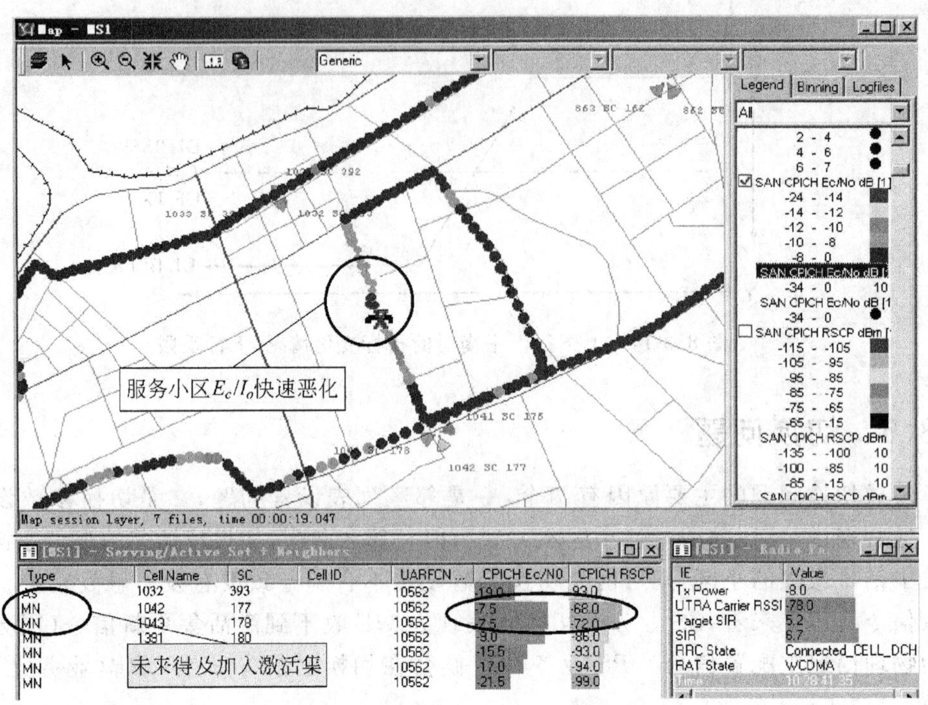

图 8.3-15　切换问题案例

发生在覆盖沿线的小区，避免不必要的切换。

下面总结了几点切换参数的优化经验如下：

(1) 减小滤波系数是提高切换成功率的有效手段，对减少切换不及时导致的掉话有明显效果，但该参数的减小会导致切换次数的增加。滤波系数越小，软切换越及时。典型值可以设置如下：

若切换区信号变化较慢，同频滤波系数可设为 7；

若切换区信号变化速度中等，同频滤波系数设为 6；

若切换区信号变化较快，同频滤波系数设为 3。

在密集城区高速移动场景下，建议初始设置较小的同频测量滤波系数为 3。

(2) 减小 1A 延迟触发时间是提高切换成功率的有效手段，对减少切换不及时导致的掉话有明显效果，但该参数的减小会导致软切换次数的增加。1A 延迟触发时间越小，新小区加入激活集越及时。在密集城区高速移动场景下，建议初始设置较小的 1A 延迟触发时间为 320ms。

(3) 增大 1A 事件报告范围是提高切换成功率的有效手段，对减少切换不及时导致的掉话有一定效果，但该参数的增大会导致软切换比例的增大。1A 事件报告范围越大，新小区加入激活集越容易。在密集城区高速移动场景下，建议初始设置较大的 1A 门限为 3dB。

(4) 小区偏置(CIO)最好不要针对所有小区进行调整，由切换掉话问题触发，当切换不及时的时候可以增大小区偏置，提早启动切换，但小区偏置取值加大时软切换比例会明显抬高。

（5）1B 延迟触发时间对切换成功率没有明显影响，但取值过小时软切换次数明显增加，取值过大时软切换比例明显抬高。在密集城区高速移动场景下，建议初始设置较大的 1B 延迟触发时间为 1280ms。

（6）1B 事件报告范围对切换成功率没有明显影响，但取值过小时软切换次数明显增加，取值过大时软切换比例明显抬高。建议初始设置 1B 门限为 5dB。

8.3.7　掉话问题

掉话问题的定位包括从路测数据、话统数据等角度来分析掉话问题。本节着重介绍利用路测数据来对 RF 掉话问题进行分析定位。如图 8.3-16 所示，从 RF 优化的角度来分析路测过程中遇到的掉话问题，可将掉话原因归结为如下几类(传输问题导致的掉话不包含在下面)：

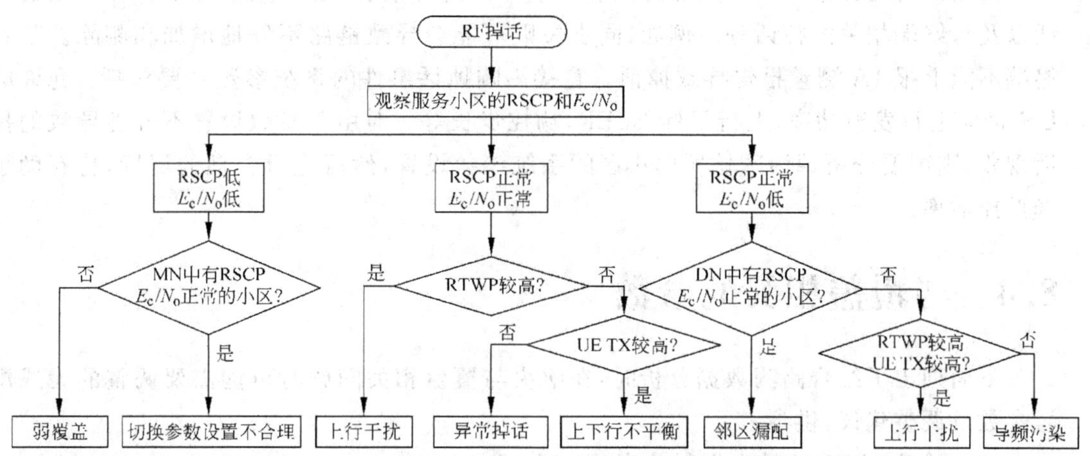

图 8.3-16　RF 掉话问题定位分析流程

（1）弱覆盖导致掉话

直接表征是 RSCP 低，E_c/I_o 低，且监测集中没有信号质量好的小区，导致下行 BLER 持续过高而掉话。优化措施为改善下行覆盖，具体措施见 8.3.1 节。

（2）上下行不平衡(上行受限)导致掉话

直接表征是 UE 发射功率过高，RSCP 和 E_c/I_o 正常，上行 BLER 持续过高导致掉话。具体优化措施见 8.3.5 节。

（3）干扰导致掉话

对于下行，当 RSCP 大于－85dBm，而 E_c/I_o 小于－13dB，此时产生的掉话基本上可认为是下行干扰的问题。对于上行 RTWP 比正常值(－104～－105dBm)超过 10dB，干扰时间超过 2～3s，就有可能是上行干扰造成掉话。若干扰来自外系统，则根据隔离度要求，采用空间隔离、滤波器等隔离措施消除干扰。对于工作频段附近存在的外界强干扰情况，可通过扫频仪及八木天线确定干扰源，排除或隔离外界强干扰。

(4) 导频污染导致掉话

RSSI指标正常,RSCP正常,E_c/I_o值过低,BLER持续过高导致掉话。具体优化措施见8.3.4节。

(5) 切换参数设置不合理导致掉话

掉话前服务小区的RSCP和E_c/I_o值过低,而监测集中有RSCP和E_c/I_o良好的小区存在,即掉话前的最佳小区不是激活集中信号最强的小区,很可能是由于切换参数不合理导致切换不及时而掉话。具体优化措施见8.3.6节。

(6) 邻区漏配导致掉话

掉话前服务小区的RSCP正常,但E_c/I_o值过低,而检测集中存在RSCP和E_c/I_o良好的小区。掉话后UE会重新驻留到新的服务小区而非掉话前的服务小区。具体优化措施见8.3.3节。

(7) 其他情况的异常掉话

其他情况的异常掉话常见的有同步失败导致的掉话、系统参数设置不合理导致的掉话以及与终端相关的掉话等。例如,同步失败可能会导致链路不停地增加和删除。某些终端不能上报1A测量报告导致掉话。直接影响掉话事件的系统参数主要包括:允许的UE最大上行发射功率,上行目标BLER,功控步长等。对由于参数设置不合理导致的掉话现象,则需要分析掉话区域所属小区的系统参数设置,然后进行合理的配置,将有助于降低掉话率。

8.4 与覆盖相关的参数

下面列出了结合路测数据分析时,在解决与覆盖相关问题时可能需要调整的无线配置参数及调整建议,供参考。

(1) 下行DPDCH最大发射功率(DLMaxPower)

表示下行DPDCH符号的最大发射功率,使用与CPICH的相对值来表示,根据不同的业务和数据速率进行设置,默认值见5.3.2节。配置大的专用链路发射功率有利于克服覆盖导致的掉话,但同样带来干扰问题。由于单个用户允许的功率大,当用户在边缘时可能采用较大的功率,从而对其他用户造成干扰,降低系统的下行容量。一般情况下该参数的配置由链路预算提供,适当增加或者减少1～2dB,在单次路测情况下很难看出对掉话的影响,但可以从话统指标上看出来变化。对某些由于覆盖原因存在较大掉话率的小区,可以考虑增加该参数;对于由于负载过高导致用户有较大的接入失败概率的小区,可以考虑适当降低该参数。

(2) CPICH信道发射功率

该参数定义小区内P-CPICH的发射功率,参数的设置需结合实际的系统环境,例如小区覆盖范围(半径)、地理环境。在要求覆盖的小区,以保证下行覆盖为前提。在有软切换区要求的小区,该参数的设定以保证网络规划要求的软切换区比例为宜。通常为小区下行总发射功率的10%。

(3) FACH 最大发射功率(MaxFACHPower)

该参数定义了 FACH 的最大发射功率，相对于 P-CPICH 进行设置。如果 FACH 的功率设置过低，会导致 UE 收不到 FACH 的数据包，或者收到错包的比例很大；如果设置过大，导致功率的浪费。设置 FACH 的最大发射功率能够保证目标 BLER 即可。在保证小区边缘的接入的 E_c/I_o 为 -12dB 的情况下，可以配置为 -1dB。

(4) 同频、异频、异系统小区搜索启动门限($S_{intrasearch}$，$S_{intersearch}$，$S_{searchRAT}$)

在 4.1.4 节中对这些参数的设置进行了充分讨论，请参考相关部分内容。

(5) 一个前导码攀升周期内前导码的重传最大次数(PreambleRetransMax)

该值设得过小会使得前导码功率不能升到所需值，UE 不能成功接入；设置过大可能会使 UE 不断升高功率，反复尝试接入对其他用户造成干扰。默认为 8，在接通率比较差的情况下，可以考虑适当提高。

(6) 层 3 滤波系数(k)

层 3 同频测量报告滤波时采用的测量平滑系数。该参数决定了滤波对信号的平滑能力，滤波系数越大，对毛刺的平滑能力越强，但对信号的跟踪能力减弱，必须在两者之间进行权衡。根据协议推荐，滤波系数常用值在{0，1，2，3，4，5，6}之间。同频滤波系数默认配置为 5，可以根据不同场景来设置，比如，在蜂窝密集的区域，可以设置为 2。

(7) 小区偏置(CIO)

同频切换小区 CPICH 测量值的偏移量，该值与实际测量值相加所得的数值用于 UE 的事件评估过程，在切换算法中起到移动小区边界的作用。该参数应根据实际环境配置。在配置邻区时如果希望切换容易发生，可以配成正值，否则配成负值。在切换算法中起到移动小区边界的作用。该参数设置越大，则软切换越容易，处于软切换状态的 UE 越多，但占用前向资源；设置越小，软切换越困难，有可能影响接收质量。默认值为 0，即忽略该参数的影响。举例说明一下，合理配置拐角效应产生的两个小区之间的小区偏置(CIO)，可使目标小区更容易加入。由于 CIO 只影响两个小区之间的切换行为，影响面相对较小，但 CIO 会对切换删除也产生影响，这种配置可能导致切换比例的增加。

第 9 章 WCDMA 话统数据分析方法

性能参数优化是在熟悉 WCDMA 各项关键算法和参数的基础上，对话统数据、路测数据、告警数据、用户投诉等数据进行综合分析的过程。话统数据是了解网络性能的重要手段，特别是在网络商用之后，各运营商对话务统计非常重视。因此，话统关键性能指标(Key Performance Indicator，KPI)的好坏是衡量网络性能的重要尺码，也是考察衡量优化工作是否有成效的一个重要方面。本章从介绍话统关键性能指标的计算方法及信令取样点入手，对各种失败原因进行分析。在解决复杂问题时，可能需要通过信令跟踪来进行定位。因此本章的基础是 WCDMA 的信令流程，网络优化工程师必须在熟悉信令的基础之上才能对话统指标和网络疑难杂症进行准确分析和定位。为方便读者查阅，也将一些关键的定时器参数单独作为一节进行描述。

9.1 话统关键性能指标定义

为了评估网络的性能，需要一些评估的定量指标。性能指标的选择取决于评估者，不同运营商对于 WCDMA 话统 KPI 的定义会有所不同。接下来列举的是反映网络整体性能不可缺少的话统 KPI，这些话务指标都是在性能原始采集数据、无线配置和物理配置数据的基础上，根据指标的相关算法计算而得到的二次统计指标，反映系统资源的配置和使用情况以及系统运行的实际状况，是判断系统整体性能指标的重要依据，大致分为呼叫建立类、呼叫保持类、移动管理类和系统资源类四大类，如表 9.1-1 所示。

表 9.1-1　话统关键性能指标

KPI 类别	KPI 名称	参考值
呼叫建立类	RRC 连接建立成功率	≥97%
	RAB 指配建立成功率	≥97%
	无线接通率	≥97%
呼叫保持类	CS 掉话率	≤0.5%
	PS 掉话率	≤0.6%
移动管理类	软切换成功率	≥97%
	系统内硬切换成功率	≥95%
	系统间硬切换成功率	≥94%
	软切换比例	30%～40%

续表

KPI 类别	KPI 名称	参考值
系统资源类	拥塞率	≤1%
	GPRS 附着成功率	≥98%
	PDP 激活成功率	≥98%
	PS 上行平均吞吐量	≥50kb/s
	PS 下行平均吞吐量	≥280kb/s
	最坏小区比例	
	超忙小区比例	
	超闲小区比例	
	小区的载频接收功率最大、最小和平均值	
	小区的载频发射功率最大、最小和平均值	
	小区载频发射功率利用率	
	小区码资源可用率	

9.1.1 呼叫建立类

1. RRC 连接建立成功率

RRC 连接建立成功率的定义以及信令取样点如表 9.1-2 所示，根据 RRC 连接建立的不同原因，可对各种原因的 RRC 连接建立成功率分开进行统计。根据 3GPP 协议规定[28]，RRC 连接建立的原因可分为 20 种，如表 9.1-3 所示，其中和业务相关的原因有 9 种，与业务无关的有 11 种，这些统计分项可帮助分析 RRC 连接建立失败的原因。

表 9.1-2　RRC 连接建立成功率(总体)

KPI 名称	计算公式
RRC 连接建立成功率	RRC 连接建立请求次数/RRC 连接建立成功次数×100%
KPI 计算分项	信令取样点
RRC 连接建立成功次数	RNC 收到 UE 的“RRC CONNECTION SETUP COMPLETE”消息
RRC 连接建立请求次数	RNC 收到 UE 发起的“RRC CONNECTION REQUEST 消息” 注：要求能够区分 RRC 建立请求的重发，即 RRC 建立请求次数不含 RRC 连接建立的重发次数

表 9.1-3　RRC 连接建立的原因

业务分类	序号	RRC 连接建立的原因
业务相关(主叫)	1	Originating Conversational Call
	2	Originating Streaming Call
	3	Originating Interactive Call
	4	Originating Background Call
	5	Originating Subscribed traffic Call

续表

业务分类	序号	RRC 连接建立的原因
业务相关(被叫)	6	Terminating Conversational Call
	7	Terminating Streaming Call
	8	Terminating Interactive Call
	9	Terminating Background Call
与业务无关	10	Emergency Call
	11	Inter-RAT cell re-selection
	12	Inter-RAT cell change order
	13	Registration
	14	Detach
	15	Originating High Priority Signaling
	16	Originating Low Priority Signaling
	17	Call re-establishment
	18	Terminating High Priority Signaling
	19	Terminating Low Priority Signaling
	20	Terminating-cause unknown

2. RAB 指配建立成功率

RRC 连接建立成功率的定义以及信令取样点如表 9.1-4 所示。根据业务不同，可以分为 CS 域 RAB 指配建立成功率和 PS 域 RAB 指配建立成功率。对于 CS 域来说，相关的取样信令中业务类型包含“Conversational”和“Streaming”；对于 PS 域来说，相关的取样信令中业务类型包含“Conversational”、“Streaming”、“Interactive”和“Background”。

表 9.1-4 RAB 指配建立成功率

KPI 名称	计算公式
RAB 指配建立成功率	RAB 指配建立请求的 RAB 数/RAB 指配建立成功的 RAB 数×100%
KPI 计算分项	信令取样点
RAB 指配建立请求的 RAB 数	RNC 收到 CN 发来的“RAB ASSIGNMENT REQUEST”消息中请求建立的 RAB 数目
RAB 指配建立成功的 RAB 数	RNC 向 CN 发送的“RAB ASSIGNMENT RESPONSE”消息中建立成功的 RAB 数目

3. 无线接通率

无线接通率综合考察一个完整的呼叫建立过程中无线部分的接通完成情况，包括 RRC 连接建立过程和 RAB 建立过程。接通率是反映 WCDMA 系统性能最重要的指标，也是运营商十分关注的指标。无线接通率的定义为

无线接通率＝RAB 指配建立成功率×RRC 连接建立成功率(业务相关)×100%

9.1.2　呼叫保持类

通过统计 RNC 触发释放的 RAB 个数，可以得到业务异常中断次数；通过统计 RAB 指配建立成功的 RAB 个数，可以得到业务建立次数，进而得到掉话率。根据业务的不同，可以分为 CS 掉话率和 PS 掉话率，掉话率的定义以及信令取样点如表 9.1-5 所示。3GPP 协议[29]的 9.2.1.4 节中定义了引起掉话的各种原因，可分别统计各种原因引起的 CS 掉话和 PS 掉话的比例，便于为分析掉话原因提供依据，及时对网络进行调整以达到最好的性能。

表 9.1-5　掉话率

KPI 名称	计 算 公 式
掉话率	RNC 触发释放的 RAB 数目/RAB 指配建立成功的 RAB 数目×100%
KPI 计算分项	信令取样点
RNC 触发释放的 RAB 数目	(1) 业务面掉话(TRB 复位)：RAB 指配建立成功后，由于出现异常情况，RNC 向 CN 发送“RAB RELEASE REQUEST”消息中请求释放的 RAB 数目 (2) 信令面掉话(SRB 复位)：RAB 指配建立成功后，由于出现异常情况，RNC 先向 CN 发送“IU RELEASE REQUEST”消息，其后 CN 发送释放原因“Release due to UTRAN Generated Reason”的“IU RELEASE COMMAND”中请求释放的 RAB 数目
RAB 指配建立成功的 RAB 数	RNC 向 CN 发送的“RAB ASSIGNMENT RESPONSE”消息中建立成功的 RAB 数目

9.1.3　移动性管理类

1. 软切换成功率

软切换可分为软切换和更软切换，区别在于：更软切换发生在同一 Node B 的不同小区之间，在 Node B 对上行信号进行最大比合并，软切换发生在不同 Node B 的不同小区之间，在 RNC 对上行信号进行选择性合并。软切换成功率(包含更软切换)的定义以及信令取样点如表 9.1-6 所示，也可分别统计软切换成功率(不含更软切换)和更软切换成功率。

表 9.1-6　软切换成功率

KPI 名称	计 算 公 式
软切换成功率	软切换成功次数/软切换请求次数×100%
KPI 计算分项	信令取样点
软切换成功次数	RNC 收到 UE 发来的“ACTIVE SET UPDATE COMPLETE”消息
软切换请求次数	RNC 向 UE 发送“ACTIVE SET UPDATE”消息

2. 系统内硬切换成功率

系统内硬切换成功率包含同频硬切换成功率、异频硬切换成功率，如果以小区为单位进行统计，可以为同频/异频硬切换成功率分别统计切出小区和切入小区两种情况。系统内硬切换成功率(包含同频和异频)的定义以及信令取样点如表 9.1-7 所示。

表 9.1-7 系统内硬切换成功率

KPI 名称	计算公式
系统内硬切换成功率	系统内硬切换成功次数/系统内硬切换尝试次数×100%
KPI 计算分项	信令取样点
系统内硬切换尝试次数	RNC 发送的消息： (1) RNC 向 UE 发送“RADIO BEARER SETUP”消息 (2) RNC 向 UE 发送“RADIO BEARER RECONFIGURATION”消息 (3) RNC 向 UE 发送“RADIO BEARER RELEASE”消息 (4) RNC 向 UE 发送“TRANSPORT CHANNEL RECONFIGURATION”消息 (5) RNC 向 UE 发送“PHYSICAL CHANNEL RECONFIGURATION”消息
系统内硬切换成功次数	RNC 收到 UE 相应的成功响应消息： (1) RNC 收到 UE 发送的“RADIO BEARER SETUP COMPLETE”消息 (2) RNC 收到 UE 发送的“RADIO BEARER RECONFIGURATION COMPLETE”消息 (3) RNC 收到 UE 发送的“RADIO BEARER RELEASE COMPLETE”消息 (4) RNC 收到 UE 发送的“TRANSPORT CHANNEL RECONFIGURATION COMPLETE”消息 (5) RNC 收到 UE 发送的“PHYSICAL CHANNEL RECONFIGURATION COMPLETE”消息

3. 系统间硬切换成功率

系统间硬切换成功率包含系统间 CS 硬切换成功率(WCDMA→GSM)、系统间 PS 硬切换成功率(WCDMA→GPRS)，它们的定义以及信令取样点如表 9.1-8 和表 9.1-9 所示。这里没有列举 CS 硬切换成功率(GSM→WCDMA)和 PS 硬切换成功率(GSM→WCDMA)。

表 9.1-8 系统间 CS 硬切换成功率

KPI 名称	计算公式
系统间 CS 硬切换成功率(WCDMA→GSM)	CS 硬切换成功次数(WCDMA→GSM)/CS 硬切换尝试次数(WCDMA→GSM)×100%
KPI 计算分项	信令取样点
CS 硬切换尝试次数 WCDMA→GSM	RNC 向 UE 发“HANDOVER FROM UTRAN COMMAND”消息
CS 硬切换成功次数 WCDMA→GSM	RNC 收到 CN 发送的“IU RELEASE COMMAND”消息，释放原因为“Success Relocation”或“Normal Case”

表 9.1-9　系统间 PS 硬切换成功率

KPI 名称	计算公式
系统间 PS 硬切换成功率(WCDMA→GPRS)	[UTRAN 发起 PS 硬切换成功次数(WCDMA→GPRS)＋UE 发起 PS 硬切换成功次数(WCDMA→GPRS)]/[UTRAN 发起 PS 硬切换尝试次数(WCDMA→GPRS)＋UE 发起 PS 硬切换尝试次数(WCDMA→GPRS)]×100％
KPI 计算分项	信令取样点
UTRAN 发起 PS 硬切换成功次数(WCDMA→GPRS)	RNC 接收到 CN 发送的"RANAP IU RELEASE COMMAND"消息，释放 IU 原因是"Normal Release"或"Successful Relocation"
UE 发起 PS 硬切换成功次数(WCDMA→GPRS)	RNC 接收到 CN 发送的"RANAP IU RELEASE COMMAND"消息，释放 IU 原因是"Normal Release"或"Successful Relocation"
UTRAN 发起 PS 硬切换尝试次数(WCDMA→GPRS)	RNC 向 UE 发送"RRC CELL CHANGE ORDER FROM UTRAN"消息
UE 发起 PS 硬切换尝试次数(WCDMA→GPRS)	RNC 接收到 CN 发送的"SRNS CONTEXT REQUEST"消息

对于系统间 PS 域切换(WCDMA→GPRS)，既可以由 UE 发起，也可以由网络侧发起。当 UE 处于 CELL_FACH、CELL_DCH 状态时，如果 UE 测量到 GPRS 小区的信号并上报异系统测量报告，UTRAN 可判决发起 PS 域系统间切换出；当 UE 处于 CELL_FACH、CELL_PCH 或者 URA_PCH 状态时，UE 可根据小区重选准则重选到 GPRS 网络中。UE 重选进入 GPRS 网络后，将重新建立 PS 域业务。

4. 软切换比例

该指标是影响小区和网络的容量及覆盖的关键指标。软切换比例过小会导致通信质量下降、掉话和覆盖问题；软切换比例过大又会导致系统资源浪费、网络容量下降。软切换比例可以小区或以 RNC 为单位进行统计，以小区为单位进行统计的计算公式为

软切换比例＝UE 的激活集中其他小区的平均无线链路数/UE 的激活集中包含本小区的平均无线链路数×100％

每个 UE 都只在其激活集中最好小区内进行统计。其中，"UE 的激活集中其他小区的平均无线链路数"＝∑(将本小区作为最佳小区的 UE 的激活集中总无线链路数－1)在各采样点的平均值。

9.1.4　系统资源类

1. 最坏小区比例

在进行话统分析时要对最坏小区进行重点分析，最坏小区是指由于网络自身的问题(如资源、无线环境、硬件质量等)导致的对用户影响最为明显的小区。最坏小区的定义为：在一定 RAB 建立成功次数上，掉话率大于 X 或者无线接通率大于 Y 的小区数目，此处 X、Y 由运营商根据网络不同运营时期具体决定。

最坏小区比例计算为：最坏小区比例＝最坏小区总数/可用小区总数×100％。

2. 小区的载频接收功率最大值、最小值和平均值

RTWP(接收带宽总功率)是进行话统分析时对反向负荷和干扰进行判断的重要依据。在小区建立完成后，如果配置要求进行接收功率测量，Node B 向 RNC(无线网络控制器)周期性发送接收总带宽功率测量报告“COMMON MEASUREMENT REPORT”。通过统计载频接收功率最大值、最小值和平均值，估计系统在一段时间内曾经遇到的最大、最小上行负载及这段时间内的平均上行负载。RTWP 的正常范围应该在－104～－105dBm 左右。

3. 小区的载频发射功率最大值、最小值和平均值

通过统计载频发射功率最大值、最小值及平均值，估计系统在一段时间内曾经遇到的最大、最小下行负载及这段时间内的平均下行负载。在小区建立完成后，如果配置要求进行小区载频发射功率测量，Node B 会向 RNC(无线网络控制器)周期性发送载频发射总带宽功率测量报告“COMMON MEASUREMENT REPORT”。

4. 小区载频发射功率利用率

小区载频发射功率的利用率反映了系统在一段时间内的平均下行负载具体值，其定义为：

小区载频发射功率的利用率＝小区载频发射功率的平均值/配置的小区载频最大发射功率×100％。

5. 小区码资源可用率

小区码资源可用率反映下行码资源的使用情况，为网络规划和网络优化提供依据。根据协议规定，下行链路扩频因子(SF)的取值是从 4～512。小区码资源可用率表示当前码树上未分配的码资源与全部码资源的比例，可以准确反映当前小区的码资源的使用情况。

假设小区中已分配 N 个码字，每个码字的扩频因子分别为 $SF_i(i=1,\cdots,N)$，则码资源的可用率 η 为

$$\eta = 1 - \sum_{i=1}^{N} \frac{1}{SF_i}$$

6. 超忙小区比例

超忙小区反映了该小区资源利用率的程度，超忙小区定义为：指小区载频发射功率的利用率大于 X 或小区码资源平均占用率大于 Y 的小区，其中小区码资源平均占用率＝1－小区码资源平均可用率。

超忙小区比例的定义为：超忙小区比例＝超忙小区总数/可用小区总数×100％。

7. 超闲小区比例

超闲小区反映了该小区资源利用率的程度，超闲小区定义为：小区载频发射功率的利用率小于 X 的小区。超闲小区比例的定义为：超闲小区比例＝超闲小区总数/可用小

区总数×100%。

8．拥塞率

拥塞统计包括信令拥塞和业务拥塞，对应的为信令拥塞率和业务拥塞率，定义以及信令取样点如表 9.1-10 和表 9.1-11 所示。业务拥塞率根据请求的业务种类不同，可以分为 CS 业务拥塞率和 PS 业务拥塞率。

表 9.1-10 信令拥塞率

KPI 名称	计算公式
信令拥塞率	RRC 连接拒绝次数(原因为“congestion”)/RRC 连接建立请求次数×100%
KPI 计算分项	信令取样点
RRC 连接拒绝次数	RNC 向 UE 发送“RRC CONNECTION REJECT”消息，原因为“congestion”
RRC 连接建立请求次数	RNC 收到 UE 发起的“RRC CONNECTION REQUEST 消息” 注：要求能够区分 RRC 建立请求的重发，即 RRC 建立请求次数不含 RRC 连接建立的重发次数

表 9.1-11 业务拥塞率

KPI 名称	计算公式
业务拥塞率	RAB 指配建立失败的 RAB 数(原因为“No Resource Available”)/RAB 指配建立请求的 RAB 数×100%
KPI 计算分项	信令取样点
RAB 指配建立失败的 RAB 数	RNC 向 CN 发送“RANAP RAB ASSIGNMENT RESPONSE”消息中的建立失败的 RAB 数目，失败原因为“No Resource Available”
RAB 指配建立请求的 RAB 数	RNC 收到 CN 发来的“RAB ASSIGNMENT REQUEST”消息中请求建立的 RAB 数目

9．BLER

传输信道的误块率是反映无线接口上的信号传输质量的重要指标，可分为上行 BLER 和下行 BLER，分别表示在统计周期内收到的上行和下行传输块中出现误块的比例。定义分别如下：

上行 BLER=(收到的上行传输块中误块的个数/收到的上行传输块总数)×100%

下行 BLER=(收到的下行传输块中误块的个数/收到的下行传输块总数)×100%

本指标不涉及信令取样点。

10．PDP 激活成功率

PDP 激活成功率反映了 MS 发起的 PDP 上下文激活过程的成功率，本指标可以分为 UE 发起的 PDP 激活成功率和网络侧发起的激活成功率两部分，面向 SGSN(服务 GPRS 支撑节点)进行统计，定义以及信令取样点如表 9.1-12 和表 9.1-13 所示。

表 9.1-12 MS发起的PDP激活成功率

KPI名称	计算公式
UE发起的PDP激活成功率	PDP上下文激活成功次数/PDP上下文激活请求次数×100%
KPI计算分项	信令取样点
PDP上下文激活成功次数	SGSN向UE发送"Activate PDP Context Accept"消息
PDP上下文激活请求次数	UE收到"Activate PDP Context Request"消息

表 9.1-13 网络侧发起的PDP激活成功率

KPI名称	计算公式
网络侧发起的PDP激活成功率	PDP上下文激活成功次数/PDP上下文激活请求次数×100%
KPI计算分项	信令取样点
PDP上下文激活成功次数	SGSN向UE发送"Activate PDP Context Accept"消息
PDP上下文激活请求次数	收到GGSN的"PDU_NOTIFICATION_REQ"消息

11. 附着成功率

UE的附着过程可以分为GPRS附着、联合附着和已IMSI附着的GPRS附着，相应地可分为三类附着成功率，分别反映UE发起的附着过程的成功率，面向SGSN进行统计。定义以及信令取样点如表9.1-14～表9.1-16所示。

表 9.1-14 GPRS附着成功率

KPI名称	计算公式
GPRS附着成功率	附着成功次数/附着请求次数×100%
KPI计算分项	信令取样点
附着成功次数	向UE发送"ATTACH ACCEPT"消息，指出已经GPRS附着
附着请求次数	UE收到"ATTACH REQUEST"消息，指出是GPRS附着

表 9.1-15 联合附着成功率

KPI名称	计算公式
联合附着成功率	附着成功次数/附着请求次数×100%
KPI计算分项	信令取样点
附着成功次数	向UE发送"ATTACH ACCEPT"消息，指出已经联合附着
附着请求次数	UE收到"ATTACH REQUEST"消息，指出是联合附着

表 9.1-16 已IMSI附着的GPRS附着成功率

KPI名称	计算公式
已IMSI附着的GPRS附着成功率	附着成功次数/附着请求次数×100%
KPI计算分项	信令取样点
附着成功次数	向UE发送"ATTACH ACCEPT"消息，指出已IMSI附着的GPRS附着请求成功接收
附着请求次数	BUE收到"ATTACH REQUEST"消息，指出是已IMSI附着的GPRS附着

12. 平均数据吞吐量

数据吞吐量反映在统计时间内的数据传输速率，按小区进行统计。可根据不同的 PS 业务，对上下行链路分别进行统计。计算公式为

上行 PS 平均吞吐量＝SRNC 中专用传输信道 PS 业务的上行字节数/统计时长

下行 PS 平均吞吐量＝SRNC 中专用传输信道 PS 业务的下行字节数/统计时长

9.2 关键定时器参数

在此将 WCDMA 的关键定时器参数做了一个汇总，包括各个定时器的参数意义、定时器启动和停止的条件、超时处理以及参数设置建议，以方便读者查阅，T302、T312、T313、T314、T315、TRLFAILURE 是与掉话性能相关的定时器，而 T313 和 TRLFAILURE 分别为下行无线链路和上行无线链路失败定时器，T314、T315 为无线链路重建相关的定时器。更深一步了解可参考文献[28]的相关内容。

9.2.1 UE 空闲模式定时器参数

UE 空闲模式的定时器及相应常量参数如表 9.2-1 所示。

表 9.2-1　UE 空闲模式定时器参数

参数名称	参数含义	取值范围及设置建议
T300	当 UE 发送“RRC CONNECTION REQUEST”消息后启动，当收到“RRC CONNECTION SETUP”消息后停止。一旦超时，若重发次数小于 N300，则重发“RRC CONNECTION REQUEST”消息，否则进入空闲模式	取值范围：[100，200，400，600，800，1000，1200，1400，1600，1800，2000，3000，4000，6000，8000]ms，默认设置为 2000ms T300 的设置应结合 UE、UTRAN 处理时延以及传播时延考虑，T300 设置越大，UE 等待时间越长
N300	表示重发“RRC CONNECTION REQUEST”消息的最大次数。一旦超时，若重发次数小于 N300，则重发“RRC CONNECTION REQUEST”，否则进入空闲模式	取值范围：[0，…，7]，默认设置为 5，建议设置为 3。N300 设置越大，RRC 连接成功建立的可能性越高，同时用于 RRC 建立的时间也可能越长，有可能出现某个 UE 反复尝试接入和发送连接建立请求，而对其他用户造成较强干扰的情况
T312	当 UE 开始建立专用信道时启动 T312 定时器，当 UE 从 L1 层检测到连续 N312 个同步指示后停止 T312 定时器。当 T312 超时，说明物理层的信道建立失败	取值范围为：[1，…，15] s，默认设置为 1s，建议设置为 6。T312 越长，同步上的可能性越大，但同步时间越长
N312	表示 UE 从 L1 层收到连续同步指示的最大次数	取值范围为：[1，2，4，10，20，50，100，200，400，600，800，1000]，默认值为 1

9.2.2 UE 连接模式定时器参数

UE 连接模式的定时器及相应常量参数如表 9.2-2 所示。

表 9.2-2 UE 连接模式定时器参数

参数名称	参数含义	取值范围及设置建议
T302	当 UE 发送“CELL UPDATE/URA UPDATE”消息后启动，当收到“CELL UPDATE CONFIRM/URA UPDATE CONFIRM”消息后停止。一旦超时，若重发次数小于 N302，则重发“CELL UPDATE/URA UPDATE”消息，否则进入空闲模式	取值范围：[100，200，400，600，800，1000，1200，1400，1600，1800，2000，3000，4000，6000，8000]ms，默认值为 2000ms
N302	表示“CELL UPDATE/URA UPDATE”消息最大重发次数	取值范围：[0，…，7]，默认值为 3
T304	当 UE 发送“UE CAPABILITY INFORMATION”消息后启动，当收到“UE CAPABILITY INFORMATION CONFIRM”消息后停止。一旦超时，若重发次数小于 N304，则 UE 重发“CAPABILITY INFORMATION”消息，否则初始化小区更新过程	取值范围：[100，200，400，1000，2000]ms，默认值为 2000ms
N304	表示“UE CAPABILITY INFORMATION”消息的最大发送次数	取值范围：[0，…，7]，默认值为 2
T305	该定时器用于周期性的小区或者 URA 更新过程，本参数指示了 UE 进行小区或 URA 更新过程的时间间隔。当 UE 进入 CELL_FACH 或 URA_PCH 或 CELL_PCH 状态，收到“CELL UPDATE CONFIRM/URA UPDATE CONFIRM”消息后启动，当 UE 进入其他状态后停止。一旦超时，若 T307 定时器没有启动且 UE 检测处于服务区域，则发送“CELL UPDATE”消息。否则，如果 T307 定时器没有启动则启动 T307 定时器	取值范围：[5，10，30，60，120，360，720，∞]，单位为分钟，默认值为 30 分钟，∞表示不进行小区或 URA 更新。建议值为 10 分钟
T307	当 T305 定时器超时，且 UE 检测离开服务区域，则启动，当 UE 检测处于服务区域则停止。一旦超时，进入空闲模式	取值范围：[5，10，15，20，30，40，50]s，默认值为 30s
T308	当 UE 发送“RRC CONNECTION RELEASE COMPLETE”消息后启动，该定时器不停止。一旦超时，若重发次数小于 N308，则重发“RRC CONNECTION RELEASE COMPLETE”消息，否则进入空闲模式	取值范围：[40，80，160，320]ms，默认值为 160ms，建议值为 40ms
N308	表示“RRC CONNECTION RELEASE COMPLETE”消息的最大发送次数	取值范围：[1，…，8]，默认值为 1

续表

参数名称	参 数 含 义	取值范围及设置建议
T309	当 UE 在连接模式下重选到属于其他无线接入系统的一个小区，或者接收到“CELL CHANGE ORDER FROM UTRAN”消息后启动，当 UE 在一个新小区成功建立连接后停止。一旦超时，继续尝试与原 UTRAN 的连接	取值范围：[1,…,8]s，默认值为 5s，建议值为 7s
T313	当 UE 从 L1 层检测到连续 N313 个失步指示后启动，当 UE 从 L1 层检测到连续 N315 个同步指示后停止。一旦超时，表明下行无线链路失败	取值范围：[1,…,15]s，默认值为 3s
N313	从 L1 层接收到连续失步指示的最大次数	取值范围：[1,2,4,10,20,50,100,200]，默认值为 20，建议值为 50
N315	在 T313 激活期间，从 L1 层接收到连续同步指示的最大次数	取值范围：[1,2,4,10,20,50,100,200,400,600,800,1000]，默认值为 1
T314	当满足无线链路失败准则，且只有与 T314 定时器关联的无线承载存在时才会启动 T314 定时器。当小区更新过程完成后停止 T314 定时器。在对应的 T314 超时之前，如果由“CELL UPDATE CONFIRM”配置的无线链路重配置不成功，则还可以重发“CELL UPDATE”信令，进行无线链路的重配置(与 T302 和 N302 有关)，给无线链路重配置以机会。一旦 T314 超时，则删除对应的业务承载(RB)	取值范围：[0,2,4,6,8,12,16,20]s，默认值为 12s，建议值为 20s。配置时应满足：T314＞T302×N302
T315	当满足无线链路失败准则，且只有与 T315 定时器关联的无线承载存在时才会启动 T315 定时器。当小区更新过程完成后停止 T315 定时器。在对应的 T315 超时之前，如果由“CELL UPDATE CONFIRM”配置的无线链路重配置不成功，则还可以重发“CELL UPDATE”信令，进行无线链路的重配置(与 T302 和 N302 有关)，给无线链路重配置以机会。一旦 T315 超时，则删除对应的业务承载(RB)	取值范围：[0,10,30,60,180,600,1200,1800]s，默认值为 180s，建议值为 30s。配置时应满足：T315＞T302×N302
T316	当 UE 在 URA_PCH 或 CELL_PCH 状态检测到离开服务区则启动 T316 定时器，当小区检测到进入服务区域停止 T316 定时器。一旦超时，如果检测到进入服务区域则 UE 发起小区更新过程，否则启动 T317 定时器，当 UE 检测到进入服务区域后状态迁移至 CELL_FACH，并发起小区更新过程	取值范围：[0,10,20,30,40,50,…,∞]s，默认值为 30s
T317	当 T316 定时器超时，或者当 UE 在 CELL_FACH 状态检测到离开服务区，则启动 T317 定时器。当 UE 检测到进入服务区域后停止 T317 定时器。一旦超时，UE 状态迁移至空闲模式	3GPP Release5 版本将此值设置为∞

9.2.3 Iub 定时器参数

Iub 定时器参数在此只介绍与无线链路失败相关(即与掉话相关)的三个参数,如表 9.2-3 所示。

表 9.2-3 Iub 定时器参数

参数名称	参数含义	取值范围及设置建议
TRLFAILURE	该值为上行无线链路失败定时器。当无线链路集处于同步状态,Node B 在收到 NOUTSYNCIND 个连续不同步指示后需要启动该定时器。在收到连续 NINSYNCIND 个同步指示后 Node B 应停止和复位该定时器。如果定时器超时,Node B 会触发无线链路失败过程,并且指示哪个上行无线链路集处于非同步	取值范围:[0,1,…,255],表示[0,0.1,…,25.5]s,默认值为 5s
NINSYNCIND	该值定义 Node B 触发无线链路恢复过程需要接收到的连续同步指示次数。无线链路集保持在初始状态直到从 L1 层收到 NINSYNCIND 个连续同步指示,此时 Node B 触发无线链路恢复过程指示无线链路集已同步,一旦无线链路恢复过程被触发,无线链路集就被视为处于同步状态	取值范围:[1,2,…,256],默认值为 5
NOUTSYNCIND	该值定义启动无线链路失败定时器需要接收到的连续不同步指示次数。当无线链路集处于同步状态,Node B 在收到 NOUTSYNCIND 个连续不同步指示后需要启动无线链路失败定时器。在收到连续 NINSYNCIND 个同步指示后 Node B 应停止和复位无线链路失败定时器。如果无线链路失败定时器超时,Node B 会触发无线链路失败过程,并且指示哪个无线链路集处于非同步	取值范围:[1,2,…,256],默认值为 5

9.3 话统分析方法

话务统计数据是了解网络性能的重要手段,话统分析的最终目的是指导网络优化或网络评估,通过对具体话统指标的分析,找出可能导致指标差的原因,快速定位问题并提出网络优化建议。本节及下一节将提供网络优化工程师在利用话统解决问题时的方法和思路,帮助优化工程师有步骤地分析定位网络问题,优化 WCDMA 网络达到预期指标要求。话统指标是网络内在问题的表现形式,网络优化工程师需要通过对外在表象的分析,找出问题的焦点,如通过对整体 RNC 指标分析锁定某些有问题的指标、通过对最差小区分析锁定某些问题小区、通过对指标区域相关性的分析锁定问题的区域,然后通过对指标分项和失败计数器的分析,必要时结合信令跟踪等手段,找出焦点问题的原因和解决方案。当然，要想达到透过现象看本质的能力，需要建立在熟悉网络信息、熟练掌握各话统指标计数器原理以及信令流程和关键参数的基础之上。

9.3.1　话统分析流程

话统分析的流程如图 9.3-1 所示，大致可以分为如下几个阶段：

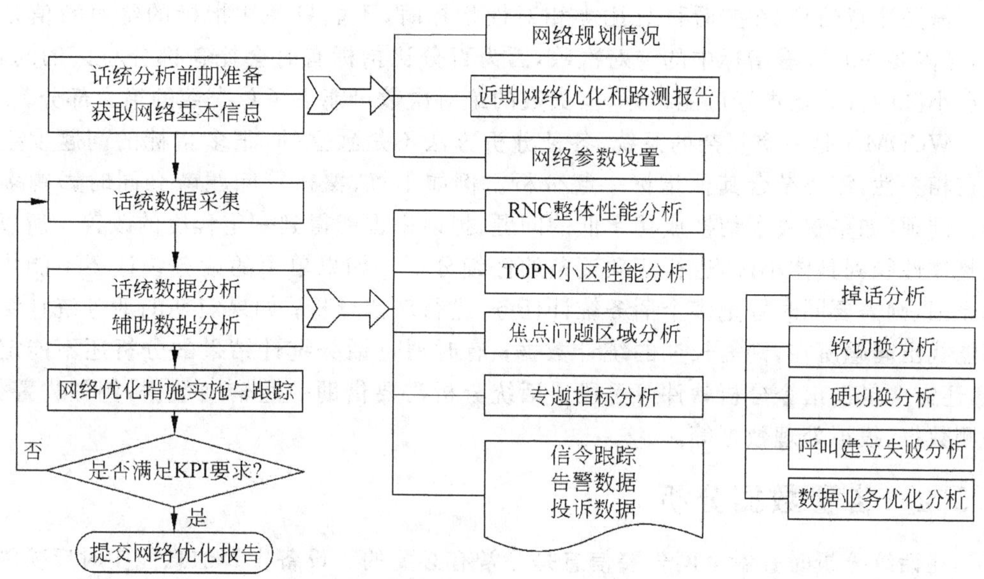

图 9.3-1　话统分析流程

(1) 在话统分析前需要进行前期准备，掌握网络的基本信息。对现网有一个整体的了解是非常必要的，通过规划报告了解网络前期的规划思路，通过近期的网络优化报告获取近期优化的内容，通过对工程参数和网络拓扑结构的分析建立网络的整体印象并可能从中发现一些明显问题。通过分析现有小区参数设置模板以及软硬件版本，可对目前系统中采用的关键算法开关、当前软硬件版本可能存在的问题有个清晰分析和了解，避免在定位问题上走弯路。

(2) 话统数据采集可分为两个阶段，第一阶段可采集各主要指标，如 RRC 建立成功率、RAB 建立成功率、掉话率、各种切换成功率以及系统资源类指标，通过对这些指标进行整体分析明确需要重点分析的焦点问题、目标小区或区域：某些差的指标、最坏小区、问题区域等。第二阶段数据采集针对这些目标小区和焦点指标进行详细话统数据采集，统计出失败的直接原因和次数。因为只有通过对失败原因的逐项分析，才可以准确推断造成失败的因素，从而采取相应措施。

(3) 话统数据分析的方法可采取多种方法，主要包括整体性能分析法、TOPN 小区性能分析法、焦点区域问题分析法和专题指标分析法等。虽然不同的 KPI 采用的分析方法可能不同，但对整个网络的优化来说，对话统分析的思路是相同的，遵循从面到点进行问题定位和分析，即从 RNC 整体性能到 Cluster 性能，再到小区的性能；从对主要 KPI 的分析来锁定问题点，然后对问题 KPI 的指标分项和失败计数器进行分析。它是一个多维度逐步过滤、分析细化的过程。

例如，具体分析时，可从 RNC 入手，了解整个 WCDMA 网络的整体性能。如果 RNC 某些指标有异常，则要分别对每个小区的指标进行分析。首先确认指标异常是普遍现象还是个别现象：如果是普遍现象，就要从网络规划的角度对覆盖、容量、小区参数等方面进行分析；如果是个别小区异常，应从相应的小区性能统计分项进行详细分析。

需要注意的是，在查看百分比类相对性指标时，不能只关注指标的绝对数值是高是低，还需要同时查看指标中的绝对次数，因为百分比指标有时会掩盖部分小区的问题，如热点小区的百分比指标可能很好，但失败的绝对次数可能占了总次数的绝大部分。

WCDMA 是一个复杂的系统，各种分析方法不是独立的，很多指标的问题发生具有内在相关性，需要结合其他指标一起分析。例如干扰、覆盖等问题就会同时影响多个指标。同理，如果解决了切换成功率低的问题，掉话率也能得到一定程度的改善。所以需要从整体性能到具体小区，进行逐项逐条的仔细分析。如果单项的话务统计还不能找出失败原因，则需要同时登记多个话务统计任务，进行对比分析；如果短期的话务统计结果还不能找出问题所在，则需长期的统计数据；有时通过话务统计结果的分析还不能定位问题，还需要借助信令分析软件等手段。话统分析需要借助一些辅助数据，例如告警数据、路测数据、投诉处理数据等。

9.3.2 告警数据分析

在话统分析时查看全网告警信息是非常有必要的。设备告警信息能实时反映网上设备运行状态，需要密切关注。话统中的某一指标出现异常，很有可能是因设备出现告警，区别不同的告警并将其与话统指标联系起来才不至于盲目地进行分析浪费时间。

告警分析方法需要与 KPI 指标结合起来进行分析，独立的告警分析没有意义，也不能有效地解决网络质量问题。在实际进行分析时，可结合我们日常关注的 KPI 与相关告警的关系分为如下几类。

(1) 影响 RRC 建立成功率的相关告警：拥塞告警，如 CN 拥塞、Iub 传输拥塞、CPU 拥塞、基站基带拥塞等；

(2) 影响 RAB 建立成功率的相关告警：与传输拥塞和 RF 覆盖(例如驻波比告警等)有关；

(3) 影响切换性能的相关告警：时钟同步告警和资源拥塞告警；

(4) 影响掉话性能的相关告警：传输告警、基站退服告警、RF 相关告警(如驻波比告警)等。

此外，除关注硬件相关告警外，还应关注小区相关告警如公共信道故障告警、小区建立失败告警、Node B 时钟异常告警等。此类告警往往可能引起业务或者公共信道乃至小区不可用，影响话统指标。

告警分析时没有必要对告警产生的详细原因进行分析，只需要分析该告警对网络性能的影响程度。在分析问题时，根据上面的特点将 KPI 指标与告警关联起来，然后再通过话统指标来进一步地分析以确定告警是否是导致 KPI 指标下降的根本原因，通过恢复告警并检查性能指标是否恢复正常来验证效果。关于告警的具体分析内容在此就不再详述，各厂家针对具体的设备都有相关的告警管理系统和分析处理指导书，可具体参考这方面的资料。

9.3.3 投诉数据分析

通过对用户投诉数据的归类和分析，可帮助网络优化工程师定位和理解网络问题。站在网络维护和优化的角度来说，用户是网络质量非常好的哨兵，比路测、话统的监控都要直接。一般来说用户投诉是以主观感受为主，如手机信号的格数、通话质量、单通、杂音、不能起呼、掉话严重、数据速率低等，对于这些投诉数据需要进行合理分类。首先应该关注用户投诉的区域，如果某个区域频繁多个客户投诉，则应该列为优先处理的重点。其次，可根据用户的投诉数据记录结合实际网络优化经验进行大致分析，分为覆盖问题、干扰问题、手机问题、掉话问题等。对于弱覆盖的区域，则需要结合实地路测进行验证并考虑进行覆盖增强；对于某个区域集中投诉不能起呼，则优先需要查看该区域基站的告警情况以及参数修改记录；对于投诉信号不稳定，则需要结合邻区配置、覆盖等因素进行分析；对于某款特定手机投诉，经实地测试多次后正常的情况，则需要考虑采用信令跟踪，验证是否是某款手机本身的问题。总之，投诉数据的分析和处理有助于对 KPI 的分析和问题发现，是话统分析必要的辅助手段。

9.3.4 信令跟踪

在对疑难问题进行处理时，特别是在对话统分项和计数器的失败原因进行分析时发现与核心网参数配置相关的错误时，经常需要进行信令跟踪进一步断定原因。例如在分析某 RAB 建立成功率低的小区时，通过话统数据发现 RAB 建立失败的原因为“PARAM_CELL”，即 RNC 认为核心网下发的参数无效，就需要对具体的小区进行信令跟踪观察详细的 RAB 建立信息，以便确知原因。利用 RNC 操作维护台的相关信令跟踪功能来跟踪信令是比较方便的。当然，信令跟踪的应用是建立在对正常的信令流程和异常信令流程比较熟悉基础上的。对小区跟踪信令进行分析后，如果找到原因可以给出调整建议，就直接进行优化调整；如果不能给出调整建议，则需要进行路测或 CQT 测试配合，结合 UE 侧信息进行分析。利用信令跟踪分析的具体案例请见 9.4.2 节中分析 RRC 连接建立失败的描述。

虽然部分 KPI 指标之间具有相关性，但为便于集中描述影响 KPI 的因素和进行失败原因分析，接下来在 9.4 节中分别对各主要 KPI 进行专题分析。鉴于部分指标之间的相关性，导致这些指标异常的可能原因也有相同之处，对共性的原因将在 9.5 节中描述。

9.4 各种失败原因分析

前面在 9.1 节中描述了各主要 KPI 的信令统计点和计算公式，协议中规定了各主要信令中的失败原因提示[28]，接下来结合各主要信令的失败原因提示和实际网络优化经验对各种失败原因进行分析。

9.4.1 掉话原因及优化

掉话率是反映网络质量和用户感受的重要指标，该项指标的提升是日常优化工作最重要部分。掉话的原因非常复杂，在进行话统分析时需要对掉话的每个话统分项进行统计并分析。主要可分为 RF 原因、硬件原因、传输原因、资源不足等。

首先简要描述一下 WCDMA 的掉话机制。根据 RNC 主动发起 Iu 释放或 RAB 释放将掉话分为 SRB 复位引起的掉话和 TRB 复位引起的掉话。

SRB 复位引起的掉话表现为 UE 或者 RNC 不能收到确认模式传送的信令，产生 SRB 复位，导致连接释放。在下行链路，UE 收不到以下相关确认模式消息超时后会导致 SRB 复位：安全模式过程，鉴权加密过程，测量控制，激活集更新，物理信道重配置，传输信道重配置，RB 重配置以及 3G 到 2G 的切换命令(HANDOVER FROM UTRAN COMMAND)。在上行链路，RNC 收不到以下相关确认模式消息超时后会导致 SRB 复位：测量报告，激活集更新完成，物理信道重配置完成，传输信道重配置完成，RB 重配置完成等。

TRB 复位主要在 PS 业务上发生，CS12.2 和 CS64 业务不会产生 TRB 复位。下行覆盖差、下行干扰强或者上行干扰都会导致 TRB 复位。有时候数据业务由于重传次数设置不合理，在切换来不及的情况下，TRB 比 SRB 先产生复位，在分析时要注意区分。

由前面关于掉话时的信令统计可知，掉话由 RNC 主动发起 Iu 释放(RNC 向 CN 发送"IU RELEASE REQUEST")或 RAB 释放(RNC 向 CN 发送"RAB RELEASE REQUEST")引起，导致 RNC 主动发起 Iu 释放和 RAB 释放的主要原因如图 9.4-1 所示，分析如下：

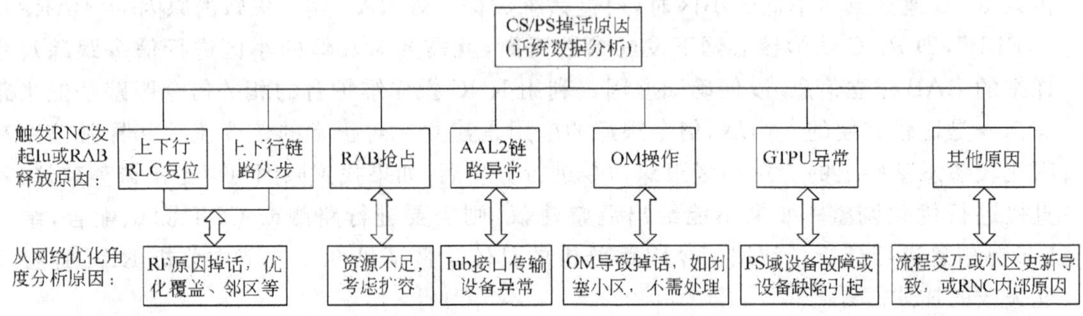

图 9.4-1 CS/PS 掉话原因分析

(1) RF 原因导致的掉话是掉话的主要原因。信令原因提示表现为上下行 RLC 复位或上下行链路失步。上下行 RLC 复位是由于上行或者下行 SRB 达到最大重传次数发生复位，引起链路释放。上行同步失败是由于 RNC 收到 Node B 上报的 RL Failure，导致 Node B 异常关闭发射机或者上行解调失步，引起链路异常释放。下行同步失败是由于收到手机上报的 Cell Update 消息，原因为下行 DL Failure，导致 UE 异常关闭发射机或者下行解调失步，引起链路异常释放。RF 原因导致掉话的具体分析请见第 8 章，可能是覆盖问题、邻区漏配、导频污染、外部干扰等原因所致。

(2) RAB 抢占导致掉话。当高优先级用户准入拒绝时抢占低优先级用户资源，引起链路释放。在负载和资源不足的时候发生，根据这种原因发生的次数确定是否扩容。

(3) AAL2 链路异常导致掉话。可能为 Iu 接口的传输设备异常导致掉话。

(4) GTPU 异常导致掉话。PS 域设备故障或设备缺陷导致这种掉话产生。

(5) OM(操作维护)干预导致掉话。释放原因为"OM Intervention"，操作维护工作导致的掉话，该类掉话可不进行处理。

(6) 其他原因导致掉话。可能为 RNC 内部原因或流程交互导致，如果此类掉话次数较多，应进行信令跟踪，必要时请求厂家协助解决此类问题。

9.4.2 呼叫建立失败原因及优化

1. RRC 连接建立失败原因分析

根据话统数据对 RRC 连接建立失败原因的分析流程如图 9.4-2 所示。引起 RRC 连接建立失败的主要原因包括覆盖问题、干扰问题、参数设置不合理、功率分配不合理、设备故障、资源不足造成的拥塞等。

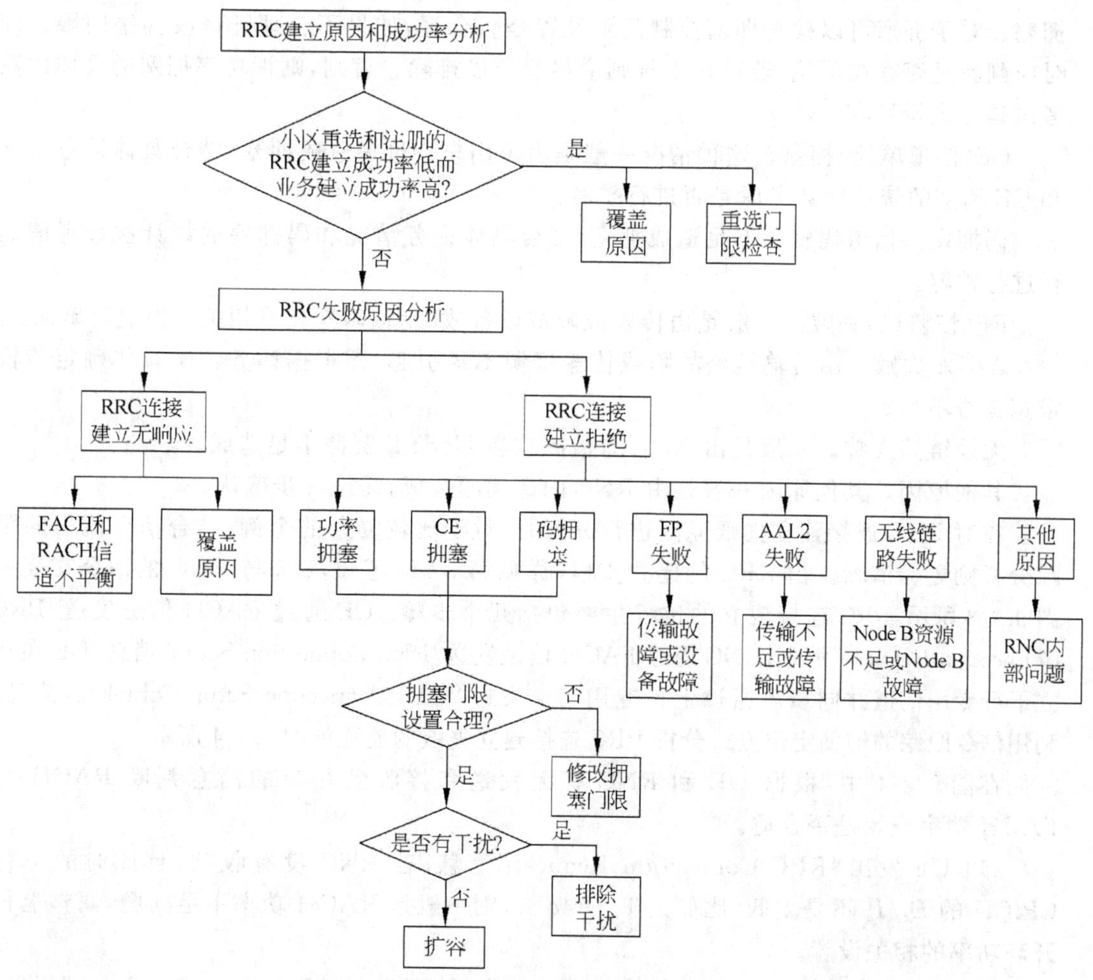

图 9.4-2　RRC 建立失败原因分析

在进行具体分析时，首先根据话统数据对 RRC 连接建立原因进行分类统计，若发现 RRC 连接建立的原因为系统间重选或注册的次数以及比重很大，则很可能是由于覆盖不好导致系统间重选，或者在覆盖不好的区域注册失败而重试。若 RRC 连接建立的原因为业务相关，则需要具体分析 RRC 连接建立失败的原因。

(1) RRC 连接建立无响应

这种情况对应 UE 等待"RRC CONNECTION SETUP"消息，待 T300 超时后，UE 重发"RRC CONNECTION REQUEST"次数超过 N300 次，仍然没有收到"RRC CONNECTION SETUP"消息。原因一般由于覆盖差或者 FACH 信道与 RACH 信道覆盖不平衡。在建网初期由于覆盖问题突出，RRC 连接建立失败可能以此原因为主。

(2) RRC 连接建立拒绝

由于设备故障、资源不足等原因，UE 收到"RRC CONNECTION REJECT"消息，读此消息则可知 RRC 连接建立拒绝的具体原因。根据协议，RRC 连接建立拒绝的原因主要包括以下几种：

功率拥塞。应重点关注该小区的最大 RTWP 和最大 TCP 值，确认是上行还是下行拥塞。对于拥塞可以检查拥塞控制门限设置是否合理，如果不合理则修改拥塞门限。同时应判断是否存在干扰，若存在干扰则应尽量予以排除。否则，则视功率拥塞的具体次数考虑是否进行扩容。

CE(信道单元)拥塞。这种情况一般是由于用户量过多造成拥塞，结合具体话务情况和 CE 拥塞的统计次数考虑是否进行扩容。

码拥塞。信道码资源不足造成拥塞，结合具体话务情况和码拥塞的统计次数考虑是否进行扩容。

FP(帧协议)失败。一般是由传输故障或设备故障引起，需查看相关告警进行确认。

AAL2 失败。由传输链路故障或传输资源不足引起，需根据话务情况具体确定传输带宽是否不足。

无线链路失败。一般是由 Node B 故障或者 Node B 资源不足造成。

其他原因。其他原因一般是由 RNC 内部问题造成，需进一步确认。

在对 RRC 连接建立失败原因进行分析时，对于比较复杂的个例，结合信令流程的跟踪分析则更为清晰。由 RRC 的建立流程(详见第 3 章)可知，UE 与 RNC 的信令交互如图 9.4-3 所示，RRC 连接建立的过程主要包括几个步骤：UE 通过 RACH 信道发送"RRC Connection Request"消息，RNC 通过 FACH 信道发送"RRC Connection Setup"消息，UE 在建立下行专用信道并同步后通过上行专用信道发送"RRC Connection Setup Complete"消息。利用信令跟踪的辅助定位方式分析 RRC 连接建立失败的流程如图 9.4-4 所示。

在图 9.4-4 中，根据 UE 和 RNC 有无发送和接收到相应的消息判断 RACH 与 FACH 功率设置是否合适。

(1) UE 发出"RRC Connection Request"消息，若 RNC 没有收到，且此时的下行 CPICH 的 E_c/I_o 不是太低(比如大于－14dB)，则一般是 RACH 功率不足问题，调整上行开环功率的相关设置。

(2) RNC 收到 UE 发的 RRC 建立请求消息后，下发"RRC Connection Setup"消息，

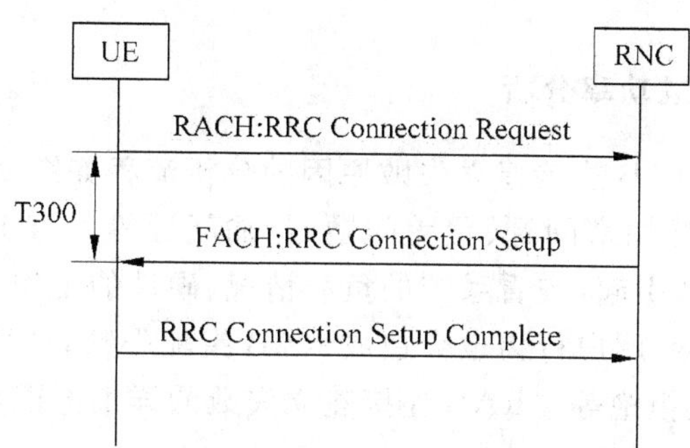

图 9.4-3　RRC 建立过程

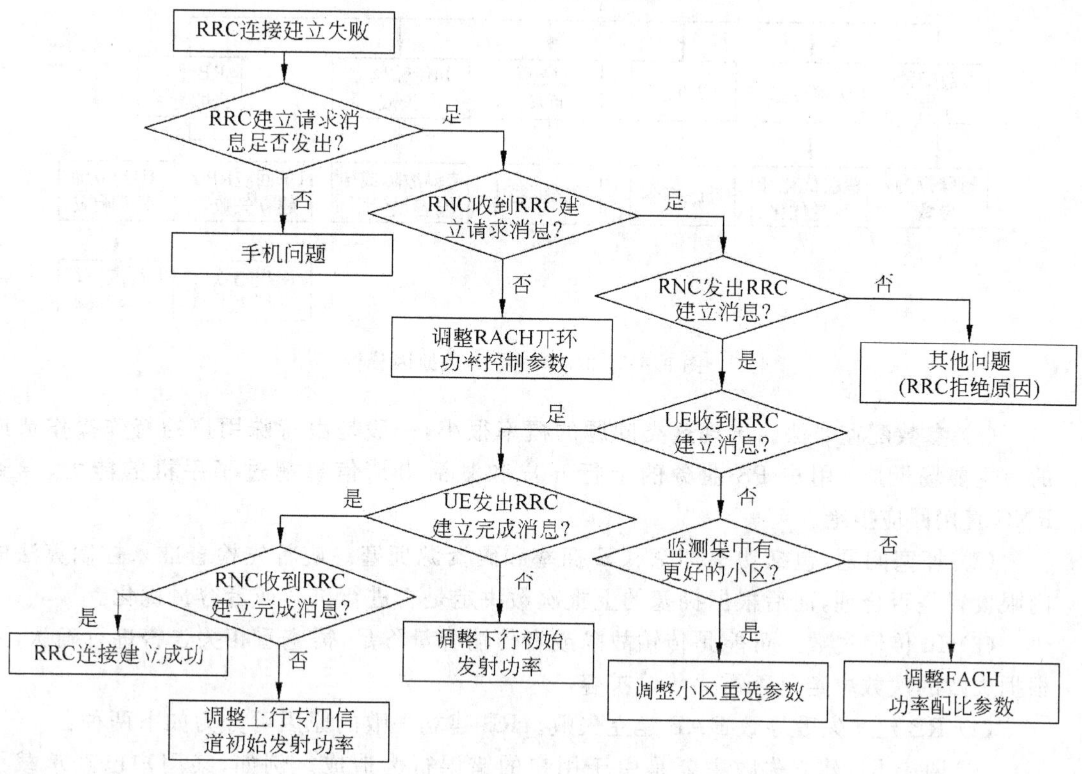

图 9.4-4　利用信令跟踪分析 RRC 建立失败原因

但 UE 没有收到。若此时的 CPICH 的 E_c/I_o 比较低(例如低于－12dB)，且监测集中没有质量更好的小区，则可归结为覆盖的问题，应适当提高 FACH 的功率。如果此时监测集中有更好的小区，则可能是小区重选的问题，可以适当调整小区重选参数加快小区重选。

(3) UE 收到“RRC Connection Setup”消息而没有发出“Setup Complete”消息，如果此时下行的信号质量正常，那么可能是手机异常。否则可能是下行专用信道初始功率过低导致下行不能同步。

(4) UE 发出“RRC Setup Complete”消息而 RNC 没有收到，由于上行初始功控会让 UE 的发射功率上升，这种问题出现的概率很小。如果出现这类问题可以适当提高专用信道的上行功控 Constant Value 值。

2. RAB 指配建立成功率分析

根据话统数据对 RAB 连接建立失败原因的分析流程如图 9.4-5 所示。引起 RAB 连接建立的主要原因包括拥塞问题、覆盖问题、传输问题等。若 RAB 建立的成功率不高，则首先判断是否由拥塞引起，查看系统的负载情况、硬件的工作情况、干扰的情况，以制定合适的调整策略。当然，用户行为也会造成 RAB 指配失败，如用户申请的速率超出了手机能力导致 RNC 直接拒绝等。RAB 连接建立失败的详细原因如下：

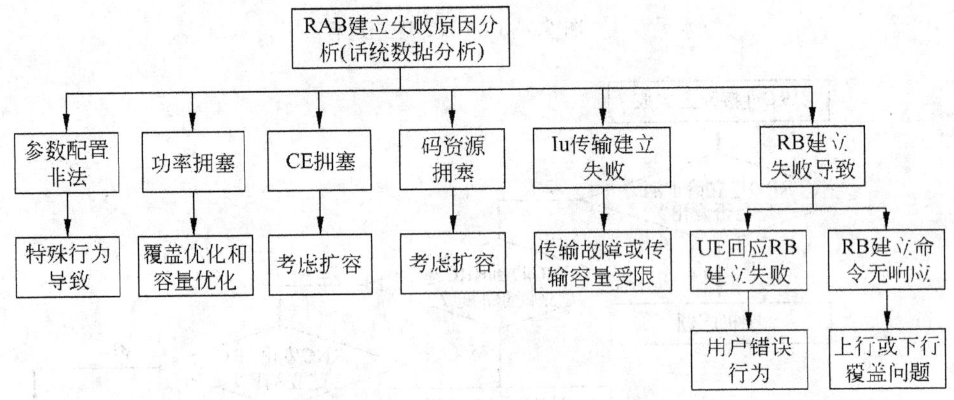

图 9.4-5 RAB 建立失败原因分析

(1) 参数配置非法。出现这类问题的概率很小，一般是由特殊用户的特殊操作造成的。主要场景是：用户 PS 业务的上行开户和激活申请信息超过了手机的能力，导致 RNC 直接回应拒绝。

(2) 拥塞问题，包括功率拥塞、CE 拥塞和码资源拥塞。应首先检查准入控制算法的门限设置是否合理，而后根据拥塞的上报次数决定是否进行扩容或者容量优化。

(3) Iu 传输失败。可能是传输故障或者传输容量不足，需查看相关告警进行确认，并根据失败的次数决定是否需要传输扩容。

(4) RB 建立失败导致 RAB 建立失败。RB 建立失败的原因可分为如下两种：

UE 回应 RB 建立失败主要是由于用户的错误行为造成。例如，某用户已经承载了 384kb/s 的数据业务，此时收到 CS64 业务的 RB 建立请求，由于终端不支持下行同时进行 CS64 和高速 PS 业务（大于等于 64kb/s），UE 直接回应 RB 建立失败，原因是 unsupported configuration。此外，若 3G 终端驻留在 2G 网络后，此时不支持 CS64 业务，若此时在 RNC 收到 RAB 指派请求后，核心网 Call Proceeding 后立刻下发 Disconnect 命令（原因为 Bearer capability not authorized），而此时 UE 在刚收到 RB_SETUP 命令后还没来得及完成 RB 建立，收到该 Disconnect 后会马上回应 RB 建立失败，RNC 返回 RAB 建立失败，原因为 failure in radio interface procedure。

RB 建立命令没有响应，导致 RNC 认为 RB 建立失败。这种情况一般是由覆盖问题和重选问题（由于重选不及时，UE 没有驻留在最优小区）造成。

9.4.3　软切换失败原因及优化

由软切换信令交互流程可知(详见 3.4.1 节),软切换可分为软切换准备和软切换空口过程。软切换准备是指从 RNC 接收到测量报告进行切换判决开始,到无线链路建立完成;软切换空口过程指 RNC 发送"Active Set Update"消息到 RNC 接收到"Active Set Update Complete"的过程。对软切换失败原因的分析也可分为这两个阶段,影响软切换失败的主要原因包括切换参数设置不合理、覆盖不连续或重叠区域过大、同步问题导致的频繁删除和添加无线链路、资源不足导致无线链路增加失败等。

软切换准备过程发生的失败原因大致包括:

(1) UE 反馈 RNC 增加/删除链路的软切换过程与其他并发过程不兼容。这种情况主要是某类手机问题造成。

(2) 在软切换增加链路的时候,无线链路增加失败。这种情况往往由于 Node B 的 CE 资源不足或者 Node B 出现了故障。若 CE 资源不足则需根据失败次数决定是否需要进行扩容。

(3) 在软切换增加链路的时候,Iub AAL2 传输建立失败。可能由传输带宽不足引起,需根据失败的严重程度决定是否进行传输扩容。

(4) 在软切换增加链路的时候,Iub AAL2 传输 FP 同步失败。需要检查是否出现传输闪断或者 IMA 组传输配置方面的错误。

软切换空口过程的主要失败原因为 RNC 没有收到增加/删除链路的激活集更新命令响应消息(即"Active Set Update Complete")。这是软切换失败的主要原因,主要是发生在覆盖比较差或者切换区比较小的区域,需要进行 RF 优化,对覆盖和切换参数进行优化。

根据话统数据进行分析不可能将所有的切换原因分析清楚,必要时需要结合路测和信令跟踪对问题进行定位。

9.4.4　系统间切换失败原因及优化

CS 系统间切换(WCDMA→GSM)也可分为 CS 系统间切换准备和 CS 系统间切换两个过程。CS 系统间切换准备是指 RNC 向 CN 发送"RELOCATION REQUIRED"消息到 RNC 收到 CN 发送的"RELOCATION REQUIRED"消息,CS 系统间切换过程指 RNC 向 UE 发"HANDOVER FROM UTRAN COMMAND"消息到 RNC 收到 CN 发送的"IU RELEASE COMMAND"消息。

CS 系统间切换准备的原因往往需要信令跟踪来判断,常见的是由核心网参数配置错误或 BSC 无资源可用等。在 2G 网络进行了参数调整后没有及时更新核心网参数配置时,很容易出现 CS 系统间切换准备失败,例如目标小区的 LAC 改变,使得 CS 由 WCDMA 到 GSM 切换准备失败。

CS 系统间切换失败常见的其他原因包括:

(1) 物理信道失败(Physical Channel Failure)。这种原因是网络经常出现的失败原因。有两种情况可能造成这种失败:一是 2G 信号比较弱或者干扰比较严重导致 UE 接入失败；二是网络发给 UE 的加密方式等信道参数与 BSC 的不一致，这个需要进行终端和 BSC 的参数进行对比确认。

(2) RNC 向 UE 下发切换命令后，没有收到 UE 响应。这种情况主要是覆盖问题引起。

PS 系统间切换失败常见的原因包括：

(1) 物理信道失败(Physical Channel Failure)。2G 信号比较弱或者干扰比较严重容易导致 UE 接入失败。

(2) 配置不支持("Configuration Unsupported")。网络中的切换命令终端不支持，一般是终端问题。

(3) RNC 向 UE 下发切换命令后，没有收到 UE 响应。这种情况主要是覆盖问题引起。

9.5　影响各 KPI 共性原因分析

这里所列的是影响各 KPI 的共性原因，分析和优化措施在第 8 章中都有述及，在此不再赘述。常见的原因列举如下：

(1) 干扰问题

干扰影响的指标包括接入、切换、掉话以及数据传输。结合 UE 的发射功率、RSCP 和 E_c/I_o 可判断下行是否存在干扰，通过 RTWP 可判断上行干扰是否存在。外界干扰可以通过频谱分析仪检测并进一步定位清除。

(2) 覆盖问题

连续和良好的覆盖是网络指标的根本保障。呼叫建立、掉话问题、切换失败问题、系统间重选问题等均与覆盖息息相关。

(3) 导频污染问题

导频污染引起的额外干扰容易引起掉话、切换失败和吞吐量下降等。

(4) 邻区关系设置不合理

邻区设计不合理常见的就是邻区漏配。如果漏配的邻小区信号很强，干扰也大，使得数据吞吐率急剧下降，并且通常伴随掉话和 UE 发射功率异常升高等现象。

(5) 切换参数不合理

切换参数设置不合理，会引起切换失败，导致系统掉话率升高，也会影响软切换比例，影响系统容量。

第10章　HSDPA基本原理与网络优化

WCDMA R99 版本可以提供 384kb/s 的数据速率，但许多对流量和迟延要求较高的数据业务如视频、流媒体和高速下载等业务对下行数据速率提出了更高的要求。3GPP 在 R5 协议中提出了高速下行分组接入（High Speed Downlink Packet Access，HSDPA）技术，它可以在不改变已经建设的 WCDMA 系统网络结构的基础上，大大提高用户下行数据业务速率，理论最大值可达 14.4Mb/s。

为改善 WCDMA 系统性能，HSDPA 采用了如下几项重要的改进，涉及物理层和传输层。

(1) 共享信道和多码传输

在 R5 的 Node B 物理层中引入了新的高速下行信道 HS-DSCH（扩频因子为 16），用于支持增强的交互类、后台类及流媒体类接入承载服务，以使编码和功率资源得到更加有效地使用。同时，利用多码传输技术可使得一个用户同时占用多个正交码信道，进一步提高了速率。用户最多同时能够占用 15 个 HS-DSCH 信道，这一数量取决于 UE 的种类和资源（如功率、正交码）。

(2) 高阶调制

除了 QPSK（四相相移键控）调制方式以外，HSDPA 的 HS-DSCH 可以使用 16QAM（正交幅度调制）调制方式提供更高的数据速率，提高了频谱利用率。

(3) 更短的无线帧

共享资源中的信道码可以每 2ms 进行一次动态分配，减少了环路时间（RTT），极大地提高了链路适配性能。短的传输时间间隔 TTI（2ms）增强了数据速率，为快速链路调整技术提供了方便。

(4) 快速链路调整技术

由于 HS-DSCH 每隔 2ms 就更新一次信道状况信息，链路层调整单元可以快速跟踪信道变化情况，并通过采用不同编码调制方案来实现速率的调整，即采用自适应调制编码技术（Adaptive Modulation and Coding，AMC）。快速链路适配性能体现在系统根据瞬间变化的无线环境调整传输参数，并在信道条件允许的条件下采用高阶调制方式和高速率的编码方式（如编码速率为 3/4）。以这种方式处理短时间内数据速率变化的业务比功率控制方式更为有效。通过自适应调整发射功率、符号速率、调制阶数、编码速率、编码方案或上述几个因素的组合来实现链路的实时平衡，从而达到增加系统容量和改善通信质量的目的。

(5) 快速调度算法

快速调度性能决定在给定时间内共享信道给哪个用户使用。当多个分组业务流等待接受服务时，必须确定合理的服务规则，安排流的服务顺序和服务时间，以满足各个业务流的 QoS 要求。基本的调度算法包括轮询调度算法(Round Robin)、最大 C/I 调度算法和正比公平调度算法。

(6) 快速混合自动重传请求

利用快速混合自动重传请求(Hybrid ARQ,HARQ)性能,将重传功能从 RNC 转移到了 Node B,用户在解码前能够快速请求重发丢失的信息和合并信息,提高容错能力。

此外,在保持 R99 版本结构的同时,HSDPA 在 Node B 增加了新的媒体接入控制实体 MAC-hs,负责快速调度、快速链路调整以及 HARQ 控制等功能。这样使得系统可以在 RNC 统一对用户在 HS-DSCH 信道与专用数据信道 DCH 之间切换进行管理。在信道结构方面,新增加三种物理信道 HS-PDSCH、HS-SCCH、HS-DPCCH。接下来将分别对 HSDPA 的协议结构、信道结构、关键技术和算法进行描述。

10.1 HSDPA 协议结构

基于演进考虑,HSDPA 设计遵循的准则之一是尽可能地兼容 R99 版本中定义的功能实体与逻辑层间的功能划分。在保持 R99 版本结构的同时,在 Node B 增加了新的媒体接入控制(MAC)实体 MAC-hs,负责调度、链路调整以及 HARQ 控制等功能。这样使得系统可以在 RNC 统一对用户在 HS-DSCH 信道与专用数据信道 DCH 之间切换进行管理。

与 R99 版本的 MAC 实体位置不同的是 UTRAN 侧新增加的 MAC-hs 不在 RNC 中。为了能够满足 HARQ 处理的时间要求,MAC-hs 功能实体位于 Node B 中。3GPP 协议[22]中规定对于 MAC-hs 的具体位置有两种可能。第一种是在位于 CRNC 的 MAC-c/sh 之下,MAC-c/sh 向 HS-DSCH 提供的功能类似 R99 中提供给 DSCH 的功能。HS-DSCH FP 负责数据在 SRNC 和 CRNC、CRNC 和 Node B 之间的传输,如图 10.1-1 所示。第二种是 CRNC 中没有任何关于 HS-DSCH 的用户面,MAC-hs 直接在 SRNC 的 MAC-d 之下,在 SRNC 的 HS-DSCH 用户面透传 CRNC 直接和 Node B 联系,如图 10.1-2 所示。

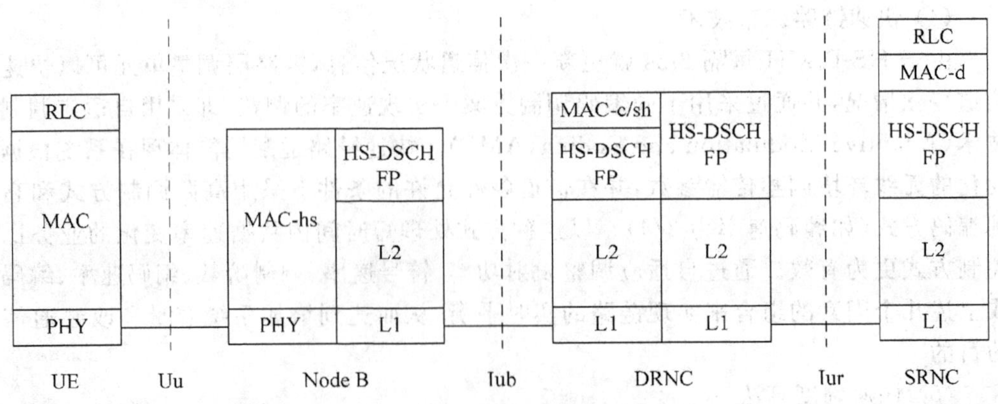

图 10.1-1 HSDPA 的协议结构(配置 MAC-c/sh)

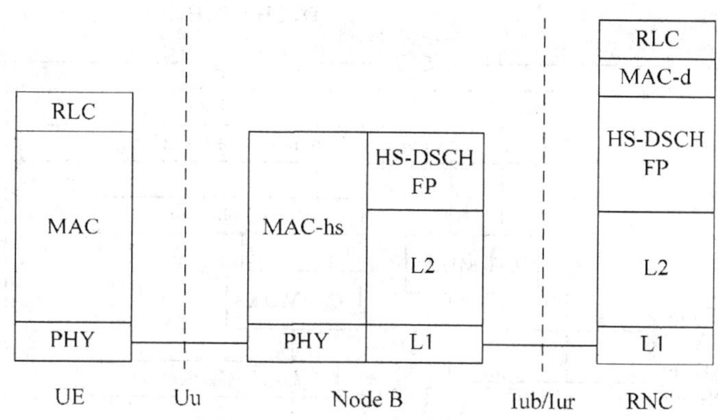

图 10.1-2　HSDPA 的协议结构(没有配置 MAC-c/sh)

10.1.1　UE 侧的 MAC 结构

根据 3GPP 协议[22]，UE 侧的 MAC 结构如图 10.1-3 所示。针对 HSDPA，MAC-d 和 R99 版本相比，增加了和 MAC-hs 的连接。但是规定在一个 UE 内部，MAC-d 只能同时和 MAC-hs、MAC-c/sh 中的一个连接。与 MAC-d、MAC-c/sh 类似，RRC 通过 MAC Control SAP 来控制 MAC-hs 的配置和设置 MAC-hs 的参数，如 HS-DSCH 传输格式集等。

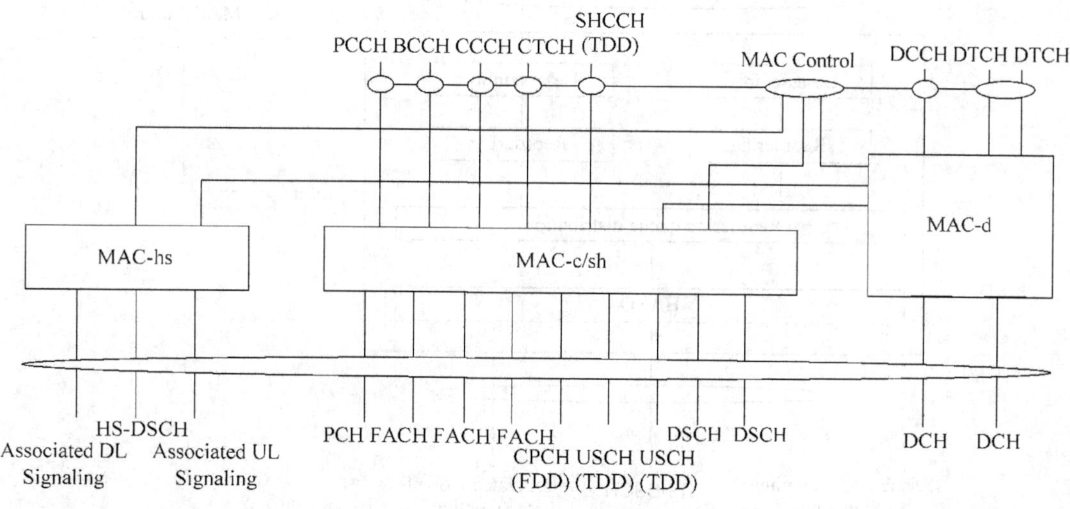

图 10.1-3　UE 侧的 MAC 结构

UE 侧 MAC-d 的结构如图 10.1-4 所示，MAC-d 中的 C/T MUX 实体和 MAC-hs 中 reordering buffer 之间的映射由上层配置，一个或者多个 reordering buffer 可以映射到一个 C/T MUX 实体上。MAC c/sh 没有针对 HSDPA 的改动，在此处省略。

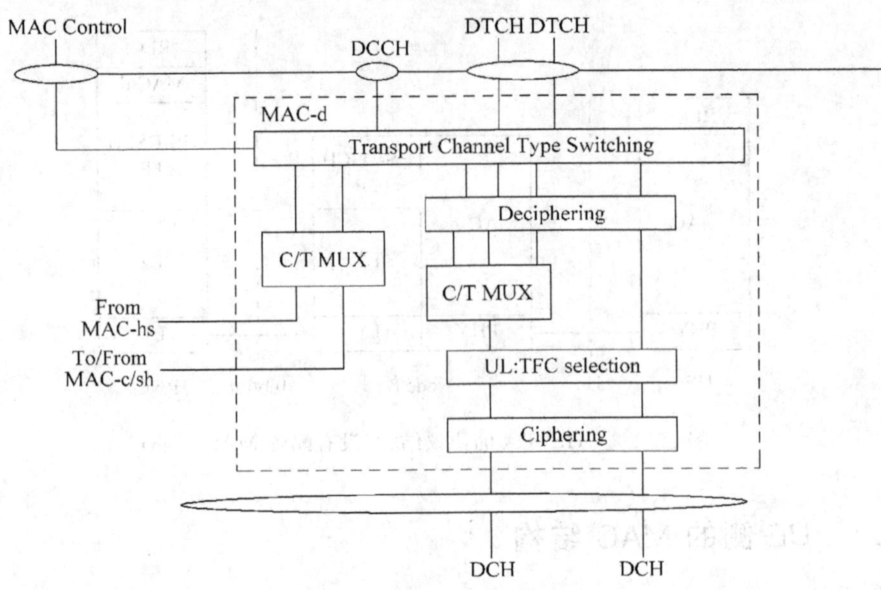

图 10.1-4　UE 侧的 MAC-d 结构

UE 侧的 MAC-hs 结构如图 10.1-5 所示。在 MAC-hs 中存在四个实体：HARQ、Re-ordering Queue distribution、Reordering 和 De-assembly。各个实体的主要功能如下：

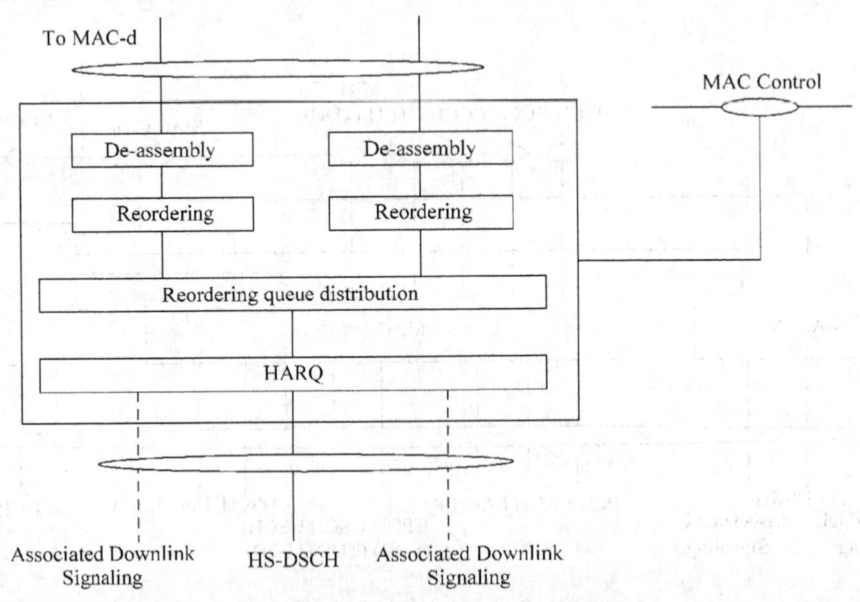

图 10.1-5　UE 侧的 MAC-hs 结构

HARQ 实体。该实体负责 HARQ 协议，处理和 HARQ 所有有关的任务，例如产生 ACK/NACK。HARQ 协议的配置由 MAC 控制的 SAP 上的 RRC 来提供。

Re-ordering Queue Distribution 实体。根据队列号(Queue ID)将 MAC PDU 分送到

不同的 Reordering 实体中。MAC-hs 中的 Reordering 实体根据每个优先级队列中数据块的编号，将由于 HARQ 产生的乱序数据块排序后上报给高层。为了防止超时等死锁问题发生，可采用定时器等办法。对于每个优先级队列，都有一个 Reordering 实体。

Reordering 实体。每个队列有一个重排实体，根据每个优先级队列中数据块的编号，将由于 HARQ 产生的乱序数据块排序后上报给 De-assembly 实体。

De-assembly 实体。负责拆分 MAC PDU，将 MAC-hs 包头和 padding bit 去掉，将之后的 MAC-d PDU 上报高层。

10.1.2 UTRAN 侧的 MAC 结构

UTRAN 侧的 MAC 结构如图 10.1-6 所示，与 R99 相比在 Node B 中增加了 MAC-hs。MAC-d 的 PDU 可通过 Iub 接口从 MAC-c/sh 传送到 MAC-hs，或者通过 Iur/Iub 接口直接传送到 MAC-hs。

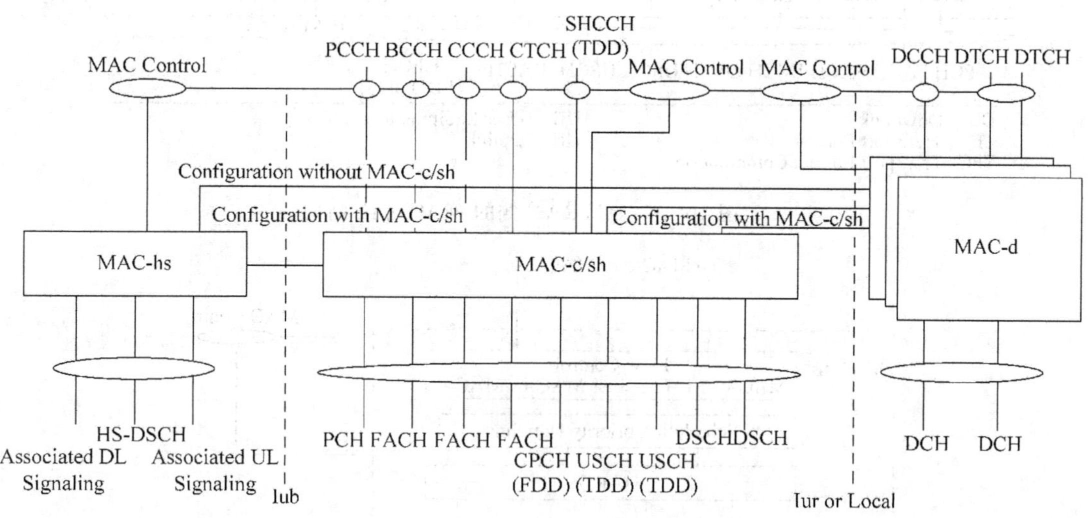

图 10.1-6 UTRAN 侧的 MAC 结构

MAC-c/sh 的结构如图 10.1-7 所示，与 R99 相比，增加了 MAC-d 和 MAC-c/sh 之间的流控实体，以及 MAC-c/sh 和 MAC-hs 之间的流控实体。

新增加的 MAC-hs 中有流控、调度/优先级处理、HARQ、TFRI 选择四个功能实体。其中流控实体用来控制来自 MAC-d 或 MAC-c/sh 的数据流满足空中接口的能力，通过流控减少时延和堵塞情况。对于每个具有单独优先级的 MAC-d 数据流，流控是独立的。调度/优先级处理实体协调数据流和 HARQ 之间的资源，根据信道和 ACK/NACK 反馈情况决定新发送还是重传，设置优先级和数据块的编号等。HARQ 实体处理 HARQ 过程，支持 SAW 协议。TFRI 选择实体根据信道情况和资源情况选择合适的传输格式。UTRAN 侧的 MAC-hs 结构如图 10.1-8 所示。

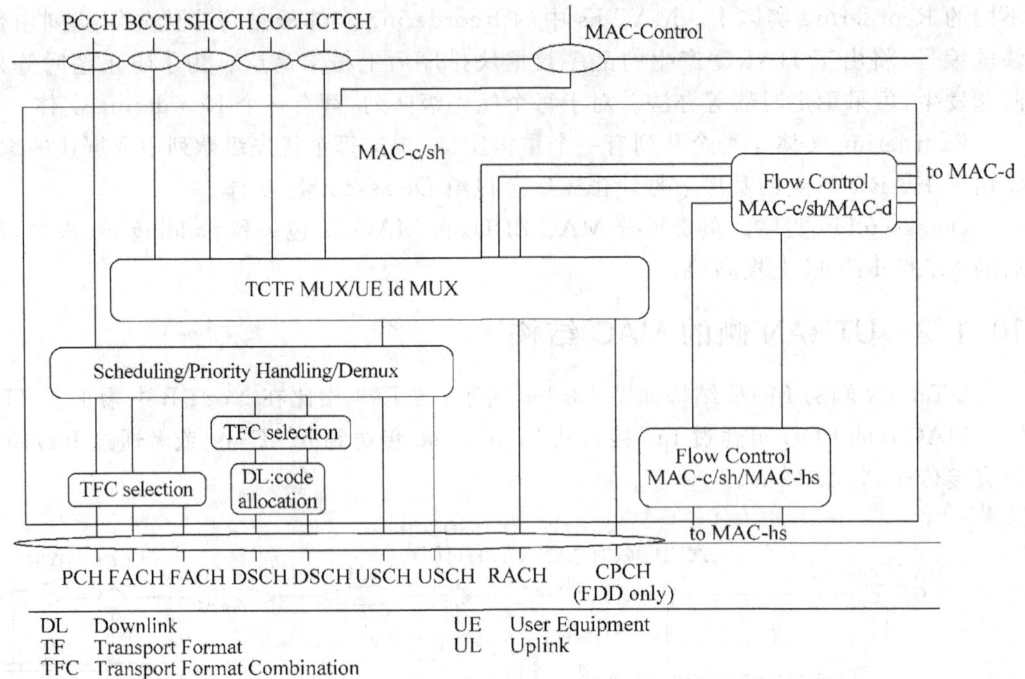

图 10.1-7 UTRAN 侧的 MAC-c/sh 结构

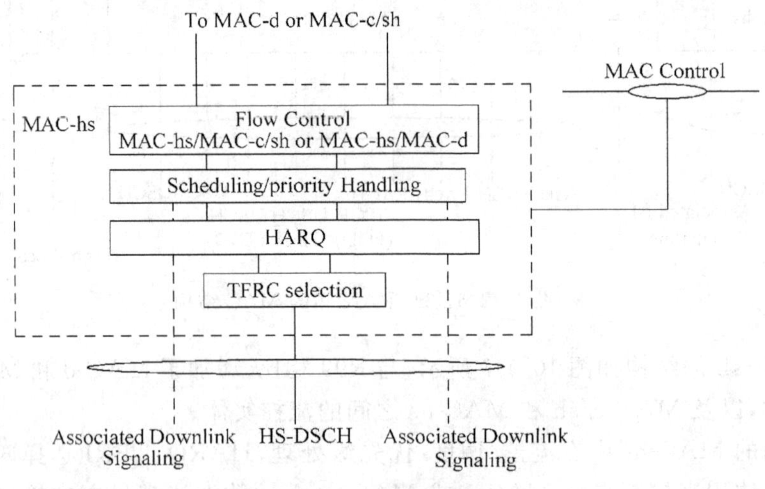

图 10.1-8 UTRAN 侧 MAC-hs 的结构

10.2 HSDPA 信道结构

HSDPA 引入了一种新的传输信道，即高速下行链路共享信道（HS-DSCH），以承载用户数据，用户共享下行码资源和功率资源，进行时分和码分复用。为实现 HSDPA 的功能特性，3GPP 在物理层规范中引入了三个新的物理信道：

（1）HS-PDSCH（高速物理下行链路共享信道）：承载下行链路用户数据，扩频因子采用 16。采用 16QAM 时，其峰值数据速率最高可达 14.4Mb/s。

(2) HS-SCCH(高速共享控制信道)：承载 HS-DSCH 上用来解码的物理层控制信令，包括移动台身份标记、H-ARQ 相关参数以及 HS-DSCH 使用的传输格式。HS-SCCH 扩频因子为 128，这些信息每隔 2ms 从基站发向移动台。

(3) HS-DPCCH(上行链路高速专用物理控制信道)：承载上行链路控制信令，即 HARQ 确认(HARQ-ACK)和下行链路质量反馈信息(CQI)，并请求基站重传有错误的数据块。HS-DPCCH 信道的扩频因子为 256。

此外，有必要介绍子帧的概念：子帧是物理层发送与 HS-DSCH 相关信令的基本时间间隔(TTI)。子帧的长度为 2ms，等于 3 个 slot(7680chips)。

10.2.1 HS-PDSCH 的子帧结构

HSDPA 增加了 HS-PDSCH 信道，并依靠 HARQ 和 AMC 对信道的变化进行一种自适应的调整。HS-PDSCH 扩频因子是固定的，且 SF＝16，即 HS-PDSCH 对应于固定扩频因子 SF＝16 的一个信道化码，该信道化码属于为 HS-DSCH 发射预留的信道化码集。HS-PDSCH 允许多码发射，即在相同的 HS-PDSCH 子帧，可分配给 UE 多个信道化码。分配的信道化码数目取决于 UE 的能力级，UE 最多可选择 5、10 和 15 个码字。不同的 UE 在时域和码域上共享 HS-PDSCH 信道。为了适应高速数据传输和快速响应信道变化，HS-DSCH 的 TTI 设置为 3 个 slot，即 2ms，这使得在重传过程中对于 UE 和 Node B 之间的往返时延能够很小。

HS-DSCH 通常伴随一个下行链路 DPCH，以及一个或几个共享控制信道(HS-SCCH)。HS-DSCH 可能在整个小区发送，或仅在小区的一部分区域发送(如采用波束成形天线情况)。HS-PDSCH 子帧和 slot 结构如图 10.2-1 所示。

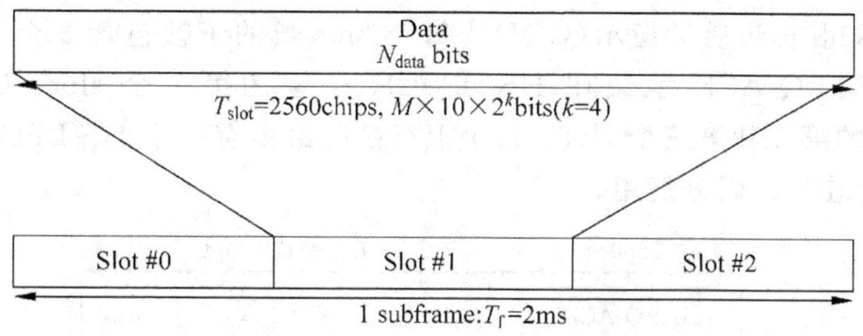

图 10.2-1 HS-PDSCH 信道的子帧结构

HS-PDSCH 可使用 QPSK 或 16QAM 调制符号。在图 10.2-1 中，M 为每个调制符号的比特数目，即 $M=2$ 表示 QPSK，$M=4$ 表示 16QAM。HS-PDSCH 的时隙格式如表 10.2-1 所示。

表 10.2-1 HS-PDSCH 的时隙格式

Slot format #i	Channel Bit Rate (kb/s)	Channel Symbol Rate (kb/s)	SF	Bits/HS-DSCH subframe	Bits/Slot	Ndata
0(QPSK)	480	240	16	960	320	320
1(16QAM)	960	240	16	1920	640	640

10.2.2 HS-SCCH 的子帧结构

HS-SCCH 是一种速率固定(60kb/s,SF=128)的下行链路物理信道,用于承载对应每个 UE 的与 HS-DSCH 发射相关的下行链路信令。每个 UE 最多可监控 4 个 HS-SCCH。HS-SCCH 的子帧结构如图 10.2-2 所示。

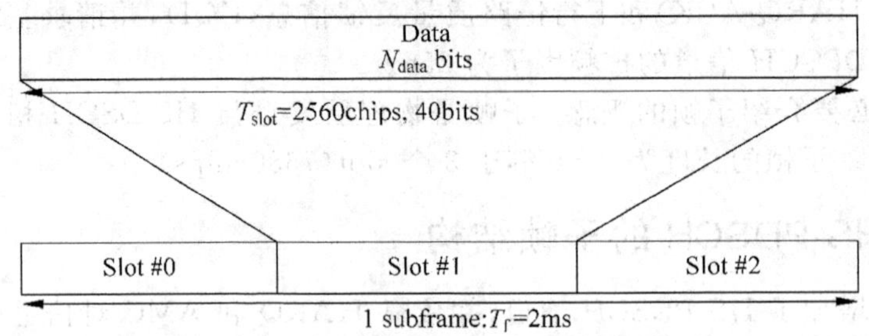

图 10.2-2 HS-SCCH 信道的子帧结构

HS-SCCH 子帧包括两部分的信息:第一部分 8bit,包括信道化码集分配的信息(7bit)和调制信息(1bit);第二部分(13bit)包括指示传输块大小的信息(6bit)、HARQ 信息(3bit)、冗余信息(3bit)和新传输块指示信息(1bit)。除此之外,UE ID 的信息(16bit)则掩模在上述两部分之中。

10.2.3 HS-DPCCH 的子帧结构

HS-DPCCH 信道的子帧结构如图 10.2-3 所示。HS-DPCCH 承载与下行链路 HS-DSCH 发送相关的上行链路反馈信令。HS-DSCH 相关的反馈信令包括 HARQ 确认(HARQ-ACK)和信道质量指示(CQI)。每个 2ms 长的子帧包含 3 个 slot,每个 slot 长 2560 chip。HARQ-ACK 承载在 HS-DPCCH 子帧的第一个 slot。CQI 承载在 HS-DPCCH 子帧的第二和第三个 slot。每个上行链路最多有一个 HS-DPCCH 信道,该信道与其他上行信道 I/Q 码分复用。

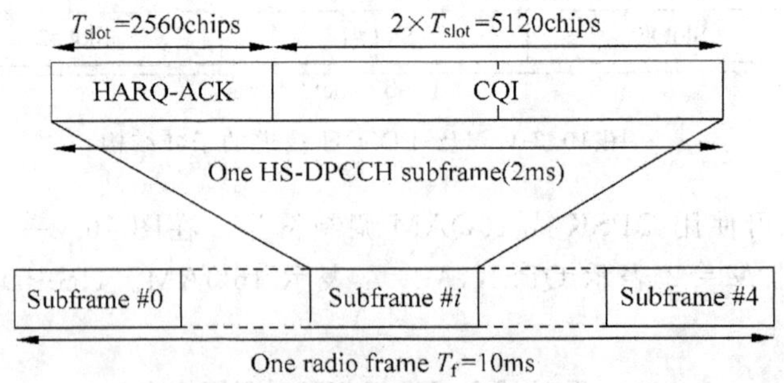

图 10.2-3 上行链路 HS-DPCCH 的子帧结构

HS-DPCCH 的扩频因子固定为 256(15kb/s),即每个上行链路 HS-DPCCH 的 slot 有 10 个 bit。上行信道 HS-DPCCH 的时隙格式如表 10.2-2 定义。

表 10.2-2 HS-DPCCH 的时隙格式

Slot Format #i	Channel Bit Rate (kb/s)	Channel Symbol Rate (kb/s)	SF	Bits/Subframe	Bits/Slot	Transmitted slots per Subframe
0	15	15	256	30	10	3

10.2.4 HS-DSCH 时分和码分复用结构

HS-DSCH 码资源包括扩频因子 SF 固定为 16 的一个或更多个信道化码，最多可在码树上按序分配 15 个码。可用的信道化码资源主要是在时域上共享，如可在一个 TTI(2ms)内分配给一个用户多个信道化码，但分配给用户的码字数目受限于 UE 的能力级，UE 最多可选择 5、10 或 15 个码字。UE 的能力详见 10.3 节。此外，在同一 TTI 内，多个用户可共享信道化码资源，即信道化码可分成几个子集分配给不同的用户，这样做可支持比较小的数据量传输(此时发射数据不需要小区中 HS-DSCH 所有信道化码，只需要其中一部分)。图 10.2-4 给出了 HS-DSCH 时分和码分复用的结构。

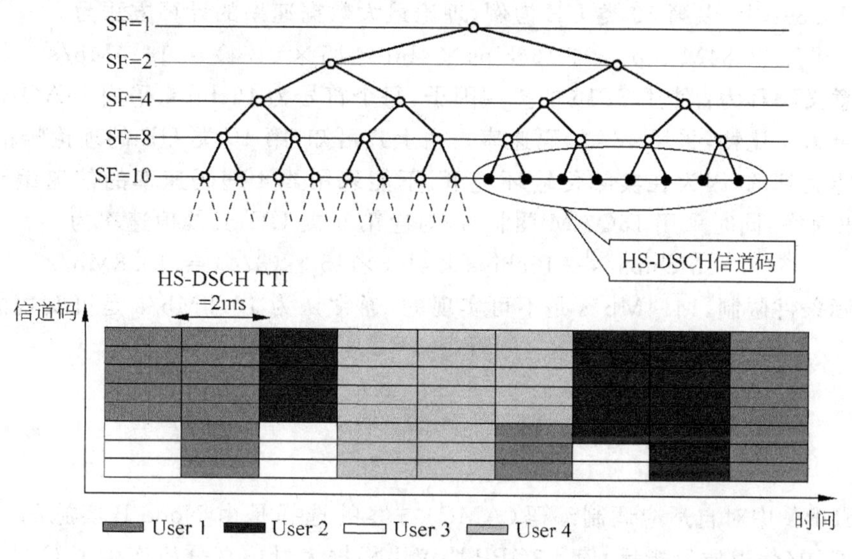

图 10.2-4 HS-DSCH 时分和码分复用结构

10.3 UE 能力分类

表 10.3-1 给出了 UE 的能力分类[23]，其中第 11 类和第 12 类只支持 QPSK 调制；最小 TTI 间隔(Minimum inter-TTI interval)表示终端接收 HS-DSCH 的频繁程度，即反映了该终端可被分组调度的频率。1 表示可以采用连续 TTI，2 和 3 分别表示保留最少 1 个和 2 个空闲 TTI。

表 10.3-1 HS-DSCH 物理层 UE 分类

UE 种类	HS-DSCH 最多使用的信道码数目	最小 TTI 间隔	调制方式	HARQ 缓存大小(bits)	理论最大数据速率(Mb/s)
Category 1	5	3	QPSK/16QAM	19200	1.2
Category 2	5	3	QPSK/16QAM	28800	1.2
Category 3	5	2	QPSK/16QAM	28800	1.8
Category 4	5	2	QPSK/16QAM	38400	1.8
Category 5	5	1	QPSK/16QAM	57600	3.6
Category 6	5	1	QPSK/16QAM	67200	3.6
Category 7	10	1	QPSK/16QAM	115200	7.2
Category 8	10	1	QPSK/16QAM	134400	7.2
Category 9	15	1	QPSK/16QAM	172800	10.8
Category 10	15	1	QPSK/16QAM	172800	14.4
Category 11	5	2	QPSK	14400	0.9
Category 12	5	1	QPSK	28800	1.8

表 10.3-1 中,以第 10 类 UE 为例,理论最大数据速率的计算方法为

$$3.84\text{Mchips/s} \div 16\text{chips} \times 4\text{bit} \times 15 \times (4/4) = 14.4\text{Mb/s}$$

其中的意义解释为:使用 SF16 的扩频因子,每个符号为 16chips,采用 16AQAM 调制时,每个符号为 4 比特,采用 4/4 编码速率。由上式可知,第 10 类 UE 的理论峰值速率 14.4 是不可能达到的,因为在实际传输环境下,不能采用 4/4 编码速率的信道编码。当采用 3/4 编码速率,同时采用 16QAM 调制时,对应第 9 类 UE,其峰值速率为

$$3.84\text{Mchips/s} \div 16\text{chips} \times 4\text{bit} \times 15 \times (3/4) = 10.8\text{Mb/s}$$

由于实际条件限制,14.4Mb/s 是不可实现的,通常认为 10.8Mb/s 是可实现的最大峰值速率。

10.4 CQI 定义与映射

HSDPA 中对自适应调制编码(AMC)方案的选择是由 Node B 实施的,依据是 UE 上报的 CQI(信道质量指示)值。3GPP 协议中根据大量仿真分析产生了 CQI 与 AMC 的映射关系,如表 10.4-1～表 10.4-5 所示,不同的 UE 类型对应不同的映射表。

表 10.4-1 UE 能力类别 1 到 6 的 CQI 映射表

CQI value	Transport Block Size	Number of HS-PDSCH	Modulation	Reference power adjustment Δ	N_{IR}	X_{RV}
0	N/A	Out of range				
1	137	1	QPSK	0	9600	0
2	173	1	QPSK	0		
3	233	1	QPSK	0		
4	317	1	QPSK	0		
5	377	1	QPSK	0		

续表

CQI value	Transport Block Size	Number of HS-PDSCH	Modulation	Reference power adjustment Δ	N_{IR}	X_{RV}
0	N/A	Out of range				
6	461	1	QPSK	0	9600	0
7	650	2	QPSK	0		
8	792	2	QPSK	0		
9	931	2	QPSK	0		
10	1262	3	QPSK	0		
11	1483	3	QPSK	0		
12	1742	3	QPSK	0		
13	2279	4	QPSK	0		
14	2583	4	QPSK	0		
15	3319	5	QPSK	0		
16	3565	5	16-QAM	0		
17	4189	5	16-QAM	0		
18	4664	5	16-QAM	0		
19	5287	5	16-QAM	0		
20	5887	5	16-QAM	0		
21	6554	5	16-QAM	0		
22	7168	5	16-QAM	0		
23	7168	5	16-QAM	−1		
24	7168	5	16-QAM	−2		
25	7168	5	16-QAM	−3		
26	7168	5	16-QAM	−4		
27	7168	5	16-QAM	−5		
28	7168	5	16-QAM	−6		
29	7168	5	16-QAM	−7		
30	7168	5	16-QAM	−8		

表 10.4-2　UE 能力类别 7 到 8 的 CQI 映射表

CQI value	Transport Block Size	Number of HS-PDSCH	Modulation	Reference power adjustment Δ	N_{IR}	X_{RV}
0	N/A	Out of range				
1	137	1	QPSK	0	19200	0
2	173	1	QPSK	0		
3	233	1	QPSK	0		
4	317	1	QPSK	0		
5	377	1	QPSK	0		
6	461	1	QPSK	0		
7	650	2	QPSK	0		
8	792	2	QPSK	0		
9	931	2	QPSK	0		

续表

CQI value	Transport Block Size	Number of HS-PDSCH	Modulation	Reference power adjustment Δ	N_{IR}	X_{RV}
0	N/A	Out of range				
10	1262	3	QPSK	0	19200	0
11	1483	3	QPSK	0		
12	1742	3	QPSK	0		
13	2279	4	QPSK	0		
14	2583	4	QPSK	0		
15	3319	5	QPSK	0		
16	3565	5	16-QAM	0		
17	4189	5	16-QAM	0		
18	4664	5	16-QAM	0		
19	5287	5	16-QAM	0		
20	5887	5	16-QAM	0		
21	6554	5	16-QAM	0		
22	7168	5	16-QAM	0		
23	9719	7	16-QAM	0		
24	11418	8	16-QAM	0		
25	14411	10	16-QAM	0		
26	14411	10	16-QAM	−1		
27	14411	10	16-QAM	−2		
28	14411	10	16-QAM	−3		
29	14411	10	16-QAM	−4		
30	14411	10	16-QAM	−5		

表 10.4-3　UE 能力类别 9 的 CQI 映射表

CQI value	Transport Block Size	Number of HS-PDSCH	Modulation	Reference power adjustment Δ	N_{IR}	X_{RV}
0	N/A	Out of range				
1	137	1	QPSK	0	28800	0
2	173	1	QPSK	0		
3	233	1	QPSK	0		
4	317	1	QPSK	0		
5	377	1	QPSK	0		
6	461	1	QPSK	0		
7	650	2	QPSK	0		
8	792	2	QPSK	0		
9	931	2	QPSK	0		
10	1262	3	QPSK	0		
11	1483	3	QPSK	0		
12	1742	3	QPSK	0		

续表

CQI value	Transport Block Size	Number of HS-PDSCH	Modulation	Reference power adjustment Δ	N_{IR}	X_{RV}
0	N/A	Out of range				
13	2279	4	QPSK	0	28800	0
14	2583	4	QPSK	0		
15	3319	5	QPSK	0		
16	3565	5	16-QAM	0		
17	4189	5	16-QAM	0		
18	4664	5	16-QAM	0		
19	5287	5	16-QAM	0		
20	5887	5	16-QAM	0		
21	6554	5	16-QAM	0		
22	7168	5	16-QAM	0		
23	9719	7	16-QAM	0		
24	11418	8	16-QAM	0		
25	14411	10	16-QAM	0		
26	17237	12	16-QAM	0		
27	17237	12	16-QAM	−1		
28	17237	12	16-QAM	−2		
29	17237	12	16-QAM	−3		
30	17237	12	16-QAM	−4		

表 10.4-4　UE 能力类别 10 的 CQI 映射表

CQI value	Transport Block Size	Number of HS-PDSCH	Modulation	Reference power adjustment Δ	N_{IR}	X_{RV}
0	N/A	Out of range				
1	137	1	QPSK	0	28800	0
2	173	1	QPSK	0		
3	233	1	QPSK	0		
4	317	1	QPSK	0		
5	377	1	QPSK	0		
6	461	1	QPSK	0		
7	650	2	QPSK	0		
8	792	2	QPSK	0		
9	931	2	QPSK	0		
10	1262	3	QPSK	0		
11	1483	3	QPSK	0		
12	1742	3	QPSK	0		
13	2279	4	QPSK	0		
14	2583	4	QPSK	0		
15	3319	5	QPSK	0		
16	3565	5	16-QAM	0		

续表

CQI value	Transport Block Size	Number of HS-PDSCH	Modulation	Reference power adjustment Δ	N_{IR}	X_{RV}
0	N/A	Out of range				
17	4189	5	16-QAM	0	28800	0
18	4664	5	16-QAM	0		
19	5287	5	16-QAM	0		
20	5887	5	16-QAM	0		
21	6554	5	16-QAM	0		
22	7168	5	16-QAM	0		
23	9719	7	16-QAM	0		
24	11418	8	16-QAM	0		
25	14411	10	16-QAM	0		
26	17237	12	16-QAM	0		
27	21754	15	16-QAM	0		
28	23370	15	16-QAM	0		
29	24222	15	16-QAM	0		
30	25558	15	16-QAM	0		

表 10.4-5 UE 能力类别 11 和 12 的 CQI 映射表

CQI value	Transport Block Size	Number of HS-PDSCH	Modulation	Reference power adjustment Δ	N_{IR}	X_{RV}
0	N/A	Out of range				
1	137	1	QPSK	0	4800	0
2	173	1	QPSK	0		
3	233	1	QPSK	0		
4	317	1	QPSK	0		
5	377	1	QPSK	0		
6	461	1	QPSK	0		
7	650	2	QPSK	0		
8	792	2	QPSK	0		
9	931	2	QPSK	0		
10	1262	3	QPSK	0		
11	1483	3	QPSK	0		
12	1742	3	QPSK	0		
13	2279	4	QPSK	0		
14	2583	4	QPSK	0		
15	3319	5	QPSK	0		
16	3319	5	QPSK	−1		
17	3319	5	QPSK	−2		
18	3319	5	QPSK	−3		
19	3319	5	QPSK	−4		
20	3319	5	QPSK	−5		

续表

<table>
<tr><th>CQI value</th><th>Transport Block Size</th><th>Number of HS-PDSCH</th><th>Modulation</th><th>Reference power adjustment Δ</th><th>N_{IR}</th><th>X_{RV}</th></tr>
<tr><td>0</td><td>N/A</td><td colspan="5">Out of range</td></tr>
<tr><td>21</td><td>3319</td><td>5</td><td>QPSK</td><td>−6</td><td rowspan="10">4800</td><td rowspan="10">0</td></tr>
<tr><td>22</td><td>3319</td><td>5</td><td>QPSK</td><td>−7</td></tr>
<tr><td>23</td><td>3319</td><td>5</td><td>QPSK</td><td>−8</td></tr>
<tr><td>24</td><td>3319</td><td>5</td><td>QPSK</td><td>−9</td></tr>
<tr><td>25</td><td>3319</td><td>5</td><td>QPSK</td><td>−10</td></tr>
<tr><td>26</td><td>3319</td><td>5</td><td>QPSK</td><td>−11</td></tr>
<tr><td>27</td><td>3319</td><td>5</td><td>QPSK</td><td>−12</td></tr>
<tr><td>28</td><td>3319</td><td>5</td><td>QPSK</td><td>−13</td></tr>
<tr><td>29</td><td>3319</td><td>5</td><td>QPSK</td><td>−14</td></tr>
<tr><td>30</td><td>3319</td><td>5</td><td>QPSK</td><td>−15</td></tr>
</table>

CQI 是信道质量指示，来自 UE 对 P-CPICH 信道的测量。CQI 在上报给 Node B 之后，由 Node B 对 UE 上报的 CQI 进行修正。根据理论的分析，UE 上报的 CQI 与导频 E_c/N_t（UE 测量得到，此处 N_t 为热噪声和干扰值，但去除了来自本小区的正交干扰）之间存在的关系如下式所示：

$$CQI_{UE} = \left(\frac{E_c}{N_t}\right)_{P\text{-}CPICH} + 10 \times \log 16 + MPO + 4.5 \qquad (10.4\text{-}1)$$

式中，CQI_{UE}表示 UE 上报的 CQI 值；E_c/N_t 为 P-CPICH 测量得到的值；MPO(Measure Power Offset)为网络侧下发参数，UE 通过信令获得；4.5 是通过仿真得到的修正值。MPO 计算公式为

$$MPO = \min(13, CellMaxPower - P_{P\text{-}CPICH} - MPO_{Constant}) \qquad (10.4\text{-}2)$$

式中，CellMaxPower 为小区最大发射功率；$P_{P\text{-}CPICH}$ 为 P-CPICH 信道发射功率；$MPO_{Constant}$为常量，可在 RNC 侧进行配置(默认值为 2.5dB)。

由于 UE 上报的 CQI 是基于 P-CPICH 信道的，当 Node B 收到 UE 上报的 CQI 时，需要对该值进行修正。修正公式为

$$CQI_{Node\ B} = CQI_{UE} + (P_{HS\text{-}PDSCH} - P_{P\text{-}CPICH} - MPO) \qquad (10.4\text{-}3)$$

式中，$P_{HS\text{-}PDSCH}$ 为 HS-PDSCH 可用功率；$P_{P\text{-}CPICH}$ 为 P-CPICH 信道发射功率，可见 $MPO_{Constant}$的调整不会影响 AMC 的选择，只会影响 UE 的 CQI 上报值。

为得到式(10.4-3)的 $P_{HS\text{-}PDSCH}$，UE 假设接收到 HS-PDSCH 的总功率为：

$$P_{Total\text{-}PDSCH} = P_{P\text{-}CPICH} + \Gamma + \Delta \qquad (10.4\text{-}4)$$

其中，UE 接收到的 HS-PDSCH 总接收功率 $P_{Total\text{-}PDSCH}$ 平均分布在上报 CQI 值的 HS-PDSCH 几个码信道上(即对应于 HS-PDSCH 信道个数)，参数 Γ 表示 HS-PDSCH 信道功率 $P_{HS\text{-}PDSCH}$ 相对导频信道功率 $P_{P\text{-}CPICH}$ 的偏置，Δ 表示当无线环境良好超出 UE 报告范围时的功率修正因子，参数 Γ 和 Δ 均由高层信令给出。

10.5　HSDPA 关键技术

在这里对 HSDPA 采用的三大关键技术：AMC、HARQ 和快速调度算法做详细描述。

10.5.1 AMC

事实上，自适应调制和编码(AMC)技术并不是新技术，在 cdma2000 1xEV-DO 中已经得到应用。在移动无线传播环境下，UE 接收信号质量取决于 Node B 与 UE 间的距离以及信道衰落情况。链路自适应技术根据时变衰落信道的变化，通过自适应调整发射功率、符号速率、调制阶数、编码速率、编码方案或上述几个因素的组合来实现链路的实时平衡，从而达到增加系统容量和改善通信质量的目的。AMC 是 HSDPA 中采用典型的链路自适应技术，其核心思想就是网络侧(Node B)根据当前 UE 上报的无线信道质量状况(CQI 报告)和网络资源的使用情况来选择最佳的下行链路调制和编码方式，以确定发送数据的速率，从而尽可能增大终端用户的数据吞吐量，降低传输迟延。数据速率的调整是通过改变调制策略、有效编码速率以及 HS-PDSCH 码的数目来实现的。当用户处于有利的通信点(如靠近 Node B)时，则选择高阶调制和高速率的信道编码方式(如 16QAM,3/4 编码速率)来传送用户数据，从而得到较高的传输速率；而当用户处于不利的通信点(如远离 Node B)时，则选取低阶调制方式和低速率(QPSK 调制和 1/4 编码速率)，从而保证通信质量。AMC 方案与 CQI 的映射关系在上一节中已经列表给出，在此不再赘述。HSDPA 采用两种调制方式可供选择：QPSK 和 16QAM。图 10.5-1 给出了 QPSK 和 16QAM 的星座图。从星座图上可以看出 QPSK 仅有相位调制，而 16QAM 的幅度和相位都有变化，且 16QAM 的星座点比 QPSK 要密集，这也从另外一个角度说明了 16QAM 的功率效率低于 QPSK。

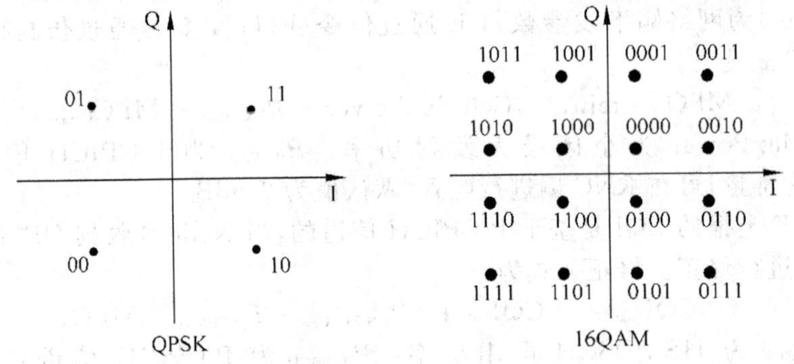

图 10.5-1 QPSK 与 16QAM 星座图

10.5.2 HARQ

所谓自动重传请求(ARQ)就是一次数据传输失败时便要求重传的一种传输机制，但标准 ARQ 对重传信息没有进行合并处理。在无线传输环境下，信道噪声和由于移动性带来的衰落以及其他用户的干扰使得信道传输质量较差，为了保证通信质量，就必须对数据分组加以保护，这种保护主要采用前向纠错编码(FEC)，即在分组中传输额外的比特开销。显然，过多的前向纠错编码会使传输效率变低。HARQ(混合自动重传请求)是一种链路自适应技术，是将前向纠错编码(FEC)和自动重传请求(ARQ)相结合的技术。该技术被 3GPP 引入到 HSDPA(高速下行分组接入)中，以减小时延并增加重发数据的效率。它可以提高系统性能，并可灵活地调整有效编码速率，还可以补偿由于采用链路适配所带来的误码。

HARQ 机制的形式很多，而 HSDPA 技术中主要是采用三种递增冗余的 HARQ 机制：TYPE-Ⅰ HARQ，TYPE-Ⅱ HARQ，TYPE-Ⅲ HARQ。其中：

- TYPE-Ⅰ HARQ：对于收到的数据帧，先进行解码，纠错，若是能纠正其中的错误，正确解码，则接受该数据包；若是无法正确恢复该数据包，则扔弃这个收到的数据包，同时发一个 NACK 回发端，要求发端重传的数据包使用相同的调制和信道编码。由于不用保留传错的数据包，所以无论收端发端均不需要很多存储器，这样实现起来相对比较简单。

Chase Combining 对 TYPE-Ⅰ HARQ 作了一定程度的改进，即不丢弃错误的数据包，而是存储起来，在接收端由解码器先将多次传输的数据按信噪比加权相加，即最大比合并（MRC），再进行解码，从而获得时间分集增益。

- TYPE-Ⅱ HARQ：又称为完全递增冗余机制（Incremental Redundancy），这种机制在 1988 年被首次提出，系统信息经过编码后，将编码比特按照一定周期打孔，UE 需要足够内存保留出错的数据包，每一次重发都可以使用不同的调制和信道编码，并配合不同的打孔方式增加重发的冗余度。UE 解调所有接收到的信息并进行合并处理恢复原数据包。每次重传不包含系统比特信息，只是携带新的冗余信息来帮助解码，在接收端与先前收到的信息合并形成纠错能力更强的前向纠错码，使错误率进一步降低。冗余信息版本由若干编码打孔方式产生。

递增冗余的出发点认为，是数据包的编码冗余度不够导致了发送失败，且在下一次重发时，传输条件不会改善，因此需要不断增加编码的冗余度，以保证数据帧能够尽快正确发送。

- TYPE-Ⅲ HARQ：又称为部分递增冗余机制，这种方案与 TYPE-Ⅱ HARQ 的主要区别在于，发送端每次发送的码字都是可以独立译码的码字，重传包不但包含与之前帧不同的冗余比特，还包含所有系统比特。接收机每次也同样进行码组合，由于重传包中含有增加的冗余比特，同时系统比特每次都进行优化选择，从而达到递增冗余的目的。由于系统比特对解码的影响非常大，如果系统中噪声和干扰比较大，使得第一次传输的数据破坏非常严重，那么即使增加冗余信息，数据包也难以解码。这种情况下，重传数据自解码将使系统性能得到提高。第三类 HARQ 可以看作前两类的结合。

HSDPA 中采用的重传协议为 stop-and-wait（SAW）协议，这种机制简单可靠，同时降低了对于接收机的缓存空间的要求，但是信道利用效率较低。在 SAW 方式下，发端发送数据后便开始等待，在发端等待响应的这个时间段内没有任何信息块传输。为了避免这种不利因素，HSDPA 采用了 N channel SAW 协议，这种方案是发送端在信道上并行地运行 N 套不同的 SAW 协议，利用不同信道间的间隙来交错地传递数据和信令，从而提高信道利用率。

HSDPA 的重传机制设计是放在 MAC 层的。这主要有两个原因：第一，减小时延。RLC（无线链路控制）的往返时间（Round Trip Time，RTT）时延大约是 80～100ms，如果移动台的衰落比较严重，信道条件比较恶劣，这个时间太长。而 MAC 层的时延要远小于 RLC 层，而且避免了 Iub 接口的时延。这样重传机制在 MAC 层就可以快速反馈。另外，可以保证在任何时刻 UE 只接收一个 Node B 的数据，当移动台发生切换时，只需要简单地和新建立连接的 Node B 执行 HARQ 机制。HARQ 技术的实现需要 UE 和 Node B 两端的物理层和 MAC 层紧密结合。

HSDPA 将 AMC 和 HARQ 技术结合起来可以达到更好的链路自适应效果。HSDPA 先通过 AMC 提供粗略的数据速率选择方案，然后再使用 HARQ 技术来提供精确的速率调节，从而提高自适应调节的精度和提高资源利用率。

10.5.3 调度算法

在调度算法研究中需要考虑的两个重要因素是：吞吐量和公平性。吞吐量包括小区吞吐量和用户吞吐量，公平性一般认为是各用户或不同分组业务占用信道资源的统计结果。

分组调度要解决的基本问题：当多个分组业务流等待接受服务时，必须确定合理的服务规则，安排流的服务顺序和服务时间，以满足各个业务流的 QoS 要求。QoS 性能参数包括分组时延(Packet Delay)、时延抖动(Delay Jitter)、吞吐量(Throughput)和分组丢失率(Packet Loss Rate)等参数。在 HSDPA 调度算法中，考虑的因素包括队列优先级、CQI 值、缓冲内存大小、等待事件等。下面分别讨论 HSDPA 技术中采用的三种调度算法：轮询调度算法(Round Robin)、最大 C/I 调度算法(Max C/I)、正比公平调度算法(Proprotional Fair)。

1. 轮询调度算法

该类算法遵循先进先出(FIFO)策略，按照用户接入顺序确定用户的 HSDPA 服务优先级，依次进行服务。此类算法的优点是能够保持用户之间的公平性，不足之处在于牺牲系统性能。该类算法主要包含两种：

基本轮询算法：对用户排队序列按接入顺序进行优先级排队，每个发送时间 TTI 后，服务过的用户排在最后，依此类推。如果数据发送完毕就从队列中删除。此算法保证每个用户的服务时间相同。

公平吞吐量算法：根据用户接入顺序分配 HSDPA 资源，轮循完所有接入用户后，计算各用户的总吞吐量。在调度时间内比较服务用户的吞吐量，吞吐量少的用户在轮询完一次后服务优先级最高，优先服务。此算法可保证各用户的吞吐量在较长时间内基本一致。

轮循算法不仅可以保证用户间的长期公平性，还可以保证用户的短期公平性，算法实现简单。但该算法由于没有考虑到不同用户无线信道的具体情况，因此系统吞吐量是很低的。通常该算法被认为是最公平的，但该算法是性能最低的(它的系统吞吐量在实际系统中是最低的)。所以，该算法是公平性的上界和算法性能的下界。

2. 最大 C/I 调度算法

该类算法是在用户排队序列中选择瞬时信道载噪比最好的用户进行分组传输。由于该算法总是把系统资源分配给信道质量最好的用户，这样的用户根据 AMC 总能选用更高阶的调制和编码方式，所以系统吞吐量和时延性能最好，但在小区边缘的信道质量差的用户得不到系统资源，造成系统用户间的不公平。该类算法主要包括：

最大 C/I 算法：在调度时间内，按照各用户测量的载噪比进行用户排队分配优先级，根据优先级分配资源直到资源空闲。由于调度时间为每个 TTI 2ms，所以该算法调度速度快，时延小，系统吞吐量真正做到最大。

基本 C/I 算法：在调度时间内，根据用户长时间内的平均信道质量来分配资源。可按照各用户上报的 CQI 来确定用户排队序列服务优先级，然后根据优先级提供 HSDPA 服务。由于目前 CQI 的值是按每 TTI 2ms 计算得到的，对于 20～100ms 长时间的平均，需要 Node B 能够针对每个用户存储 CQI 的值来计算调度时间内的平均值。此算法可保证系统吞吐量最大化，但是由于调度时间较长，速度慢，其总体性能不如最大载噪比调度算法好。

3. 正比公平调度算法

基于载噪比的算法系统吞吐量大、时延小，但用户之间的公平性很不合理；基于轮询的算法可以保证用户之间比较公平，但系统性能不佳，资源利用率低。综合考虑轮询和载噪比的正比公平算法，既注重系统的性能又不失一定的公平性，适当兼顾了资源的公平共享和有效利用之间的平衡。

正比公平调度算法根据用户的相对瞬时信道质量来对用户的排队序列进行优先级排序，这种相对的瞬时信道质量既考虑了用户瞬间绝对信道质量，也兼顾一定的公平性，然后根据优先级对用户排队序列进行资源分配。该类算法主要包括：

正比公平吞吐量算法：按照相对瞬时信道质量确定优先级，根据优先级进行服务。此算法能使用户获得的吞吐量与用户的相对瞬时信道质量成比例关系，从而使系统吞吐量和公平性达到一定平衡。

正比公平资源算法：按照相对瞬时信道质量确定优先级，根据优先级进行服务。此算法能使用户获得系统资源与用户的相对瞬时信道质量成比例关系，从而使系统吞吐量和公平性达到一定的平衡。

正比公平调度算法的关键是如何确定相对瞬时信道质量值，或者说是采用什么样的标准来确定对用户服务的优先级。相对瞬时信道质量的确定主要有以下几种方法。

第一种方法：

$$j=\operatorname{argmax}\frac{r_i}{R_i},\quad 1<i<N \tag{10.5-1}$$

式中，j 是将服务的用户索引；r_i 是用户 i 当前信道状况所能支持的瞬时速率；R_i 是用户 i 的有效平均速率，每 TTI 更新一次，α 为平滑因子，R_i 计算方法为

$$R_i=\begin{cases}(1-\alpha)R_j+\alpha\cdot r_j, & i=j\\(1-\alpha)R_j, & i\neq j\end{cases} \tag{10.5-2}$$

分析指出，式(10.5-1)提供的方法只能对信道衰落特性相同的用户，使各用户得到公平的资源，而对信道衰落特性不一样的用户就不能保证公平性，那些信号均值和衰落方差大的用户将得到更大的优先级。于是又对相对瞬时信道质量的确定方法进行了改进，采用指数方法。

第二种方法：

$$j=\operatorname{argmax}\frac{r_i^{C_i}}{R_i},\quad 1<i<N \tag{10.5-3}$$

式中，C_i 计算方法为

$$\begin{cases}C_i=C_i+\Delta, & \left(\dfrac{R_i}{r_i}-\dfrac{1}{N}\sum\limits_{1<j<N}\dfrac{R_i}{r_i}\right)<-\varepsilon\\C_i=C_i-\Delta, & \left(\dfrac{R_i}{r_i}-\dfrac{1}{N}\sum\limits_{1<j<N}\dfrac{R_i}{r_i}\right)>\varepsilon\end{cases} \tag{10.5-4}$$

式中，$\bar{r}_i$ 是 C_i 的更新周期内平均瞬时速率，C_i 的更新周期比调度周期大，以保证在必要的时候才更新，避免频繁更新。ε 为一个合适的更新门限值，它取决于收敛速度。仿真结果表明该算法能保证用户的公平性，但太过于复杂，不易实现。为了使各个用户达到一定的服务质量，即保证一定的目标速率，该自适应快速分组调度算法为

第三种方法：
$$j=\arg\max \frac{r_i^{C_i}}{R_i}\times RT_i,\quad 1<i<N \tag{10.5-5}$$

式中，RT_i 为用户 i 的目标速率，C_i 计算方法为

$$\begin{cases} C_i = C_i + \Delta, & \left(\dfrac{R_i}{RT_i} - \dfrac{1}{N}\sum\limits_{1<j<N}\dfrac{R_i}{RT_i}\right) < -\varepsilon \\ C_i = C_i - \Delta, & \left(\dfrac{R_i}{RT_i} - \dfrac{1}{N}\sum\limits_{1<j<N}\dfrac{R_i}{RT_i}\right) > \varepsilon \end{cases} \tag{10.5-6}$$

此外，还有一种计算方法，考虑了各用户的服务的时延要求，但没有考虑用户吞吐量的要求：

第四种方法：

$$j = \arg\max\left(\frac{r_i}{R_i}\exp\left(\frac{T_i - \overline{T}}{1+\sqrt{\overline{T}}}\right)\right),\quad 1 < i < N \tag{10.5-7}$$

式中，T_i 是用户 i 的等待时间，$\overline{T}_i$ 是系统内所有用户的平均等待时间。

10.6 HSDPA关键算法

10.6.1 功率分配

HSDPA功率控制包括HSDPA总功率分配、HS-PDSCH信道的功率分配、HS-SCCH信道的功率控制和HS-DPCCH信道的功率控制。

1. HSDPA总功率分配

HSDPA（高速下行链路分组接入）总功率分配分为静态分配和动态分配两种。静态分配在无线网路控制器RNC进行参数配置，设置为小区发射功率的一定比例，例如可设定为小区发射总功率的40%，静态分配策略如图10.6-1所示。动态分配将小区当前尚未使用的功率均可以分配给HSDPA使用，基站节点Node B根据小区当前可用功率（扣除公共信道和DCH（专用信道）信道功率），动态调整HSDPA功率，动态调整的最小周期为2ms。动态分配策略如图10.6-2所示。

2. HS-SCCH功率控制

HS-SCCH（高速共享控制信道）常用的功率分配方式也包括两种：一是HS-SCCH信道采用固定发射功率；二是根据HS-SCCH Power Offset参数进行功率控制，HS-SCCH Power Offset是相对于伴随的DL DPCH pilot域的功率偏差。

采用固定发射功率时，可以在OMC侧对该参数进行配置。这种配置方式最简单，但需要参考WCDMA R99公共信道的方式进行功率配置以满足覆盖要求，对功率的开销最

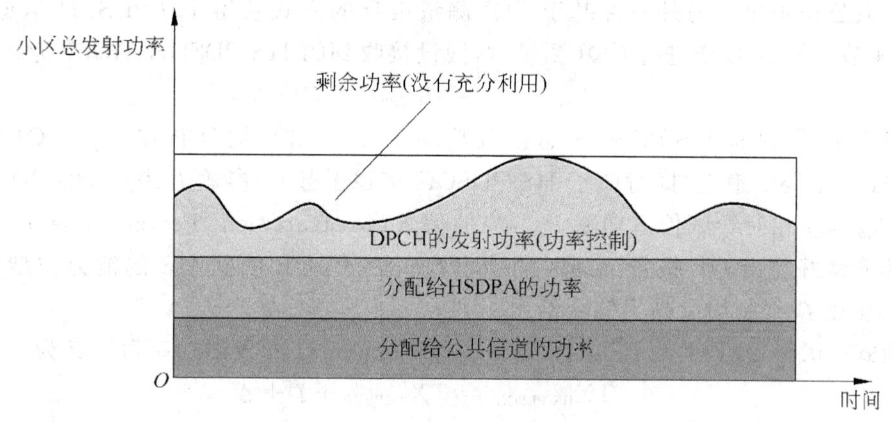

图 10.6-1　HSDPA 静态功率分配

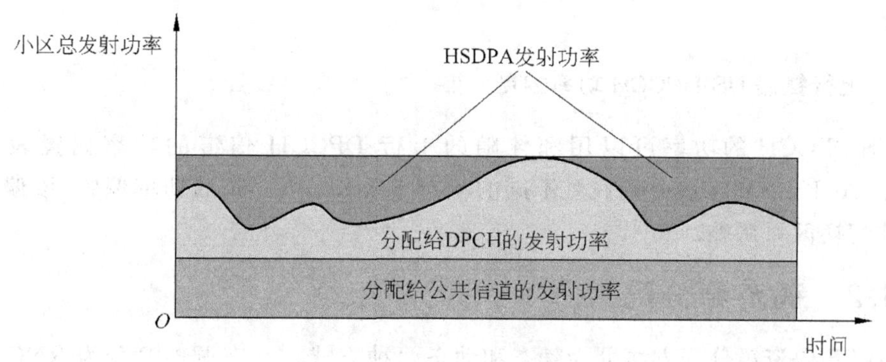

图 10.6-2　HSDPA 动态功率分配

大。一般情况下，在 HS-SCCH 信道数目很少时(如 1～2 个)的场合下使用固定发射功率。

采用 HS-SCCH Power Offset 方式进行功率控制时，每一个 HS-SCCH 均有最大发射功率限制(Max_HS-SCCH_Power)。HS-SCCH 信道功率控制在 Node B 的控制下完成。HS-SCCH 的功率通过 HS-SCCH Power Offset 参数来体现，HS-SCCH Power Offset 是相对于伴随的 DL DPCH pilot 域的功率偏差。由于 HS-SCCH 是被 UE 时分复用的，在哪个 UE 使用的时间段，HS-SCCH 的功率就受哪个 UE 的 DL DPCH 的控制来做功控。

3. HS-PDSCH 功率控制

HS-PDSCH(高速物理下行共享信道)信道的功率分配和 HSDPA(高速下行链路分组接入)总功率分配策略相关。无论 HSDPA 总功率分配策略采用静态分配方式还是动态分配方式，HS-PDSCH 信道的总功率均等于[HSDPA 总功率－各个 HS-SCCH 功率之和]。如果一个用户同时分配有多个 HS-PDSCH，根据协议要求各个 HS-PDSCH 应平均分配功率，即各个 HS-PDSCH 信道的功率相等。

中兴公司提出了另外一种基于 CQI 测量推导的方式获得 HS-PDSCH 信道的功率。由 10.4 节可知，UE 侧进行 CQI 测量时，假设接收到的 HS-PDSCH 的功率为

$$P_{\text{Total-PDSCH}} = P_{\text{P-CPICH}} + \Gamma + \Delta \tag{10.6-1}$$

式中，UE 接收到的 HS-PDSCH 总接收功率 $P_{\text{Total-PDSCH}}$ 平均分布在上报 CQI 值的 HS-PDSCH 几个码信道上(即对应于 HS-PDSCH 信道个数)；参数 Γ 表示 HS-PDSCH 信道功率 $P_{\text{HS-PDSCH}}$ 相对导频信道功率 $P_{\text{P-CPICH}}$ 的偏置(Measurement Power Offset)；Δ 表示当无线环境良好超出 UE 报告范围时的功率修正因子，UE 依据 UE 的能力类型进行查表得到。参数 Γ 和 Δ 均由高层信令给出。

由式(10.6-1)可知，对于 Node B 来说，HS-PDSCH 的发射功率可定义为

$$TX_{\text{HS-PDSCH}} = TX_{\text{P-CPICH}} + \Gamma + \Delta \tag{10.6-2}$$

式中，Γ 是无线链路重配中的 Measurement Power Offset 参数；Δ 是 Node B 依据 UE 的能力类型进行查表得到；$TX_{\text{P-CPICH}}$ 是导频信道的发射功率，$TX_{\text{HS-PDSCH}}$ 是 HS-PDSCH 的发射功率。

4. 上行链路 HS-DPCCH 功率控制

HS-DPCCH 的功率可以用和伴随的上行 DPCCH 信道的功率偏置表示。对应 ACK、NACK、CQI 字段分别设置不同的相对于 UL DPCCH 的功率偏置，该偏置在切换区和非切换区可调整。

10.6.2 码资源分配

OVSF 码资源分配方法分为静态和动态两种方式。动态调整又分为 RNC 控制的动态码资源分配和 Node B 控制的动态码资源分配，下面分别进行描述。

1. 静态码资源分配

静态码资源分配通过 OMC 参数配置给 HSDPA 预留一定的码资源。对 HSDPA 用户，Node B 只能使用预留给 HSDPA 的信道码资源。下行 HS-SCCH 信道扩频因子为 128，与下行公共信道一起分配。HS-PDSCH 信道的扩频因子为 16，信道码必须连续配置，如图 10.6-3 所示。

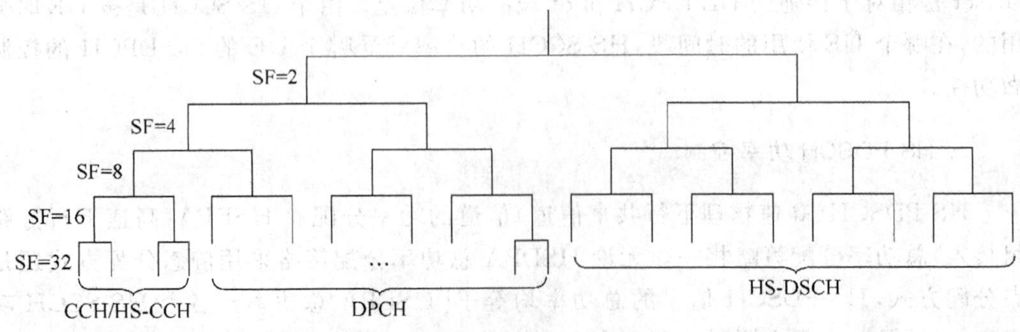

图 10.6-3 静态码资源分配

2. 动态码资源分配

动态码资源分配策略分为 RNC 控制的动态码资源分配和 Node B 控制的动态码资源分配两种。

RNC 控制的动态码资源分配算法：在静态码分配的基础上，RNC 对预留给 HSDPA 的码资源进行周期性的调整，以适应小区中业务的实际需求。RNC 通过实时监测小区中码资源的使用情况。如果发现 DPCH 信道有比较多的信道码剩余，并且存在一个 SF(扩频因子)为 16 的信道码和已经预留给 HSDPA 的信道码相邻，则 RNC 可以把这个符合要求的信道码从 DPCH 信道中释放出来，重新分配给 HSDPA 使用；反之，如果 RNC 发现 DPCH 信道上码资源紧张，则 RNC 会考虑从预留给 HSDPA 的码资源中释放一个 SF 为 16 的信道码给 DPCH 信道。为了保证 HSDPA 信道上流业务的需求，RNC 在释放预留给 HSDPA 的信道码时会保留一个最少的码资源给 HSDPA(通过静态分配方式进行预留)。

Node B 控制的动态码资源分配算法：RNC 按照话务模型所需容量来预留 HSDPA 的信道码，也可以不进行预留。Node B 统计扩频 SF=16 的信道码的分配情况，当一个 SF 为 16 的信道码或它的子码被 RNC 分配给 DPCH 信道时，Node B 标识该虚拟码字为占用状态。在每个 MAC-hs 调度周期，Node B 检查虚拟码字的空闲情况，若有空闲(从大码字开始往下查找)，则在下一个 2ms 使用该码字，并标记为临时使用。如果 Node B 临时使用的码字正好和 RNC 所分配码字冲突，Node B 在收到 RNC 的码字分配消息后立即释放所临时使用的信道码。由于调度时间很短(2ms)，不会产生 RNC 分配给 DPCH 的信道码被 Node B 使用在 HSDPA 上的可能。为了使 Node B 尽可能获得它所需要的码号大的信道码，RNC 在分配 DCH 用户的码字时总是从小开始分配，尽量留出码号大的和 SF 小的码。

第11章 WCDMA技术演进：HSUPA及LTE技术

WCDMA 技术的主流演进方向如图 11.0-1 所示，是由 WCDMA→HSDPA→HSUPA→HSPA+→LTE,然后演进到 4G。一般 HSDPA 称作 3.5G 的技术，HSUPA(高速上行链路分组接入)称作 3.75G 的技术。HSPA+不是演进到 LTE(长期演进技术)或 4G 必须过渡的路线，该阶段引入自适应波束成形和 MIMO 等天线阵处理技术，可将下行和上行峰值速率分别提高到 28Mb/s 和 11Mb/s 左右。LTE 采用了很多应用于 4G 的技术，被称为 3.9G 技术。

3GPP 的 WCDMA 版本的演进升级经历了从稳定的 R99 版本到 R5 版本，在 R5 版本实现了 HSDPA 技术，从而使得下行理论峰值速率达到 14.4Mb/s，随后在 R6 版本中实现了 HSUPA 技术，将上行理论峰值速率提高到 5.76Mb/s。在 R7 版本中引入自适应波束成形以及 MIMO 技术，使得下行和上行峰值速率分别提高到 28Mb/s 和 11Mb/s 左右。在 R8 版本中实现的 LTE 技术将使下行和上行峰值速率分别达到 326Mb/s 和 86Mb/s。R7 版本已于 2007 年 12 月完成标准化工作并冻结，R8 版本的标准化工作预计于 2008 年 12 月完成，接下来分别对 HSUPA 和 LTE 技术进行描述。

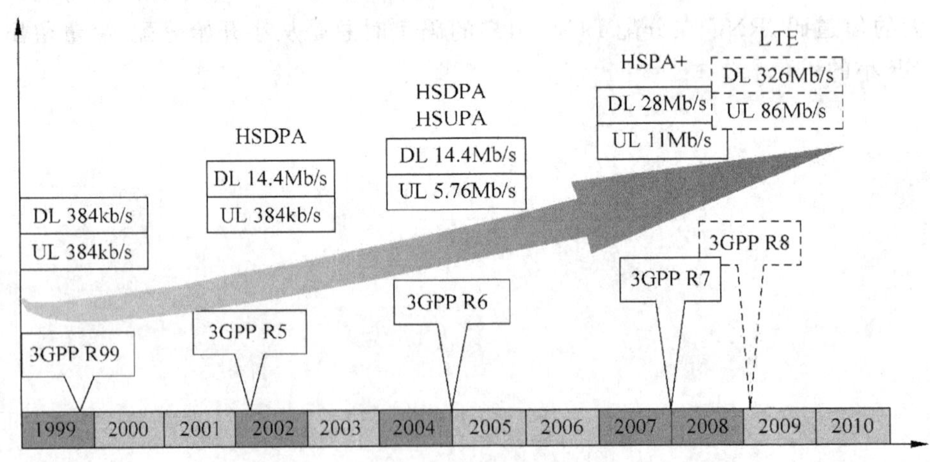

图 11.0-1 WCDMA 技术演进路线

11.1 HSUPA 概述

HSDPA(高速下行链路分组接入)技术是 WCDMA R5 版本中下行链路方向针对分组业务进行优化和演进，其高速率、低延迟、用户体验好的优点，正被越来越多的运营商和用户所认同，困扰 WCDMA 承载数据业务时效率低、效果差的问题在下行终于得到比较完美的解决。然而，HSDPA 技术不能解决上行数据速率问题，上行最高速率只有 384kb/s，与下行 14.4Mb/s 的峰值速率相比，差距甚大。人们自然而然地会想到，能否像 HSDPA 一样，在现有技术基础上采用一种新的增强技术，来提高上行的传输速率和传输效率？HSUPA(High Speed Uplink Package Access)——上行高速数据传输技术应运而生。

在 WCDMA R6 版本中提出了 HSUPA 技术，旨在针对上行链路分组业务进行优化和演进。HSUPA 是继 HSDPA 后，WCDMA 标准的又一次重要演进。利用 HSUPA 技术，上行用户的峰值传输速率可以达到的理论最高速率为 5.76Mb/s。在 HSUPA 技术中采用了 HARQ(混合自动重传请求)、基于 Node B 的快速调度、更短的传输时间间隔(2ms TTI)等，有效地提高了反向链路的数据传输速率，且良好的兼容性使 HSUPA 能够有效地实现网络平滑演进。

HSUPA 首先提高了系统的上行网络性能。HSUPA 对于传输错误的数据能够很快重传，以减少传输时延，并且可以根据信道质量的好坏来调节传输速率，信道条件好时多传，信道条件差时少传。从单个用户角度来说，上行峰值速率可以高达 5.76Mb/s，传输时延减少 40%以上；从系统的角度来说，容量提升 40%～70%，覆盖提升 14%左右。不仅如此，HSUPA 还提高了 HSDPA 的传输速率。这是因为，对于 HSDPA 承载的 TCP/IP 包接收正确与否，ACK/NACK 需要上行传输反馈，如果上行使用 R99 的 DCH 承载，当物理层数据解调错误时，则给 TCP/IP 包数据传输带来过大的延时，影响数据传输速率。如果使用 HSUPA 承载 ACK/NACK 数据信息，则会大大减小上行数据传输时延，从而提高了下行 HSDPA 的 IP 数据包传输速率。

接下来分别就 HSUPA 的协议结构、信道结构以及关键技术进行描述。与 HSDPA 技术相比，HSUPA 的特点如表 11.1-1 所示。

表 11.1-1　HSUPA 与 HSDPA 对比

项　　目	HSUPA	HSDPA
TTI	2ms(可选)/10ms	2ms
扩频因子	SF2～SF256，支持多码传输	固定为 SF16，最多可多码传输 15 个
调制	QPSK	QPSK/16QAM
自适应调制编码(AMC)	不支持	支持
传输信道	专用信道	共享信道
软/更软切换	支持	不支持
功率控制	快速功率控制	链路自适应(速率控制)
新增 MAC 实体	MAC-e/MAC-es	MAC-hs
调度算法	Node B 调度(时分＋码分，干扰受限)	Node B 调度(时分＋码分，功率受限)

11.2　HSUPA 协议结构

在引入增强上行 HSUPA 技术后，UTRAN 侧的模型有所改变。为了进一步减少数据传输时延和增强上行传输的快速资源调度的需求，UTRAN 将重传控制 HARQ 和调度功能都向空中接口侧移动，并将这部分功能的实现放到了 Node B 新引入的功能实体 MAC-e 实体中。MAC-e 处理 HARQ 重传、Node B 快速调度、MAC-e 复用。HSUPA 协议结构如图 11.2-1 所示。

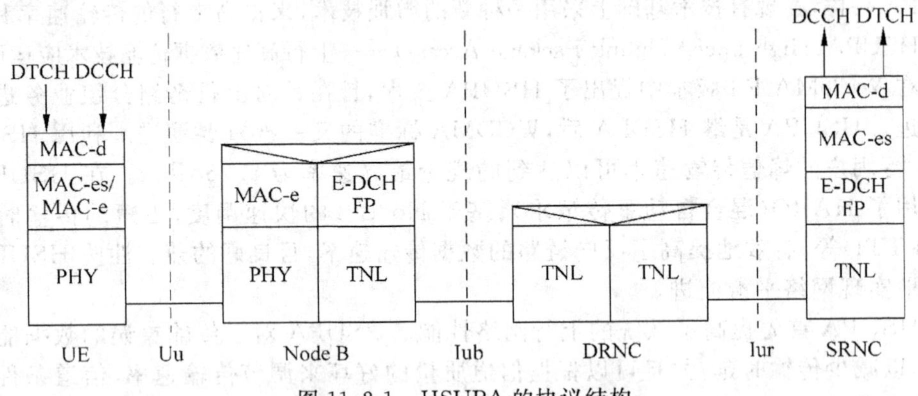

图 11.2-1 HSUPA 的协议结构

在 SRNC 侧，增加了新的功能体 MAC-es，主要负责增强上行功能的重排序队列分配、重排序、重复数据包检测和宏分集合并。而增强上行的 UTRAN 侧中其他 MAC 功能实体对于原 WCDMA 系统中的相应部分没有任何变化。

在 UE 侧，没有对 MAC-e 和 MAC-es 实体功能进行区分，而合并到一起成为新增功能实体 MAC-e/es。MAC-e/es 主要处理 HARQ 重传、调度、MAC-e 复用、E-DCH 传输格式集 E-TFC 选择。在物理层增加了控制软合并的功能。

11.2.1 UE 侧的 MAC 结构

UE 侧的 MAC 总体结构如图 11.2-2 所示，MAC 层通过逻辑信道与 RLC 层联系，通过传输信道与物理层联系。图 11.2-2 中最左侧是专用于 HSUPA 的 MAC-es/MAC-e 实体，这是一个新增加的 MAC 实体，用于处理增强型的专用信道(E-DCH)；左起第二个是专用于 HSDPA 的 MAC-hs 实体，用于处理高速下行链路共享信道(HS-DSCH)。MAC-c/sh 实体用于处理公共信道和共享信道：寻呼信道(PCH)、前向接入信道(FACH)、随机接入信道(RACH)、上行链路公共分组信道(CPCH)和下行链路共享信道(DSCH)。MAC-d 实体用于处理连接模式下分配给 UE 的专用信道(DCH)，在每个 UE 中有一个 MAC-d 实体。与 HSUPA 特定功能密切相关的是 MAC-es/e 实体，它控制 E-DCH，发射相关的上行信令，接收相关的下行信令。此外，增加了从 MAC-d 到 MAC-es/MAC-e 的联系，MAC-es/MAC-e 和 MAC 控制 SAP(业务接入点)之间的联系，而 MAC-hs 和 MAC-c/sh 实体没有任何改变。

UE 的 MAC-es/MAC-e 实体包括三个新增功能实体：HARQ 实体、复用实体、E-TFC 选择实体，各实体的功能如下：

HARQ 实体：该实体主要处理 HARQ 功能，包括存储 MAC-e 数据和重传等。HARQ 还提供了传输格式(E-TFC)选择、重传序列号(RSN)产生和物理层使用的功率偏置的配置等功能。HARQ 实体包含多个 HARQ 进程，每个进程与接收方 Node B 的

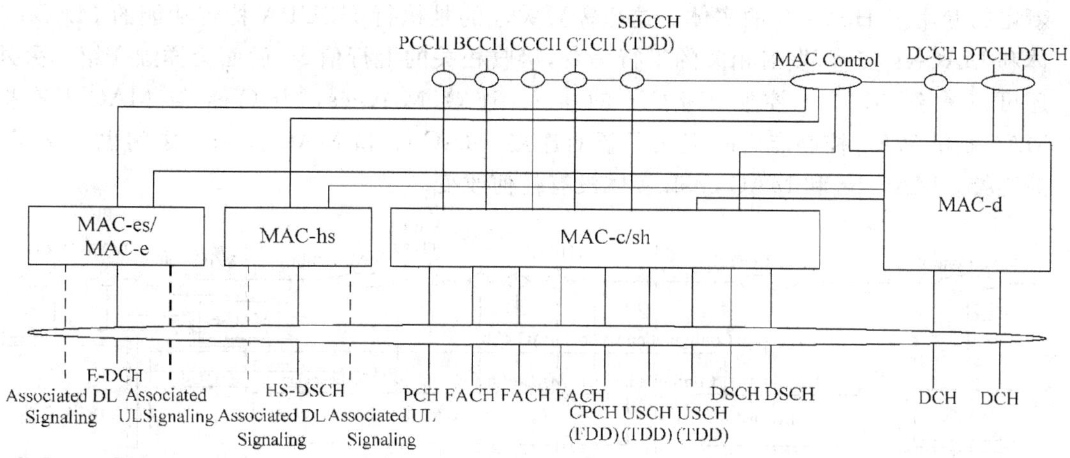

图 11.2-2　UE 侧的 MAC 结构

HARQ 实体的各个进程一一对应。10ms TTI 的 UE 可以有 4 个 HARQ 进程，2ms TTI 的 UE 可以有 8 个 HARQ 进程。HARQ 协议的配置由 MAC 控制服务接入点执行。

复用实体：将 MAC-d 分组数据单元(PDU) 打包为 MAC-es PDU，并把一个或多个 MAC-es PDU 打包为单独的 MAC-e PDU，同时为每条逻辑信道设置传输序列号(TSN)。

E-TFC 选择实体：UE 利用一定算法，将 Node B 的资源指示授权转换为适合的传输格式 E-TFC，用于在物理层发射数据。

UE 的 MAC-es/MAC-e 结构如图 11.2-3 所示。

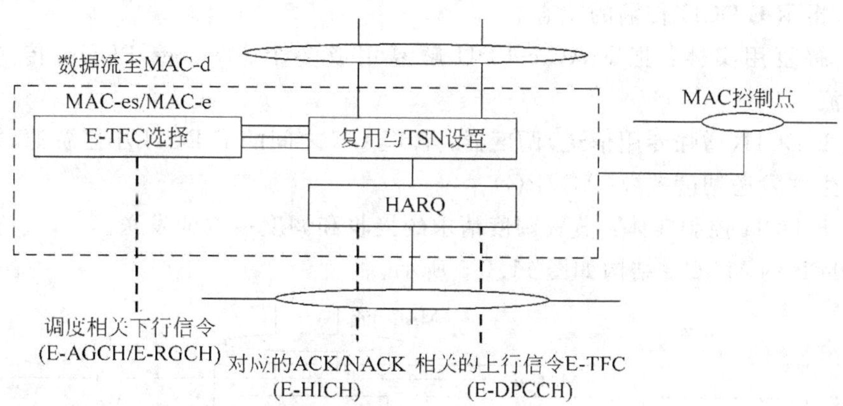

图 11.2-3　UE 侧的 MAC-es/MAC-e 结构

11.2.2　UTRAN 侧的 MAC 结构

UTRAN 侧的 MAC 结构如图 11.2-4 所示，与 MAC 层上面连接的是逻辑信道，下面连接的是传输信道。图 11.2-4 的最左侧是专用于 HSUPA 的 MAC-e 实体，这是一个新增加的 MAC 实体，从左至右依次为专用于 HSDPA 的 MAC-hs 实体，公共/共享的 MAC-c/sh 实体和 MAC-d 实体。在图 11.2-4 的右上角还有一个 MAC-es 实体，这也是新增的专用于 HSUPA 的实体。这里需要关注的是执行 HSUPA 特定功能的 MAC-e 实体和 MAC-es 实体，发射相关的下行信令，接收相关的上行信令，后面会详细介绍。另外，还可以看到 MAC-e 控制 E-DCH 的接入，连接 MAC-es，MAC-es 与 MAC-d 连接。MAC-e 和 MAC 控制点之间定义了新的连接，MAC-es 和 MAC 控制点之间也定义了新的连接。MAC-hs 和 MAC-c/sh 实体没有任何改变。

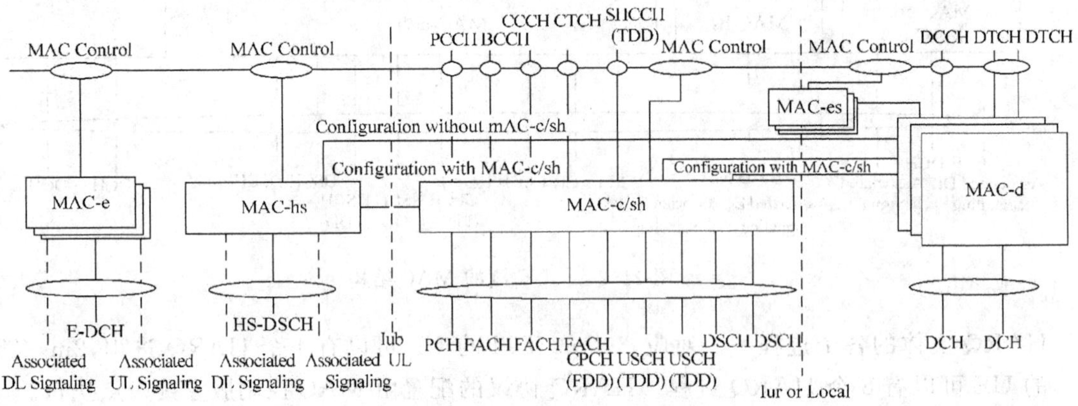

图 11.2-4 UTRAN 侧的 MAC 结构

Node B 侧引入新的 MAC 层实体 MAC-e，该实体包含的功能实体有 HARQ 实体、解复用实体、E-DCH 调度器、E-DCH 控制实体，各实体功能如下：

(1) HARQ 实体：负责接收数据并进行 CRC 校验并产生错误校验 ACKs 或 NACKs，指示 E-DCH 传输的状态。

(2) 解复用实体：把 MAC-e PDU 解复用成多个 MAC-es PDUs，传送到相关的 MAC-d 流。

(3) E-DCH(增强专用信道)调度器：管理 UE 之间的 E-DCH 小区资源，并基于调度请求，产生并发送调度授权(AG/RG)。

(4) E-DCH 控制实体：负责调度请求的接收和调度授权的发送。

Node B 的 MAC-e 结构如图 11.2-5 所示。

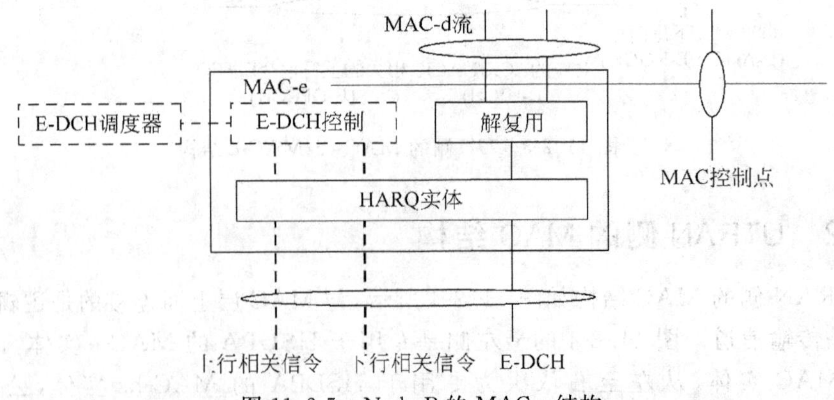

图 11.2-5 Node B 的 MAC-e 结构

RNC 中引入了新的实体 MAC-es，该实体主要包含的功能实体有重排序队列分布实体、重排序实体和解复用实体，各实体功能如下：

(1) 重排序队列分布实体：将不同的 MAC-es PDU 路由到正确的重排序缓冲区。

(2) 重排序实体：根据收到的传输序列号 TSN 和 Node B 带有的子帧序号 CFN 对收到的数据包 MAC-es PDU 进行重新排序。带有连续 TSN 的 MAC-es PDU 将被传递到解复用实体部分。

(3) 解复用实体：负责把 MAC-es PDU 分解成 MAC-d PDU，并传递到 MAC-d 实体。

RNC 中 MAC-es 结构如图 11.2-6 所示。

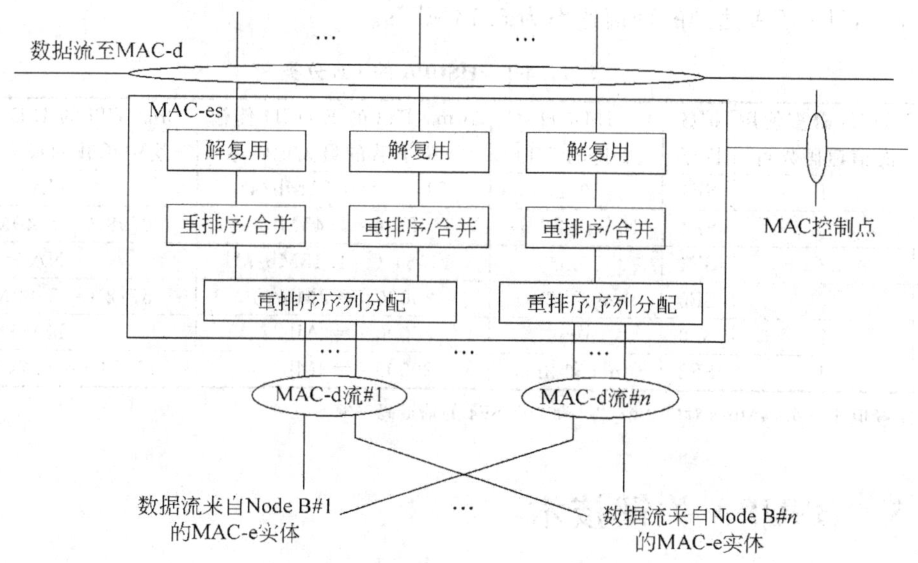

图 11.2-6　RNC 的 MAC-es 结构

11.3　HSUPA 新增物理信道

如图 11.3-1 所示，HSUPA 的物理层在上行增加了物理信道 E-DPCCH 和 E-DPDCH，下行增加了 E-AGCH、E-RGCH、E-HICH。上行 E-DPDCH 用于承载 HSUPA 用户上行的传输数据，与 E-DPDCH 并行传输，包括针对 HARQ 和调度的 L1 控制信息，扩频因子为 256。下行 E-AGCH 为公共信道，由用户服务 E-DCH 无线连接所在的小区

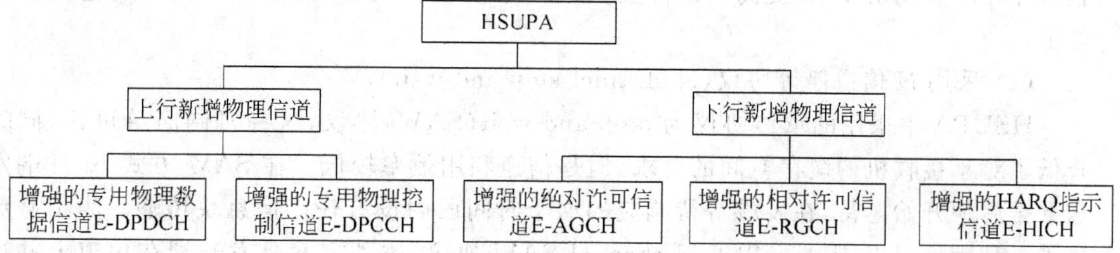

图 11.3-1　HSUPA 新增物理信道

指示用户终端最大可用传输速率(或者功率),通常为慢速调节,扩频因子为 256;下行 E-RGCH 为专用信道,最快可按 2ms 时间快速调整用户终端的上行传输速率,扩频因子为 128;下行 E-HICH 为专用信道,反馈用户接收进程数据是否正确的 ACK/NACK 信息,扩频因子为 128。

11.4 HSUPA 的 UE 能力分类

表 11.4-1 给出了 HSUPA 的 UE 能力分类,在同时采用 2 个 SF2 和 2 个 SF4 信道码的情况下,HSUPA 达到的峰值速率为 5.74Mb/s。

表 11.4-1 HSUPA 的 UE 分类

UE 种类	E-DCH 最多使用的信道码数目	扩频因子	E-DCH 支持的 TTI	10ms TTI 的 E-DCH 传输块中承载的最大比特数	2ms TTI 的 E-DCH 传输块中承载的最大比特数
1	1	SF4	10ms	7110 (=0.71Mb/s)	NA
2	2	SF4	10ms 和 2ms	14484 (=1.45Mb/s)	2798 (=1.40Mb/s)
3	2	SF4	10ms	14484 (=1.45Mb/s)	NA
4	2	SF2	0ms 和 2ms	20000 (=2Mb/s)	5772 (=2.89Mb/s)
5	2	SF2	10ms	20000 (=2Mb/s)	NA
6	4	SF2	0ms 和 2ms	20000 (=2Mb/s)	11484 (=5.74Mb/s)

注:峰值速率 5.74Mb/s 对应 2 个 SF2 和 2 个 SF4 的信道码传输。

11.5 HSUPA 关键技术

HSUPA 采用 Node B 控制的调度、结合软合并的 HARQ、更短的 TTI 等关键技术使 UE 能以尽可能多的功率传输 HSUPA 数据,从而获得系统性能的提高,即提高覆盖、吞吐量和减少延时。

11.5.1 HARQ 技术

在第 10 章中我们描述了 HSDPA 中采用的 HARQ 技术,在 HSUPA 中也采用了这种技术。数据包的重传在移动终端和基站间直接进行,由于绕开了 Iub 接口传输,在 10ms TTI 下,重传延时缩短为 40ms。在 HSUPA 的物理层混合重传机制中,还使用了软合并和增量冗余技术,提高了重传数据包的传输正确率。HSUPA 的 HARQ 总体规则如下:

(1) 采用 N 信道停等协议(N channel stop-and-wait)。

HSUPA 中采用的重传协议为 stop-and-wait(SAW)协议,这种机制简单可靠,同时降低了对于接收机的缓存空间的要求,但是信道利用效率较低。在 SAW 方式下,发端发送数据后便开始等待,在发端等待响应的这个时间段内没有任何信息块传输。为了避免这种不利因素,HSUPA 采用了 N channel SAW 协议,这种方案是发送端在信道上并行地运行 N 套不同的 SAW 协议,利用不同信道的间隙来交错地传递数据和信令,从而提高了信道利用率。

(2) 下行 ACK/NACK 同步传输(Node B 的 HARQ 进程与 UE 的 HARQ 进程相对应)。

(3) 上行重传同步传输(UE 的 HARQ 进程与 Node B 的 HARQ 进程相对应)。

(4) 支持 Node B 内的宏分集和 Node B 间的宏分集。

(5) 重传支持递增冗余,也可以不经过修改直接重传。

HARQ 操作过程如图 11.5-1 所示。

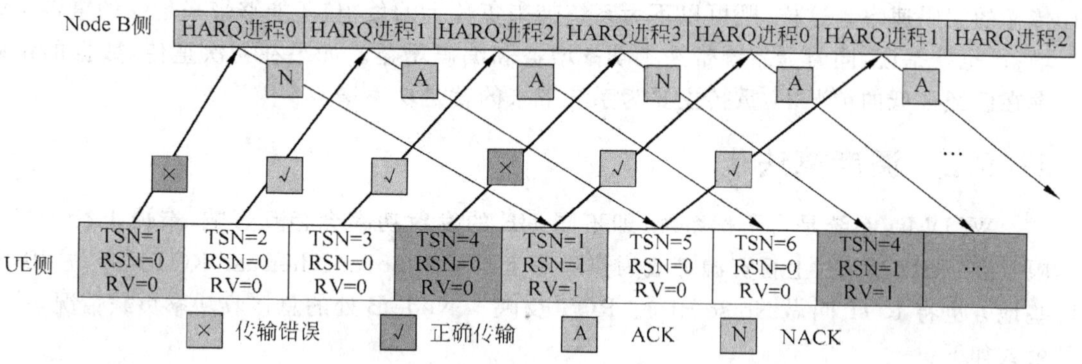

图 11.5-1　HARQ 操作过程

如图 11.5-1 所示,对于每一个上行数据块 MAC-e PDU,当 Node B 正确接收并且 CRC 校验正确后,就会通过预先安排好的机制,在恰当的 TTI 向 UE 发回一个 1bit 的正确解码指示 ACK;或者当错误解码某个 PDU 时,通过发回错误接收指示 NACK 来要求 UE 重传该 PDU,此时重传序列号 RSN 和重复版本 RV 各累加 1。当某个 UE 处于软切换过程中,UE 所有激活集(与 UE 间建立了无线上行链路的小区集合)中的小区全都要对同一个 PDU 进行解码,此时,只要激活集中有任何一个小区正确解码了该 PDU,并向 UE 返回 ACK 指示,UE 就认为该 PDU 被正确接收,即使收到激活集中其他小区的 NACK 信号,也不会进行重传,并在下一个 TTI 中传输新的 PDU,因此 UE 可获得软切换合并增益。

Node B 控制的 HARQ 允许快速重传错误的数据单元,可以减少 RLC 的重传次数和传输延迟,这可以提高终端用户体验的服务质量。当重传延迟很小的情况下,物理层可以允许更高的误块率要求,从而可以间接提高系统的容量。不过不是所有业务都允许大量重传,例如语音型业务对于传输延迟有苛刻要求,HARQ 主要用在交互类和背景类业务中,部分流媒体业务也可以采用。

HSUPA 中 HARQ 协议的重要特征是对软合并技术的支持。软合并技术主要包含两个方面内容：Chase 合并(Chase Combining)和递增冗余(Incremental Redundancy)。

Chase 合并：当 Node B 错误解码 UE 发来的某个数据包后,返回错误指示 NACK 要求 UE 重发该包,但并不把这个错误的数据包丢弃,而是保留下来,在下次该数据包重传又一次错误后,将这两个错包合并,并试图从错误中将完整的数据包恢复,此过程不断重复直到正确的数据包被解出。一种特殊情况是某个 PDU 重传达到最大重传次数要求后，系统会将之交给上层处理。无线信道是随机时变信道，其中的衰落特性会降低通信系统的性能。为了对抗衰落，可以采用多种措施，比如信道编解码技术、抗衰落接收技术或者扩频技术。分集接收技术被认为是明显有效而且经济的抗衰落技术。采用 Chase 合并的软合并算法可以为发射功率受限的 UE 带来吞吐率上的增益，其主要原因是 Chase 合并可以有效地降低重传的次数。

递增冗余：由于在重传时，数据包中增加了为物理层软合并提供信息的递增冗余度，所以即使在初次传输的编码率(coding rate)很高的情况下，通过重传，也会降低最终整体传输的编码速率。这样，既可以不为系统带来负荷上的负担，还能够带来足够的重传系统增益，也就是说，同时为系统带来了功率增益和编码增益。如果在初次重传，数据的编码率在已经很低的情况下，重传主要为系统带来的就是功率增益。

11.5.2 调度算法

WCDMA 系统是自干扰系统，即不同 UE 的发射功率会相互影响，造成上行干扰受限。在 HSUPA 中，上行资源等效为热噪声上升(Rise over Thermal，ROT)，单位 dB，有些地方也将 ROT 叫做 Noise Rise。ROT 反映了 Node B 处的总接收功率负载情况，计算公式如下：

$$\text{ROT}=\frac{I_{\text{total}}}{P_{\text{N}}} \tag{11.5-1}$$

式中，I_{total} 为新用户接入前的总干扰电平(RTWP)，可通过测量得出，P_{N} 为上行背景噪声功率。要想让 WCDMA 系统工作在一个良好的状态，保证空中无线资源利用效率，不会产生太多无谓的重传，小区 ROT 应该小于一个预设干扰门限，定义为 ROT_target，一般来说，系统稳定运行时该值在 7dB 左右。

在 WCDMA 系统中，每个 UE 占用的上行资源取决于 UE 的数据速率，UE 使用的发射功率越高，占用的小区资源就越多。由于存在 RNC 外环功率控制，且在 UE 发射功率足够的情况下，对于相同的业务速率占用的系统资源将不随 UE 链路质量的变化而变化。Node B 控制调度可以控制 UE 在什么时刻，以多大的速率发送数据，并且快速地在 UE 间分配系统资源，这样系统就可以承受突发性数据包或者大量用户并行传输数据带来的噪声干扰，因而增加了系统容量，使小区同时可以管理更多高数据速率传输的 UE。有了快速 Node B 调度，无须再预留很大的上行小区容量余量来保证系统的正常运行，而 Node B 可以工作在更加饱和的状态，这就充分利用了有限的带宽资源，提高了系统吞吐量。

区别于高速下行分组接入技术 HSDPA，HSUPA 可以在同一个 TTI 对多 UE 并行发调度授权，且由于 3GPP 没有对调度算法的实现做具体规定，可以采用不同调度算法，这也使得对于不同环境的 UE 控制更加灵活。

HSUPA 调度机制的过程简要描述如下：Node B 根据当前小区负载情况、UE 调度请求和各个 UE 的业务优先级，通过利用调度授权(AG/RG)影响 UE 发送数据时的传输格式集(E-TFC)的选择实现。E-TFC 中每一个传输格式(E-TF)对应一组固定的数据包大小、编码速率(Code Rate)、使用的专用物理信道 E-DPDCH 个数和该传输格式对应的功率偏置。由于在 WCDMA 标准 R6 版本中，不仅将原来位于 RNC 的调度器下放到更接近无线侧的Node B中，还根据这种变化，增加新的调度信令，造成HSUPA系统调度机制、原理和效果发生很大变化，下面将对新增加的调度信令以及各种调度算法进行详细分析。

1. HSUPA的Node B控制的增强调度信令

在上行中，UE除了发送调度请求信息之外，还增加一些调度相关信息以及UE受调度满意指示(Happy Bit，表示UE当前受到的调度授权是否合适)。Happy Bit主要用来影响UE优先级，当UE对当前调度授权不满意，即UE数据缓存中有很多数据而没有得到足够多的调度，就会“UnHappy”，从而提高UE的优先级，获得更高的调度授权。

在下行中，新增了资源调度信令：绝对授权(Absolute Grant，AG)和相对授权(Relative Grant，RG)。每个UE只可以接收来自主服务E-DCH小区的E-AGCH信道的一个绝对调度授权AG；每个UE可以接收所有E-DCH激活集小区通过E-RGCH信道发送的相对调度授权RG。AG指定了允许UE可以发送的数据量所对应的发射功率比例的绝对大小，UE在接收到AG指令后，将立即使用AG指定的传输格式指示E-TFCI中对应的发射功率。其中E-TFCI是UE在系统运行之初，通过RNC配置的几个参考传输格式(E-TFC)的一系列计算值。RG指定了允许UE可以发射功率比率的相对大小，其取值范围为[-1,0,1]，可以用[DOWN，HOLD，UP]表示。RG_HOLD说明Node B命令UE不改变当前发射功率，即采用上个发射时隙所使用的传输格式E-TF；RG_UP说明Node B检测到当前系统资源有剩余，UE可以更多地占用，因此UE可以使用较上个传输时隙高一个等级的E-TF；RG_DOWN则说明系统无线资源紧张，调度器决定本UE释放无线资源，因此UE将使用较上个传输时隙低一个等级的E-TF。调度器就是通过调度信令AG和RG的结合来进行系统无线资源管理的。

2. 轮询调度算法

轮询调度算法可分为基本轮询算法和吞吐量公平算法。基本轮询调度算法对小区中的主服UE进行轮流主调度，同一时间只对一个UE进行调度。在这个时间段调度某个UE，在下个时间段调度下一个UE，即在不同时间段轮流调度不同的UE。对所有主服UE来说，保证时间上的公平性，但并不保证每次被调度的UE获得相同的授权。如果超过ROT的门限，就对所有UE发送RG_DOWN。

吞吐量公平算法是一种基于小区ROT与预设ROT门限关系的一种完全公平的调度算法。在不考虑UE位置、相对路损的情况下，对小区内所有UE给予完全相同的调度授权(RG)的公平调度。只要UE有足够发射功率，同时小区有足够的ROT余量，所有UE都可以尽量高速率地发射数据。吞吐量公平的算法流程如图11.5-2所示，根据ROT与ROT_target以及k的关系对UE发送调度授权RG，其中k的取值范围为[0～1]，用来控制小区负载超过门限的比率。

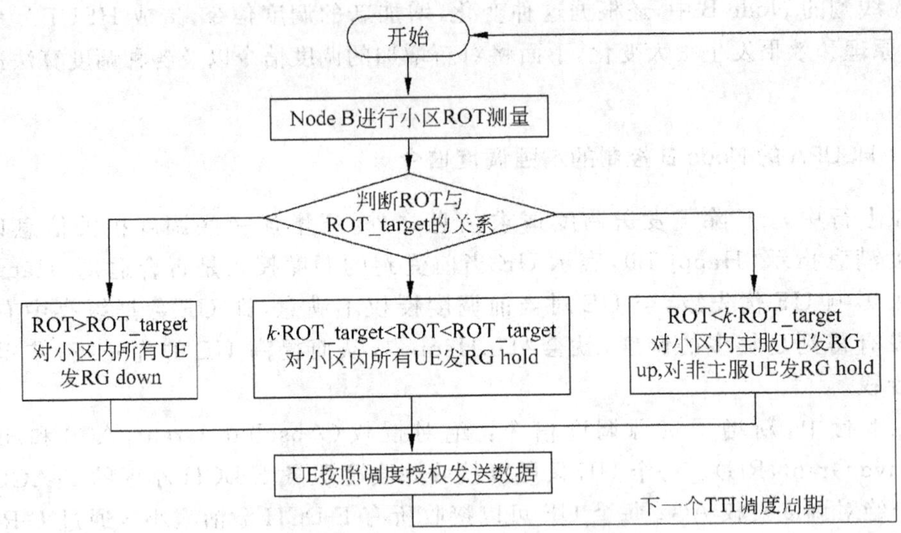

图 11.5-2 吞吐量公平调度算法过程

3. 最大 C/I 调度算法

最大 C/I 调度算法对小区中链路质量最好的 UE 进行主调度，不考虑公平性。如果小区负载没超过 ROT 门限，对小区中路损最小的主服 UE 进行调度，发送绝对授权 AG，对其他主服 UE 发送相对授权 RG_UP；如果超过 ROT 的门限，就对所有 UE 发送 RG_DOWN。

11.5.3 短帧技术(2ms TTI)

在 WCDMA 系统 R5 版本中，上行链路采用的帧长是 10ms TTI，在 WCDMA 系统 R6 版本的 HSUPA 中，10ms 帧结构要求所有 UE 强制支持，支持 10ms 短帧是为了初期避免硬件改动，以节省成本。2ms 帧结构为可选，2ms TTI 除了可以有效减少空中时延外，还可以减少由于 TTI 对齐所引起的时延。由于使用 2ms TTI 帧结构时，每个 TTI 可以发送更小的数据包，这就可以使得传输机和接收机反应更加灵敏。与 TTI 有关的时延大概为 2.5～3.5 倍的 TTI 长度，而采用 2ms TTI，较 10ms TTI 就会大约减少 3.5×(10－2)＝28ms 的时延。

E-DCH 在物理层被映射到 E-DPDCH，图 11.5-3 描述了 E-DPDCH 的帧结构。一个无线帧(Radio Frame)有 10ms，分成 15 个时隙，每个时隙为 0.667ms。一个无线帧又分成 5 个子帧(Subframe)，一个子帧为 2ms，即 2ms 的 TTI，包括 3 个时隙。因为 WCDMA 系统的码片速率 3.84Mcps，每 10ms 无线帧有 38400 个码片，每个时隙有 2560 个码片。一个时隙可以包含的数据大小为 $10\times2^{k+2}$ 个比特，k 可以取(0,1,2,3,4 ,5)中的某个值。

经链路仿真验证，对于相同峰值上行业务速率传输，2ms 帧结构传输时需要较 10ms 帧结构传输更大的接收信噪比 E_b/N_o 才能达到相同水平的 BLER。也就是说在相同信道条件下，使用 10ms 帧结构应该比使用 2ms 帧结构需要更少的重传次数就可以获得理

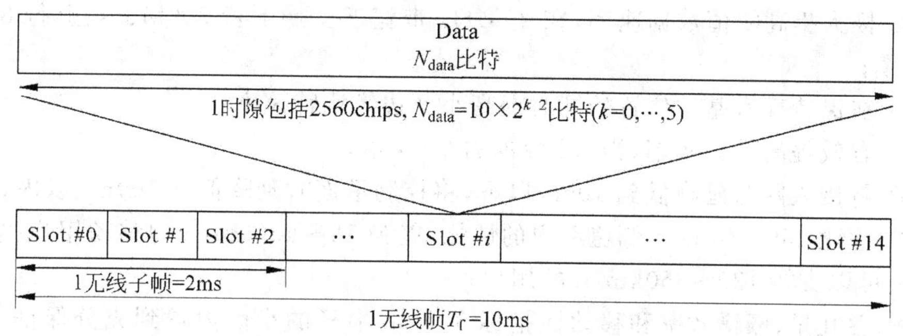

图 11.5-3 E-DPDCH 信道帧结构

想的残留误块率水平，从而可以获得更大的上行吞吐率。在相同调度算法、相同小区信道环境下，系统级仿真结果显示出使用 10ms 帧结构时，系统性能优于使用 2ms 帧结构。同时也得出结论，2ms 帧结构是在信道条件非常优良，同时 UE 业务对时延要求很高的情况使用的，实际应用过程中发现 2ms TTI 不适合应用在小区边缘。

11.6 LTE 概述

作为手机数据业务的 3G 系统在支持 IP 数据业务时频谱效率低，其面向连接固定带宽的结构不适应突发式 IP 数据业务的需求。为此，3GPP 认识到目前的系统提供互联网接入业务的局限性，试图在原来的体系框架内，在下行链路中采用分组接入技术，大幅度提高 IP 数据下载和流媒体速率。3GPP 在 R5 系统中增加了高速下行分组接入(HSDPA)技术，下行峰值速率可以达到 14.4Mb/s；随后进一步在 R6 中增加高速上行分组接入(HSUPA)技术，上行峰值速率可达 5.76Mb/s。在 HSPA 技术的进一步演进过程中，3GPP 在 R7 版本中引入自适应波束成形和 MIMO 等天线阵处理技术，可将下行峰值速率提高到 28Mb/s 左右，核心网也在向全 IP 网演化。

HSDPA 和 HSUPA 称为 3.5G 和 3.75G 技术，属于中期演化技术，受原体制束缚较大，性能不够理想。3GPP 发现在 HSDPA 和 ITU 部署的 B3G(超 3G)之间存在一个空档，这正是 WiMAX 的目标。在一段时间内的宽带无线接入市场上，HSDPA、HSUPA 对 WiMAX 的竞争将处于劣势。为了提高 3G 在新兴的宽带无线接入市场的竞争力，摆脱 Qualcomm 的 CDMA 专利制约，需要发展 LTE(long term evolution，长期演进)计划，以填补这一空档。为此，3GPP 在 2004 年底发展了 LTE 计划，基本思想是采用过去为发展 B3G 或 4G 的技术来发展 LTE，使用 3G 频段占有宽带无线接入市场。2004 年 12 月 3GPP 雅典会议决定由 3GPP RAN 工作组负责开展 LTE 研究。2008 年 1 月，3GPP 定义的 LTE 标准已列入 3GPP R8 正式标准。在 20MHz 载波的情况下，LTE 拥有下行 326Mb/s 和上行 86Mb/s 的数据速率，可以实现移动高清电视和互动游戏等业务，更高的带宽预示着移动多媒体时代。

LTE 的目标主要包括以下的内容：

(1) 支持 1.25～20MHz 带宽；

(2) 极大提高峰值数据速率,在 20MHz 带宽下支持下行 326Mb/s、上行 86Mb/s 的峰值速率;

(3) 在保持现有基站位置的同时提高小区边缘比特速率;

(4) 有效提高频谱效率,为 R6 版本的 2～4 倍;

(5) 将接入网时延降低到 10ms 以下,将控制平面时延降低到 100ms 以内;

(6) 优化 15km/h 以下低速用户的性能,能为 15～120km/h 的移动用户提供高性能的服务,可以支持 120～350km/h 的用户;

(7) 吞吐量、频谱效率和移动性指标在 5km 半径的小区内得到充分保证,当小区半径增大到 30km 时,只对以上指标带来轻微的弱化;

(8) 支持多种载波带宽,以满足配置系统时窄带频谱分配时的灵活性;

(9) 支持与现有的 3G 系统和非 3GPP 规范系统的协同工作:增强的 MBMS(Multimedia Broadcast Multicast Service),降低资本支出(Capital Expenditure,CAPEX)和运营支出 (Operation Expenditure,OPEX)的成本;

(10) 降低空中接口和网络架构的成本;

(11) 实现合理的终端复杂度、成本和耗电;

(12) 支持增强的 IP 多媒体子系统(IP Multimedia Sub-system,IMS)和核心网,尽可能保证后向兼容,有效地支持多种业务类型,取消电路域业务,电路域业务在分组域业务中实现,例如采用 VoIP 等;

(13) 优化系统为低移动速度终端提供服务,同时也应支持高移动速度终端;

(14) 支持增强型的广播多播业务;

(15) 系统应该能工作在对称和非对称频段,尽可能简化处于相邻频带运营商共存的问题。

为达到预定的设计目标,LTE 技术的关键技术包括如下几个方面:

(1) 3GPP 经过激烈的讨论和艰苦的融合,终于在 2005 年 12 月选定了 LTE 的基本传输技术,即下行采用 OFDM 技术,上行采用 SC-FDMA 技术。

(2) 下行主要采用 QPSK、16QAM、64QAM 三种调制方式,上行主要采用 BPSK、QPSK、8PSK 和 16QAM,另一个正在考虑的降低峰均比(PAPR)的技术是频域滤波。上下行的最小资源块为 25 个子载波,即 375kHz。系统可以采用集中式或分散式将数据映射到资源块上。

(3) 在信道编码方面,LTE 主要考虑 Turbo 码,但也正在考虑其他编码方式,如 LDPC 码。在 MIMO 方面,LTE 的基本 MIMO 模型是下行 2×2、上行 1×2 个天线,但同时也正在考虑更多的天线配置(最多 4×4)。正在被考虑的 MIMO 技术包括空间复用(SM)、空分多址(SDMA)、预编码(Pre-coding)、秩自适应(Rank Adaptation)以及开环发射分集(主要用于控制信令的传输,STTD)等。上行将采用一种特殊的 SDMA 技术,即已被 WiMAX 采用的虚拟(Virtual)MIMO 技术。另外,LTE 也正在考虑采用小区干扰抑制技术提高小区边缘的数据速率和系统容量等。

(4) 在切换方面,除了 LTE 系统内的切换,也正在考虑不同频率之间和不同系统(如其他 3GPP 系统、WLAN 系统等)的切换。

11.7　LTE 无线接口协议及体系结构

3GPP LTE 在接入网体系结构方面，设计的主要目标是满足低时延、低复杂度、低成本的要求，从而提供更高的用户容量、系统吞吐量和端到端的服务质量保证。考虑到最终将要实现所有业务通过分组域传输，如何保证各种分组业务，特别是实时性要求较高的分组业务的服务质量，原有的网络结构显然已无法满足要求，需要进行调整与演进。

11.7.1　E-UTRAN 接入网体系结构

3GPP 在考虑 LTE 技术时，演进型接入网（Evolved Universal Terrestrial Radio Access，E-UTRAN）采用只有演进型 Node B（eNode B）构成的单层结构，以便简化网络和减少时延，这种结构实际上已经趋近于典型的 IP 宽带网结构，无线接入网体系构架如图 11.7-1 所示。

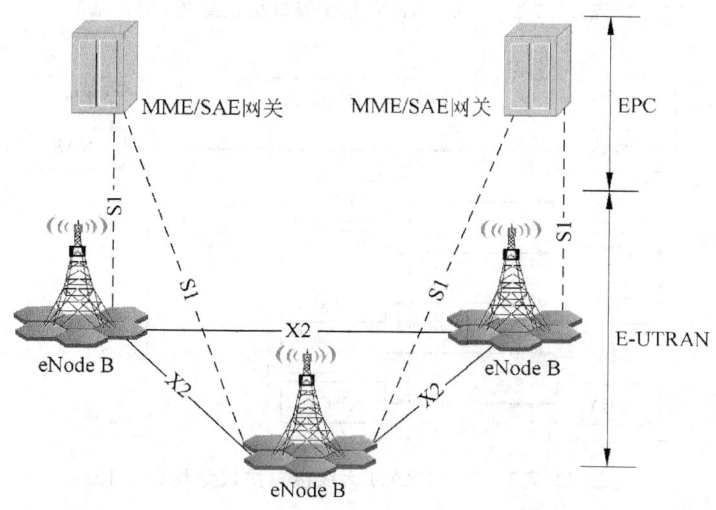

图 11.7-1　演进型接入网体系结构

图 11.7-1 中每个 eNode B 都具有一系列功能和相应物理接口，其中包括演进型 UTRAN 用户面（PDCP/RLC/MAC/PHY）和控制面（RRC）协议，多个 eNode B 通过 X2 接口相互连接。就外部连接而言，eNode B 通过 S1 接口连接到演进型分组核心 EPC（Evolved Packet Core），通过 S1-MME 接口连接到移动性管理实体 MME（Mobility Management Entity），通过 S1-U 接口连接到 SAE（System Architecture Evolution）网关，其中 S1 接口支持在 eNode B 和 MME/SAE 网关之间多对多的链接。

MME 的主要功能包括发送寻呼信息到 eNode B，完成安全性控制、空闲状态移动性控制以及 SAE 承载控制，实现非接入层 NAS 信令的加密和完整性保护。SAE 网关的功能主要是转换用户面对用户设备移动性的支持。

11.7.2 E-UTRAN空中接口协议结构

E-UTRAN与UTRAN相比，去掉了RNC，而只是由若干个eNode B组成。eNode B负责无线资源管理功能，包括无线承载控制、无线接入控制、连接移动性控制和动态资源分配。每个eNode B都具有一系列功能和相应物理接口，其中包括用户面(PDCP/RLC/MAC/PHY)和控制面(RRC)协议。E-UTRAN空中接口协议用户面和控制面的结构分别如图11.7-2和图11.7-3所示。

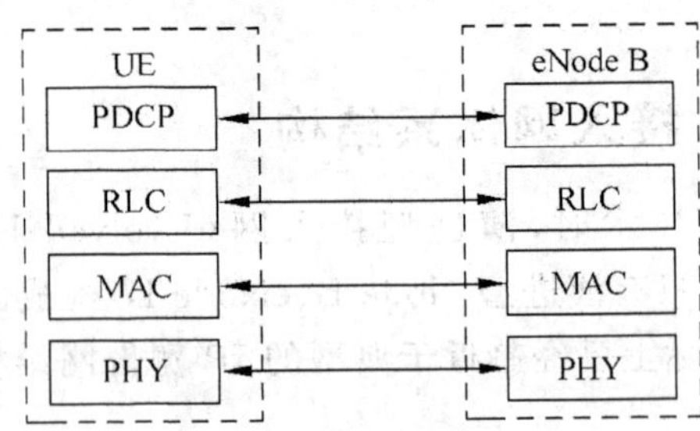

图11.7-2 E-UTRAN无线接口协议结构(用户面)

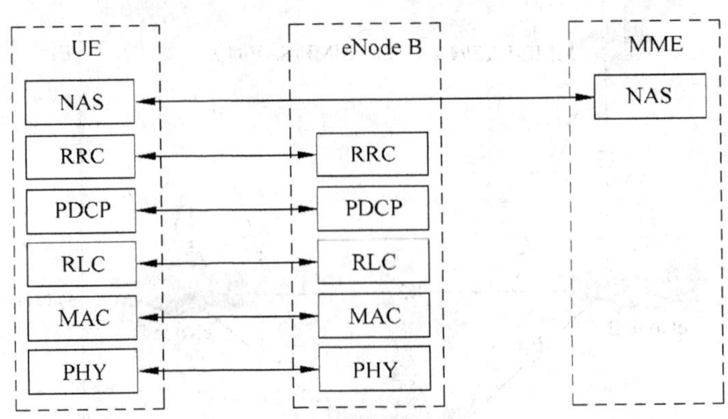

图11.7-3 E-UTRAN无线接口协议结构(控制面)

如图11.7-2和图11.7-3所示，E-UTRAN的空中接口协议分为L1层、L2层和L3层。

E-UTRAN的物理层将支持多种不同的系统带宽，包括1.25MHz、1.6MHz、2.5MHz、5MHz、10MHz、15MHz和20MHz。下行的基本传输模式是带有循环前缀的常规OFDMA，上行的基本传输模式是SC-FDMA，调制方式将采用BPSK、QPSK、16QAM和64QAM，而信道编码将采用Turbo码。物理层上、下行都将支持HARQ、AMC、快速功率控制以及以MIMO和发送分集为代表的多天线技术。物理层还负责完成同步、随机接入、为支持调度和切换而进行的测量以及控制信令和上层数据的复用等功能。

L2层分割为以下几个子层：媒体访问控制(MAC)子层、无线链路控制(RLC)子层和分组数据汇聚(PDCP)子层。各个子层之间使用服务接入点(SAP)作为端到端通信的接口。物理层和MAC子层的SAP提供传输信道，MAC子层和RLC子层的SAP提供逻辑信道，RLC子层和PDCP子层之间的接口是无线承载。L2层各子层主要功能如下：

MAC子层提供的主要服务和功能包括逻辑信道和传输信道的映射，将来自RLC层的PDU按照传输块大小映射到物理层，传输流量测量报告，HARQ的纠错，属于一个UE的不同逻辑信道的优先级处理，不同UE间的优先级处理和传输格式选择等。

RLC子层提供的主要服务和功能包括支持以AM、UM或TM方式发送上层PDU，通过ARQ纠正错误，根据传输块TB的大小分割PDU，必要时的重新分割，上层PDU的顺序传送，协议错误纠正和恢复，流控制和SDU丢弃等。

PDCP层功能主要包括使用健壮性首部压缩协议(ROHC)进行首部的压缩和解压缩，传送用户数据(接收来自NAS的PDCP SDU并将其转发到RLC层或者接收来自RLC层的PDU并将进行处理然后转发到NAS层)，对用户层面数据和控制层面数据进行加密，对控制层面数据进行完整性保护等。

MAC子层和RLC子层的SAP提供逻辑信道。逻辑信道可以分为控制信道和业务信道。控制信道仅用于传输控制平面信息，包括广播控制信道、寻呼控制信道、多播控制信道、专用控制信道。业务信道包括专用业务信道、多播业务信道。

物理层和MAC子层的SAP提供传输信道。传输信道分为上行传输信道和下行传输信道。下行传输信道包括广播信道、下行共享信道、寻呼信道、多播信道。上行传输信道包括上行共享信道、随机接入信道。

RRC层的主要功能有广播与NAS和AS相关的系统信息、寻呼、建立维护并释放UE和E-UTRAN之间的RRC连接、RRC消息的完整性保护以及建立维护并释放点到点之间的无线承载，包括UE测量报告和小区间切换、小区选择和小区重新选择等在内的移动性功能。

11.7.3 E-UTRAN S1接口协议结构

eNode B通过S1接口分别和MME(移动性管理实体)以及SAE(业务接入实体)网关相链接。LTE的S1接口协议结构如图11.7-4所示，S1接口具有以下主要功能：

(1) SAE业务承载管理功能，包括承载业务的设置和释放等；

(2) 用户设备在激活状态下的移动性管理功能，包括LTE内部的小区切换以及和3GPP内其他无线接入技术之间的切换；

(3) 寻呼功能，包括发送寻呼请求到所有UE注册的小区；

(4) 非接入层NAS信令传送功能；

(5) S1接口管理功能，包括差错指示等；

(6) 网络共享功能；

(7) 漫游与地区限制功能；

(8) NAS节点选择功能；

(9) 初试化用户设备UE的信息内容设置功能，其中包括SAE承载内容、安全性内容、漫游限制、UE容量信息、UE的S1信令连接ID等。

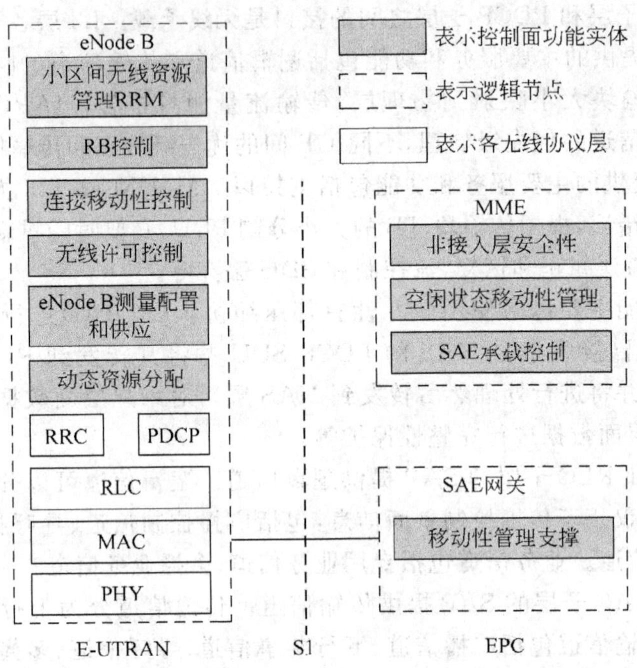

图 11.7-4 E-UTRAN S1 接口协议结构

11.8 LTE信道映射关系

LTE 的物理信道、传输信道和物理信道的映射关系如图 11.8-1 所示，LTE 的下行物理信道主要包括：

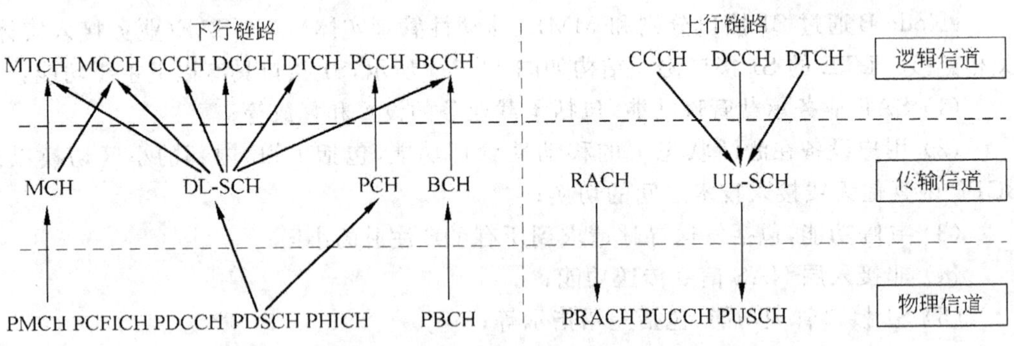

图 11.8-1 LTE 信道映射关系

(1) 物理广播信道(Physical Broadcast Channel,PBCH)，承载小区相关信息；

(2) 物理下行控制信道(Physical Downlink Control Channel,PDCCH)，承载调度信息和 ACK/NACK 信息；

(3) 物理下行共享信道(Physical Downlink Shared Channel,PDSCH)，承载数据。

LTE 的上行物理信道主要包括：

(1) 物理随机接入信道(Physical Random Access Channel,PRACH),用于呼叫建立;

(2) 物理上行控制信道(Physical Uplink Control Channel,PUCCH),用于承载调度信息和 ACK/NACK 信息;

(3) 物理上行共享信道(Physical Uplink Shared Channel,PUSCH),承载数据。

需要说明的是,LTE 的物理信道均为公共信道而没有专用信道,这是因为 LTE 是完全基于分组的系统,所以在信道结构上更近似于 HSDPA 的信道而与 WCDMA R99 信道不同。

11.9 LTE 关键技术

LTE 下行采用 OFDMA 技术,上行采用 SC-FDMA 技术。此外,HARQ、MIMO 等先进技术也被应用到 LTE 中,下面逐一进行介绍。

11.9.1 LTE 帧结构(FDD)

长期演进 LTE 系统上、下行帧长度均为 10ms,在频分双工 FDD 模式下,LTE 下行链路无线帧分为 10 个子帧,每个子帧包含两个时隙,每时隙长为 0.5ms,如图 11.9-1 所示。

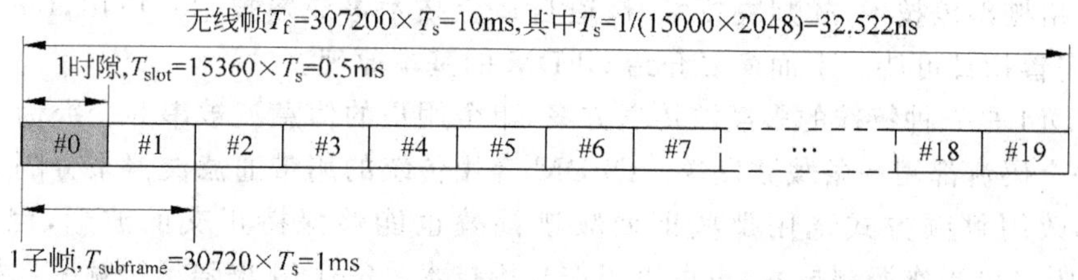

图 11.9-1 LTE 下行链路帧结构(FDD)

下行正交频分复用 OFDM 的循环前缀(Cycle Prefix,CP)长度有长、短两种选择。在 FDD 模式下,长 CP 的持续时间为 16.67ms,每子帧由 6 个 OFDM 符号组成,长 CP 方案用于支持 LTE 大范围小区覆盖和多小区广播业务。短 CP 持续时间为 4.69ms,每子帧由 7 个 OFDM(采用 0.675ms 子帧时为 9 个)符号组成,短 CP 方案为基本选项,主要支持单播业务。

上行由于采用单载波技术,每子帧由 8 个 OFDM 符号组成,每子帧的长度为 0.5ms,每个子帧由 6 个长块(Long Block,LB)和 2 个短块(Short Block,SB)组成,如图 11.9-2 所示。短块主要用来发送导频信号,也有可能发送控制信号和数据信号。长块用来发送控制信号和数据信号。

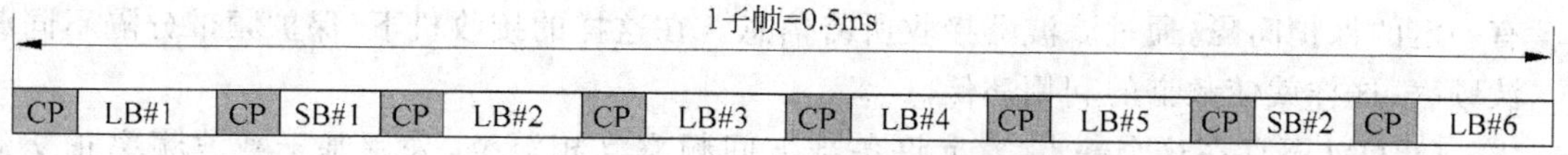

图 11.9-2 LTE 上行链路子帧结构(FDD)

11.9.2 OFDMA 和 SC-FDMA 技术

正交频分复用技术(OFDM)被认为是 B3G 移动通信的核心技术,它在宽带领域的应用具有很大的潜力。较之第三代移动通信系统,采用多种新技术的 OFDM 具有更高的频谱利用率和良好的抗多径干扰能力,它不仅仅可以增加系统容量,更重要的是它能更好地满足多媒体通信要求,能将包括语音、数据、影像等大量信息的多媒体业务通过宽频信道高品质地传送。

OFDM 并不是新生事物,它由多载波发展而来。美国军方早在 20 世纪的五六十年代就创建了世界上第一个多载波调制系统,在 1970 年衍生出采用大规模子载波和频率重叠技术的 OFDM 系统。但在以后相当长的一段时间,OFDM 理论迈向实践的脚步放缓了。由于 OFDM 的各个子载波之间相互正交,需采用快速傅里叶变换(FFT)实现这种调制,但在实际应用中,实施傅里叶变换设备的复杂度、发射机和接收机振荡器的稳定性以及射频功率放大器的线性要求等因素都成为 OFDM 技术实现的制约条件。后来经过大量研究,终于在 20 世纪 80 年代,大规模集成电路使 FFT 技术的实现不再是难以逾越的障碍,一些其他难以实现的困难也都得到了解决,自此,OFDM 走上了通信的舞台。20 世纪 90 年代,OFDM 开始被欧洲和澳大利亚广泛用于广播信道的宽带数据通信、数字音频广播(DAB)、高清晰度数字电视(HDTV)和无线局域网(WLAN)。随着 DSP 芯片技术的发展,格栅编码技术、软判决技术、信道自适应技术等成熟技术的应用,OFDM 技术的实现和完善指日可待。下面简要介绍 OFDM 的基本原理。

OFDM 是一种特殊的多载波传送方案,单个用户的信息流被串并变换为多个低速率码流,每个码流都用一条载波发送。OFDM 弃用传统的用带通滤波器来分隔子载波频谱的方式,改用跳频方式选用那些即便频谱混叠也能够保持正交的波形,因此可以说,OFDM 既可以当作调制技术,也可以当作复用技术。OFDM 增强了抗频率选择性衰落和抗窄带干扰的能力。在单载波系统中,单个衰落或者干扰可能导致整条链路不可用,但在多载波系统中,只会有一小部分载波受影响。纠错码的应用可以帮助其恢复一些易错载波上的信息。像这样用并行数据传送和频分复用的思路早在 20 世纪 60 年代的中期就提出来了。

在传统的并行通信系统中,整个系统频带划分为 N 个互不混叠的子信道,每个子信道被一个独立的信源符号调制,即 N 个子信道被频分复用。这种做法,虽然可以避免不同信道互相干扰但却以牺牲频带利用率为代价,这在频带资源如此紧张的今天尤其不能忍受。20 世纪中期,人们又提出了频带混叠的子信道方案,信息速率为 R,并且每个信道之间距离也为 RHz,这样可以避免使用高速均衡和抗突发噪声差错,同时可以充分利用信道带宽,节省了 50%。为了减少各个子信道间的干扰,希望各个载波间正交。这种“正交”表示的是载波的频率间精确的数学关系。如前所述,传统的频分复用的载波频率之间有一定的保护间隔,通过滤波器接收所需信息。在这样的接收机下,保护频带分隔不同载波频率,这样就使频谱的利用率低。

OFDM 不存在这个缺点,它允许各载波间频率互相混叠,采用基于载波频率正交的 FFT 调制,由于各个载波的中心频点处没有其他载波的频谱分量,所以能够实现各个载波的正交。尽管还是频分复用，但已与过去的频分多址 FDMA 有很大不同：不再是通过很多带通滤波器来实现，而是直接在基带处理，这也是 OFDM 有别于其他系统的优点之一。OFDM 的接收机实际上是一组解调器，它将不同载波搬移至零频，然后在一个码元周期内积分，其他载波由于与所积分的信号正交，因此不会对这个积分结果产生影响。OFDM 的高数据速率与子载波的数量有关，增加子载波数目就能提高数据的传送速率。OFDM 每个频带的调制方法可以不同，这增加了系统的灵活性，大多数通信系统都能提供两种以上的业务来支持多个用户，OFDM 适用于多用户的高灵活度、高利用率的通信系统。

把一个 OFDM 符号中的子载波通过频分复用的方式分配给不同的用户，这就构成了一种多址接入的方式，称为正交频分多址 OFDMA，OFDMA 已成为长期演进 LTE 下行链路的主流方案。OFDMA 将整个频带分割成许多子载波，将频率选择性衰落信道转化为若干平坦衰落子信道，从而能够有效地抵抗无线移动环境中的频率选择性衰落。由于子载波重叠占用频谱，OFDM 能够提供较高的频谱利用率和较高的信息传输速率。通过给不同的用户分配不同的子载波，OFDMA 提供了天然的多址方式，并且由于占用不同的子载波，用户间满足相互正交，没有小区内干扰。同时，OFDMA 可支持两种子载波分配模式：分布式和集中式。在子载波分布式分配的模式中，可以利用不同子载波的频率选择性衰落的独立性而获得分集增益。一个分配了 M 个子载波的用户的传输信号可表示为：$\boldsymbol{D}=[d_0,d_1,\cdots,d_{M-1}]^{\mathrm{T}}$，其中，T 表示矩阵转置，$d_i$ 是调制信号。经过快速傅里叶反变换(IFFT)调制后，信号向量 $\boldsymbol{S}=F_N^*\boldsymbol{T}_{N,M}D$，其中 $\boldsymbol{T}_{N,M}$ 代表子载波分配的映射矩阵，其元素是表达子载波的分布式或者集中式分配；$\boldsymbol{F}_N^*$ 是 N 点 IFFT 矩阵；$*$ 表示共轭转置。$\boldsymbol{F}_N=[\boldsymbol{f}_1^{\mathrm{T}},\boldsymbol{f}_2^{\mathrm{T}},\cdots,\boldsymbol{f}_N^{\mathrm{T}}]^{\mathrm{T}}$，其中 $\boldsymbol{f}_i=\frac{1}{\sqrt{N}}[0,\mathrm{e}^{-\mathrm{j}\frac{2\pi}{N}i},\mathrm{e}^{-\mathrm{j}\frac{2\pi}{N}2i},\cdots,\mathrm{e}^{-\mathrm{j}\frac{2\pi}{N}(N-1)i}]$。OFDMA 的发射端结构如图 11.9-3 所示。

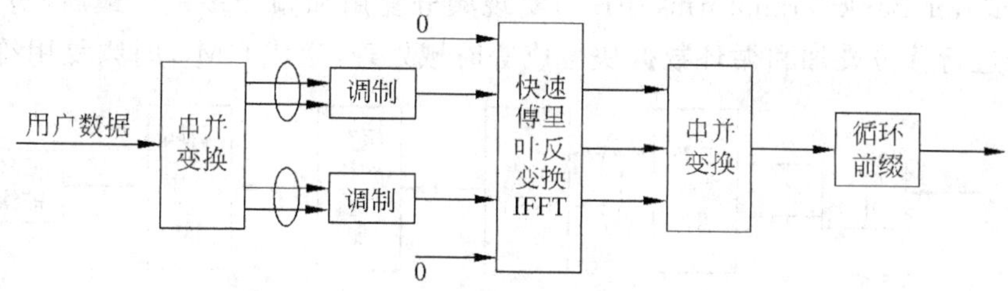

图 11.9-3　OFDMA 发射端结构

经过衰落信道和快速傅里叶变换(FFT)信号处理后，频域的接收信号表达式为：$\boldsymbol{R}=\boldsymbol{H}\boldsymbol{T}_{N,M}\boldsymbol{D}+\boldsymbol{n}$，其中 $\boldsymbol{H}=\mathrm{diag}(H_k)$，$H_k$ 是第 k 个子载波上的频域响应；$\boldsymbol{n}$ 是高斯噪声向量。$\boldsymbol{R}=[r(0),r(1),\cdots,r(N-1)]^{\mathrm{T}}$，$r(k)$是第 k 个子载波上的接收信号。由于 OFDM 的时域信号是若干平行随机信号之和，因而容易导致高峰均比(PAPR)，这要求发射机的功率放大器和数模转换器要有很大的线性工作范围。如果峰值功率超过了这些部件的线性工作范围，所产生的非线性失真会带来子载波间干扰，对系统性能产生严重影响。基站端的功率限制相对较弱，并且可以采用较为昂贵的功率放大器，所以在下行链路中，高 PAPR 不会带来太大的问题。然而在上行链路中，由于用户终端的功率放大器要求低成本，并且电池的容量有限，因而高 PAPR 会降低 UE 的功率利用率，减小上行的有效覆盖。为避免 OFDMA 的上述缺点，必须降低 PAPR。SC-FDMA（多载波频分多址）就是为了克服 OFDMA 系统的峰值功率比过高的问题而提出来的用作 LTE 的上行候选无线接入技术。

上行 SC-FDMA 信号可以用“时域”和“频域”两种方法生成。时域处理的 SC-FDMA 有两种实现形式：一种是将已调制符号数据块先重复级联，再添加循环前缀，接着经过成形滤波后，通过用户特定的频谱搬移，实现频分多址。采用这种实现方式的系统称为交织频分复用多址（IFDMA）系统，其传输信号具有离散频谱。另一种是将已调制符号数据块直接添加循环前缀，经过成形滤波后，再通过用户指定的频谱搬移，实现频分多址，其传输信号具有连续频谱。频域生成方法主要是 DFT-S-OFDM 和 DFT-S-GMC 两种。基于离散傅里叶变换扩频的正交频分复用多址（DFT-S-OFDM），是在 OFDM 的 IFFT 调制之前对信号进行 DFT 扩展，如图 11.9-4 所示。由于 DFT-S-OFDM 将每个数据符号扩频到所有分配的子载波上传输，从而使得其传输信号具有单载波信号的特性。

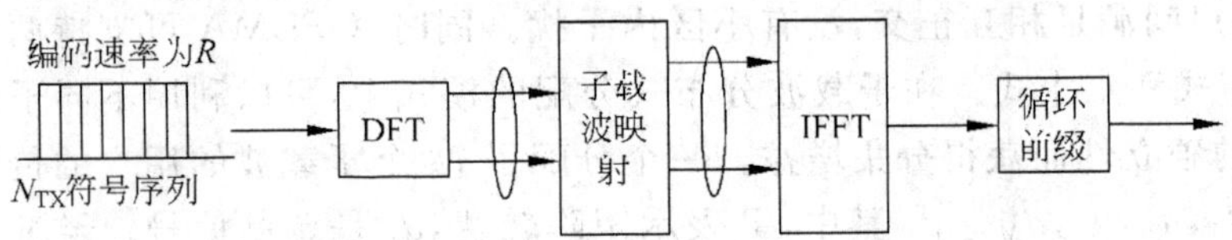

图 11.9-4 DFT-S-OFDM 发射端结构

另一种 SC-FDMA 频域生成方法是离散傅里叶变换扩频通用多载波 DFT-S-GMC（General Multi-Carrier），该技术是基于 DFT 扩频和多子带滤波器组的单载波传输技术。如图 11.9-5 所示，与 DFT-S-OFDM 方法不同的是，DFT-S-GMC 采用逆滤波器组变换（Inverse Filter-Bank Transform，IFBT）实现频分复用和频分多址。最后，对滤波输出的多组信号进行移位叠加和循环数据块生成等时域处理，生成 GMC 时频复用符号。

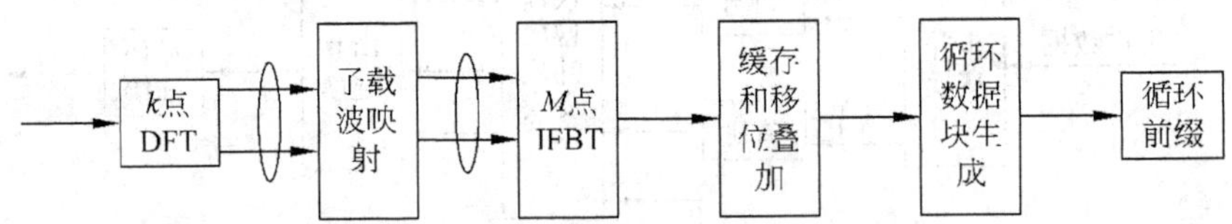

图 11.9-5 DFT-S-GMC 发射端结构

时域处理的 SC-FDMA 比 DFT-S-OFDM 具有更低的峰均比，但其频谱利用率明显降低。可以看出，SC-FDMA 只是在发射端进行 IFFT 之前加入了一个 DFT 模块，其本质上还是一个 OFDMA 系统。

11.9.3 MIMO 技术

信息论已经证明，当不同的接收天线和不同的发射天线之间互不相关时，MIMO 系统能够很好地提高系统的抗衰落和噪声性能，从而获得巨大的容量，例如，当接收天线和发送天线数目都为 8 根，且平均信噪比为 20dB 时，链路容量可以高达 42b/(s · Hz)，这是单天线系统所能达到容量的 40 多倍。

围绕充分利用 MIMO 信道容量，人们提出了不同的空时处理方案，使得空间分集和多种分集技术紧密结合。3GPP 标准已经采用了空时发射分集(Space-Time Transmit Diversity，STTD)及闭环发射分集(Closed Loop Transmit Diversity)作为 WCDMA 系统中的发射分集方案，而 3GPP2 标准采用空时扩频(Space-Time Spreading，STS)和正交发射分集(Orthogonal Transmit Diversity，OTD)作为 cdma2000 系统中的发射分集方案。同时，3GPP 标准增强型采用了贝尔实验室提出的分层空时结构(Bell Laboratories Layered Space-Time，BLAST)来实现高数据速率传输。尤其在功率带宽受限的无线信道中，MIMO 是实现高数据速率、提高系统容量、提高传输质量的空间分集技术。下面对 MIMO 技术进行简要介绍。

分集技术是通过提高系统的抗衰落能力从而提高系统性能的。分集技术主要包括时间分集、频率分集、空间分集(又称天线分集)、极化分集、角度分集等。时间分集是指以超过信道相干时间的时间间隔$(\Delta t)_c$，重复发送信号，或者采用纠错编码加交织，使得信号在时间域内引入冗余度，从而产生分集效果，这种技术已经大量地应用于扩频 CDMA 的 RAKE 接收机中。当信号以多载波方式发送，如果此时相邻两载波间距大于信道相关带宽$(\Delta f)_c$，或者以扩频方式发送时，信息在频率域引入冗余度，从而实现频率分集，这种技术经常用在频分复用(FDM)方式的视距微波链路中，也用于正交频分复用(Orthogonal Frequency Division Multiplexing，OFDM)技术中。以上这两种分集方法都是在牺牲频率利用率为代价下提高系统性能。

使用多个发射天线或者多个接收天线可以在不降低频率利用率的条件下实现空间分集。空间分集的原理是在发射端或接收端安置多个天线，如果天线之间相隔足够远，那么可以认为各天线是互不相关的，从而在发射端或接收端之间构筑了多条相互独立同分布的通道。空间分集又可以分为接收分集和发射分集。接收分集是移动通信中的传统技术，是采用多个接收天线实现的空间分集，可以分为选择分集、反馈分集、最大比合并、等增益合并等，一般适用于上行链路，但是在下行链路中，移动台很难具备多根不相关的接收天线，因此，可以采用发射分集，即利用多个发射台天线实现空间分集。可以看出在实现空间分集时，信号既没有在时间域内引入冗余，也没有在频率域内引入冗余，因此空间分集没有降低频带利用率，这对高速传输特别有利。实际上在多天线传输模式下，信号虽然在时间域和频率域内都没有引入冗余度，但是信号赋予了一定的空间结构，在空间上引入了冗余，因此提高了传输性能。

MIMO 技术是指利用多发射、多接收天线进行空间分集和时间分集的技术，它采用的是分立式多天线(即各个天线间距离足够远，且各个发射天线到各个接收天线间的信号传输可视为互相独立的)，能够有效地将通信链路分解成为许多并行的子信道，从而大大提高容量。

在 $N\times M$(其中 N 为接收天线的数目，M 为发送天线的数目)的 MIMO 系统中，为了不失一般性，假设 $N>M$，信道是瑞利平坦衰落，且信道冲击响应为 $\boldsymbol{H}_{N\times M}$($N$ 行、M 列)矩阵，$\boldsymbol{H}_{N\times M}$中每个元素 $h_{i,j}$(第 i 行、第 j 列，$i=1,2,\cdots,N,j=1,\cdots,M$)都是独立同分布的复随机变量，它的实部和虚部都是高斯随机变量，且均值为 0，方差为 $1/\sqrt{2}$，即

$E[\mathrm{Re}(h_{i,j})]=E[\mathrm{Im}(h_{i,j})]=0$，$\sigma^2_{\mathrm{Re}(h_{i,j})}=\sigma^2_{\mathrm{Im}(h_{i,j})}=1/\sqrt{2}$。这样的独立高斯信道，一般用于描述较强的散射环境，可以用无线室内环境来近似。

MIMO 系统模型如图 11.9-6 所示，接收信号可以表示为 $\boldsymbol{r}=\boldsymbol{Hs}+\boldsymbol{n}$，其中 $\boldsymbol{n}$ 为噪声矢量，信道转移矩阵为

$$\boldsymbol{H}=\begin{bmatrix} h_{11} & h_{12} & \cdots & h_{1M} \\ h_{21} & h_{22} & \cdots & h_{2M} \\ \vdots & \vdots & \ddots & \vdots \\ h_{N1} & h_{N2} & \cdots & h_{NM} \end{bmatrix} \tag{11.9-1}$$

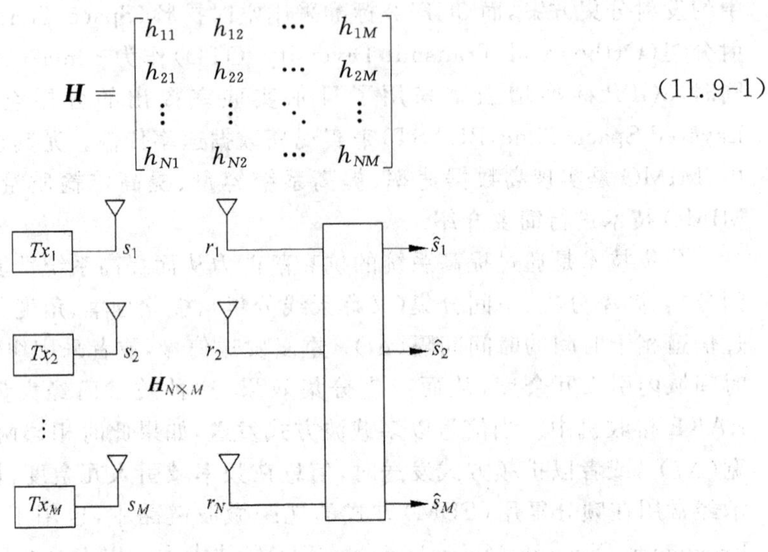

图 11.9-6 MIMO 系统模型

根据信息论的结论，在发送端不知道信道条件，且发送天线等分总的发射功率 P 的情况下，此系统能达到的 Shannon 容量为

$$C=\log_2\left[\det\left(\boldsymbol{I}_N+\frac{\rho}{M}\boldsymbol{HH}^{\mathrm{H}}\right)\right]\mathrm{b/(s\cdot Hz)} \tag{11.9-2}$$

式中 det( )表示取方阵的行列式；$\boldsymbol{I}_N$ 是 $N\times N$ 单位矩阵；$\rho=P/\sigma_0^2$ 为发送端的总功率与单根天线的噪声功率之比；$\boldsymbol{H}^{\mathrm{H}}$ 表示矩阵 $\boldsymbol{H}$ 的共轭转置。

由于信道矩阵 $\boldsymbol{H}$ 是随机的，上式的容量也是一个随机变量，对它取均值求得各态历经的信道容量(统计容量)：

$$\overline{C}=E(C)=E\left\{\log_2\left[\det\left(\boldsymbol{I}_N+\frac{\rho}{M}\boldsymbol{HH}^{\mathrm{H}}\right)\right]\right\}\mathrm{b/(s\cdot Hz)} \tag{11.9-3}$$

在理想情况下，即 MIMO 信道可以等效为最大数目的独立、等增益、并行的子信道时，得到最大的 Shannon 容量：

$$C_{\max}=M\log_2\left(1+\frac{\rho}{M}N\right) \tag{11.9-4}$$

特别当 $N=M$ 时，

$$C_{\max}=M\log_2(1+\rho) \tag{11.9-5}$$

由式(11.9-5)可知，对于采用多天线发送和接收技术的系统，理想情况下的信道容量将随着发射天线的数目成线性增长，这就为 MIMO 的高速数据速率传输奠定了理论基础。在瑞利衰落信道下得到的各态历经容量如图 11.9-7 所示。

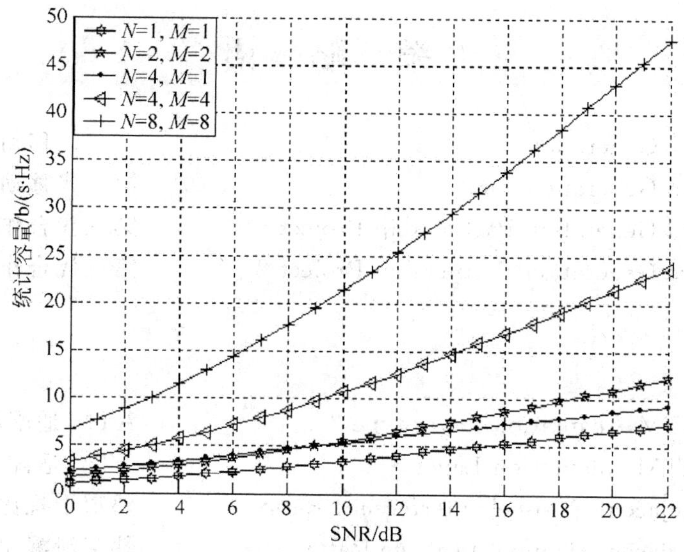

图 11.9-7 不同天线数目下 Shannon 容量与 SNR 的关系曲线

由图 11.9-7 可知，在大信噪比情况下，仅仅在链路的一端采用多天线，比两端都采用多天线所取得的容量要小。例如，$N=M=2$ 在大信噪比下的容量比 $N=4$，$M=1$ 的容量要大。并且当接收天线和发送天线数目都为 8 根，且平均信噪比为 20dB 时，链路容量可以高达 42b/(s・Hz)。

缩 略 语

2G	2rd Generation	第二代移动通信的简称
3G	3rd Generation	第三代移动通信的简称
3GPP	3rd Generation Partnership Project	第三代合作项目
3GPP2	3rd Generation Partnership Project 2	第三代合作项目 2

A

AAL2	ATM Adaptation Layer type 2	ATM 适配层类型 2
AAL5	ATM Adaptation Layer 5	ATM 适配层 5
ACIR	Adjacent Channel Interference Ratio	邻道干扰比
ACLR	Adjacent Channel Leakage Ratio	邻道泄漏比
AI	ACK Indication	确认指示
AI	Acquisition Indication	捕获指示
AICH	Acquisition Indication Channel	捕获指示信道
ALCAP	Access Link Control Application Part	接入链路控制应用部分
AM	Acknowledged Mode	确认模式
AMR	Adaptive Multi-rate	自适应多速率
AMC	Adaptive Modulation and Coding	自适应调制编码
ARQ	Automatic Repeat Request	自动重传请求
ASC	Access Service Class	接入服务级别
ASE	Air Interface Speech Equivalent	空中接口话音等效
ATM	Asynchronous Transfer Mode	异步转移模式
AWGN	Additive White Gaussian Noise	加性白高斯噪声

B

BCCH	Broadcast Control Channel	广播控制信道
BCH	Broadcast Channel	广播信道
BER	Bit Error Rate	误比特率
BLAST	Bell Laboratories Layered Space-Time	贝尔实验室提出的分层空时结构
BLER	Block Error Ratio	误块率
BMC	Broadcast/Multicast Control Protocol	广播/组播控制协议
BPSK	Binary Phase Shift Keying	二进移相键控
BS	Base Station	基站

BSC	Base Station Controller	基站控制器
BSS	Base Station Subsystem	基站子系统

C

CAC	Call Access Control	呼叫接入控制
CCCH	Common Control Channel(Logical Channel)	公共控制信道(逻辑信道)
CCH	Control Channel	控制信道
CCPCH	Common Control Physical Channel	公共控制物理信道
CCTrCH	Coded Composite Transport Channel	码分组合传输信道
CD-ICH	Collision Detection Indication Channel	冲突检测指示信道
CDMA	Code Division Multiple Access	码分多址
CDR	Call Drop Rate	掉话率
CFN	Connection Frame Number	连接帧号
CN	Core Network	核心网
CP	Cycle Prefix	循环前缀
CPCH	Common Packet Channel	公共分组信道
CPICH	Common Pilot Channel	公共导频信道
CPS	Common Part Sublayer	公共部分子层
CQI	Channel Quality Indicator	信道质量指示符
CRC	Cyclic Redundancy Check	循环冗余校验
C-RNC	Controlling Radio Network Controller	控制-无线网络控制器
CS	Circuit Switched	电路交换
CSCF	Call Session Control Function	呼叫会话控制功能
CSICH	CPCH Status Indication Channel	CPCH 信道状态指示信道
CTCH	Common Traffic Channel	公共业务信道
CWTS	China Wireless Telecommunications Standard Group	中国无线通信标准研究组

D

DCA	Dynamic Channel Allocation	动态信道分配
DCCH	Dedicated Control Channel (Logical Channel)	专用控制信道(逻辑信道)
DCH	Dedicated Channel	专用信道
DL	Downlink	下行链路
DPCCH	Dedicated Physical Control Channel	专用物理控制信道
DPDCH	Dedicated Physical Data Channel	专用物理数据信道
D-RNTI	Drift RNTI	漂移-无线网络临时识别

DRX	Discontinuous Reception	非连续接收
DS-CDMA	Direct-Sequence Code Division Multiple Access	直接序列码分多址
DSCH	Downlink Shared Channel	下行链路共享信道
DTCH	Dedicated Transport Channel	专用传输信道
DTE	Data Terminal Equipment	数据终端设备

E

EDGE	Enhanced Data Rates for GSM Evolution	GSM 演进的增强型数据速率
EFR	Enhanced Full Rate Speech Coder	增强型全速率声码器
EIRP	Equivalent Isotropic Radiated Power	等效全向辐射功率
EPC	Evolved Packet Core	演进型分组核心
ETSI	European Telecommunications Standards Institute	欧洲电信标准协会

F

FACH	Forward Access Channel	前向接入信道
FAUSCH	Fast Uplink Signaling Channel	快速上行信令信道
FBI	Feedback Information	反馈信息
FCS	Fast Cell Selection	快速小区选择
FDD	Frequency Division Duplex	频分双工
FDMA	Frequency Division Multiple Access	频分多址
FEC	Forward Error Correction	前向纠错
FER	Frame Error Ratio	误帧率
FP	Frame Protocol	帧协议
FPLMTS	Future Public Land Mobile Telecommunications System	未来公共陆地移动通信系统
FRAMES	Future Radio Wideband Multiple Access System	未来无线宽带多址系统
FT	Frame Type	帧类型
FTP	File Transfer Protocol	文件传输协议

G

GGSN	Gateway GPRS Support Node	网关 GPRS 支撑节点
GMSC	Gateway MSC	网关移动业务交换中心

GPRS	General Packet Radio Service	通用分组无线业务
GSM	Global System for Mobile Communication	全球移动通信系统
GTP-U	User Plane Part of GPRS Tunneling Protocol	GPRS 隧道协议的用户平面部分

H

HARQ	Hybrid Automatic Repeat Request	混合自动重传请求
HLR	Home Location Register	归属位置寄存器
HSDPA	High Speed Downlink Packet Access	高速分组下行链路接入
HSUPA	High Speed Uplink Package Access	高速分组上行链路接入
HS-DPCCH	High Speed Dedicated Physical Control Channel	高速专用物理控制信道
HS-DSCH	High Speed Downlink Shared Channel	高速下行共享信道
HS-PDSCH	High Speed Physical Downlink Shared Channel	高速下行物理共享信道
HSS	Home Subscriber Server	归属用户服务器
HS-SCCH	High Speed Shared Control Channel	高速共享控制信道
HSUPA	High Speed Uplink Packet Access	高速分组上行链路接入
HTTP	Hypertext Transfer Protocol	超文本传输协议

I

IMS	IP Multimedia Sub-System	IP 多媒体子系统
IMSI	International Mobile Subscriber Identity	国际移动用户标识号
IN	Intelligent Network	智能网
IP	Internet Protocol	互联网协议
IR	Incremental Redundancy	递增冗余
ISI	Inter-symbol Interference	符号间干扰
ITU	International Telecommunications Union	国际电信联盟

K

KPI	Key Performance Indicator	关键性能指标

L

L1	Layer 1 (physical layer)	层 1(物理层)
L2	Layer 2 (data link layer)	层 2(数据链路层)

L3	Layer 3 (network layer)	层 3(网络层)
LAI	Location Area Identity	位置区域标识
LCS	Location Services	定位业务
LTE	Long Term Evolution	(WCDMA)长期演进技术

M

MAC	Medium Access Control	媒体接入层
MAC-hs	Medium Access Control for HSDPA	HSDPA 的媒体接入层
MAI	Multiple Access Interference	多址干扰
MBMS	Multimedia Broadcast Multicast Service	多媒体广播和组播业务
MCPS	Mega Chip Per Second	每秒兆码片
MGW	Media Gateway	媒体网关
MIB	Master Information Block	主信息块
MLSD	Maximum Likelihood Sequence Detection	最大似然序列检测
MM	Mobility Management	移动性管理
MME	Mobility Management Entity	移动性管理实体
MMS	Multimedia Message Service	多媒体消息业务
MMSE	Minimum Mean Square Error	最小均方误差
MS	Mobile Station	移动台
MSC/VLR	Mobile Services Switching Center/Visitor Location Register	移动业务交换中心/访问位置寄存器
MT	Mobile Termination	移动终端
MUD	Multi-user Detection	多用户检测

N

NAS	Non Access Stratum	非接入层
NBAP	Node B Application Part	基站节点应用部分
NSAPI	Network Service Access Point Identity	网络层业务接入点标识符

O

O&M	Operation and Maintenance	操作与维护
OFDM	Orthogonal Frequency Division Multiplexing	正交频分复用
OFDMA	Orthogonal Frequency Division Multiplexing Access	正交频分复用接入
OSS	Operations Support System	运营支持系统
OTD	Orthogonal Transmit Diversity	正交发射分集

OVSF	Orthogonal Variable Spreading Factor	正交可变长扩频码

P

PAD	Padding	填充
PAR	Peak-to-Average Ratio	峰均比
PBCH	Physical Broadcast Channel	物理广播信道
PC	Power Control	功率控制
P-CCPCH	Primary Common Control Physical Channel	主-公共控制物理信道
PCPCH	Physical Common Packet Channel	物理公共分组信道
PCS	Personal Communication Systems	个人通信系统
PDC	Personal Digital Cellular	个人数字蜂窝系统
PDCCH	Physical Downlink Control Channel	物理下行控制信道
PDCP	Packet Data Converge Protocol	分组数据汇聚协议
PDP	Packet Data Protocol	分组数据协议
PDSCH	Physical Downlink Shared Channel	物理下行共享信道
PDU	Protocol Data Unit	协议数据单元
PHS	Personal Handy Phone System	个人手持电话系统
PI	Page Indicator	寻呼指示
PICH	Paging Indicator Channel	寻呼指示信道
PLMN	Public Land Mobile Network	公众陆地移动网
PN	Pseudo Noise	伪随机噪声
PRACH	Physical Random Access Channel	物理随机接入信道
PS	Packet Switched	分组交换
PSCH	Physical Shared Channel	物理共享信道
PSTN	Public Switched Telephone Network	公用电话交换网
P-TMSI	Packet-TMSI	分组 TMSI
PUCCH	Physical Uplink Control Channel	物理上行控制信道
PUSCH	Physical Uplink Shared Channel	物理上行共享信道

Q

QAM	Quadrature Amplitude Modulation	正交幅度调制
QoS	Quality of Service	服务质量
QPSK	Quadrature Phase Shift Keying	正交相移键控

R

RAB	Radio Access Bearer	无线接入承载
RACH	Random Access Channel	随机接入信道

RAI	Routing Area Identity	路由区域标识
RAN	Radio Access Network	无线接入网
RANAP	Radio Access Network Application Part	无线接入网应用部分
RB	Radio Bearer	无线承载
RF	Radio Frequency	射频
RLC	Radio Link Control	无线链路控制
RNC	Radio Network Controller	无线网络控制器
RNS	Radio Network Sub-System	无线网络子系统
RNSAP	RNS Application Part	无线网络子系统应用部分
RNTI	Radio Network Temporary Identity	无线网络临时识别
RRC	Radio Resource Control	无线资源控制
RRM	Radio Resource Management	无线资源管理
RRU	Radio Remote Unit	射频拉远单元
RSSI	Received Signal Strength Indicator	接收信号强度指示
RTP	Real Time Protocol	实时协议
RTT	Round Trip Time	往返时间
RTT	Radio Transmission Technology	无线传输技术
RTWP	Received Total Wideband Power	(系统带宽内)接收总功率(上行链路)
Rx	Receive	接收

S

SAP	Service Access Point	业务接入点
SAW	Stop-and-Wait	停等协议
SCCC	Serial Concatenated Convolutional Code	串联卷积码
SCCP	Signaling Connection Control Part	信令连接控制部分
S-CCPCH	Secondary Common Control Physical Channel	辅-公共控制物理信道
SCH	Synchronization Channel	同步信道
SCP	Service Control Point	业务控制点
SCTP	Simple Control Transmission Protocol	简单控制传输协议
SDU	Service Data Unit	业务数据单元
SF	Spreading Factor	扩频因子
SFN	System Frame Number	系统帧编号
SGSN	Serving GPRS Support Node	服务 GPRS 支撑节点
SGW	Signaling Gateway	信令网关

SHO	Soft Handover	软切换
SIB	System Information Block	系统信息块
SID	Silence Indicator	静默期指示
SINR	Signal-to-Interference Noise Ratio	信干噪比(信号与热噪声和干扰之和的比值)
SIR	Signal-to-Interference Ratio	信干比
SM	Session Management	会话管理
SMS	Short Message Service	短消息业务
SNR	Signal to Noise Ratio	信噪比
SRB	Signaling Radio Bearer	信令无线承载
SRNC	Serving RNC	服务 RNC
SRNS	Serving RNS	服务 RNS
S-RNTI	Serving RNTI	服务 RNTI
SS7	Signaling System No. 7	7 号信令系统
SSCF	Service Specific Coordination Function	业务特定对等功能
STD	Switched Transmit Diversity	开关发射分集
STS	Space-Time Spreading	空时扩频
STTD	Space Time Transmit Diversity	空时发射分集

T

TB	Transport Block	传输块
TBS	Transport Block Set	传输块集合
TCH	Traffic Channel	业务信道
TCP	Transport Control Protocol	传输控制协议
TCP	Transmitted Carrier Power	下行载波发射功率
TDD	Time Division Duplex	时分双工
TDMA	Time Division Multiple Access	时分多址
TE	Terminal Equipment	终端设备
TEID	Tunnel Endpoint Identity	隧道端点标识符
TF	Transport Format	传输格式
TFCI	Transport Format Combination Indicator	传输格式组合指示
TFCS	Transport Format Combination Set	传输格式组合集合
TFI	Transport Format Indicator	传输格式指示
TFRC	Transport Format and Resource Combination	传输格式和资源合并
TMSI	Temporary Mobile Subscriber Identity	临时移动用户标识
TPC	Transmission Power Control	传输功率控制
TS	Technical Specification	技术规范

TTA	Telecommunications Technology Association (Korea)	电信技术协会(韩国)
TTC	Telecommunication Technology Commission (Japan)	电信技术委员会(日本)
TTI	Transmission Time Interval	传输时间间隔
Tx	Transmit	发射

U

UARFCN	UTRA Absolute Radio Frequency Channel Number	UTRA 绝对无线频率信道号
UDP	User Datagram Protocol	用户数据报协议
UE	User Equipment	用户设备
UL	Uplink	上行链路
UMTS	Universal Mobile Telecommunications System	通用移动通信系统
URA	UTRAN Registration Area	UTRAN 注册区
U-RNTI	UTRAN RNTI	UMTS 地面无线接入网无线网络临时标识
USCH	Uplink Shared Channel	上行链路共享信道
USIM	UMTS Subscriber Identity Module	UMTS 用户识别模块
UTRA	UMTS Terrestrial Radio Access	UMTS 地面无线接入
UTRAN	UMTS Terrestrial Radio Access Network	UMTS 地面无线接入网

V

VAD	Voice Activation Detection	话音激活检测
VoIP	Voice over IP	基于 IP 协议的话音业务,IP 电话

W

WAP	Wireless Application Protocol	无线应用协议
WARC	World Administrative Radio Conference	世界无线电管理大会
WCDMA	Wide-band Code Division Multiple Access	宽带码分多址
WLL	Wireless Local Loop	无线本地环路
WWW	World Wide Web	万维网

参考文献

[1] 杨大成著. cdma2000 1x移动通信系统. 北京：机械工业出版社，2003

[2] 窦中兆，雷湘著. CDMA无线通信原理. 北京：清华大学出版社，2004

[3] 张长钢等编著. WCDMA无线网络规划原理与实践. 北京：人民邮电出版社，2005

[4] 王东. WCDMA高速上行分组接入技术及调度算法研究. 南京航空航天大学硕士论文，2006

[5] 李宇. HSUPA系统级仿真及关键技术研究. 电子科技大学硕士论文，2006

[6] 王东洋. 3GPP LTE上行链路关键技术研究. 北京：邮电大学硕士论文，2007

[7] 侯文凯. LTE中随机接入技术的研究. 北京：邮电大学硕士论文，2007

[8] 沈嘉. 3GPP LTE物理层标准化最新进展. 移动通信，2007，(12)

[9] 徐景，胡宏林等. 3GPP LTE标准化进展. 中兴通讯技术，2007，(02)

[10] 姚斌. 3GPP LTE无线接口协议及体系结构. 移动通信，2007，(12)

[11] 钱雨. 3G LTE上行无线资源管理关键技术的研究. 北京：邮电大学硕士论文，2007

[12] 聂霄. LTE系统性能评估. 北京：邮电大学硕士论文，2007

[13] 罗凯. 3GPP长期演进链路层关键技术研究. 北京：邮电大学硕士论文，2006

[14] 黄志良. WCDMA高速下行分组接入中的分组调度算法研究. 电子科技大学硕士论文，2006

[15] 刘宁，陈霞. 3G系统中的分组调度算法. 中国新通信，2007，9(7)：31～34

[16] 付军峰. HSDPA中的分组调度算法. 世界电信，2006，(04)

[17] 杨大成译. UMTS中的WCDMA：HSPA演进及LTE. 北京：机械工业出版社，2008

[18] 唐利平，刘镰斧. 3GPP LTE及其物理层技术综述. 信息技术，2008，(02)

[19] 王勇等. 3GPP LTE中的OFDMA和SC-FDMA性能比较. 中兴通讯技术，2007，13(4)

[20] 3GPP TS25.309 V6.6.0，"FDD Enhanced Uplink; Overall Description; Stage 2 (Release 6)"，2006.03

[21] 3GPP TR25.808 V6.0.0，"FDD Enhanced Uplink; Physical Layer Aspects (Release 6)"，2005.03

[22] 3GPP TS 25.308 V6.1.0，"High Speed Downlink Packet Access (HSDPA); Overall Description; Stage2 (Release 6)"，2004.03

[23] 3GPP TS 25.306 V6.2.0，"UE Radio Access Capabilities (Release 6)"，2004.03

[24] 3GPP 25.877 V5.0.0，"High Speed Downlink Packet Access (HSDPA): Iub/Iur Protocol Aspects (Release 5)"，2002.03

[25] 3GPP 25.855 V5.0.0，"High Speed Downlink Packet Access (HSDPA); Overall UTRAN description (Release 5)"，2001.09

[26] 3GPP 25.858 V5.0.0，"Physical layer aspects of UTRA High Speed Downlink Packet Access: Physical Layer Aspects (Release 5)"，2002.03

[27] 3GPP 25.214 V6.2.0，"Physical layer procedures (FDD) (Release 6)"，2004.06

[28] 3GPP TS 25.331 V6.2.0，"Technical Specification Group Radio Access Network; Radio Resource Control (RRC); Protocol Specification(Release 6)"，2004.06

[29] 3GPP TS 25.413 V6.2.0，"Technical Specification Group Radio Access Network; UTRAN Iu Interface RANAP Signaling; (Release 6)"，2004.06

[30] 3GPP TS 25.433 V6.2.0，"Technical Specification Group Radio Access Network; UTRAN Iub Interface NBAP signaling(Release 6)"，2004.06

[31] 3GPP TS 25.304 V6.2.0，"Technical Specification Group Radio Access Network; User Equipment (UE) procedures in idle mode and procedures for cell reselection in connected mode (Release 6)"，2004.06

[32] 3GPP TS 05.08 V8.23.0,"Technical Specification Group GSM/EDGE Radio Access Network; Radio subsystem link control(Release 99)",2005.11

[33] 3GPP TR 25.931 V5.0.0,"Technical Specification Group RAN; UTRAN Functions,Examples on Signalling Procedures(Release 5)",2002.03

[34] 3GPP TS 25.302 V5.0.0,"Technical Specification Group Radio Access Network; Services provided by the physical layer (Release 5)",2002.03

[35] 3GPP TS 25.212 V5.0.0,"Multiplexing and Channel Coding (FDD),Release 5",2002.03

[36] 3GPP TS 25.211 V5.0.0,"Physical Channels and Mapping of Transport Channels onto Physical Channels (FDD)",2002.03

[37] Verdu S. Multiuer detection. Cambridge University Press,1998

[38] Moshavi S. Multi-user detection for DS-CDMA Communications,IEEE Communication Magazine, 1996.10

[39] 3GPP TR 25.896,"Feasibility Study for Enhanced Uplink for UTRA FDD",2005.03

[40] 3GPP TR 25.912,"Feasibility Study for E-UTRA and E-UTRAN (Release 7)",2007.09

[41] 3GPP TR 25.913,"Requirements for E-UTRA and E-UTRAN (Release 7)",2007.09

[42] 3GPP TR 36.201,"E-UTRA; Physical layer; General description",2007.09

[43] 3GPP TR 36.211,"E-UTRA; Physical Channels and Modulation",2007.09

[44] 3GPP TR 36.212,"E-UTRA; Multiplexing and channel coding",2007.09

[45] 3GPP TR 36.213,"E-UTRA; Physical layer procedures",2007.09

[46] 3GPP TR 36.214,"E-UTRA; Physical layer; Measurements",2007.09

[47] 3GPP TR 36.300,"E-UTRA and E-UTRAN; Overall description; Stage 2",2007.09

[48] 3GPP TR 36.304,"UE Procedures in idle mode",2007.09

[49] 3GPP TR 36.306,"UE radio access capabilities",2007.09

[50] 3GPP TR 36.321,"MAC protocol specification",2007.09

[51] 3GPP TR 36.322,"RLC protocol specification",2007.09

[52] 3GPP TR 36.323,"PDCP protocol specification",2007.09

[53] 3GPP TR 36.331,"RRC specification",2007.09

[54] 3GPP TS 36.101,"User Equipment (UE) radio transmission and reception",2007.09

[55] 3GPP TS 36.104,"Base Station (BS) radio transmission and reception",2007.09

[56] 3GPP TS 36.133,"Requirements for support of radio resource management (RRM)",2007.09

教师反馈表

感谢您购买本书！清华大学出版社计算机与信息分社专心致力于为广大院校电子信息类及相关专业师生提供优质的教学用书及辅助教学资源。

我们十分重视对广大教师的服务，如果您确认将本书作为指定教材，请您务必填好以下表格并经系主任签字盖章后寄回我们的联系地址，我们将免费向您提供有关本书的其他教学资源。

您需要教辅的教材：			
您的姓名：			
院系：			
院/校：			
您所教的课程名称：			
学生人数/所在年级：	＿＿＿＿＿人/　1　2　3　4　硕士　博士		
学时/学期	＿＿＿＿＿学时/＿＿＿＿＿学期		
您目前采用的教材：	作者：＿＿＿＿＿＿＿＿ 书名：＿＿＿＿＿＿＿＿ 出版社：＿＿＿＿＿＿＿		
您准备何时用此书授课：			
通信地址：			
邮政编码：		联系电话	
E-mail：			
您对本书的意见/建议：		系主任签字 盖章	

我们的联系地址：

清华大学出版社　学研大厦 A602，A604 室

邮编：100084

Tel：010-62770175-4409，3208

Fax：010-62770278

E-mail：liuli@tup.tsinghua.edu.cn；hanbh@tup.tsinghua.edu.cn